U0063373

敦煌石窟全集

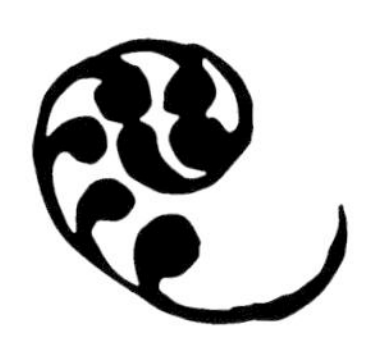

敦煌石窟全集 7

法華經畫卷

敦煌研究院主編

本卷主編　賀世哲

商務印書館

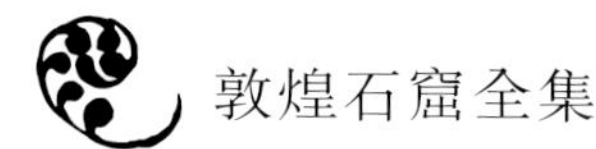

敦煌石窟全集

主編單位 ……………… 敦煌研究院

主　　編 ……………… 段文杰

副 主 編 ……………… 樊錦詩(常務)

編著委員會(按姓氏筆畫排序)
主　　任 ……………… 段文杰　樊錦詩(常務)
委　　員 ……………… 吳　健　施萍婷　馬　德　梁尉英　趙聲良

出版顧問 ……………… 金沖及　宋木文　張文彬　劉　杲　謝辰生
羅哲文　王去非　金維諾　周紹良　馬世長

出版委員會
主　　任 ……………… 彭卿雲　沈　竹　劉　煒(常務)
委　　員 ……………… 樊錦詩　龍文善　黄文昆　田　村
總 攝 影 ……………… 吳　健
藝術監督 ……………… 田　村

法華經畫卷

主　　編 ……………… 賀世哲

攝　　影 ……………… 孫志軍
線　　圖 ……………… 吳曉慧　呂文旭　酈偉堂　徐淑青　李　鏄

出 版 人 ……………… 陳萬雄
策　　劃 ……………… 張倩儀
責任編輯 ……………… 溫鋭光
設　　計 ……………… 呂敬人
出　　版 ……………… 商務印書館(香港)有限公司
香港筲箕灣耀興道3號東滙廣場8樓
http://www.commercialpress.com.hk
製　　版 ……………… 中華商務分色製版公司
香港新界大埔汀麗路36號中華商務印刷大廈三字樓
印　　刷 ……………… 中華商務彩色印刷有限公司
香港新界大埔汀麗路36號中華商務印刷大廈
版　　次 ……………… 1999年9月第1版第1次印刷

ISBN 962 07 5265 1

All inquiries should be directed to:
The Commercial Press (Hong Kong) Ltd.
8/F., Eastern Central Plaza, No.3 Yiu Hing Road, Shau Kei Wan, Hong Kong

前言

弘揚大乘佛性的三大經變

何謂佛教經變？初唐淨土大師善導云："依經畫變"，就是經變，言簡意賅。就廣義而言，敦煌藝術或其他佛教藝術中，凡帶故事性的圖畫，均可謂之經變。但就狹義而言，則專指隋唐以降，依據某一部佛經，或者揉合同類數經繪製的具有一定故事性，或者義理性的圖畫。本卷所言法華、涅槃、維摩詰經變，是就狹義者而言。

佛教東傳以來，論揚普渡眾生的大乘佛教逐漸在中土衍為主流，佛教藝術亦多取材於大乘經典，本卷所輯三經變亦然。將《法華》、《涅槃》、《維摩詰》三經編於一冊，主要考慮到這三部佛經在佛性問題上思想一致。《法華經·方便品》云："諸佛以一大事因緣故，出現於世。"此"一大事因緣"，即諸佛欲使一切眾生都能成佛。那麼一切眾生能否成佛呢？《大般涅槃經·師子吼菩薩品》中作了肯定的回答："一切眾生悉有佛性"，亦即一切眾生都能成佛。《維摩詰所説經·佛道品》專講成佛之道，不過是從相反的方面，要求菩薩處污泥而不染，由非道至佛道。實際上還是講眾生成佛問題，"隨其心淨，則佛土淨。"亦可引伸為佛就在眾生心裏。

關於這三部佛經中佛性思想的闡揚，中土高僧代有所出，如晉宋之際倡言一切眾生悉有佛性的"涅槃聖"竺道生，對上述三經都有深湛研究；隋初奉敕到敦煌建舍利塔的智嶷，兼通《法華經》、《涅槃經》；出生於敦煌的高僧慧遠和天台宗的創始人智顗都是精研《法華》、《維摩詰》二經的一代大師。精研三經的大師輩出，説明這三部大乘佛教重要經典在中土流傳之廣，影響之大。三經的經變在敦煌藝術中亦佔有相當的比重。現存敦煌的法華、涅槃和維摩詰經變共一百六十九鋪，法華佔六十七鋪、涅槃佔二十一鋪、維摩佔八十一鋪。莫高窟第420窟並將三個經變繪於一窟。

國際敦煌學界首先研究敦煌經變畫的日本學者松本榮一，1937年出版《敦煌畫研究》，着重於畫面與經文的對比考釋，具有開山之功。不足之處在於未將這些經變畫放在中國歷史、佛教、美術發展史的長河中，作系統的宏觀考察，因而未揭示法華、涅槃和維摩詰三個經變發生、發展和式微的規律。而且所用圖片也極其有限，不足以反映上述三個經變的全貌。

二戰以後，國內外敦煌學界對上述三個經變研究日深，拓展了研究視野，從歷史、佛教、美術等方面提出了一系列精深見解，從而豐富了中國佛教史、美術史以及中外文化交流等方面的研究。例如通過比較西域與中原的涅槃圖像，發現敦煌隋代的涅槃經變是東西兩種不同佛教藝術風格在敦煌撞擊、交融之後，所產生的一朵奇葩，而敦煌唐代的涅槃經變又是在此基礎上發展、形成的一種完全民族化了新型涅槃經變。這有助我們進一步認識中世紀的中國美術史。又如有學者通過研究敦煌的隋代法華經變，發現其所反映的佛教義理與中原天台宗創始者智顗的思想有關，證明天台宗的教義也傳播到敦煌地區，因而豐富了中國佛教史研究。又如有的學者發現敦煌隋代第419、420窟的法華經變畫的藝術風格屬於“密體”畫，與中原著名畫家展子虔、鄭法士的風格相似，為中國美術史研究提供了珍罕的實證。然而上述成果均缺少系統的圖片資料來佐證。本卷在前賢研究的基礎上，系統論述法華、涅槃和維摩詰三個經變，力圖説明此三經變如何從隋代產生，初、盛唐蓬勃發展，中唐開始格式化，歸義軍時期日趨式微，並以大量系統的圖片佐證論點。

《法華經·藥草喻品》云：“一雨所潤，其澤普洽。”筆者相信，不同層次的讀者，都可以從這批珍貴的圖片資料中，汲取到有益的精神營養。

目　錄

法華經變

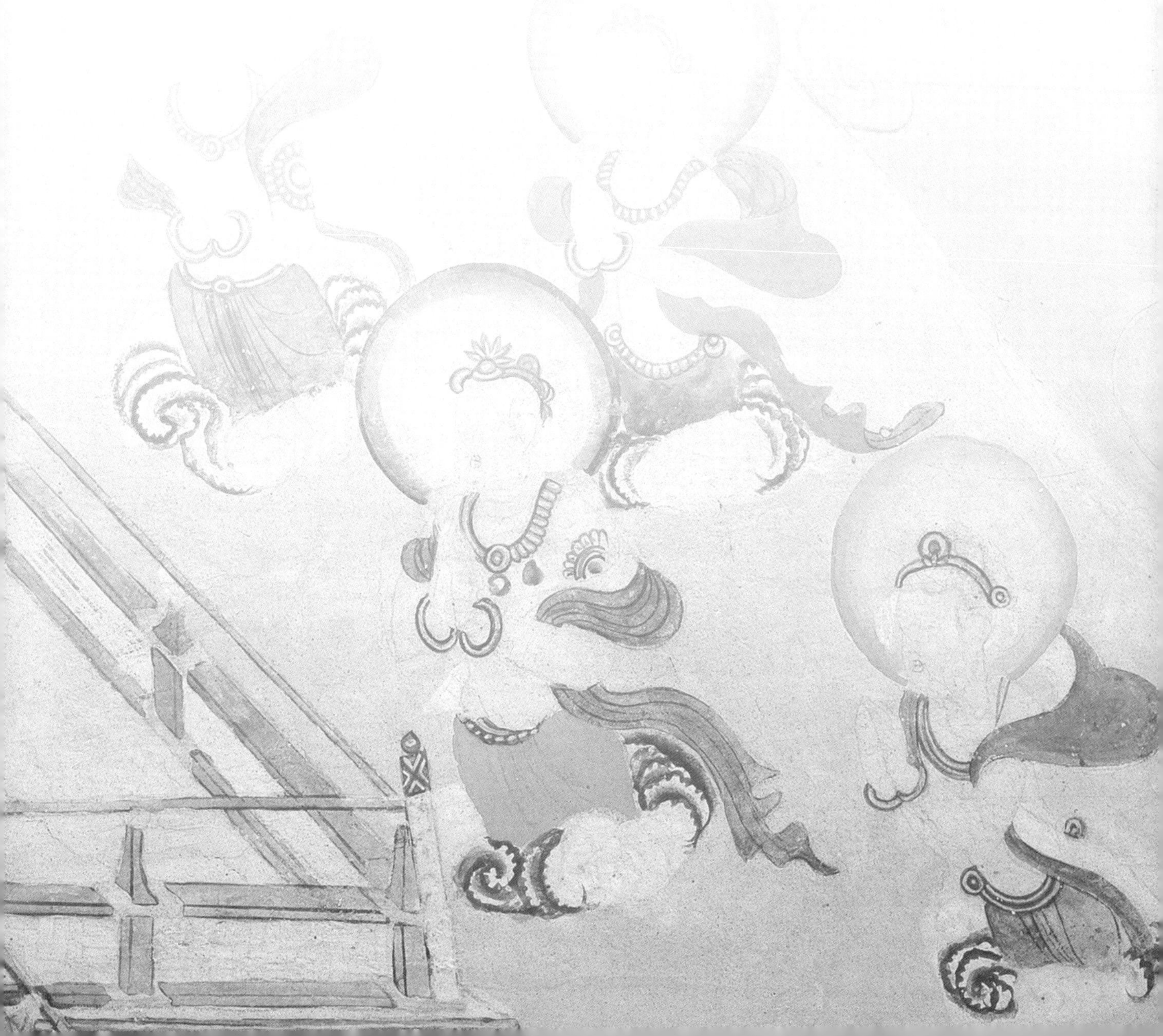

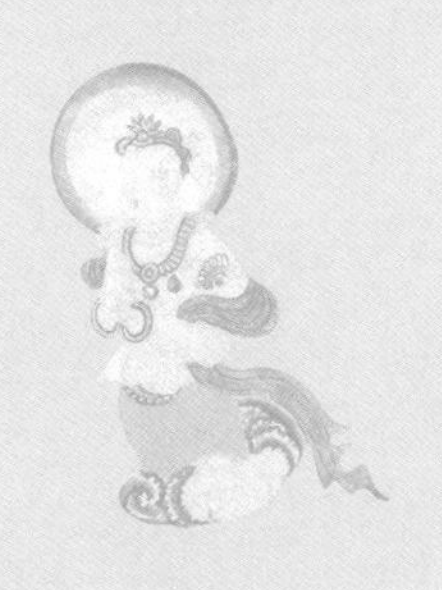

序論　法華信仰及其早期造像的概述

《法華經》是早期大乘佛教的重要經典之一。全名是《妙法蓮華經》，以出污泥而不染的蓮花比喻此經的聖潔美麗。其形成時代大約在公元一世紀前後。時值新興的大乘佛教與舊有的小乘佛教之間展開激烈爭論的時期。《法華經》站在大乘佛教的立場上，通過調和大、小乘之間的矛盾，把小乘思想融合於大乘思想之中。大乘佛學認為一切佛法都是“般若”所出，但般若玄妙，難以理解，而法華經就因妙法難解，借比喻而彰明。

法華信仰和法華經的流行

《法華經》共分二十八品，亦即二十八章，其內容見後附表。

相傳早在三國時期，江南已有此經選譯本。現存譯本最為人崇尚的，首推姚秦（公元384-417年）時一代大師鳩摩羅什根據龜茲文本所作的譯本。敦煌藏經洞的大量《法華經》寫本，也以羅什譯本最多，大約有二千六百餘件。敦煌壁畫中的法華經變，亦多依據羅什譯本繪製。

《法華經》是最受信徒歡迎的漢譯大乘佛典之一。《高僧傳》正傳與旁出附見的四百九十六名僧人中，譯寫、誦念、弘傳《法華經》的高僧佔十分之一以上。南北朝時期，許多高僧以精通《法華經》著稱。隋代智顗創立天台宗，更是以《法華經》為理論基礎。隋唐時期，隨着天台宗發展和大量法華經疏流行，法華信仰達到了高峰。

敦煌地處佛教東漸的要道上，法華信仰出現也很早。東晉時已有人在敦煌抄寫《法華經》。北朝時期，《法華經》寫本持續流行，現存的敦煌寫經中，以《法華經》比重最大。

《法華經》能在中國廣泛流行，與其核心義理有很大關係。《法華經》屬

法華經二十八品內容簡介表

<table>
<tr><th>品 名</th><th>內 容</th></tr>
<tr><td>1.〈序品〉</td><td rowspan="9">以〈方便品〉為核心，主要闡釋“開、示、悟、入”與“會三歸一”的大乘思想。</td></tr>
<tr><td>2.〈方便品〉</td></tr>
<tr><td>3.〈譬喻品〉</td></tr>
<tr><td>4.〈信解品〉</td></tr>
<tr><td>5.〈藥草喻品〉</td></tr>
<tr><td>6.〈授記品〉</td></tr>
<tr><td>7.〈化城喻品〉</td></tr>
<tr><td>8.〈五百弟子受記品〉</td></tr>
<tr><td>9.〈授學無學人記品〉</td></tr>
<tr><td>10.〈法師品〉</td><td rowspan="13">主要通過各種神話故事，讚美《法華經》的功德，從而增強大乘佛教的宗教神學色彩。</td></tr>
<tr><td>11.〈見寶塔品〉</td></tr>
<tr><td>12.〈提婆達多品〉</td></tr>
<tr><td>13.〈勸持品〉</td></tr>
<tr><td>14.〈安樂行品〉</td></tr>
<tr><td>15.〈從地湧出品〉</td></tr>
<tr><td>16.〈如來壽量品〉</td></tr>
<tr><td>17.〈分別功德品〉</td></tr>
<tr><td>18.〈隨喜功德品〉</td></tr>
<tr><td>19.〈法師功德品〉</td></tr>
<tr><td>20.〈常不輕菩薩品〉</td></tr>
<tr><td>21.〈如來神力品〉</td></tr>
<tr><td>22.〈囑累品〉</td></tr>
<tr><td>23.〈藥王菩薩本事品〉</td><td rowspan="6">主要是通過幾個菩薩的故事，大大擴大了《法華經》在民間的影響。尤其是觀世音菩薩，幾乎是家喻戶曉。</td></tr>
<tr><td>24.〈妙音菩薩品〉</td></tr>
<tr><td>25.〈觀世音菩薩普門品〉</td></tr>
<tr><td>26.〈陀羅尼品〉</td></tr>
<tr><td>27.〈妙莊嚴王本事品〉</td></tr>
<tr><td>28.〈普賢菩薩勸發品〉</td></tr>
</table>

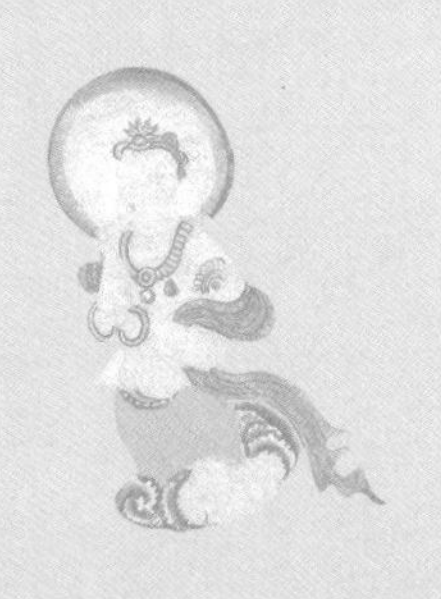

大乘佛典，強調一佛乘思想，因為小乘只管自我解脱，唯有大乘才主張普渡眾生，使一切眾生都能成佛。《法華經》的〈方便品〉提出的“開、示、悟、入”，指出諸佛出現在世間的目的，是令眾生開顯佛知見——佛的智慧（開），將佛知見顯示給眾生（示），使眾生悟得本有的佛知見（悟），使眾生入佛知見之道（入）。也就是使眾生覺悟自身本有的佛性，從而得救。可是，眾生的領悟力不同，釋迦為了讓他們領會成佛的唯一教法——“一佛乘”，便在《法華經》提出許多“方便法門”，引導眾生成佛。但《法華經》一再強調，十方佛土之中，唯有一佛乘。釋迦佛講二乘、三乘，只是為了教化眾生的善巧方便方法。

由於〈方便品〉在法華義理中有這樣特別的地位，所以，〈方便品〉在早期的敦煌法華經變便已出現。中唐以後，更繪於經變中心下部，不但位置顯要，更對佈列在經變兩旁的法華七喻故事，起提綱挈領的作用。

《法華經》信仰深入民間，幾乎家喻戶曉的另一原因，是塑造了一個萬能的、大慈大悲、救苦救難的觀世音菩薩。在大乘佛教的千萬菩薩中，恐怕沒有一個菩薩的知名度能夠超過觀世音菩薩。而法華經變亦不斷渲染觀世音救難的事迹。

敦煌法華經變的源流與傳承

法華信仰在藝術上的表現，一開始就多種多樣。早在《法華經》譯為漢文以前，山東省滕縣的畫像石在東漢初期已經出現〈譬喻品〉中的“三車喻”——羊車、鹿車、牛車，可能是依據民間口傳造的。

此外，成都萬佛寺出土的造像中，有一件南朝劉宋元嘉二年（公元425年）的石刻畫像，可能是中國現存最早的〈觀世音菩薩普門品〉變相，部分表

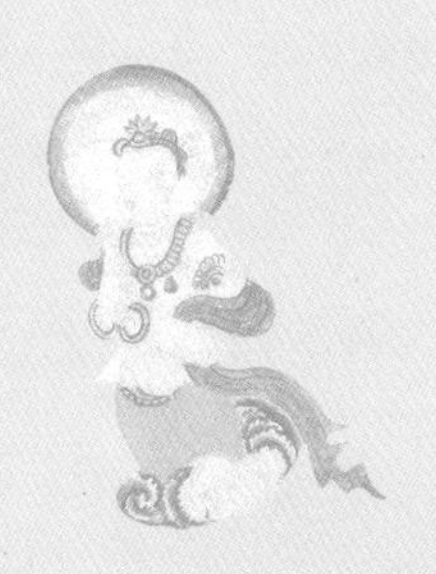

現手法與敦煌隋代〈觀世音菩薩普門品〉經變有相似之處。

然而，現存實物最多的是〈見寶塔品〉的釋迦、多寶二佛並坐像。這種造像不見於印度和中亞，可能是中國獨創。法華經二十八品中提出的佛很多，只繪多寶佛，因為他護持《法華經》。因此創造出許多以二佛為主佛的並坐像，為人供養。現存最早的二佛並坐像是銅像，但石窟造像還是主流。石窟的二佛並坐像，最早是西秦的。最盛行是五至六世紀初的北魏時期，僅在雲岡早期石窟的曇曜五窟就多達一百二十餘鋪。六世紀初葉以後，二佛並坐像逐漸減少，但沒有消失。敦煌的石窟造像跟中原相若，初期以二佛並坐像為主，莫高窟北朝洞窟中現存有四鋪，其中北魏彩塑一鋪，塑於第259窟西壁塔柱龕內，西魏壁畫兩鋪，繪於第285和461窟，北周一鋪，繪於第428窟。西千佛洞第8窟也有一鋪北周時期的釋迦多寶二佛並坐像。

由於〈見寶塔品〉中釋迦與多寶佛並坐論道的情節，是《法華經》關鍵所在，故此長期成為佛教藝術的重要題材。敦煌法華經變不但承襲這種中國獨創的造型，而且逐漸結合各品的情節，佔據經變的重要位置，中唐以後，二佛並坐像更成為法華經變的象徵。

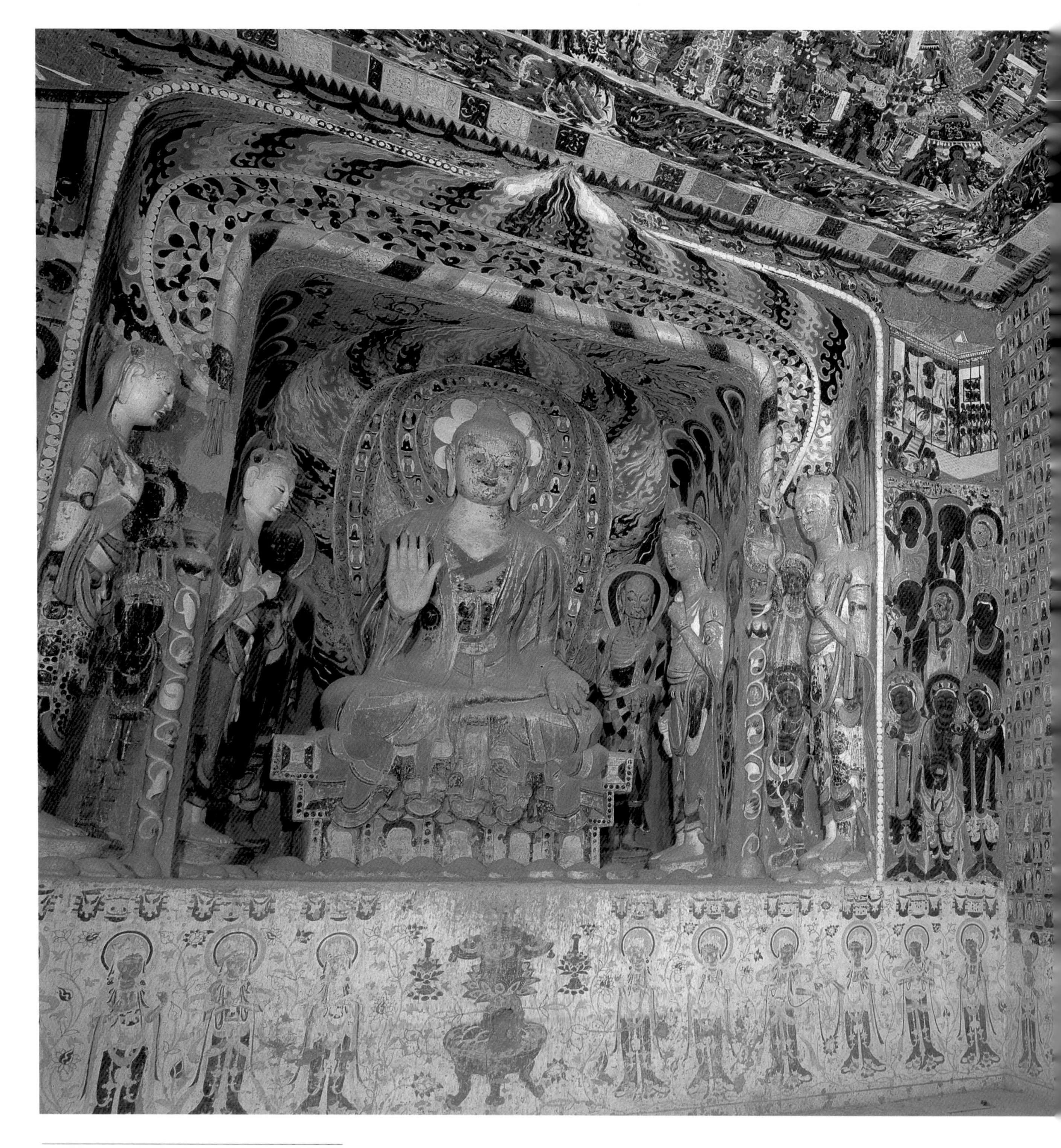

1 **第420窟內景**

此窟大約開鑿於大業年間（公元605-618年），是最早繪上法華經變的洞窟之一。分前、後室兩部分，中間以甬道通連。法華經變就畫在後室（主室）的覆斗形頂四坡上。西壁龕內塑一佛、二弟子、四菩薩。南、北壁淺龕內塑一佛二菩薩，龕外繪千佛。東壁窟門上部畫說法圖，窟門兩側亦繪千佛。

隋 法華經 莫420

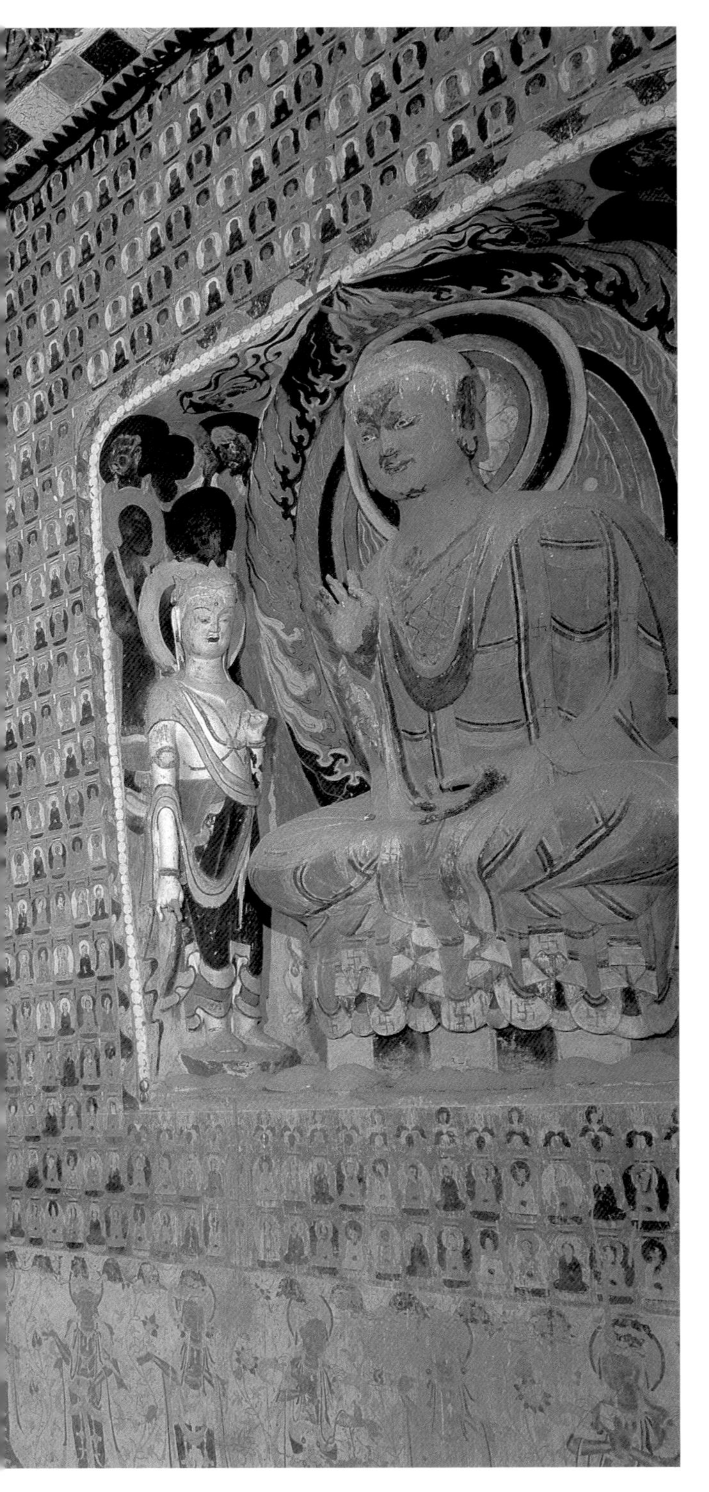

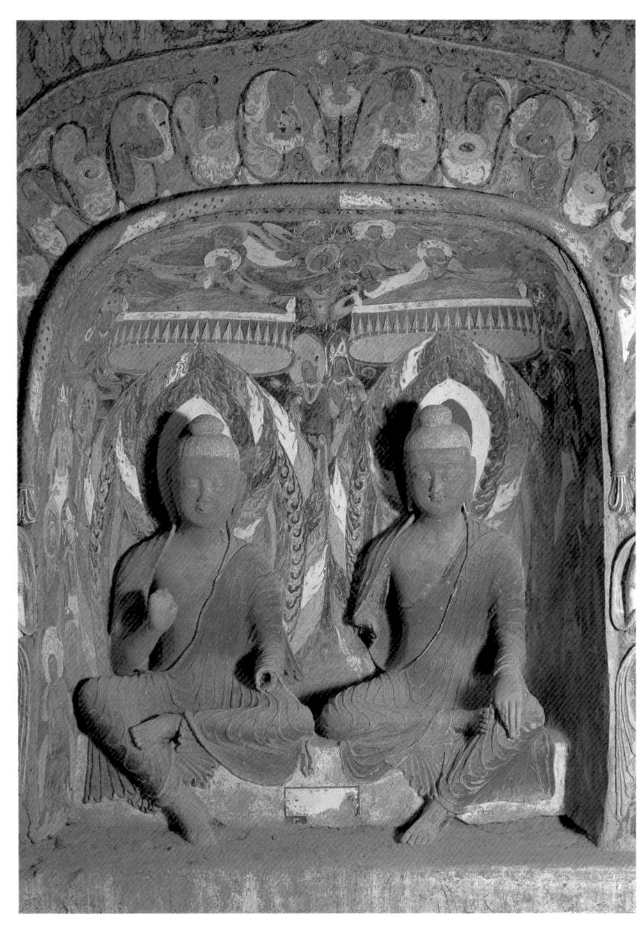

2 釋迦、多寶二佛並坐

大約塑於公元465到500 年之間。兩佛像作遊戲坐，頭部雖經後代重修，但是並未完全改變原形。

北魏 法華經 • 見寶塔品
莫259 西壁塔柱龕內
左像高1.4米 右像高1.43米

第一節 不拘一格 銳意創新

隋代（公元581-618年）

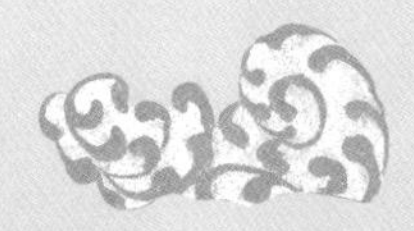

在北朝後期佛教曾受滅佛運動打擊，其後在隋代皇帝的提倡下，迅即復興，一時天下風靡，其中尤以法華信仰更盛極一時。極受煬帝尊崇的智顗，以《法華經》為基礎，在浙江天台山創立天台宗，成為一代宗師，令法華信仰大興。天台宗現在仍廣為流行，尤其是日本更受影響。

將法華信仰繪成經變，是從隋代開始的。據唐代畫史記載，隋代著名畫家展子虔始畫《法華變相》一卷，可惜早已失傳，不悉其詳。敦煌壁畫中的法華經變也始見於隋代洞窟，今人通過這些珍貴文物，仍可窺見展子虔畫法華經變之一斑。

隋代法華經變主要繪於莫高窟第419、420及303窟的窟頂。按洞窟的形制，或繪於人字坡，或繪在覆斗形窟頂的四坡。每幅畫面一般分為上中下3排，每排自成一橫卷，這是北朝以來佛本生故事和佛傳故事佈局的餘緒。由於隋代的法華經變屬於草創階段，所以品數不多，現存六品，即〈序品〉、〈方便品〉、〈譬喻品〉、〈化城喻品〉、〈見寶塔品〉及〈觀世音菩薩普門品〉。

緊扣經旨的第420窟

隋代法華經變以第420窟最著名。它是經嚴謹的總體設計，並且一次完成的洞窟。畫面內容與當時的歷史背景以及深層次的佛教義理有密切關係，顯然是高手所為。仁壽年間（公元601-604年），精通《法華經》、《涅槃經》的高僧智嶷奉敕送舍利到敦煌修建舍利塔。他在莫高窟修行多年，其間正值第420窟營建之際。雖然尚無資料證明智嶷就是第420窟的窟主，但按常理論之，這位欽差高僧弘揚的《法華經》、《涅槃經》思想，必然會對該窟的造像題材有很深的影響。

第420窟法華經變畫面稠密，變色嚴重，故此很難讀懂。從現能解讀的五品看來，經變選材已能抓住《法華經》要旨：〈序品〉表明《法華經》的緣起；〈方便品〉以方便說法，講述放棄小、中乘，臻於大乘的道理，強調眾生佛性與生俱來，務使一切眾生皆能成佛；〈譬喻品〉以三車形象地比喻小、中、大乘，並以大乘為依歸的義理；〈見寶塔品〉則通過多寶佛證明法華義理真實可信。這幾品在有限選畫的品數中，都是關鍵的。最後畫出〈觀世音菩薩普門品〉，以觀音方便說法，應化現身，強調慈悲救世的菩薩神通，吸引信眾。觀音後來為中國人所特別信奉。

第420窟窟頂四坡畫面順序從北坡開始，經西、南、東繞窟一周。這是延續北朝石窟右旋禮佛觀像的儀軌。

北坡畫〈序品〉、〈方便品〉和

〈見寶塔品〉。由於〈方便品〉中借用了《大般涅槃經》許多涅槃情節，北坡裝不下，故而順延到西坡。

〈序品〉是《法華經》的總序，介紹釋迦在王舍城靈鷲山召開的法華會的盛況和演說《法華經》的緣起，佛家稱為“靈鷲會”。第420窟的靈鷲會沒有畫成一般說法圖，改而突出靈鷲山，以靈鷲之名，把山體畫成鳥形，構思妙極。敦煌法華經變中僅此一例，彌足珍貴。

〈見寶塔品〉繪於靈鷲山的右上側，畫釋迦、多寶二佛並坐塔內。寶塔“從地湧出，住虛空中”，佛家稱為“虛空會”。雖然此窟的二佛並坐圖畫法，與北朝的大同小異，但虛空會與靈鷲會的位置安排，卻有極重要的義理意義。因為來自“過去東方無量千萬億阿僧祇世界”的多寶佛，向會眾證明釋迦宣講的《法華經》“皆是真實”，並且永世常存。虛空會在義理上既然如此重要，如何使靈鷲會與虛空會的佈局主次分明，又合乎義理，是隋和唐代前期畫師苦苦探索的大難題，第420窟仍是相對隨意地以左上右下排列。兩會的位置問題一直到中唐時期，才圓滿解決。

〈方便品〉是《法華經》要旨所在，“開、示、悟、入”，以及“會三歸一”的大乘義理全部出自此品。如此抽象的佛學義理，實難形諸丹青。畫師只好借用《大般涅槃經》中釋迦涅槃的情節，來表現〈方便品〉的抽象義理。因為《法華經》曾說，釋迦本來壽命無量無限，他的涅槃只是善巧靈活地誘導眾生成佛的方便手段，並非真的死亡。而《法華經》、《涅槃經》兩經關係亦很密切，智顗創建天台宗，即以《法華》為宗旨，以《涅槃》為扶疏，猶如樹根與枝葉的關係，缺一不可。

西坡除了涅槃情節外，還有繁密的圖像，極難讀懂。與其餘三坡相比，西坡章法較亂，人物逼塞，無疑略輸一籌。

南坡整壁畫火燒院落的場面，這是〈譬喻品〉中的“火宅喻”，屬著名的“法華七喻”之一。“火宅喻”把三界譬喻為火宅，裏面充滿各種痛苦，十分可怕。畫面上大宅起火，老人作羊、鹿、牛三車，呼叫正在火宅中沉迷作樂的孩子逃出火海。老人有如釋迦佛，芸芸眾生就如火海中的諸子。羊車、鹿車都象徵只求自身脫離苦海的小乘。牛車體量大，象徵普渡眾生的菩薩乘，即大乘。

第419窟人字坡西坡也畫“火宅喻”，但在三車之外畫一輛裝飾十分華麗的特大牛車。這輛特大牛車或許涉及三車、四車的爭論，四車說認為其中有大白牛車代表一佛乘的比喻，有別於牛車代表的菩薩乘。

東坡整坡繪〈觀世音菩薩普門品〉，橫卷式，分上、中、下三幅。從右向左，首先畫釋迦講述觀世音名號的來源，凡遇到災劫，念觀音名號，觀音便會來解救；繼而畫觀音消除七難（火難、水難、羅剎難、王難、鬼難、枷鎖難、怨賊難），解脫三毒（淫毒、瞋毒、愚癡毒）、滿足二求（求男得男、求女得女）、應化現三十三身。

東坡最精彩的是上部的“怨賊難圖”，俗稱“商旅遇盜圖”。描繪商隊途經險路，遭強盜搶劫，因念觀音名號而得救。據玄奘《大唐西域記》記載，古代絲綢之路上，“山谷高深，峰岩危險”，“羣盜橫行，殺害為務”。敦煌位於絲路要道，畫師對於商旅遇盜事件，不僅耳有所聞，還可能目有所睹，他們將耳聞目睹的真實情況，融會到他們的創作中，使作品真切動人。

據唐代張彥遠《歷代名畫記》記載，隋代著名畫家楊契丹在京師寺塔的繪畫，以現實生活中的宮闕、衣冠、車馬為畫本。隋代法華經變亦秉承這種寫實畫風，以現實生活為題材。從第420窟“怨賊難圖”中，亦可窺見一二。例如下陡坡時，主人怕毛驢跌倒，緊緊拽住它的尾巴；毛驢卸掉重負後，臥地打滾，藉以消除勞累。這類至今在中國西北山區中司空見慣的小事，竟出現在“怨賊難圖”中，顯見此畫是古代畫師根據對現實生活的理解而創作，具有珍貴的歷史價值。另外，此圖以長卷連環畫的形式演繹經文，起伏迭宕，富有感染力，在敦煌同類作品中，堪稱空前佳作。

化城喻的取寶故事

第420窟只畫了“法華七喻”中的“火宅喻”，第419窟則出現了另一喻——〈化城喻品〉的“化城喻”。此喻說一羣到遠方取寶的人，經過一段險惡道路時，畏難欲退。幸有一位聰明的導師，幻化出一座美麗的城市，請大家進城休息。其後導師滅掉化城，再引導眾人繼續向寶地進發。譬喻中畏難欲退的人即小乘信徒，聰明的導師則象徵釋迦，藉此闡釋修行大乘者必須累世精勸奮進，才能成佛，絕不能半途畏難而退。第419窟人字坡西坡的“化城喻”與“火宅喻”交織在一起，畫面較簡單，沒有出現化城，只畫了一隊取寶人在路上艱難險惡的情景。

最完整的觀世音經變

建於隋代開皇年間（公元581-600年）的第303窟人字坡前、後兩坡繪單一的〈觀世音菩薩普門品〉，亦稱觀音經變。構圖形式沿襲北周盛行的橫長卷式，每坡畫上、下兩橫幅，共計四幅。情節基本上是依據經文順序展開的，平鋪直敘，沒有波瀾。這是敦煌壁畫中出現最早的一鋪觀音經變，也是公元六世紀末中國乃至全世界同類題材中，表現情節最多，畫面最長，保存最完整的稀世珍品。此後，敦煌觀音經變的主要情節和表現方法，都是在第303窟觀音經變的基礎上有所損益。

隋代法華經變所畫各品，均屬中國畫家獨創，但是〈觀世音菩薩普門品〉卻不然。公元六世紀初營建的印度阿旃陀石窟第4及第6窟均有〈觀世音菩薩普門品〉，構圖以觀音為中心，兩側分別配置救諸苦難圖。中國最早的〈觀世音菩薩普門品〉造像見於成都萬佛寺出土的劉宋元嘉二年（公元425年）造像碑中，雖然構圖佈局與莫高窟第303、420窟的〈觀世音菩薩普門品〉壁畫不一樣，但在某些情節的表現方法上，卻有相似之處。例如“水難圖”中落水人在水中飄浮的姿態，便大致雷同。另外，因念觀音名號得以落在淺水處的人，均是站在水中，雙手合十。由此推斷，敦煌觀音經變應是受到南朝的影響。

隋代法華經變的藝術特色

隋代法華經變的畫面取橫卷式，主題突出，有連續性情節。構圖密集而隨意，張彥遠《歷代名畫記》將繪畫分為疏密二體，隋代展子虔、鄭法士的畫都是“細密精緻而臻麗”，屬於“密體”。莫高窟第419、420窟的法華經變亦以細密精緻著稱，美術史家譽為敦煌壁畫中的“密體”畫傑作。大概是敦煌接受中原影響的結果。

在色彩方面，色調沉穩協調，多用黑、白、棕、藍、綠色，特別是用單色寬筆刷過，使畫面基調統一。素材源於生活，但造型誇張變形，體態修長飄逸，其創作意識，表現了人間苦難所帶來的精神壓抑和皈依佛教的精神超脱。

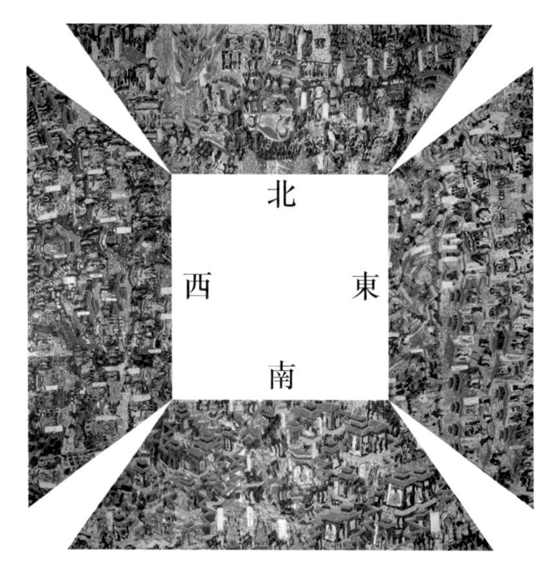

第 420 窟法華經變四坡示意圖

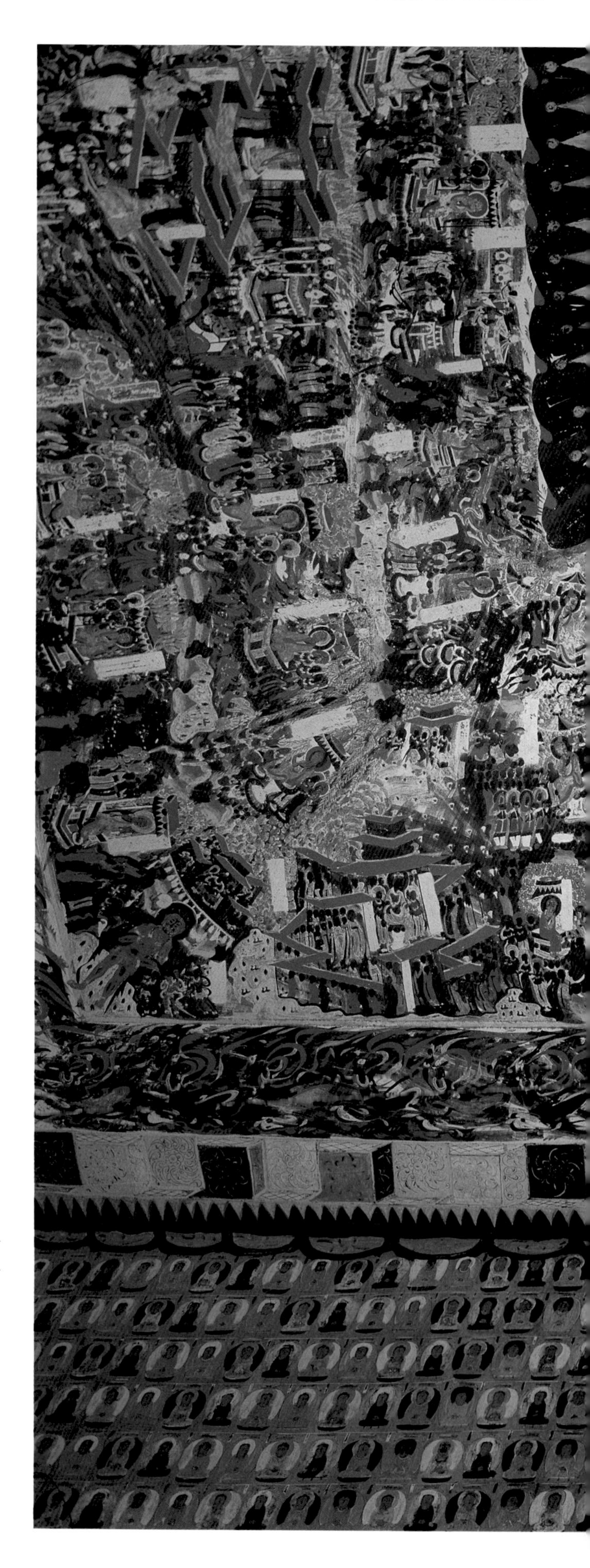

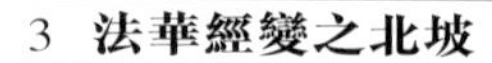

3　**法華經變之北坡**

右側繪靈鷲山與釋迦、多寶二佛並坐，象徵《法華經．序品》“靈鷲會”與〈見寶塔品〉“虛空會”。中間繪《大般涅槃經．序品》中有關釋迦涅槃的情節，藉此表現《法華經．序品》中釋迦以無數方便說法，引導眾生的情景。左側的八組說法圖大致相同，頗難解讀，也有可能出自《大般涅槃經．序品》。

隋　法華經　莫420　窟頂北坡

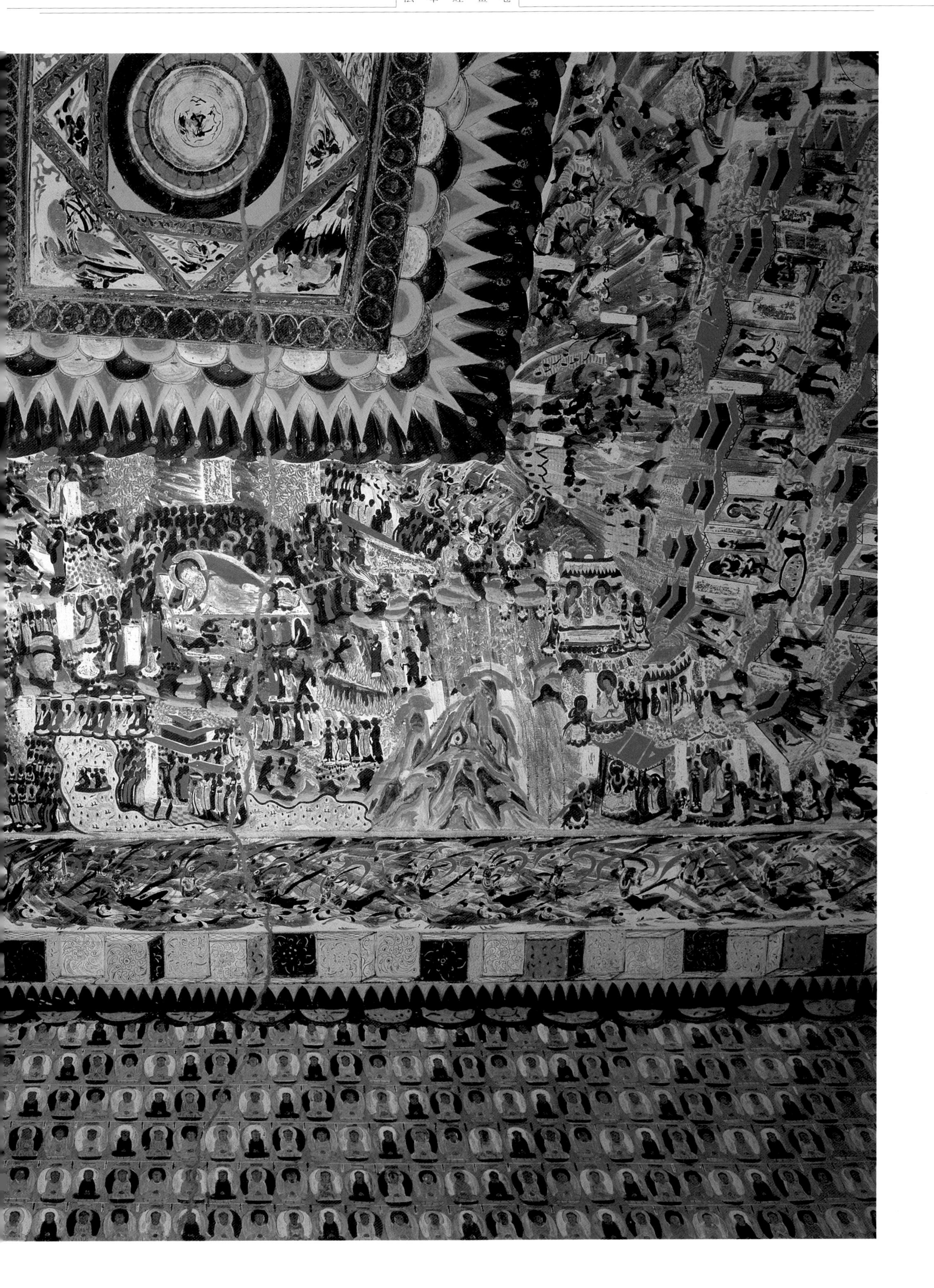

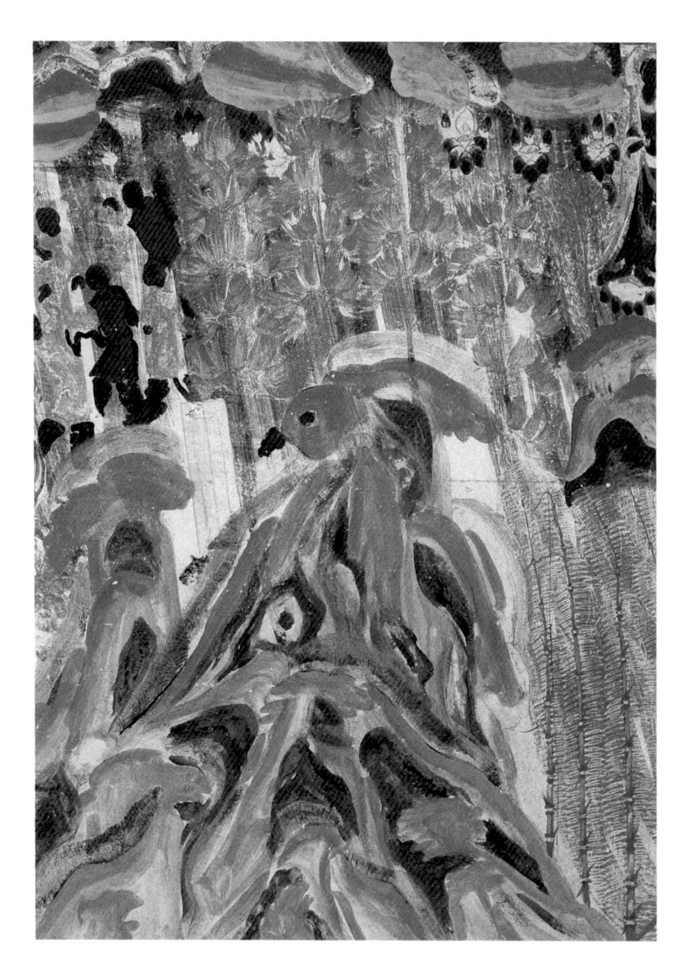

4 靈鷲山

靈鷲山以藍、綠、青、土紅等色，大筆橫竪雜陳，刷出山體。山腳青竹挺拔，山巔樹林茂密，山前長河潺湲，一派南國風光。靈鷲山頂被畫成一隻展翅欲飛的大鳥，山腰一座小山頂似仰視的鳥頭，呼應成趣，象徵靈鷲會聖址。釋迦就是在靈鷲山召開法華會和宣講《法華經》。

隋 法華經 • 序品 莫420 窟頂北坡

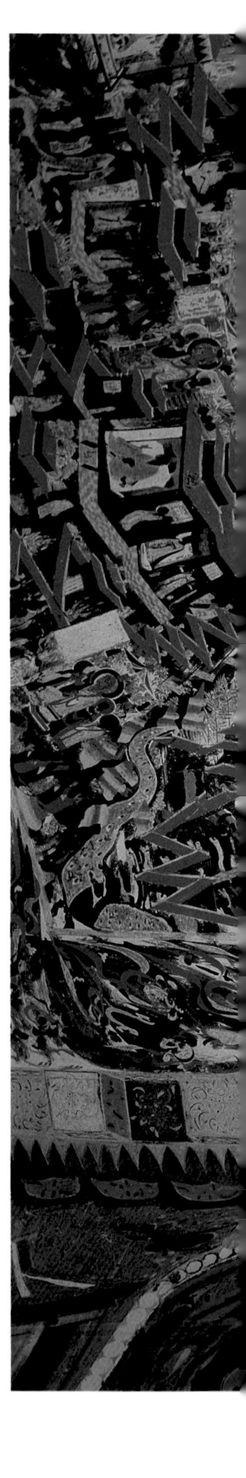

5 釋迦、多寶二佛並坐

隋 法華經 • 見寶塔品
莫420 窟頂北坡右側中

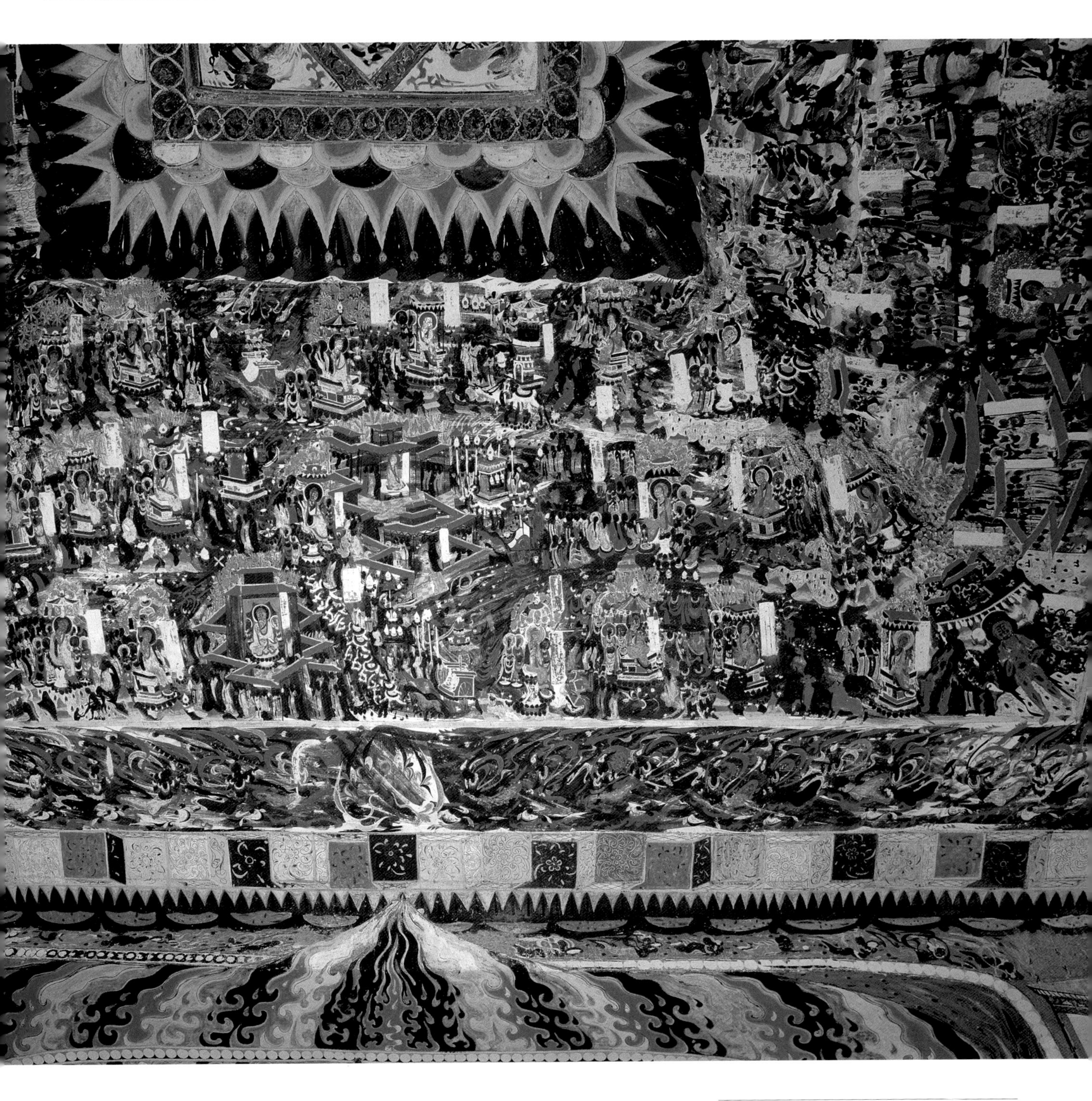

6 法華經變之西坡

畫面大致是以中間的一座曲尺院牆環繞的重層樓閣為中心，樓內有一佛在說法，周圍簇擁着四眾。院落牆外周圍畫諸象寶、馬寶、輦輿、車乘、塔廟等，在院落左下側還畫了一長串象隊。這些圖像可能是表現〈序品〉中的諸菩薩行施與〈方便品〉中的四眾起塔供養。右端繪從北坡延續過來的釋迦接受象王、鳥王以及牛羊王的最後供養。其餘畫面很難解讀。

隋 法華經 莫420 窟頂西坡

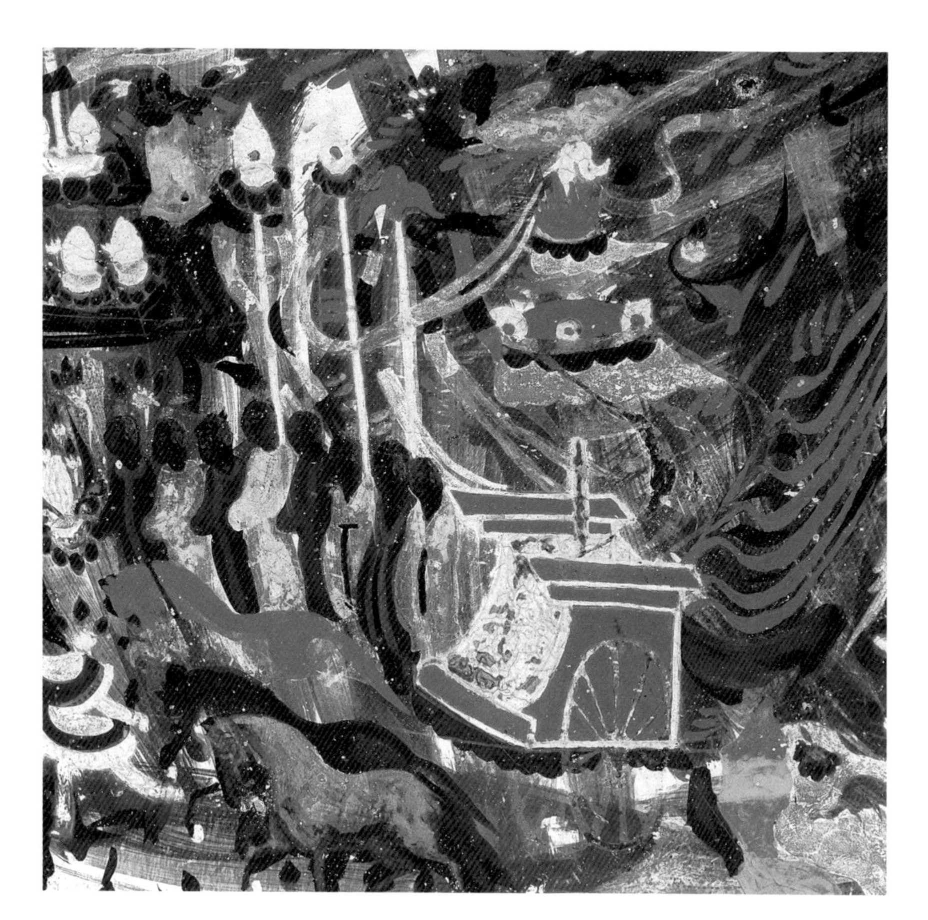

7 菩薩佈施駟馬寶車

四馬共駕一車。車頂立幡蓋，車後掛幡旗，迎風飄揚，十分華麗。

隋 法華經 • 序品

莫420 窟頂西坡中間下部

8 菩薩佈施輦輿、象乘

左側一佛倚坐於須彌座上說法。右側畫四眾佈施輦輿、象乘。中間上部畫一人擊編鐘，象徵佛說法的聲音柔軟深妙，令人樂聞。畫面佈局主次分明，緊湊協調。

隋 法華經 • 序品

莫420 窟頂西坡中間上部

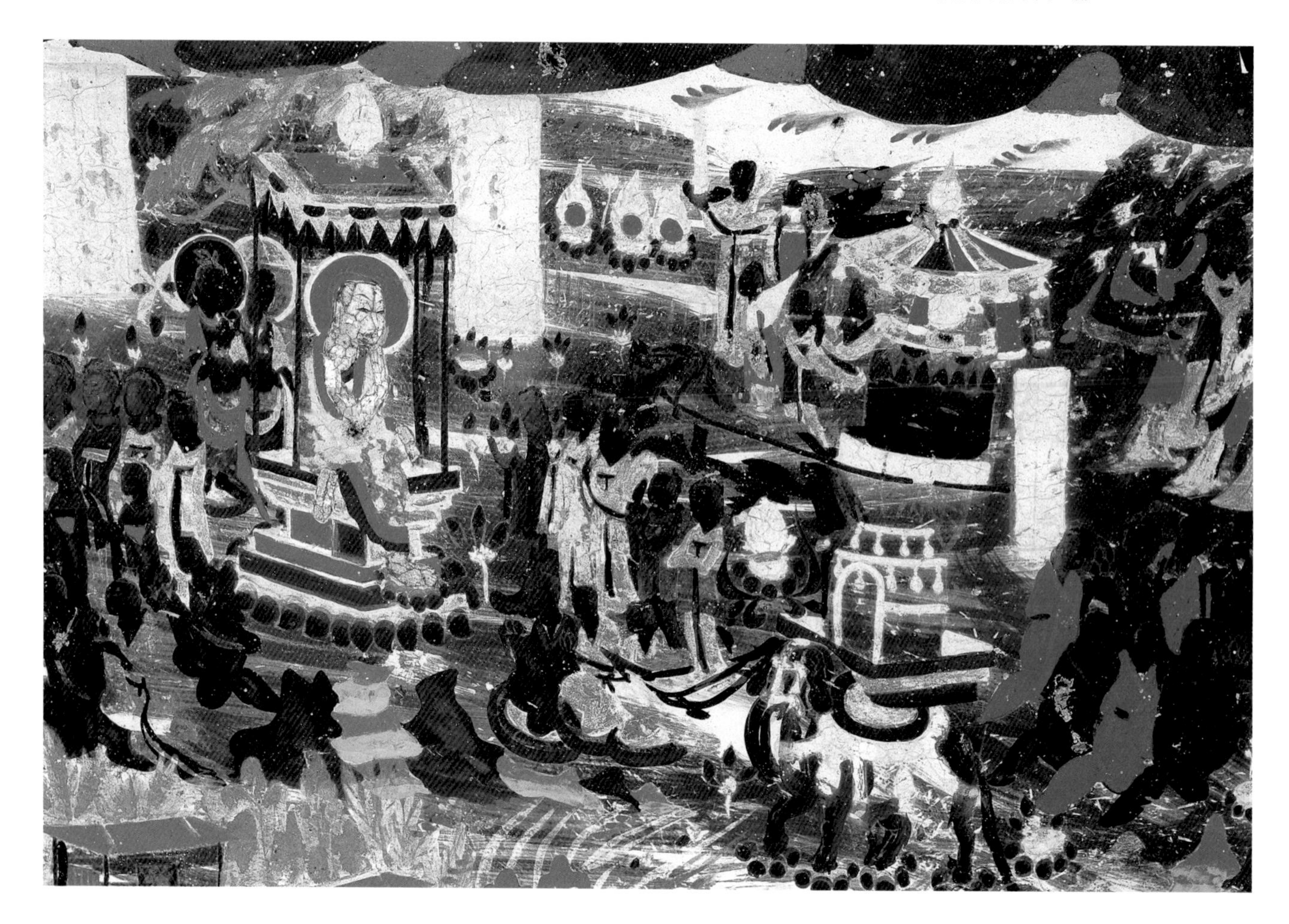

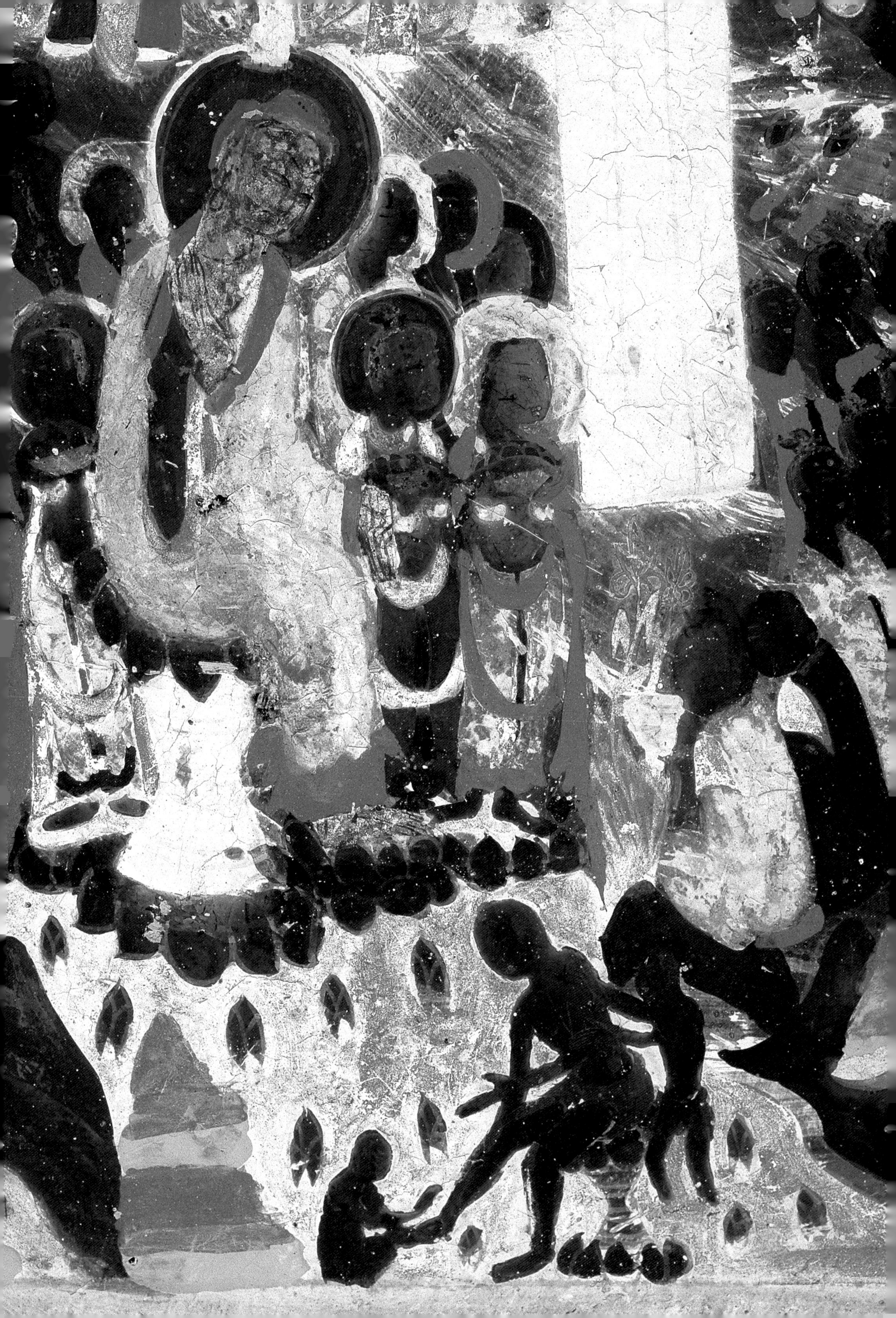

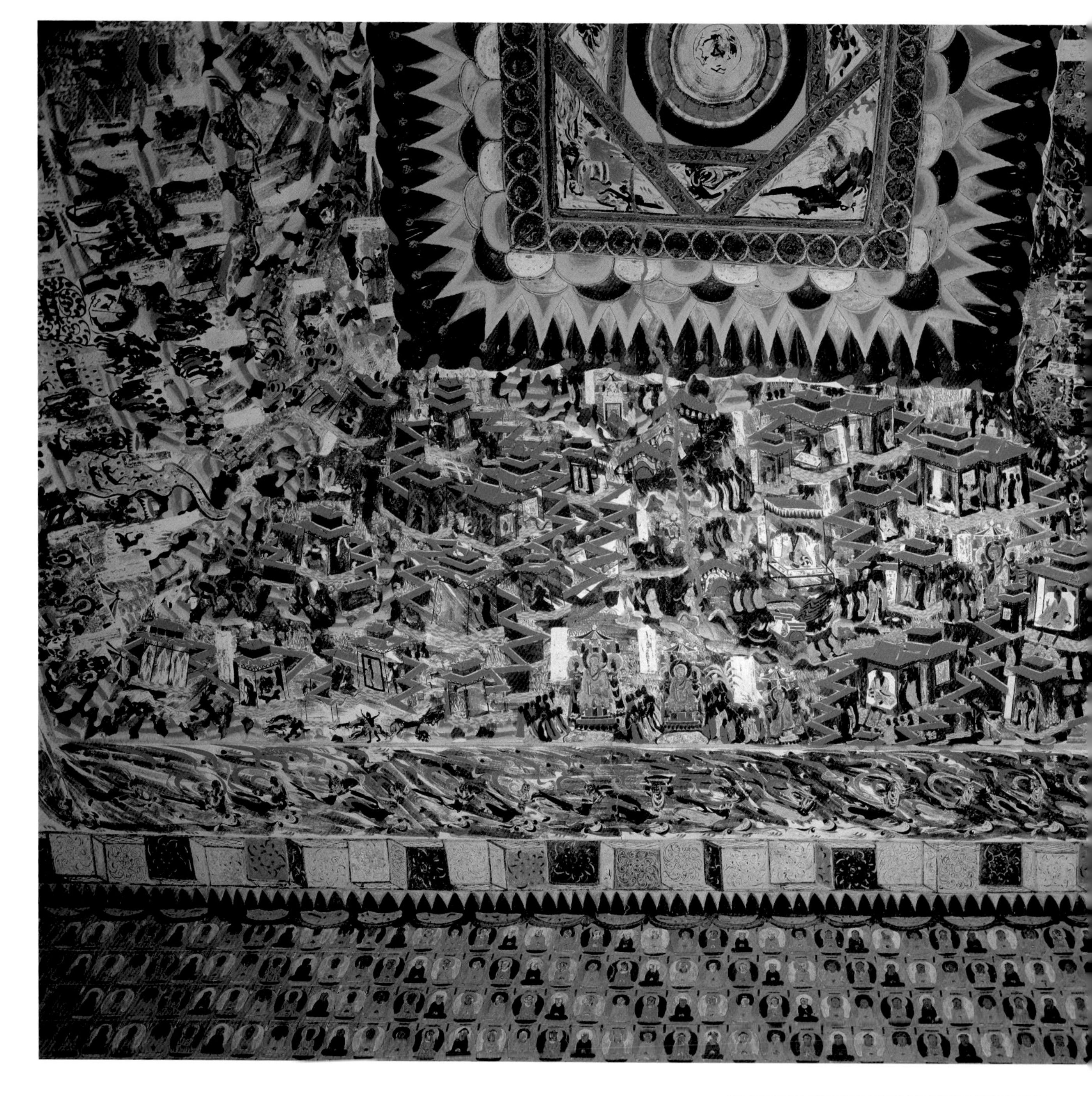

10 法華經變之南坡火宅喻

構圖極富戲劇性。整坡以兩組燃燒的建築羣為主體，曲折的房頂表現樓閣聳峙，曲牆環繞。大火燒着每間房子，四周又有可怕的動物。不知不覺，無驚無怖的諸子還沉迷作樂。在兩組火宅的中間繪羊車、鹿車、牛車，把兩組火宅連成一體。這是長者以三車誘導諸子脱離火宅。下部眾人坐三輛大牛車逃離火海，象徵芸芸眾生在釋迦誘導下，捨棄小乘，皈依大乘。全圖場面宏大，主題鮮明。建築的處理頗富裝飾性。

隋 法華經 • 譬喻品 莫420 窟頂南坡

9 菩薩佈施身肉手足 ◀ 見上頁

佛前蓮池中，菩薩坐在束腰座上。一人蹲下為他洗腳；後面一人，給他洗背。表現菩薩洗淨“身肉手足”，行將佈施。

隋 法華經 • 序品 莫420 窟頂西坡左側

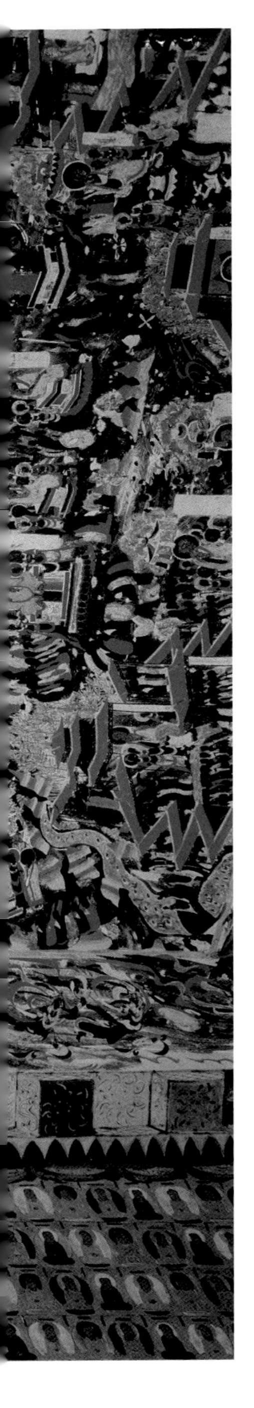

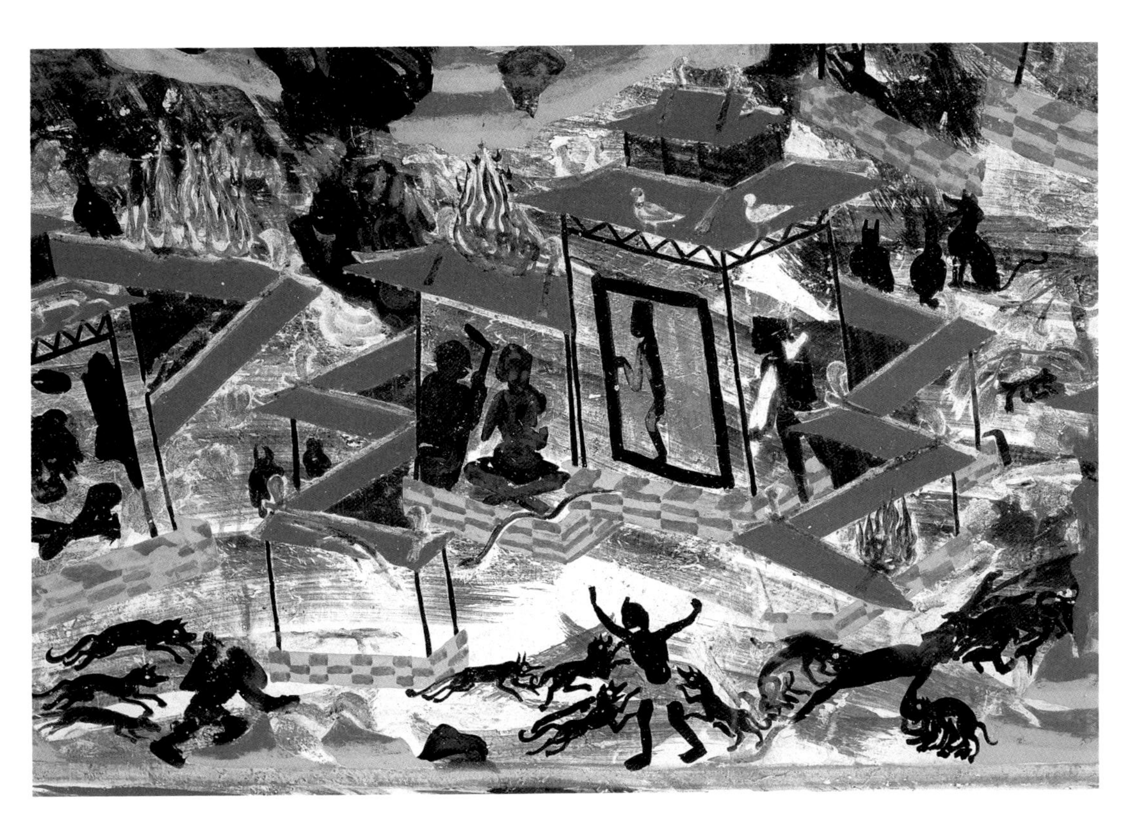

11 **火宅喻局部**

火宅中，一個孩子開門外望。院落外，野狼或追逐孩子，或者食屍肉，充滿恐怖氣氛，與〈譬喻品〉偈語的描述十分符合。

隋 法華經•譬喻品
莫420 窟頂南坡左側下部

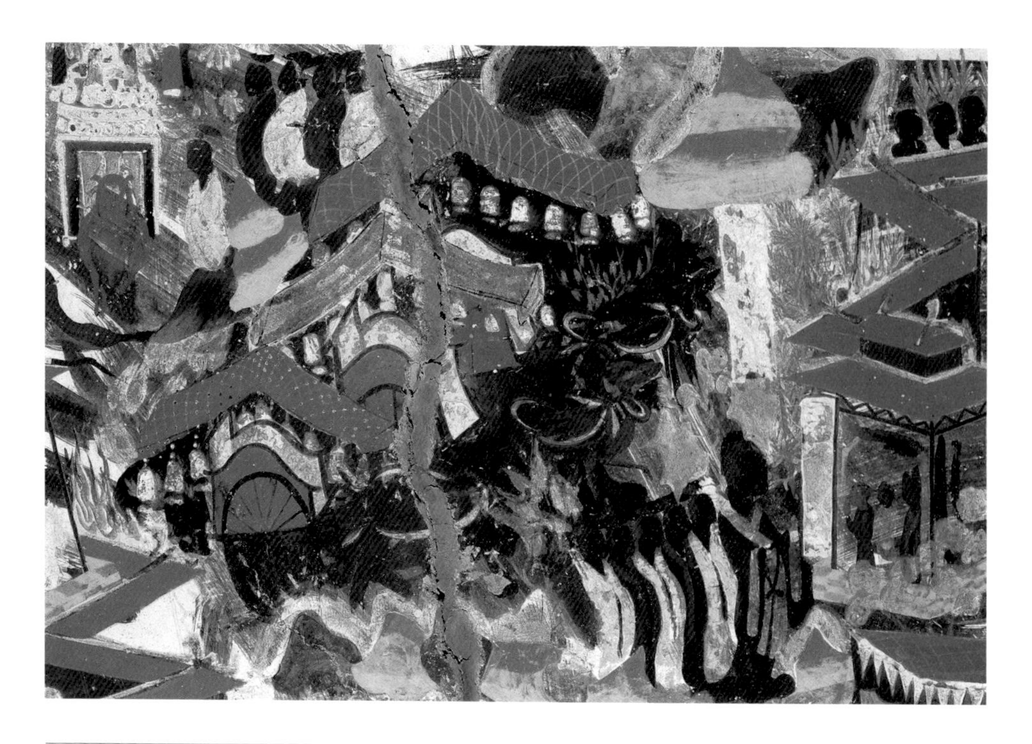

12 **火宅喻三車**

世人對火宅人生視若無睹，佛陀便以三車誘導。三車上各有寶物，適合各人不同愛好。正如長者為求諸子爭出火宅，答應隨各人所欲，都會給與。羊、鹿車雖是小乘，但也有稀有難得的寶玩，不取必定憂悔。牛車象徵普渡眾生的菩薩乘，有佛陀最豐厚的寶藏。

隋 法華經 • 譬喻品
莫420 窟頂南坡中間上部

13 **火宅喻三輛大牛車**

三頭肥碩壯實的大牛，各自駕着裝飾華麗的大車，載着長者諸子，在山間大道上前行，象徵芸芸眾生終於登上一佛乘，走向佛國。山體道路以大筆重彩塗成，路邊青青小草，又用細綫描繪，雖歷千餘年，猶清晰可見。

隋 法華經 • 譬喻品
莫420 窟頂南坡中間下部

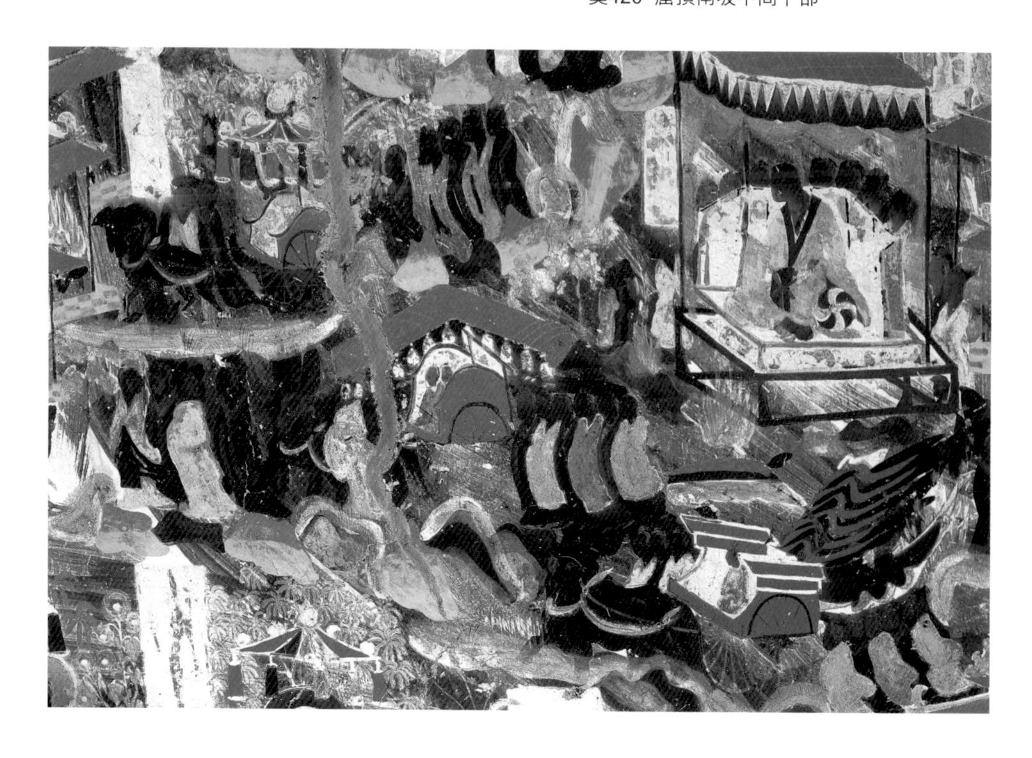

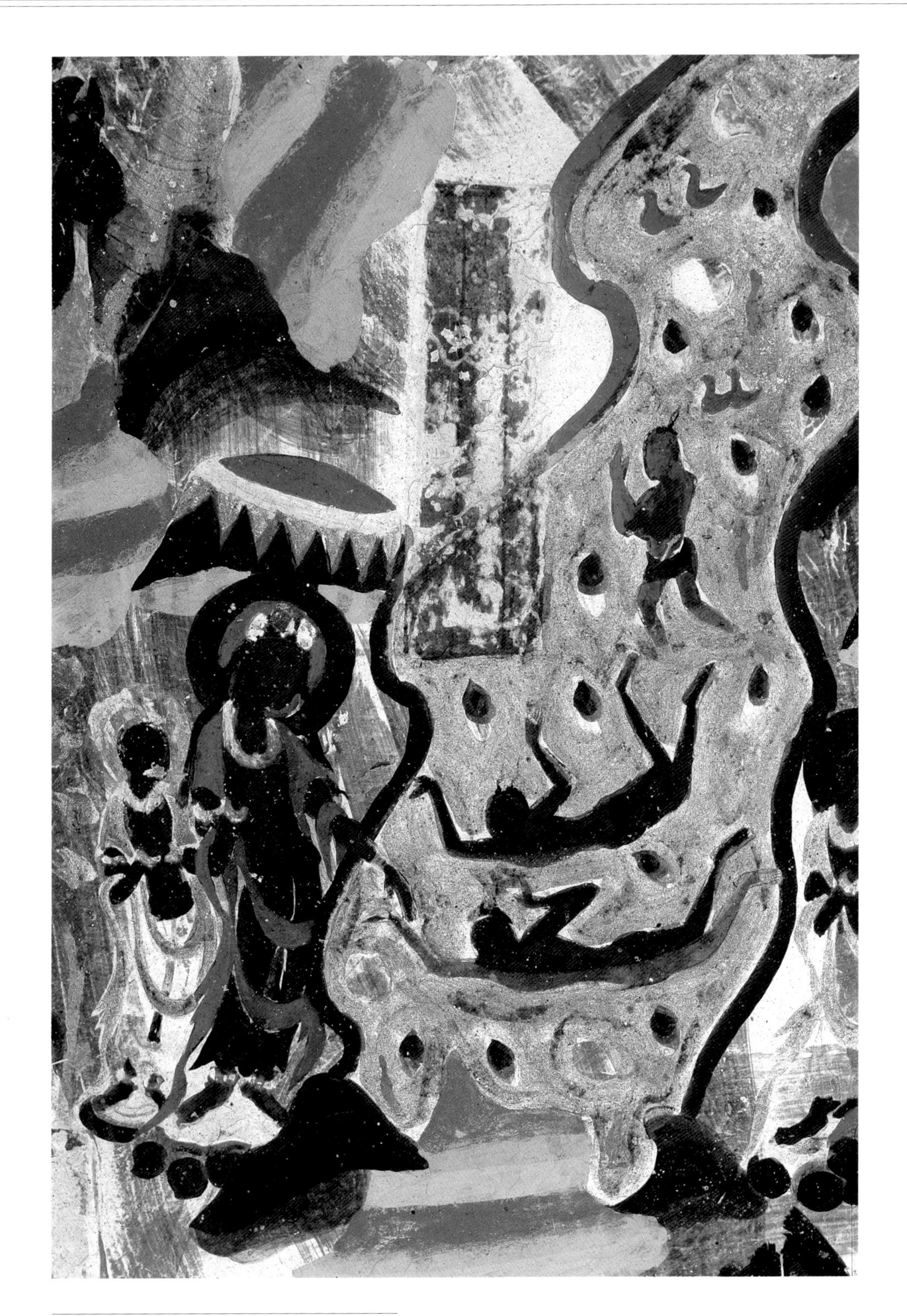

14 **水難**

畫師以兩條粗的曲綫，勾勒出長條形的大湖泊。湖中蓮苞待放，鴛鴦嬉戲，頗富南國情趣。三人跌落湖中，一人因念觀音名號，落在淺水處，合十祈禱；兩人在深水處，伸手向岸邊的觀音求救，觀音伸出左手搭救。人物刻畫相當生動。

隋 法華經 • 觀世音菩薩普門品
莫420 窟頂東坡右側下部

見下頁 ▶

15 **法華經變之東坡觀音經變**

隋 法華經
莫420 窟頂東坡

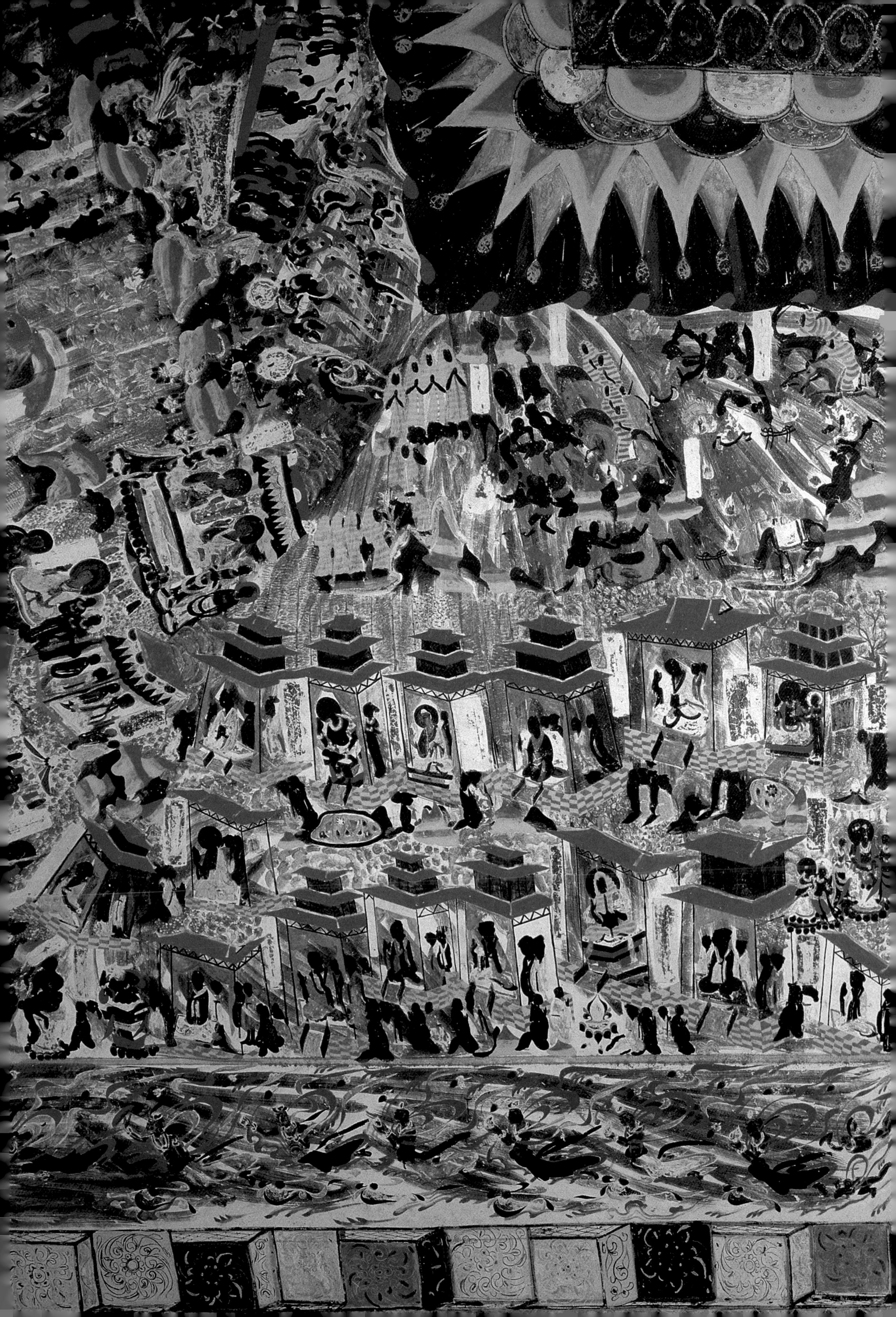

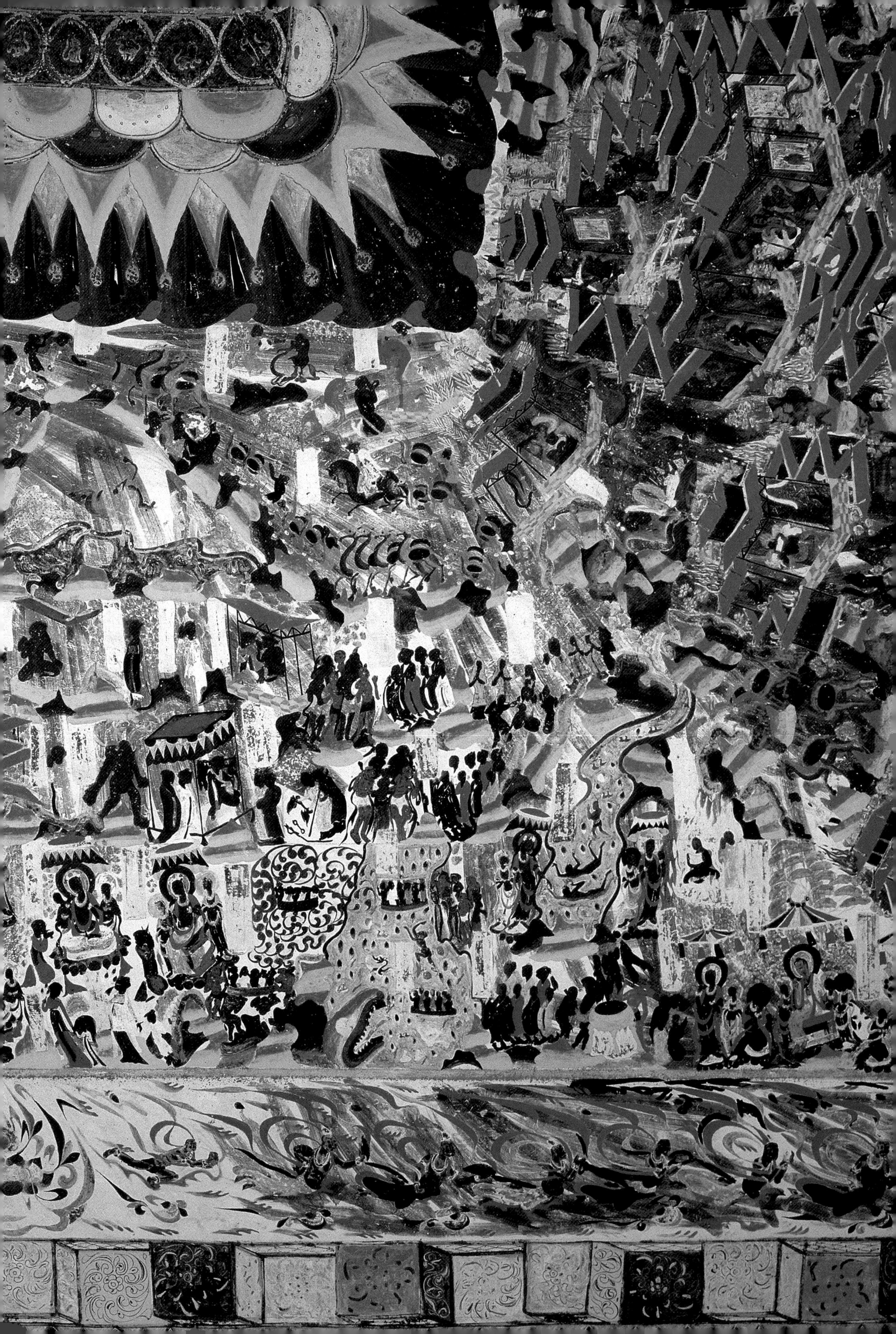

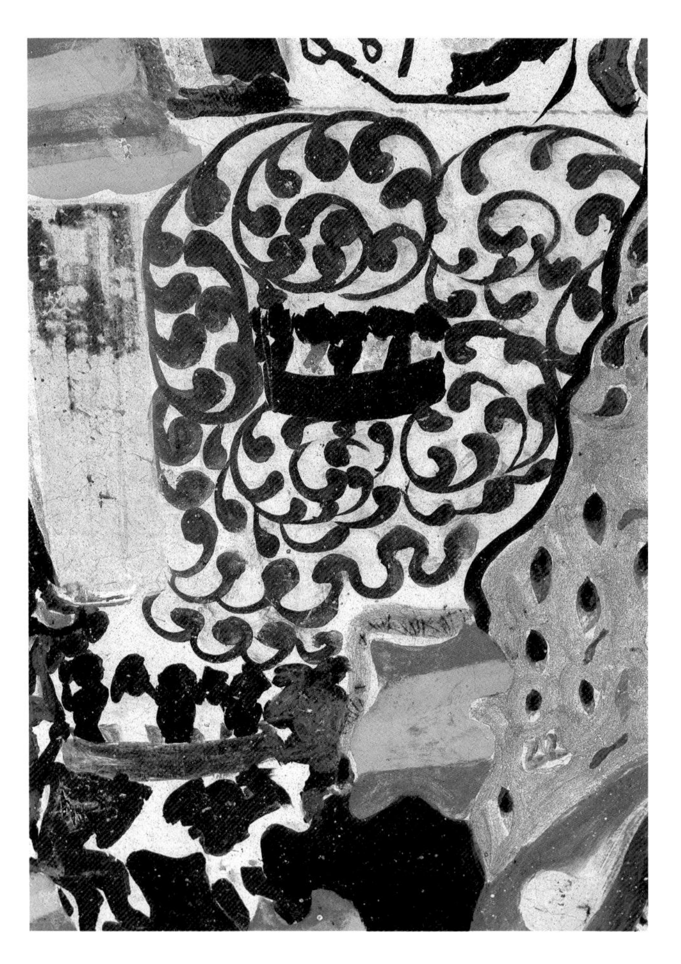

16 **風難**

一羣人出海時遇上暴風浪，波濤洶湧，正在危險關頭，因念觀音名號，頓時風平浪靜，脱離險境。畫師獨出心裁，以圖案形水波紋表現風浪。

隋　法華經 • 觀世音菩薩普門品

莫420　窟頂東坡右側下部

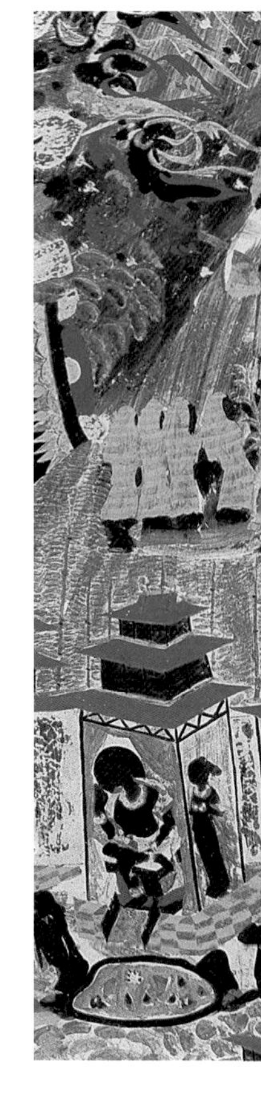

17 **求男得男、求女得女**

兩位窈窕少婦，身穿入時的窄袖短衫長裙，削肩束腰，左手拿花，右手攜着心愛的小兒女，一邊走一邊回頭。年輕母親初得兒女的喜悦之情躍然壁上，堪稱隋代人物畫的傳神之作。

隋　法華經 • 觀世音菩薩普門品

莫420　窟頂東坡中間下部

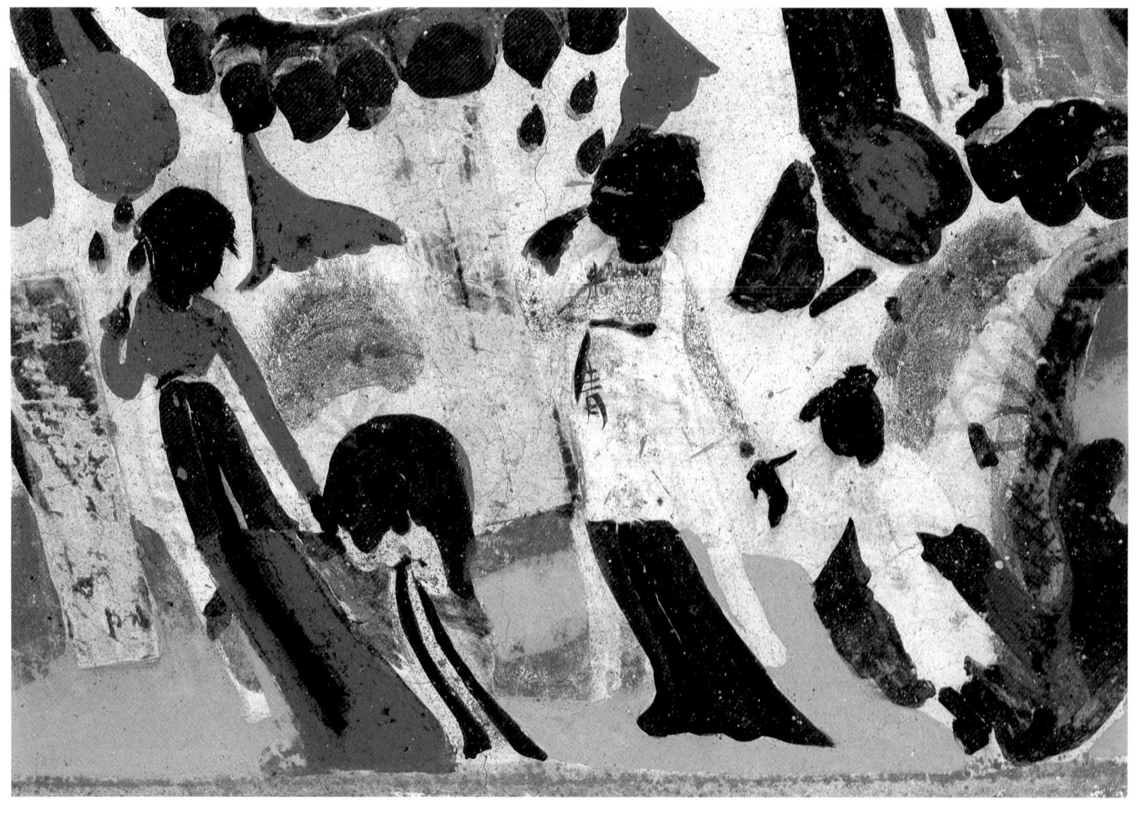

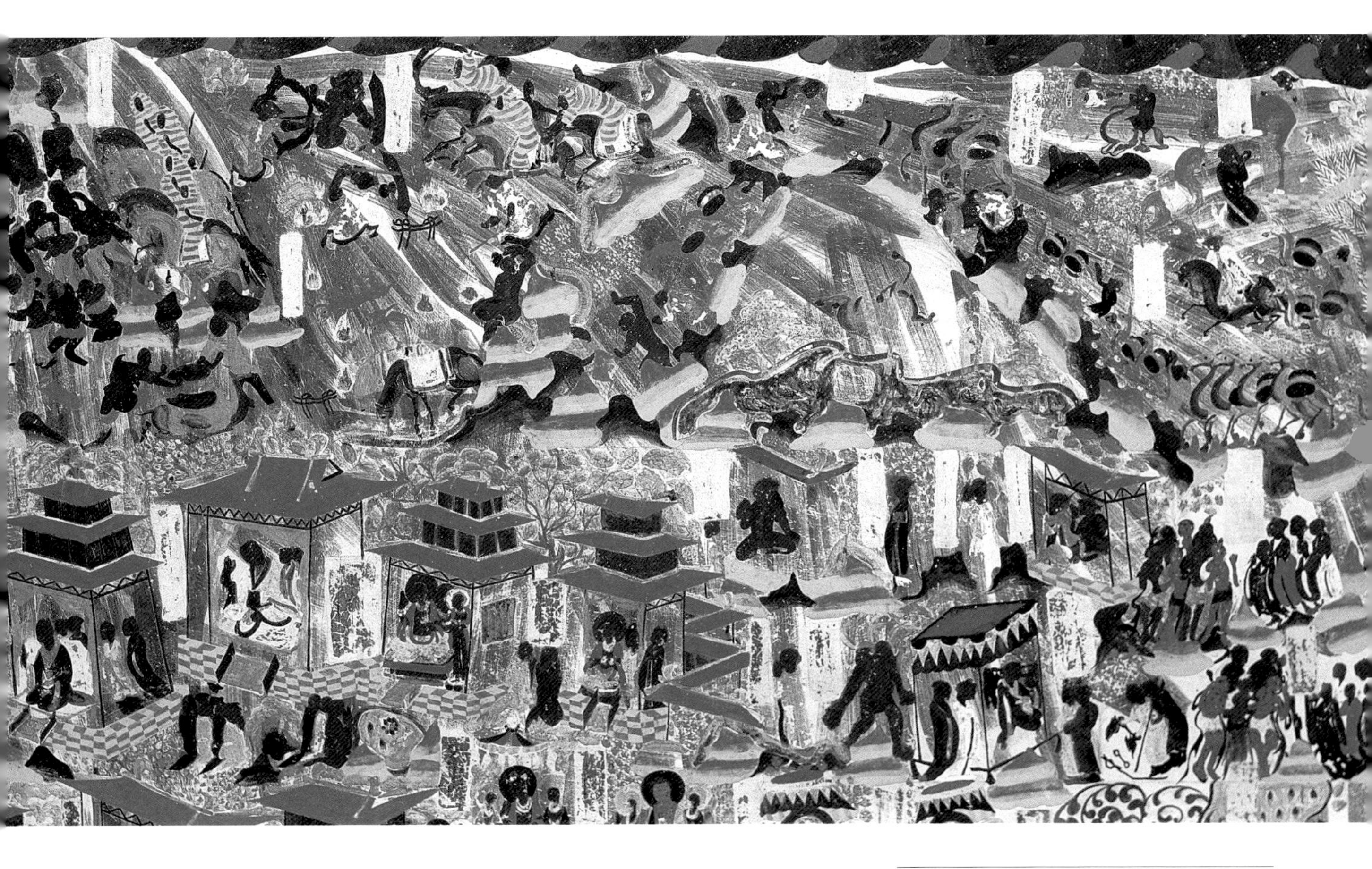

18 **怨賊難**

從右向左，先畫商主出行前跪地求觀音保祐一路平安。商隊起程，腳夫趕着一隊馱着商品的駱駝、毛驢翻山越嶺。山頂上，一隻駱駝失足墜崖，兩個腳夫驚恐地俯視深谷。正在下山的腳夫生怕毛驢墜崖，雙手緊緊拖住毛驢的尾巴。商隊下到山谷，在溪邊草灘休息。腳夫從駱駝背上卸貨。卸去重負的牲口，或吃草，或飲水，或臥地打滾。商主為防不測，還派了一個腳夫在半山放哨。突然，一隊強盜穿戴盔甲，騎馬衝殺過來。商隊的人拿起武器，倉卒應戰。終因寡不敵眾，全部被俘，被押出山。在危難之際，似乎是觀音顯靈了，強盜放下屠刀，排成兩隊，合十而立。畫面至此結束，暗示商隊得救。由於販貿途中遇險得救，一直是商旅的心願，所以，自隋至宋的敦煌壁畫中，“怨賊難圖”一直綿延不絕。

隋 法華經•觀世音菩薩普門品

莫420 窟頂東坡上部

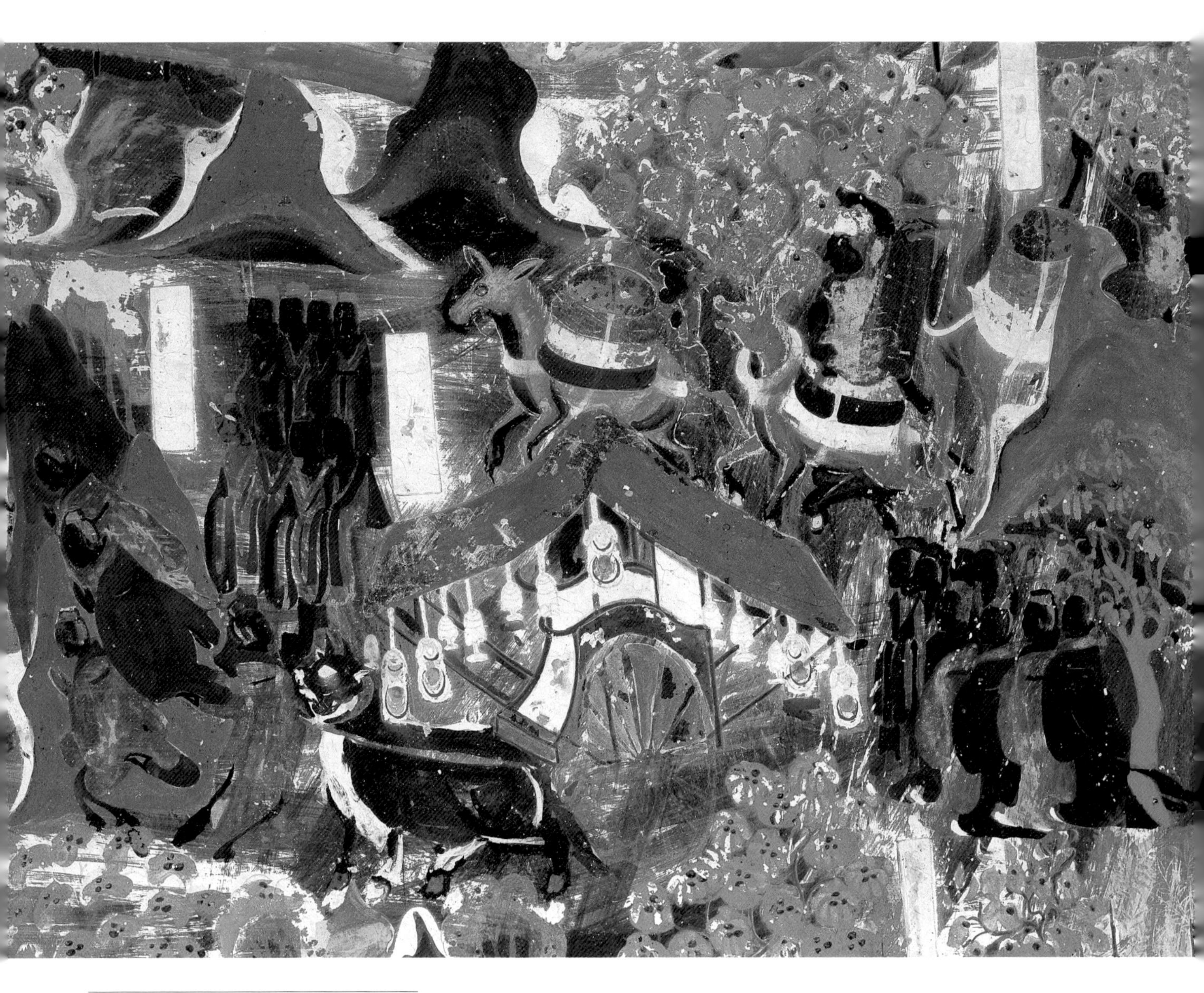

19 火宅喻大牛車與化城喻取寶人

在火宅喻三車的下部，畫一輛裝飾十分華麗的特大牛車，諸子站在車後。駕車的牛，雄壯有力，栩栩如生。牛車上部繪二人騎着毛驢、駱駝，行進於崇山叢林中，以表現〈化城喻品〉中的取寶人羣。畫師把兩品不同的故事，組合在一個畫面，看似是表現絲綢之路上的商隊，倒也新穎。

隋 法華經•譬喻品及化城喻品
莫419 人字坡右端中排

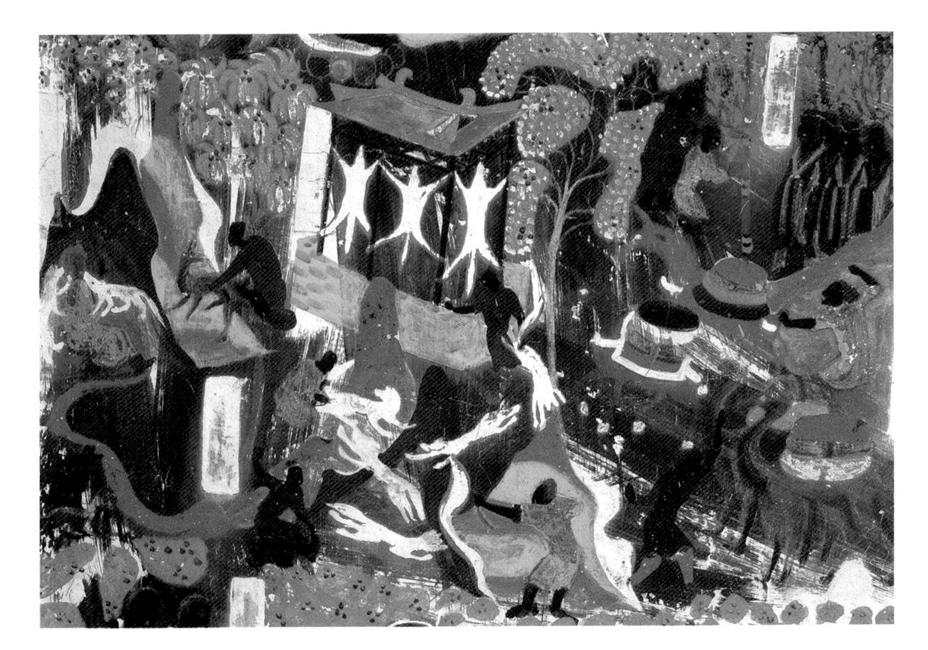

20 化城喻

此圖是上圖化城喻的後半部分。取寶人羣趕着毛驢、駱駝，到一座大山前，遇上野獸毒蟲攔路，就射殺野獸。野獸或猛撲，或逃竄，描繪十分生動。上部還畫取寶人剝下野獸皮，掛在牆上，左側邊上所畫野獸毒蟲吃人場景，可能是"火宅喻"中的情節。

隋代法華經變是開創性的，仍未發展成熟。第419窟的〈化城喻品〉就相當簡單，故事性不強。

隋 法華經 • 化城喻品
莫419 人字坡西左端中排

21 化城喻局部

隋 法華經 • 化城喻品
莫419 人字坡西坡左端中排

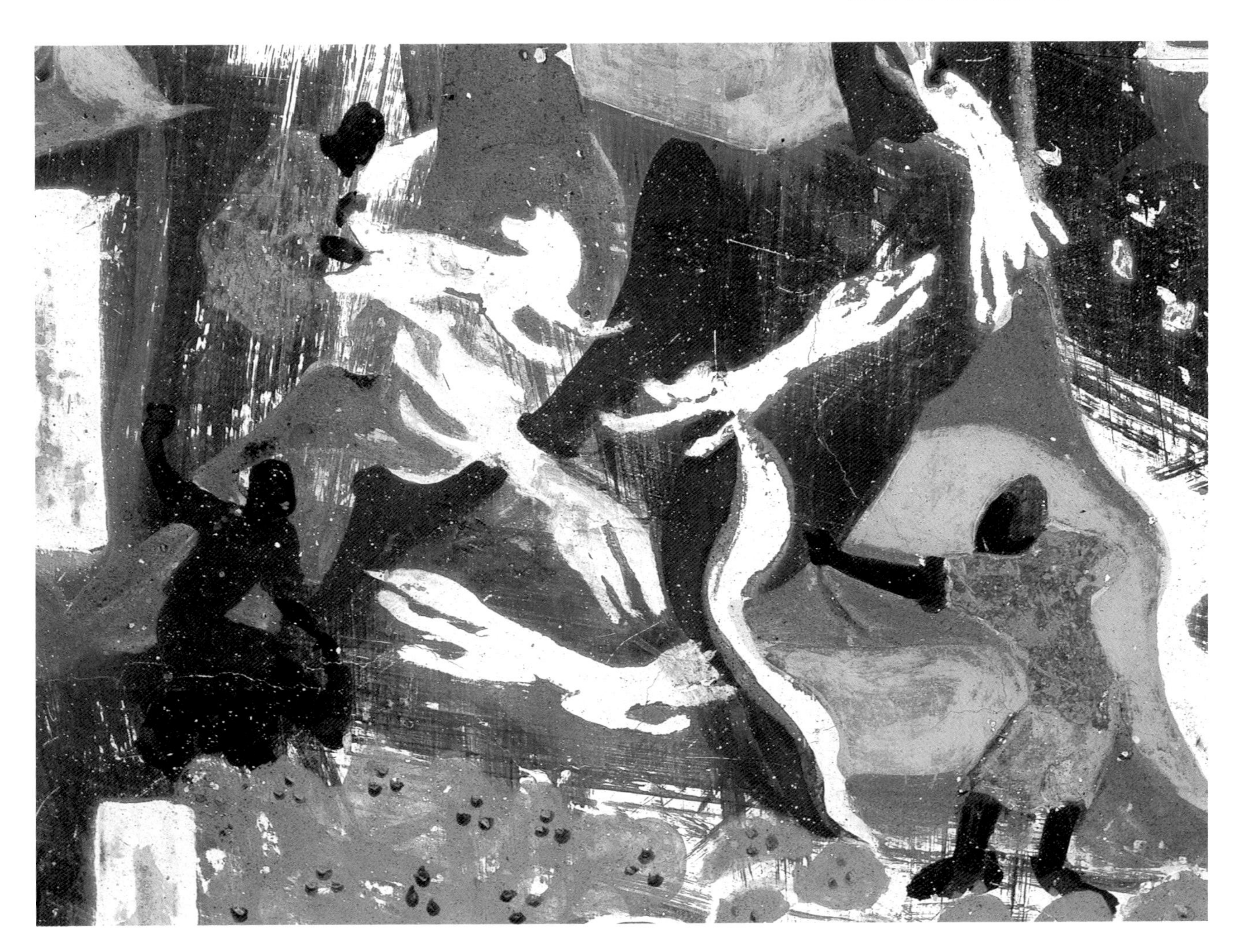

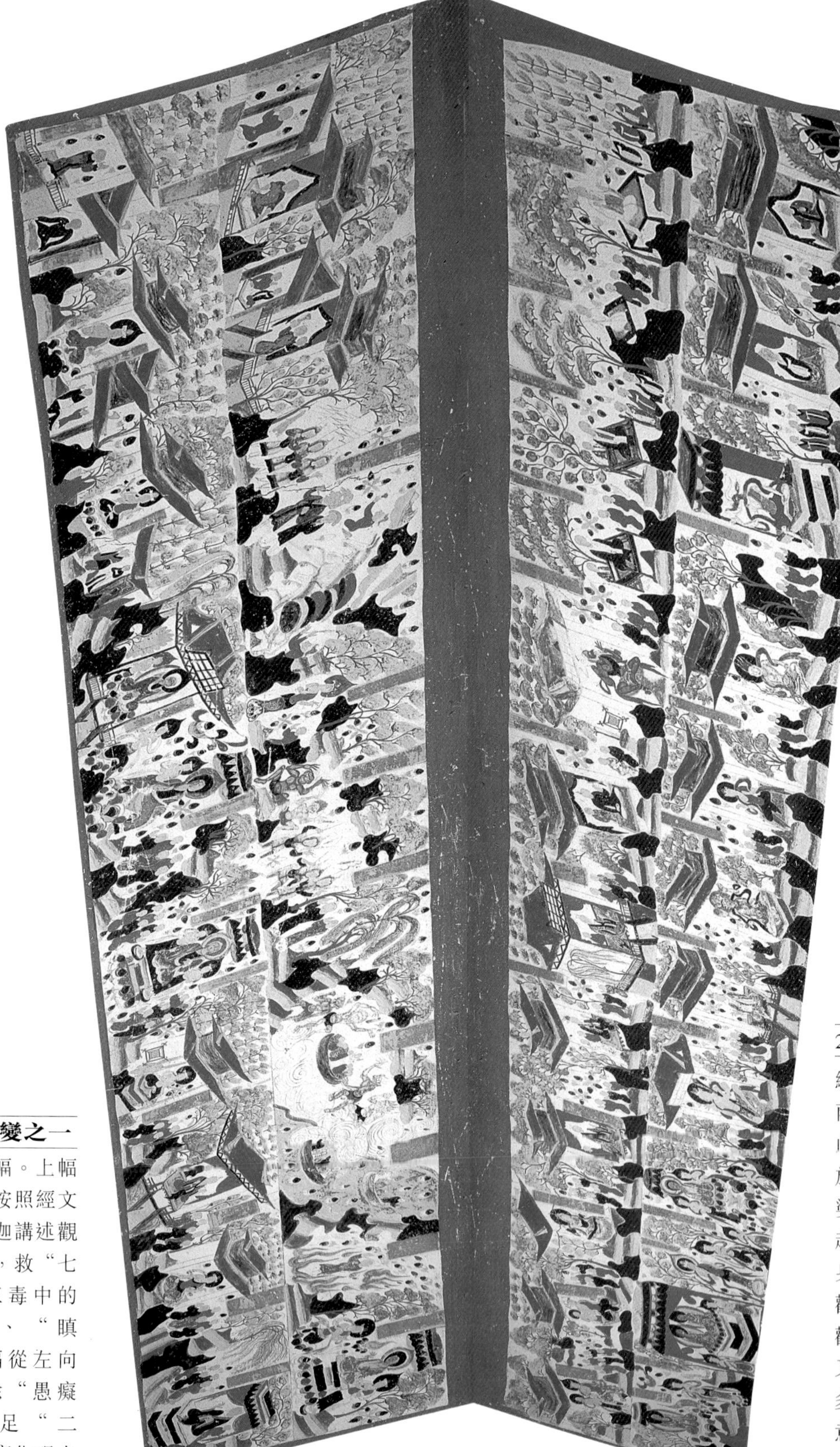

22 觀音經變之一

分上下兩橫幅。上幅從右向左，按照經文順序，畫釋迦講述觀音名號因緣，救"七難"，除三毒中的"淫毒"、"瞋毒"。下幅從左向右，畫消除"愚癡毒"，滿足"二求"，止於應化現大自在天身。

隋 法華經•觀世音菩薩普門品

莫303 人字坡東坡

23 觀音經變之二

繼續東坡所畫化現，兩坡共畫二十六身。此坡上幅從左起，始於大將軍身，止於優婆夷身。下幅從右起，依次畫長者女身、釋迦講應當供養觀音、無盡意菩薩向觀音敬獻瓔珞、觀音又把瓔珞分獻釋迦、多寶二佛，以及無盡意菩薩重問觀音名號由來等情節。

隋 法華經•觀世音菩薩普門品

莫303 人字坡西坡

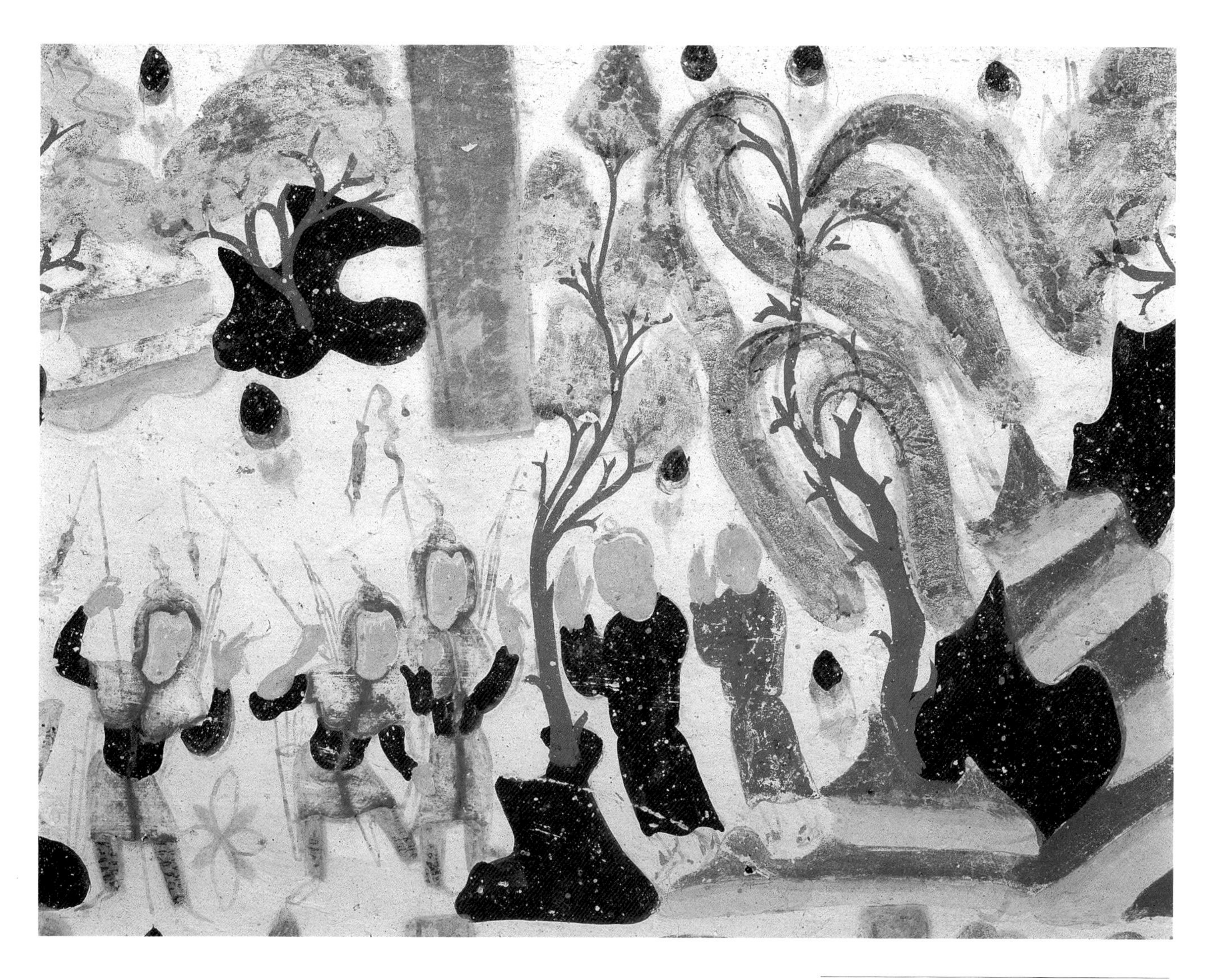

24 解救王難

壁畫中有兩個合十而立的人，將被處死，因念觀音名號，行刑人手中的刀杖，自行斷壞。畫面中人物和環境的處理很協調。

隋 法華經 • 觀世音菩薩普門品

莫303 人字坡東坡上排中間

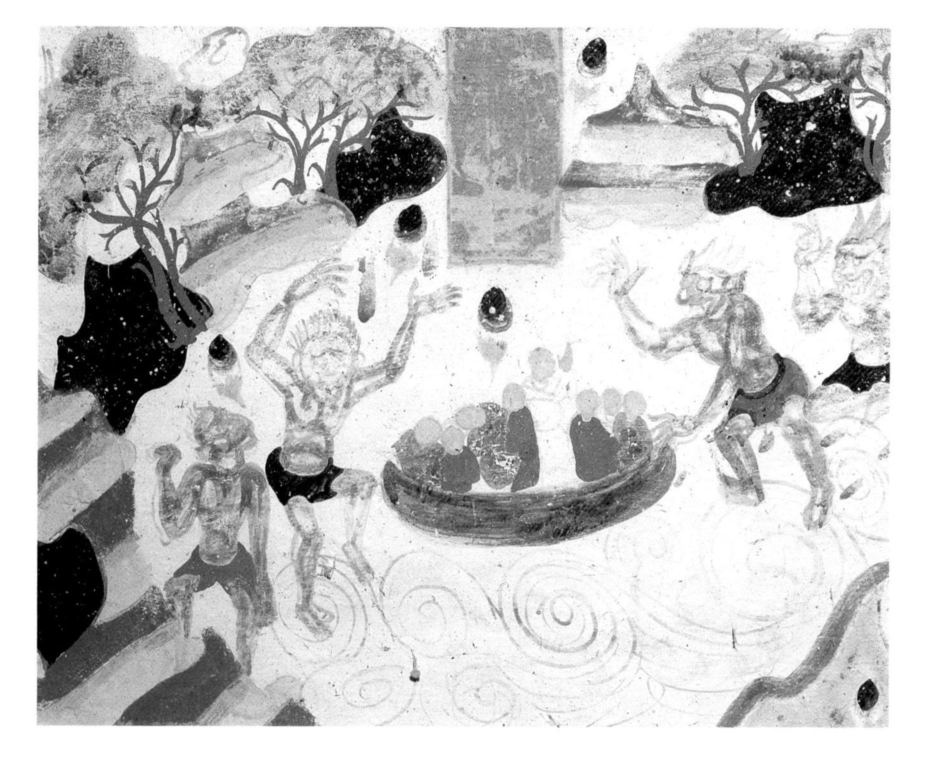

25 解救羅刹難

出海的人遇上大暴風，船飄流到羅刹國。凶狠的羅刹，張牙舞爪，將要吞食他們。畫師以流暢旋轉的綫條，表現大海洶湧波濤，襯托出羅刹惡鬼的凶暴。

隋 法華經 • 觀世音菩薩普門品

莫303 人字坡東坡上排中間

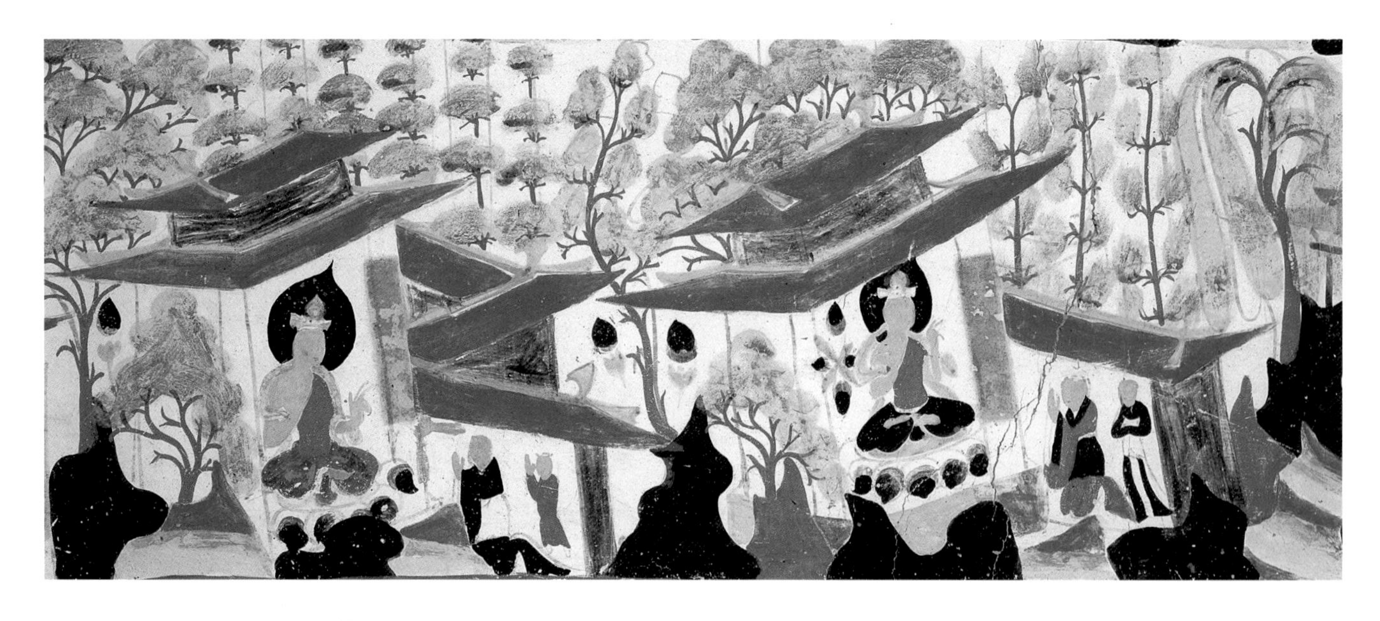

26 求兒女

左側為向觀音求男得男者，右側為向觀音求女得女者。

隋 法華經•觀世音菩薩普門品

莫303 人字坡東坡下排左側

27 解說愚癡毒

佛家把“愚癡”視為人類的三毒之一，聲稱若患愚癡病者，常念觀音，便得離癡。畫中右側為愚癡者，坐在地上，兩手撐地，傻裏傻氣，惟妙惟肖。

隋 法華經•觀世音菩薩普門品

莫303 人字坡東坡下排左頭

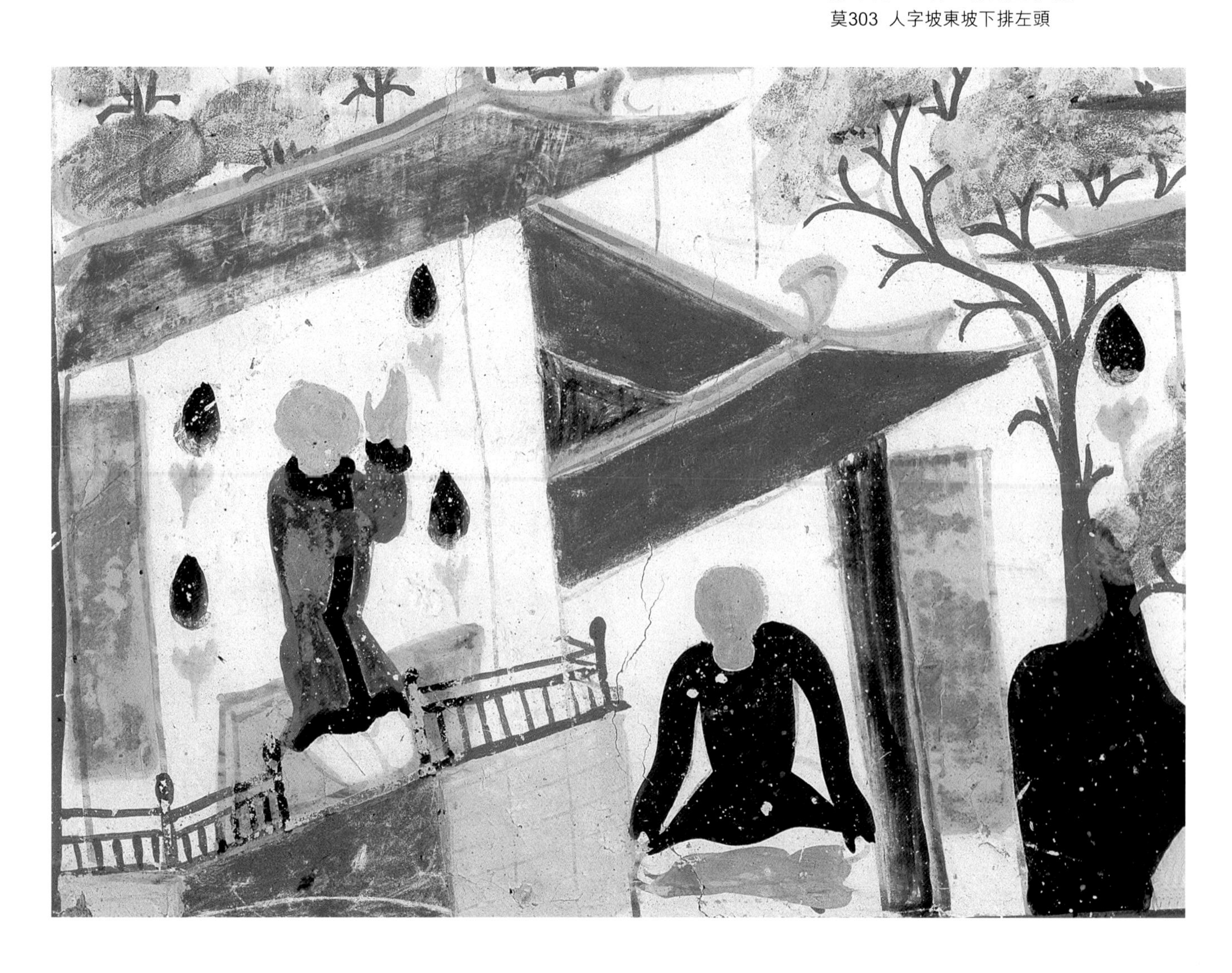

28　現宰官身

觀音能夠隨機應變，現身說法。此圖表現觀音變化成官吏身份，向四眾弘傳《法華經》。說法的環境，綠樹茂密，楊柳垂掛，十分優美。

隋　法華經•觀世音菩薩普門品
莫303　人字坡西坡上排中間

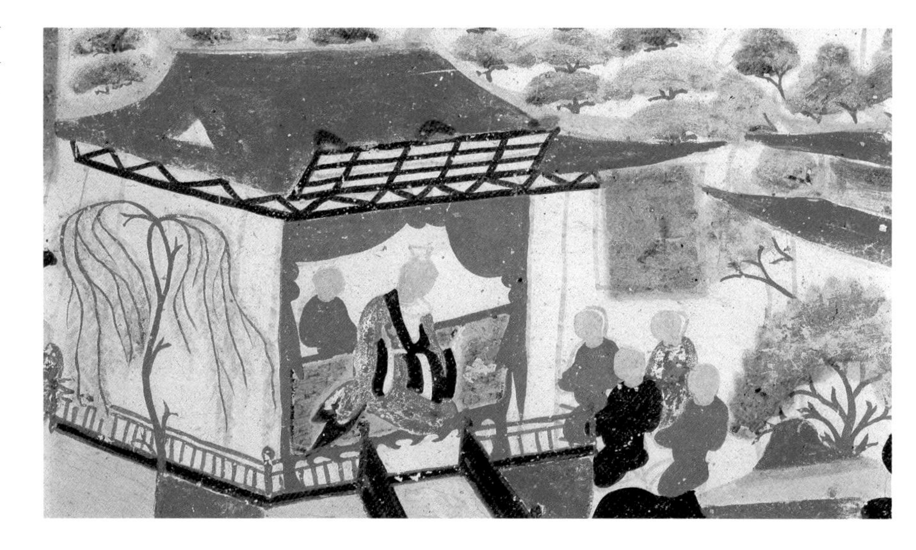

29　現婆羅門身

"婆羅門"是古代印度第一種姓，是一切知識的壟斷者。此圖為觀音變作婆羅門，弘傳佛法。婆羅門深目高鼻，鬚髮雪白，裸體披巾，坐在束腰座上，揮手宣講《法華經》，情緒激動。跟前有三個男子跪地聽法。

隋　法華經•觀世音菩薩普門品
莫303　人字坡西坡上排中間

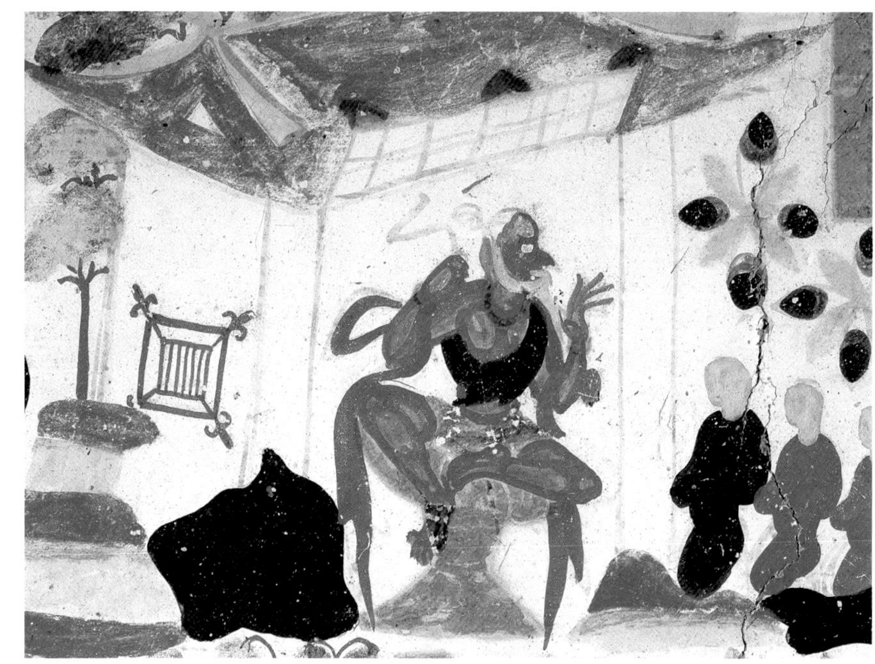

30　現龍王身

隋　法華經•觀世音菩薩普門品
莫303　人字坡西坡下排右側

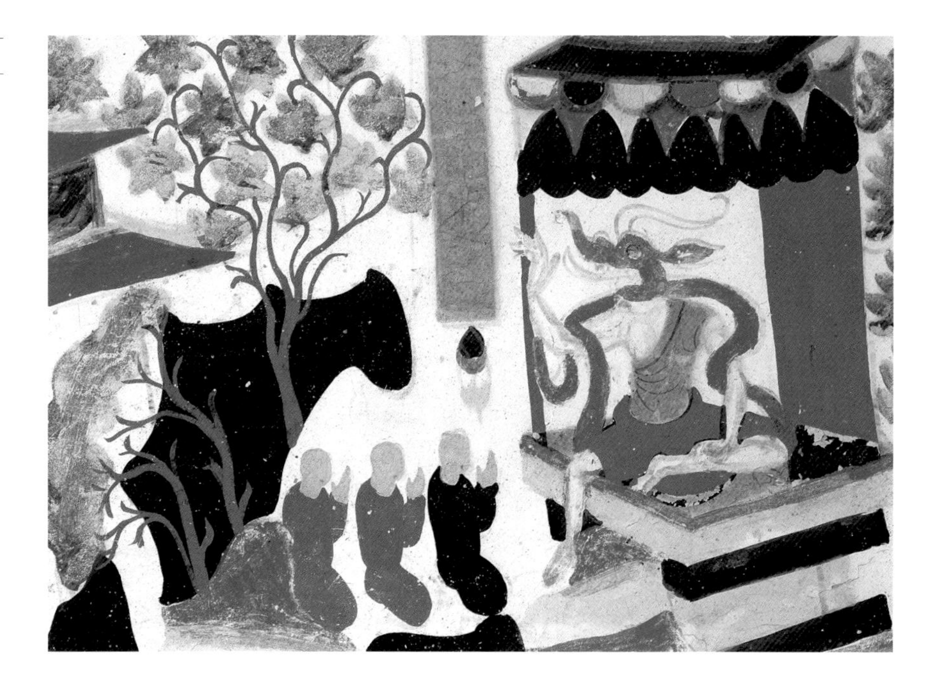

第二節 各騁奇思 風規燦然

初唐（公元618-704年）

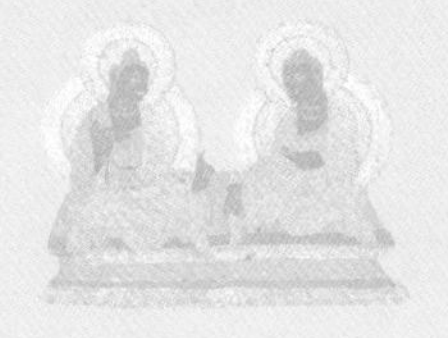

初唐是法華經變發展中最重要的過渡及摸索階段。隋代以來，法華經變的“義理”和“藝術”融合問題——如何在構圖上結合經書中各品的內容，同時突出靈鷲會和虛空會的重要性？——一直懸而未決。初唐畫師為此作出了不少嘗試和探索。儘管他們未能完全解決問題，卻留下不少開創性的作品，為盛唐的“向心式”構圖奠立了基礎。

過渡型的法華經變——第331窟

初唐法華經變值得重視的是構圖方式的變化。隋代法華經變沿用北朝盛行的橫卷式構圖，這種方法長於表現連環畫式的故事，如釋迦的生平事迹等。若要把《法華經》各品表現為大型經變畫，由於各品之間缺乏故事連接，橫卷式就無法達到理想效果。

初唐八十七年間，從橫卷式向向心式過濟的法華經變中，最值得注意的首推第331窟。此窟大約建於公元684年之前，窟主可能是敦煌大姓之一的李達。法華經變繪於該窟東壁窟門上部，繪有〈見寶塔品〉、〈序品〉、〈提婆達多品〉、〈從地湧出品〉、〈妙音菩薩品〉及〈普賢菩薩勸發品〉六品。它的突破之處，在於把六品的內容融合到一幅經變之內。雖然構圖分為上、中、下三橫幅，從總體上看，仍屬隋代的橫卷式的延續，但從中間局部來看，又突破了橫卷式，處於過渡階段。

畫師着意以〈見寶塔品〉為中心，連接配置於左右兩側的〈序品〉、〈普賢菩薩勸發品〉、〈提婆達多品〉、〈從地湧出品〉，以及下部的〈妙音菩薩品〉，組成左右對稱、上下協調、場面熱鬧的說法大會。

此外，在第331窟的構圖佈局中，虛空、法華兩會的關係亦得到更合理的安排。畫家把虛空會的與會者置於上橫幅，法華會的會眾繪於中、下兩橫幅，這種以七寶塔居中，上接虛空會，下接法華會的整體佈局，使兩會的關係比隋代的法華經變密切多了。

另外值得一提的是，在敦煌壁畫中第331窟，首創把阿彌陀經變、彌勒經變、法華經變匯於一窟。這種安排是以《法華經》為依據的：凡信仰《法華經》的人，死後悉往西方極樂世界的阿彌陀佛國，或者到兜率天上彌勒菩薩住所，兜率天是將來成佛的菩薩居住的地方。從此直到歸義軍時期，這三種經變便經常繪於一窟。

融合六品的法華經變

第331窟所繪與隋代相同的只有〈見寶塔品〉及〈序品〉，《法華經》最重要的情節——虛空會和法華會——也分別在這兩品中。畫家的重心不只在畫出這兩品，還要畫出這盛事的莊嚴場面和與會者之多，以顯兩者在《法華經》中的特殊地位。

❶▷ 先說〈見寶塔品〉的虛空會。畫家將釋迦、多寶二佛並坐的七寶塔繪在畫面中心，不僅所佔空間最大，更起着連接各品的統領作用。此外，在上橫幅的左右兩側，又繪上虛空會的與會者——❷▷ 初唐新出現的釋迦佛分身十方諸佛及其脅侍菩薩，更使〈見寶塔品〉內容豐富，場面華麗。

❸▷ 在七寶塔前有兩位獻瓔珞給釋迦的菩薩，其中一位是妙音菩薩。〈妙音菩薩品〉說妙音菩薩到娑婆世界的靈鷲山，以瓔珞供養釋迦佛，並聽釋迦講《法華經》。妙音菩薩的法力僅次於觀世音菩薩，也可以應現各種化身，到處為眾生宣說《法華經》。或許受到隋代第303窟所畫觀世音菩薩向釋迦、多寶二佛分獻瓔珞的啟發，第331窟於是首創妙音菩薩向釋迦佛奉獻瓔珞。以〈見寶塔品〉和〈妙音菩薩品〉組成法華經變的核心，在敦煌壁畫中僅此一例。

〈序品〉繪在七寶塔左右兩旁的中橫幅及下橫幅，主要表現參加法華會，聽受釋迦佛宣講《法華經》的諸大比丘、比丘尼、菩薩、天子、四大天王、天龍八部等，畫師還加上許多出於其他品甚至其他經的菩薩，對稱安置在法華會的周圍。例如左側的騎獅文殊和右側的乘象普賢，便不是出於〈序品〉的。◁❹ 文殊是參加法華會的首席大菩薩，但現存三種漢譯本《法華經》中，均未提及他騎獅。文殊騎獅是源自初唐譯的《陀羅尼集經》，可見法華經變的部分內容出自其他佛經。赴法華會的十八位大菩薩中，也沒有普賢菩薩，普賢乘象的形象是見於《法華經》的〈普賢菩薩勸發品〉，該品記載釋迦佛說自己涅槃後，

第331窟法華經變示意圖

最上中間是虛空會，左右是十方諸佛，下是靈鷲會，下部中間是釋迦說法，會眾圍繞於旁。

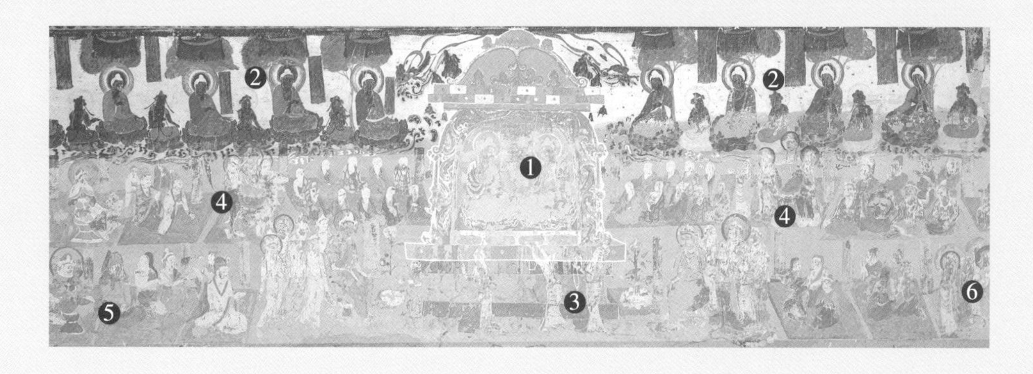

如果有人讀誦《法華經》，普賢菩薩即乘六牙白象前來守護。可見畫師往往根據佈局需要，將其他品的內容糅合在一起。

敦煌壁畫中的對稱的騎獅文殊與乘象普賢，首見於有貞觀十六年（642）建窟紀年的第220窟。據《歷代名畫記》記載，初唐畫家尹琳在長安慈恩寺塔內西間畫騎獅菩薩，東間畫乘象菩薩，據推斷亦應為文殊和普賢。由於這種佈局符合對稱規律——文殊、普賢對稱，獅子、大象對稱，因而很快被單獨採用，或畫在窟門兩側，或在龕外兩側，並一直延續到歸義軍時期。

在第331窟法華經變的左右兩端，繪製〈提婆達多品〉的兩個故事。右端中排是國王求法故事，大意是説釋迦佛在其前生的無限時間裏，經常轉生為國王，他為求聽聞《法華經》，不惜佈施象馬七寶，從不吝惜。左面繪從海湧出故事，大意是説文殊菩薩在大海龍宮宣説《法華經》，化度無數菩薩。後來這些菩薩悉坐寶蓮花，升出海面，飄遊虛空，到靈鷲山禮拜釋迦、多寶二佛。

❺▷ 從海湧出的菩薩中，有一個是娑竭龍王女，只有八歲，由於在大海中常聽文殊菩薩宣講《法華經》，便到靈鷲山獻寶珠給釋迦佛，很快就成佛了。龍女本屬女身，按小乘佛教的説法，女性是不能成佛的，然而《法華經》卻説龍女亦能成佛。這就暗示一切眾生的佛性與生俱來，只要信奉《法華經》，都能成佛，此為第331窟畫〈提婆達多品〉的經旨所在。

壁畫右端下排繪〈從地湧出品〉的◁❻從地湧出菩薩，與從海湧出的菩薩對稱。該品內容是：釋迦佛告訴他方佛國諸菩薩，他涅槃後，娑婆世界（即現實世界）自有無數菩薩護持《法華經》。就在此時，娑婆世界的三千大千國土都震動，無量千萬億菩薩，為了護持和廣説《法華經》，同時湧出地面，各自到達七寶塔前，瞻仰釋迦、多寶二佛。這故事象徵在娑婆世界中，護持弘揚《法華經》的事業後繼有人。

從海湧出菩薩與從地湧出菩薩，均屬虛空會眾，本應圍繞在七寶塔兩側，但受橫卷式構圖的局限，七寶塔側容不下這麼多的人物。因此他們被畫在壁畫的左右兩端，遠離七寶塔。這種構圖佈局雖然比隋代第420窟法華經變進了一步，但是嚴格來説是不合經義。可見傳統的橫卷式構圖佈局仍有待改進。

第335窟的變革及初唐其他法華經變

建成於公元702年前的第335窟，可視為這種變革的表現。該窟西壁是一組塑繪結合的法華經變。龕內塑釋迦説法圖一鋪，即〈序品〉法華會的場面。龕楣上部正中央繪釋迦、多寶二佛並坐的七寶塔。獨出心裁的是畫師利用龕內南、北壁的空間，在釋迦的兩側各畫一組菩薩，表現〈提婆達多品〉的從海湧出和〈從地湧出品〉的從土湧出的菩薩。兩組菩薩都乘彩雲，扶搖而上，直到龕楣尖時，合而為一個桃形的雲環，環裏繪畫諸大菩薩、四大天王、天龍八部等，都面向七寶塔，表現〈見寶塔品〉中釋迦佛以神通力，接諸大眾至虛空的情況。這種嚴謹的構圖佈局，使畫面緊湊，又更符合經義。

第202、340和341窟西壁的法華經變與第335窟大致相同，不過第202窟的畫面分上、中、下三橫列，還留有早期橫卷式餘緒。

此外，從北朝傳下來的單鋪見寶塔品，在這一時期仍有四鋪作品，而且更臻成熟。人物增加了，向心力很強，不似隋代分散，佈局更嚴謹而符合經義。而單獨繪出的觀音經變，一度在隋代十分流行，但目前尚未發現初唐有獨立的觀音經變。

第331窟與第335窟的法華經變均以七寶塔為中心，連接各品畫面，成為隋代橫卷式與盛唐向心式構圖之間的過渡，堪稱初唐法華經變的代表作品，起着承先啟後的作用，意義重大。

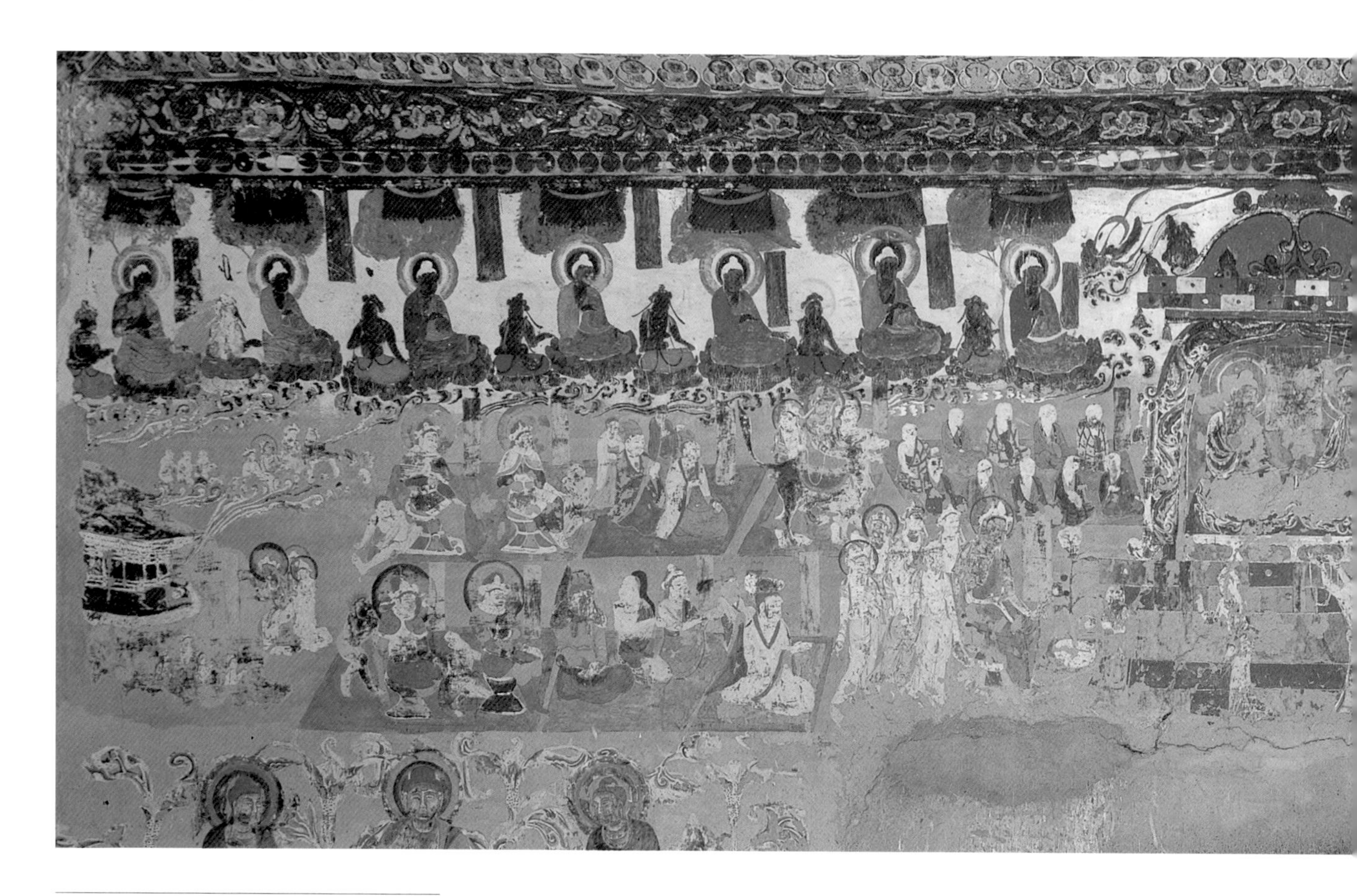

31 **法華經變**

釋迦、多寶二佛對坐於中間的七寶塔內說法。覆鉢形塔頂飾以寶珠、山花焦葉，角懸風鈴，兩側飛天散花。其餘均為靈鷲會及虛空會的會眾。

初唐 法華經 莫331 東壁窟門上部

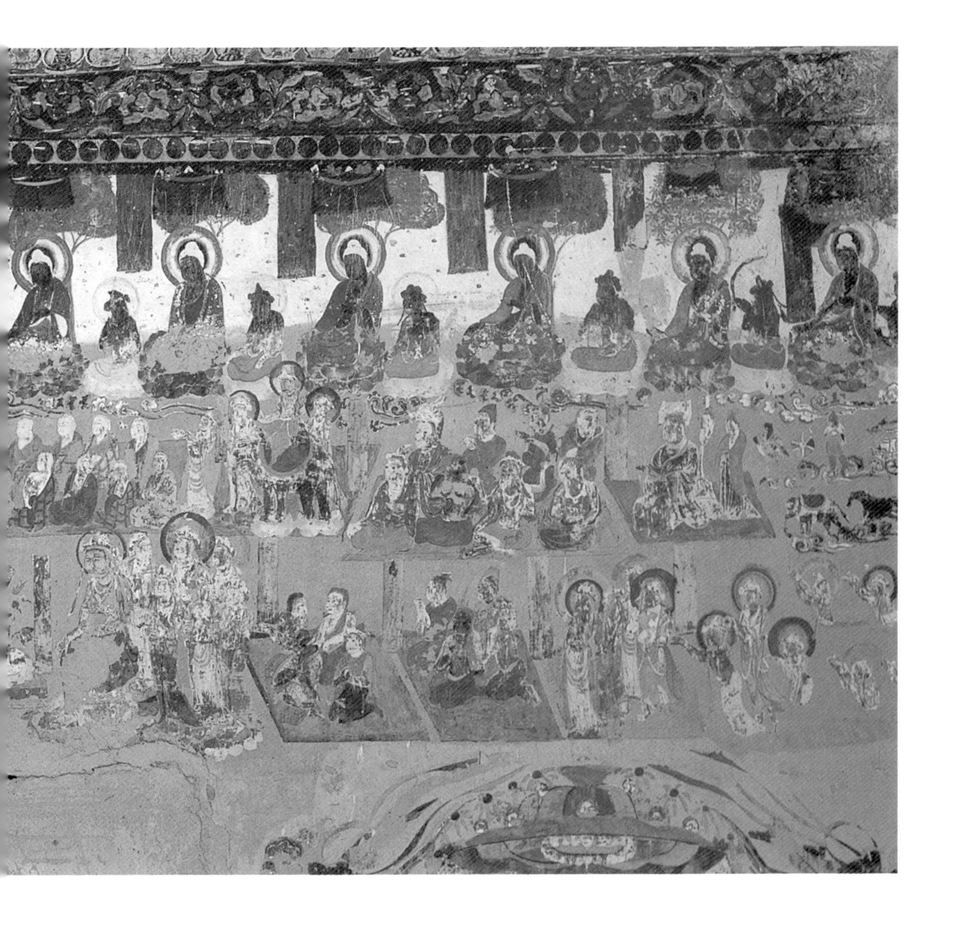

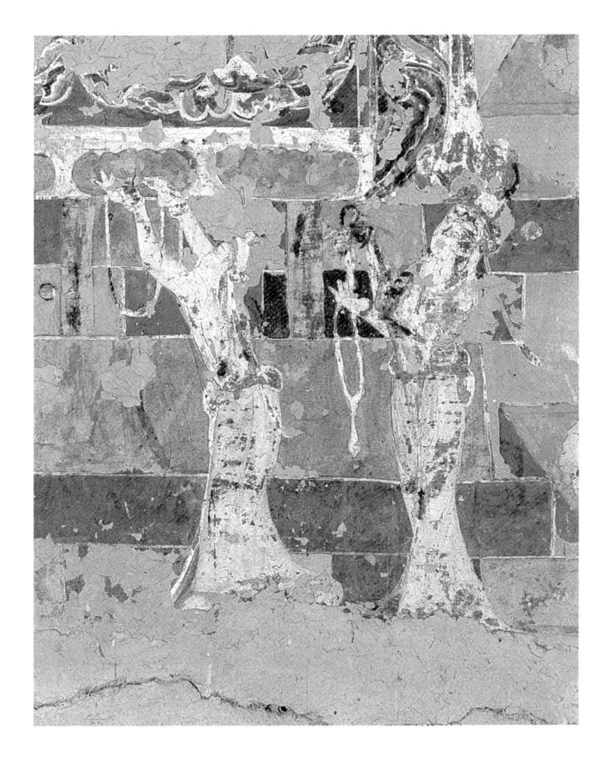

32 **奉獻瓔珞**

七寶塔前繪妙音菩薩及其侍從，在法華會上高舉價值百千的瓔珞，向釋迦奉獻，並由釋迦佛引見多寶佛。七寶塔基左右兩側各畫一枝大蓮花，即代表妙音菩薩化出的八萬四千寶蓮花，供養《法華經》，以象徵妙音菩薩的法力。

初唐 法華經•妙音菩薩品 莫331 東壁

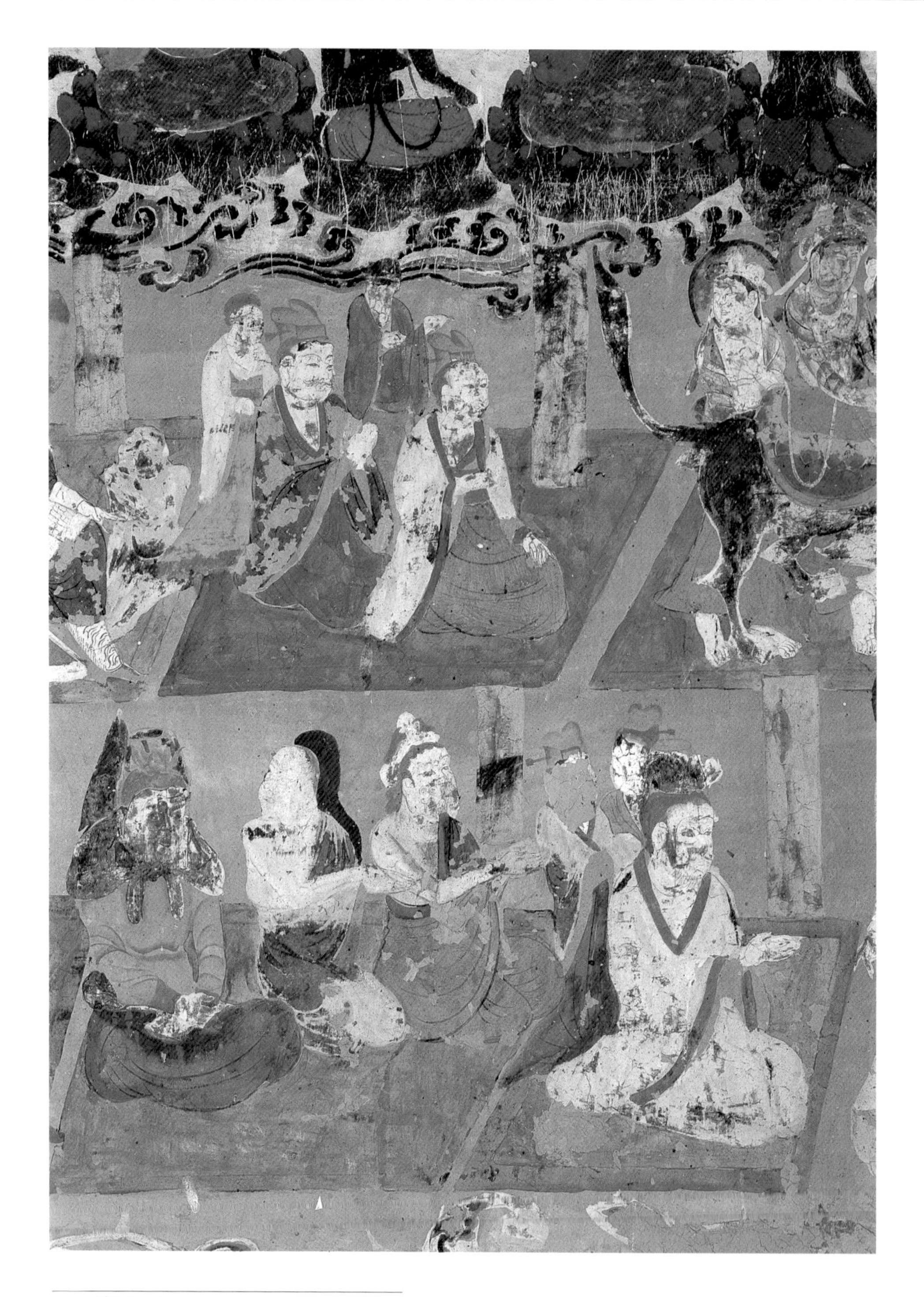

33 **諸天子**

這是〈序品〉所說靈鷲會聽法的“釋提桓因與二萬天子”。這些天國人物實際上是中國一些少數民族頭領的形象。

初唐 法華經•序品 莫331 東壁

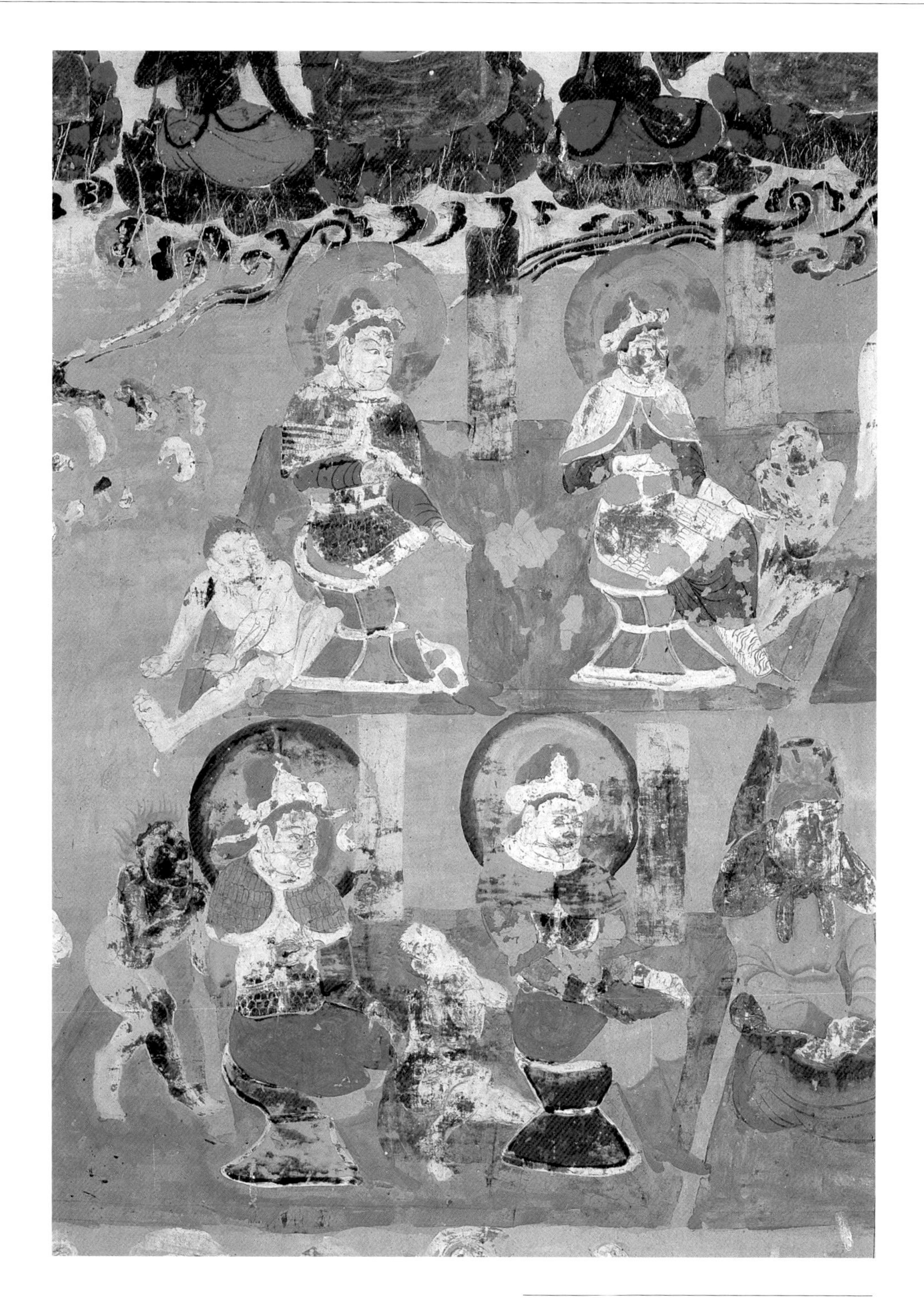

34 四大天王

四大天王是佛教的護法神，也是法華會上的聽眾。他們束髮戴冠，肩披鎧甲，腰束戰袍，坐在束腰座上，顯得威武而莊重。四天王中間穿插的四個小鬼，外貌醜陋，內心煩躁，反襯出天王的莊重沉靜。

初唐 法華經•序品 莫331 東壁

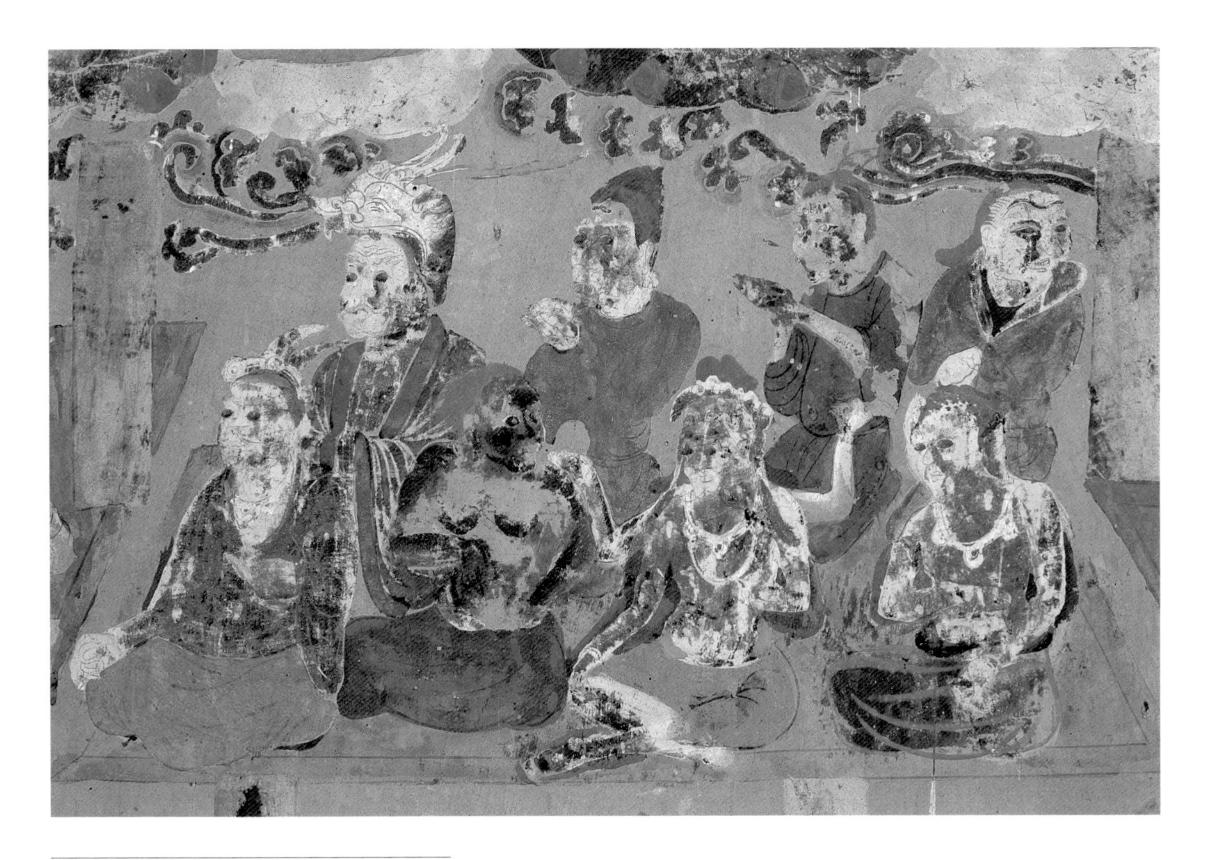

35 天龍八部

天龍八部是八種護法神，即天、龍、夜叉、乾達婆、阿修羅、迦樓羅、緊那羅、摩睺羅伽。其中可以確認後排第一身頭戴龍冠的是龍，前排第三身雙手托日月的是阿修羅。

初唐 法華經•序品 莫331 東壁

36 諸梵王

法華會上聽法的諸梵工，相貌衣冠類似東鄰高麗、百濟諸國首領，是唐朝與東鄰諸國友好交流的珍貴史料。

初唐 法華經•序品 莫331 東壁

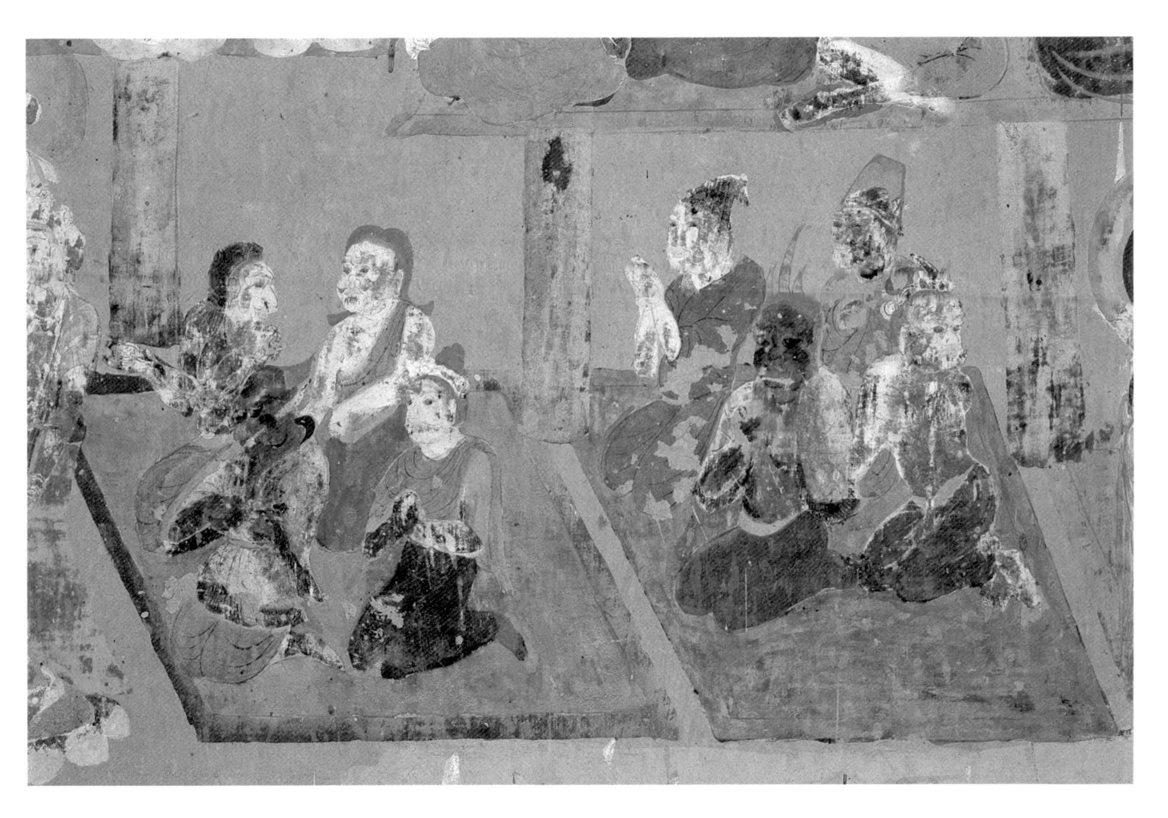

37 騎獅文殊菩薩

初唐 法華經•序品 莫331 東壁

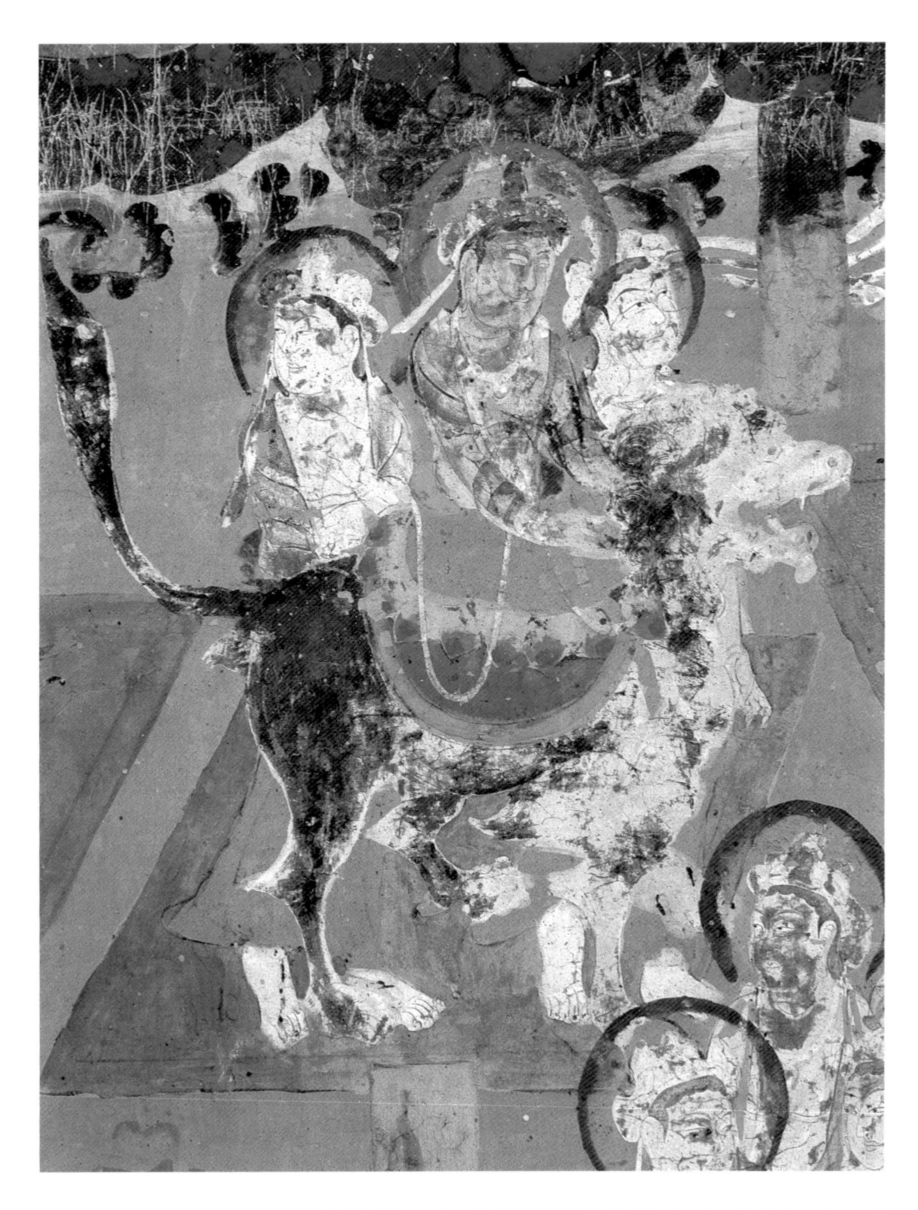

38 乘象普賢菩薩

初唐 法華經•普賢菩薩勸發品
莫331 東壁

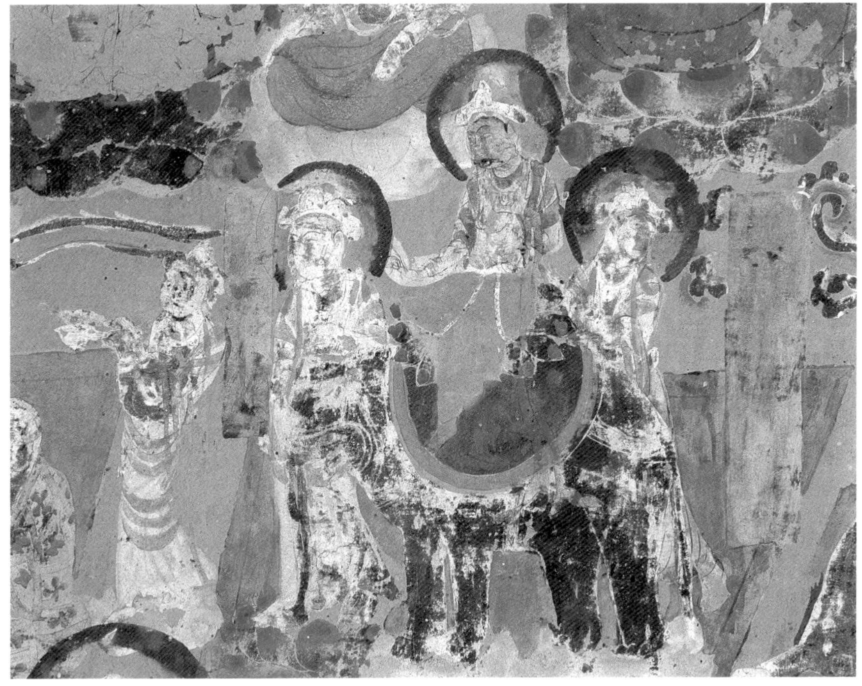

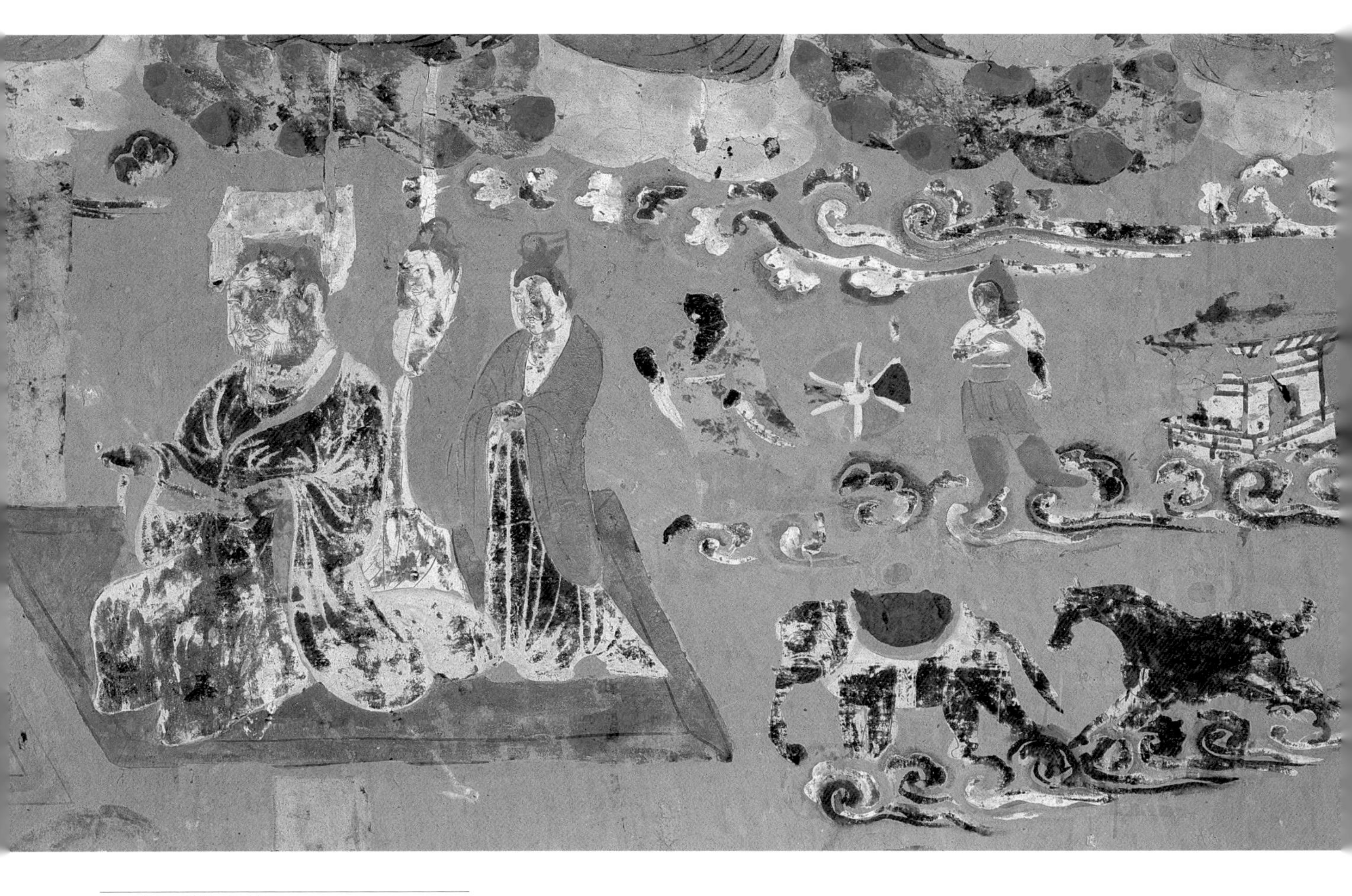

39 國王施七寶

轉輪聖王頭戴冕旒跪在花氈上，恭聽釋迦佛宣說《法華經》，兩位大臣侍立於他身後。右側畫轉輪聖王所擁有的七寶：象寶、馬寶、珠寶、主藏寶、主兵寶、輪寶、玉女寶。

初唐 法華經•提婆達多品 莫331 東壁

40 從海湧出菩薩

畫面分為兩部分。下部畫碧波大海，四位菩薩湧出海面，向岸邊游動；文殊菩薩坐在岸邊，招手迎接。上部畫湧出海面的娑竭龍宮。龍宮白壁丹楹，彩雲飄渺，一派蓬萊仙閣景色。龍宮中又飄出兩朵祥雲。下部一朵祥雲上坐着文殊菩薩及其侍從，上部一朵祥雲上坐着八歲龍女及其侍從，共同前往七寶塔。

初唐 法華經•提婆達多品 莫331 東壁

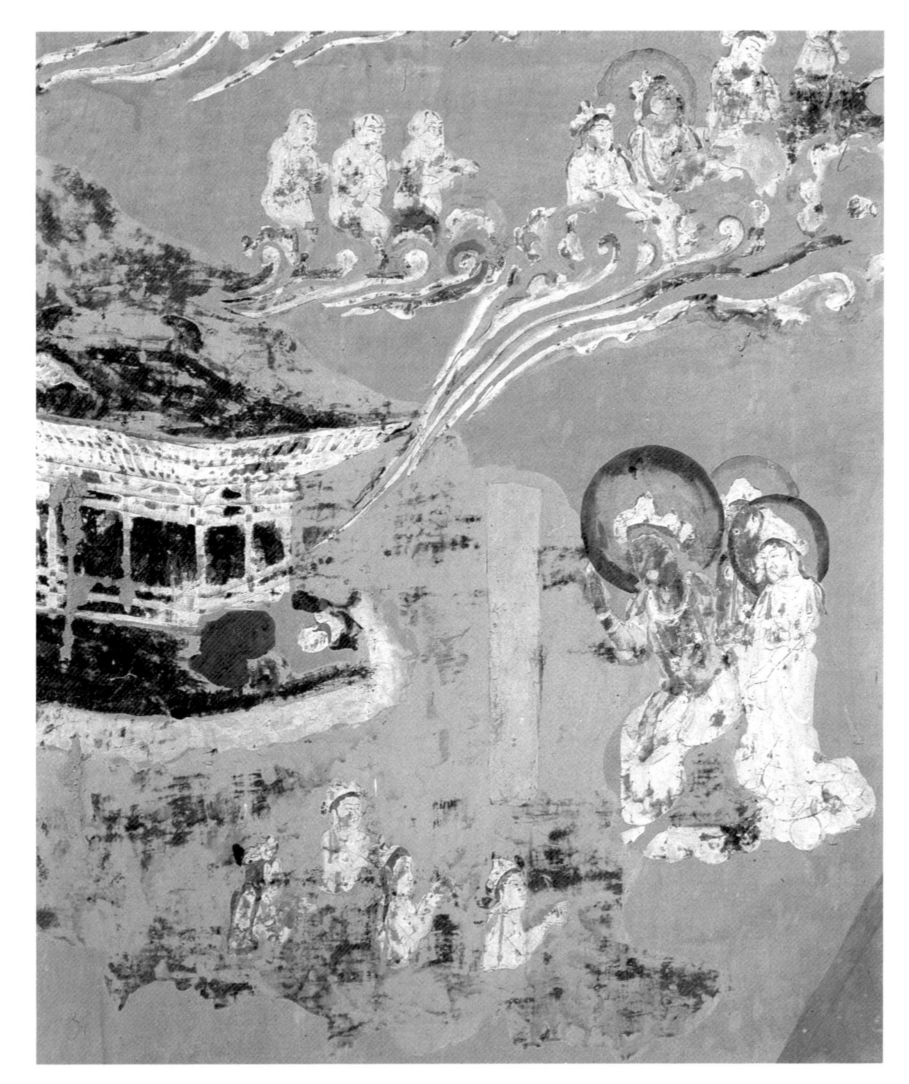

41 從地湧出菩薩

右側的五身菩薩破土而出，露出上半身，遙向七寶塔舉手致敬，造型生動優美。左側的六身菩薩已經全身湧出地面，向七寶塔前進。

初唐 法華經•從地湧出品 莫331 東壁

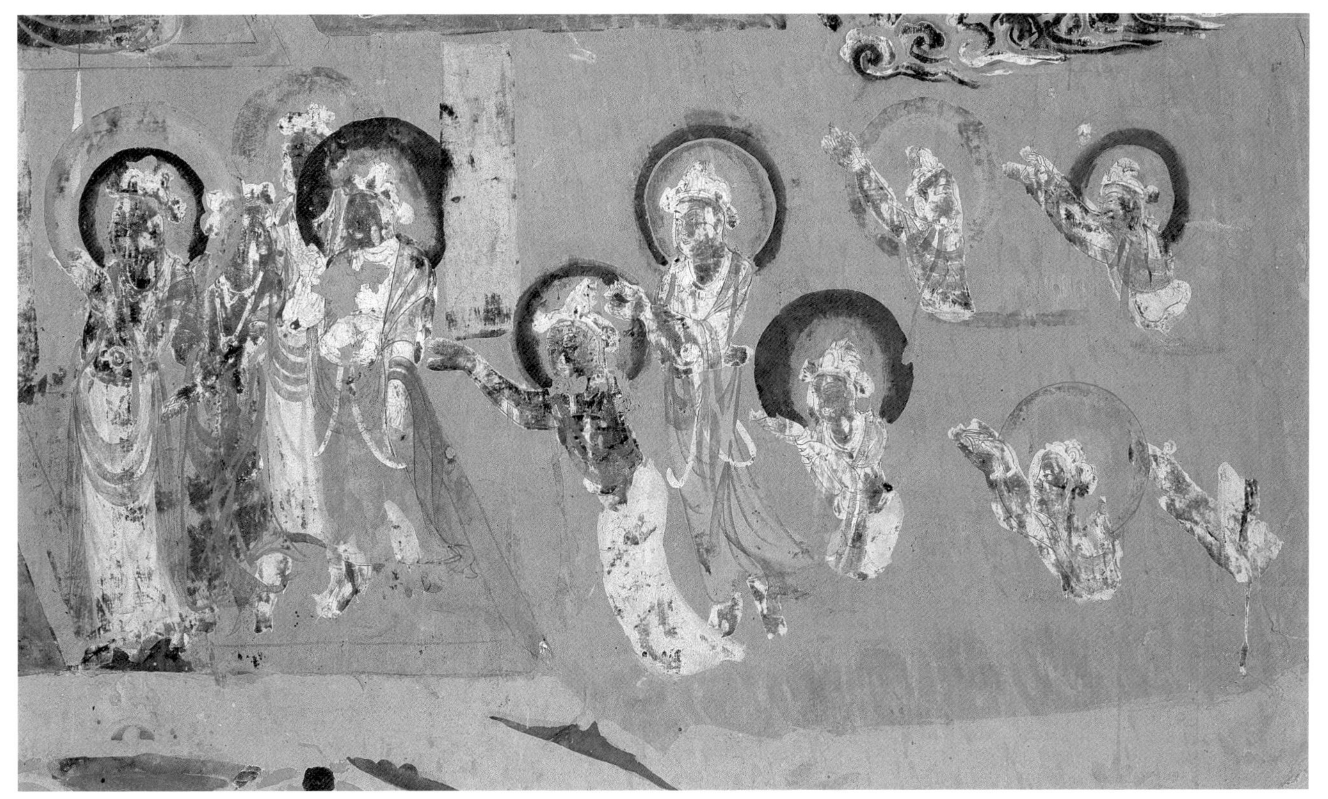

42 法華經變

七寶塔頂高聳，突破雲環，高朗而空靈，獨具匠心。塔內二佛微微側身，似在親切交談法華哲理。塔外左右兩側及下部，諸大菩薩、天龍八部、四大天王，雲集祥雲上，似在聆聽二佛交談。畫面總體佈局，形成一個桃形，向心力很強，為此後的法華經變朝向心式過渡，開創了先河。

初唐 法華經 莫335 西壁龕頂

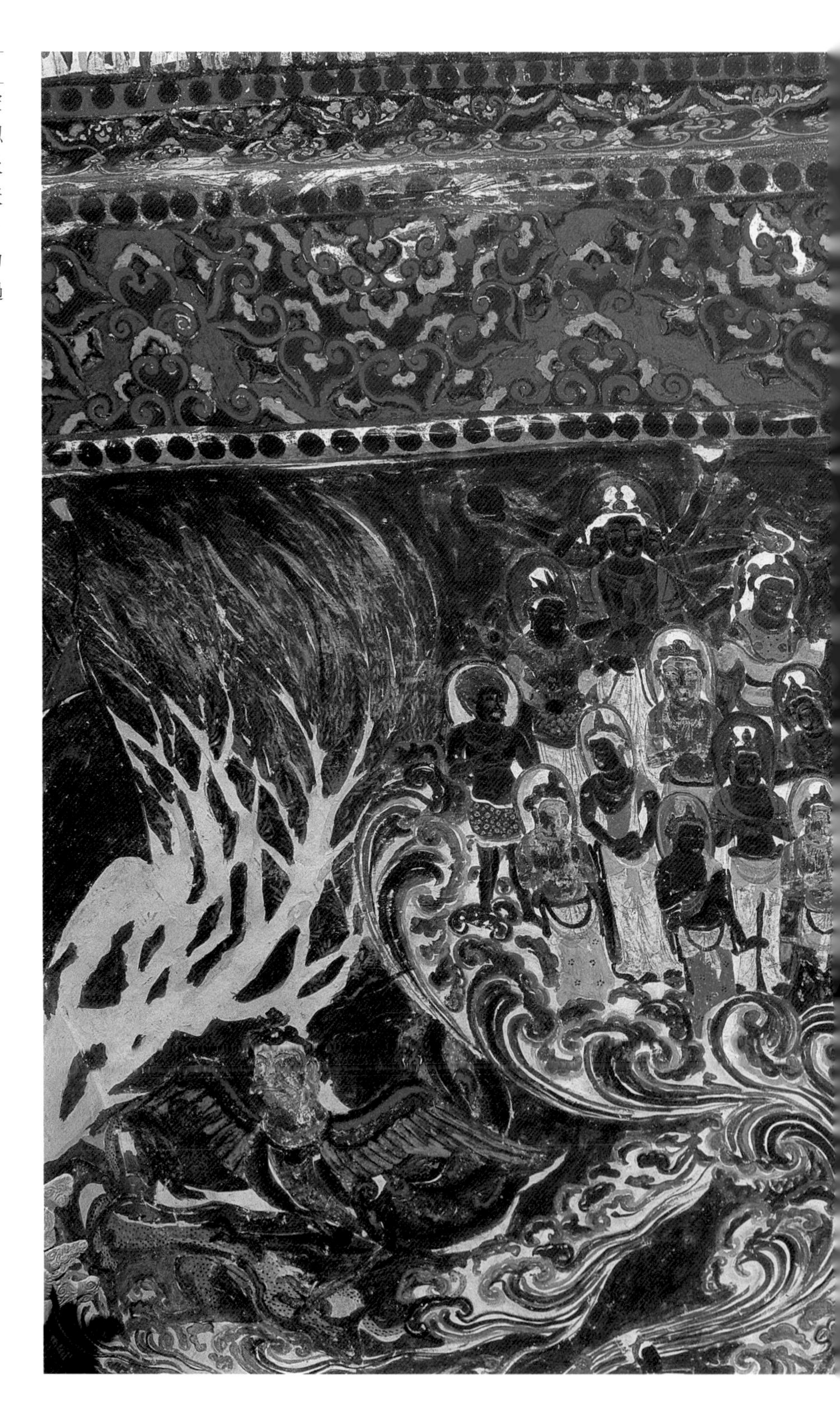

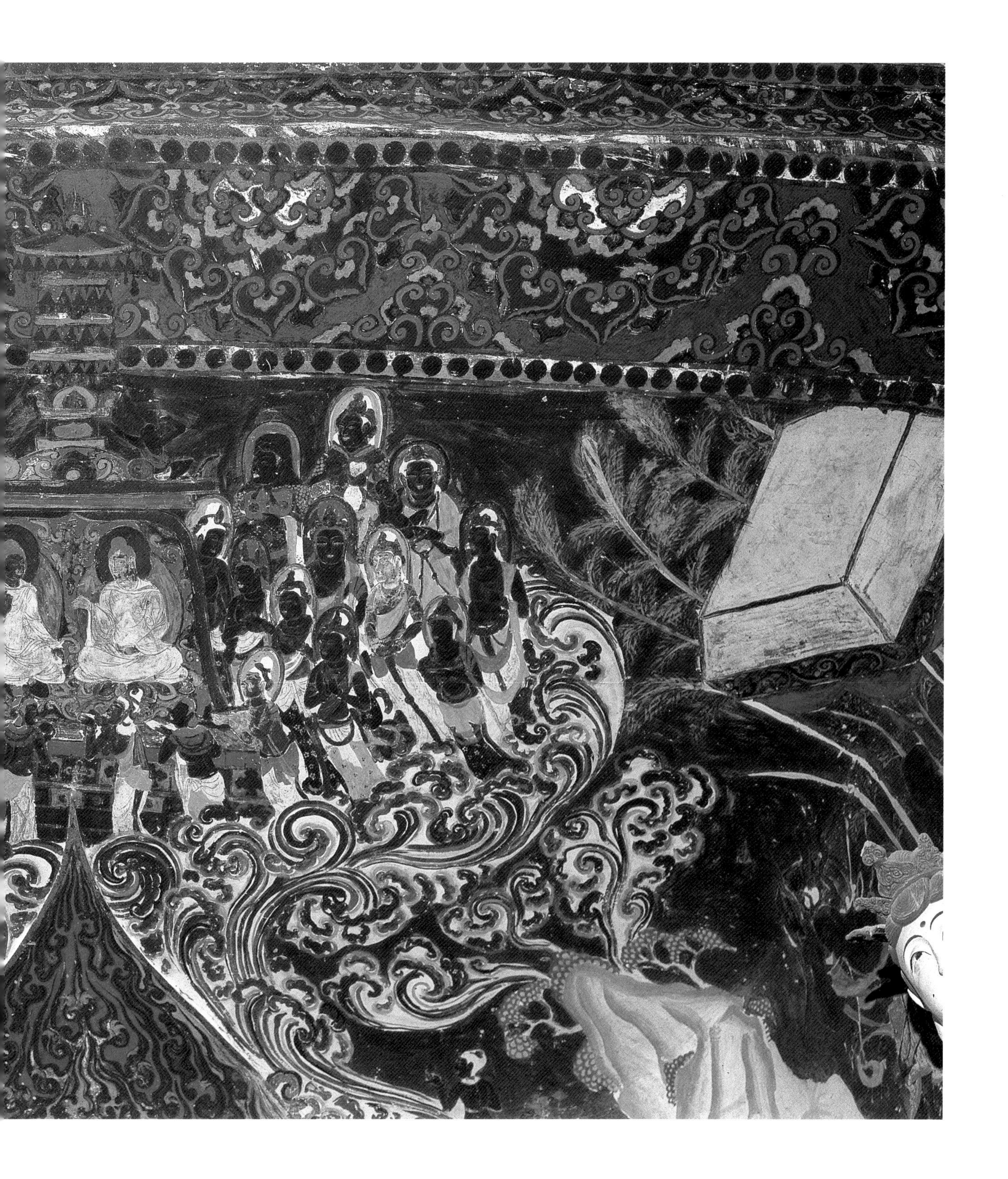

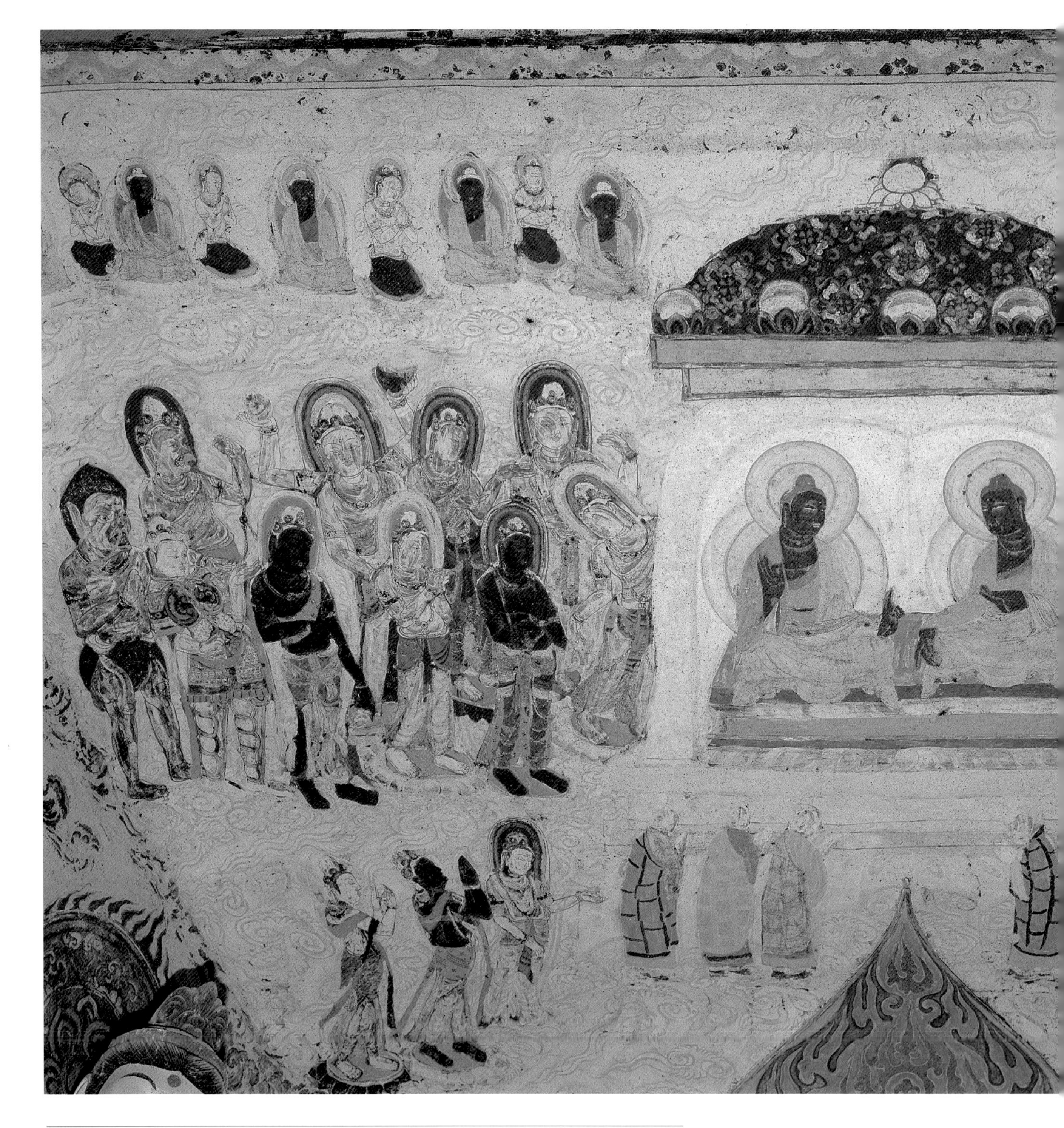

43 **法華經變**

畫面大致分為三排。上排為釋迦分身十方諸佛，聚集在七寶塔兩側上空；中排是釋迦以神通力，接諸菩薩、四大天王、天龍八部升虛空；下排左右兩側的六身菩薩，分別代表從海湧出菩薩與從地湧出菩薩；中間六身比丘正在接受釋迦佛付囑《法華經》；中央並坐的釋迦、多寶二佛，則是全畫的紐帶，連接着全部情節。這種構圖佈局是法華經變從橫卷式朝向心式的過渡形態。

初唐　法華經　莫202　西壁龕頂

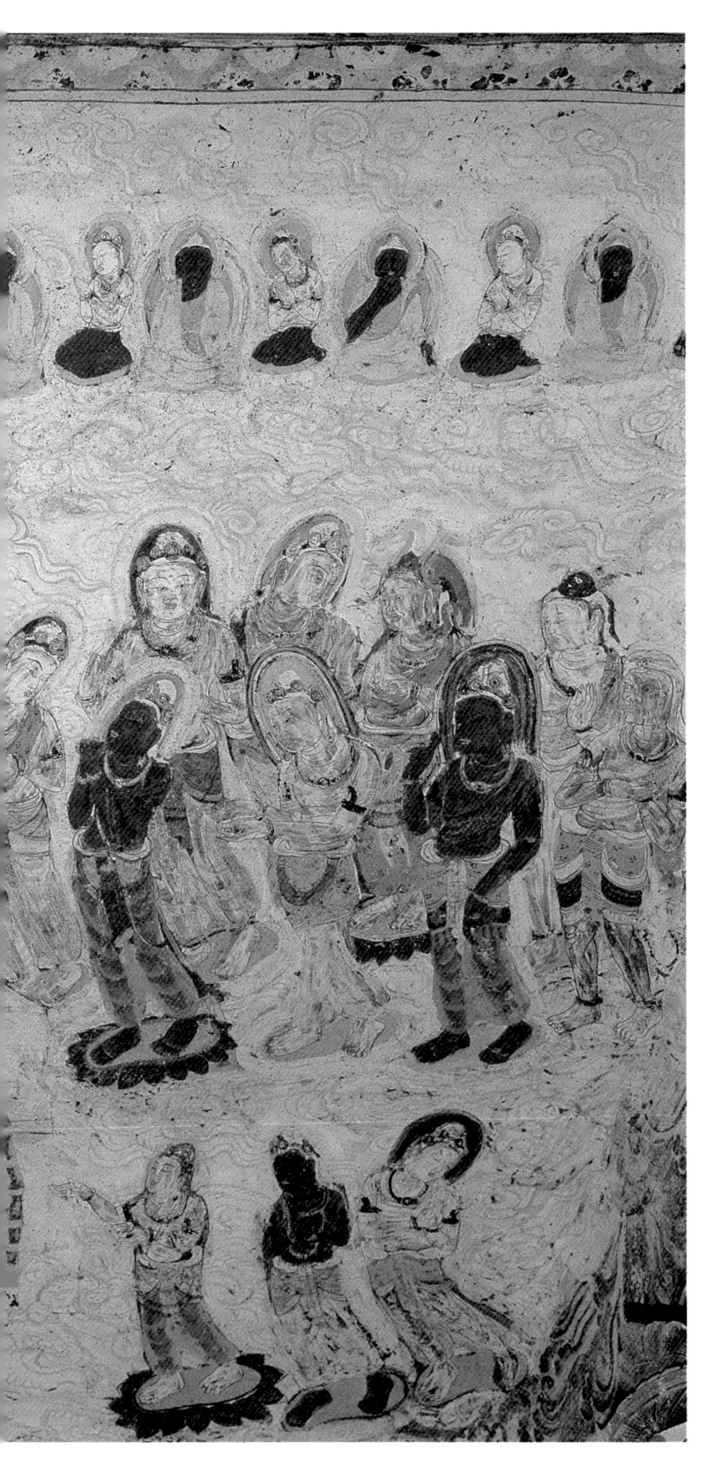

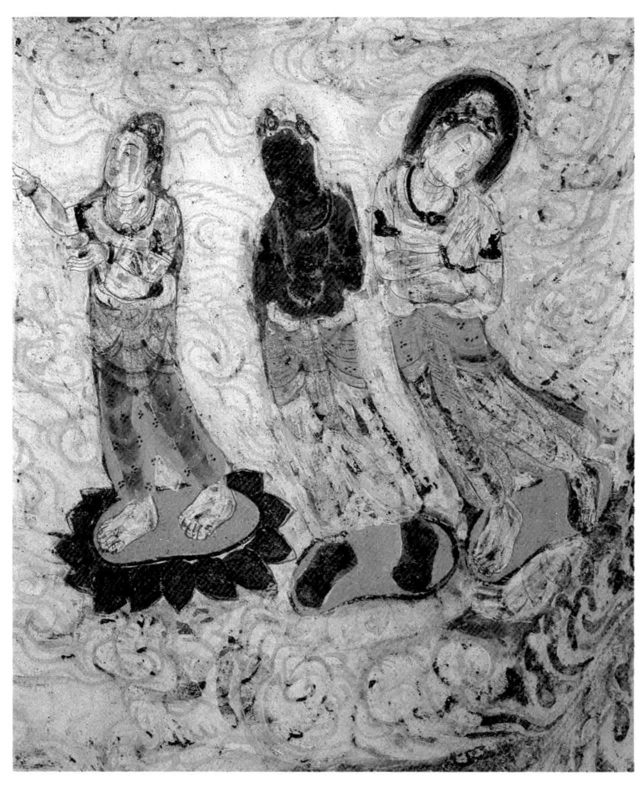

44 **從地湧出菩薩**

這是右側的一組從地湧出菩薩，凌雲步蓮，如遊蓬萊。前者奉獻瓔珞，中者合十禮拜，後者回眸俯視人間，似有戀戀不捨之意。

初唐 法華經•從地湧出品

莫202 西壁龕頂

第三節　向心式大型法華經變

盛唐（公元705-781年）

盛唐是中國歷史上的鼎盛時期，這時唐朝國力如日中天，絲綢之路空前繁盛，因此河西和中原的交流極為頻繁。中土佛寺出現的大型法華經變，成為敦煌同期法華經變壁畫的繪畫依據。

盛唐時期敦煌的法華經變大部分是“向心式”佈局，在壁畫的中心畫“靈鷲會”，四周環繞法華經各品的故事畫。這種佈局當受到長安和開封的向心式淨土經變的影響。初唐淨土宗的實際創始人善導（公元613-681年），在長安畫淨土變相兩百餘鋪，既以“鋪”為單位計數，相信這些淨土變相已不是橫卷式。善導所畫淨土變相早已失傳，不過根據第220窟南壁繪於貞觀十六年（公元642年）前後的向心式阿彌陀經變（淨土變相的一種），亦可窺見一斑。這麼大型的向心式經變，可能是貞觀十四年（公元640年）隨着侯君集率領唐軍平定高昌，打通絲綢之路時，由長安傳入敦煌的。

由現存壁畫所見，終盛唐時期，敦煌的法華經變沒有完全繪出二十八品，新出現的有七品，即〈信解品〉、〈藥草喻品〉、〈隨喜功德品〉、〈如來神力品〉、〈囑累品〉、〈藥王菩薩本事品〉和〈妙莊嚴王本事品〉。前期已有的某些品，這時表現的具體情節有一些變化。

最早的向心式法華經變——第217窟

第217窟約繪於初盛唐之交，在佈局上已經完全是向心式的大型經變，奠定了此後法華經變的基本模式。這鋪法華經變時間雖然早，估計它的向心式佈局仍是源自長安地區。因為開封大相國寺在盛唐開元年間（公元713-741年），有涵蓋《法華經》全經二十八品的法華經變，規模巨大，列為該寺“十絕”之一。由於當時已稱法華經變為“鋪”，估計應是向心式的。雖然時間比第217窟的為晚，但這麼巨大的法華經變，總得有一個發展過程。由此推論，中原地區或因向心式淨土變的影響，很早就有向心式的法華經變。第217窟的法華經變受到中原影響，大概不會有誤。

遺憾的是此窟未繪〈見寶塔品〉，使初唐畫師苦苦探索的法華二會——“靈鷲會”與“虛空會”——的合理佈局問題，又擱置起來。

在畫面上有新意的是靈鷲山的山頂上，畫了一列雲中宮殿，華麗非凡。這個畫面的意思，眾說紛紜。筆者以為這是表現釋迦在靈鷲山宣講《法華經》之前，眉間放出的白毫相光照耀的“東方萬八千世界”中的“阿迦尼吒天”，意譯為色究竟天，即佛家所說十八重天中最上的一重天。類似的畫面也出現在盛唐第74、23、103窟的法華經變中。

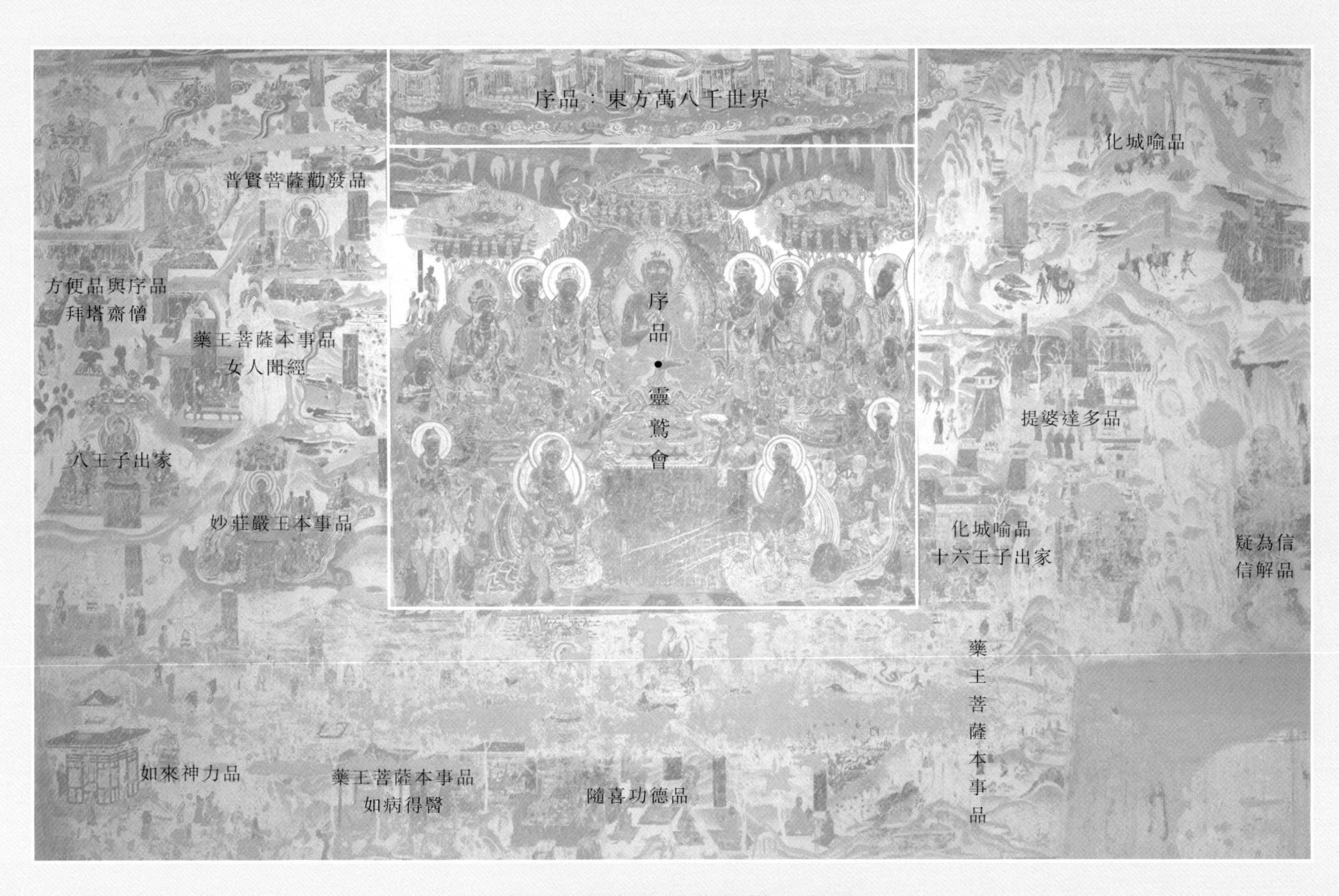

第217窟南壁法華經變示意圖

由於觀音信仰流行，第217窟的〈觀世音菩薩普門品〉置於東壁，和法華經變其他部分分開。

敦煌法華窟——第23窟

第23窟大約建於天寶年間，是一個典型的法華窟。全窟東南北壁、窟頂東南二坡都是法華經變。

主室北壁中間繪“靈鷲會”，以一巨大的雲環圍繞，佔據了壁面的大半。南壁中間繪“虛空會”。兩會和諧對稱，南北遙相呼應，是繼向心式之後，洞窟設計者依據法華義理，試圖解決法華兩會佈局的另一種新探索，頗為成功。

窟頂東坡也是以“靈鷲會”為主。窟頂南坡繪以觀世音菩薩為主尊的說法圖，說法圖左右及下部繪觀音救諸苦難及三十三現身等。窟頂北坡所繪阿彌陀經變與西坡所繪彌勒經變，雖然不是法華經變，也是為了表明信奉《法華經》的人命終之後，可以往生阿彌陀佛國與兜率天宮。

創新和生活化的盛唐藝術

盛唐經變畫，以貼近生活見稱。例如約繪於天寶年間（公元742-755年）第103窟南壁的法華經變，細節之處便有反映現實生活的時代特點。此壁畫用筆生動有力，各種綫條隨物而變化，把當時崇尚豐肌秀骨的人物造型，栩栩如生地表現出來。再配以青綠與朱赭交輝的色調，稱得上盛唐法華經變的傑作。

盛唐時期的法華經變，除着意反映現實生活，亦十分注重創新。畫師們以精湛新穎的藝術表現，把經文中的一個個宗教故事，繪製成一幅幅生機盎然的圖畫。例如第217窟“靈鷲會”左側的“拜塔齋僧圖”，很有新意，把兩個本無關係的畫面結合得天衣無縫。畫面下部是依據〈方便品〉創作的“拜塔圖”，上部是依據〈序品〉創作的“齋僧圖”，兩圖合在一起，就是“拜塔齋僧圖”，結合得很自然。這個畫面是唐代寺院生活的真實寫照。

第23窟北壁西側的〈藥草喻品〉，其經旨是宣揚平等的佛慧，猶如甘露時雨，普潤萬物，然而畫師卻依據自身對於現實生活的理解，創作了一幅富有濃厚的農家生活氣息的“雨中耕作圖”。在〈藥草喻品〉下部，畫師又依據〈方便品〉中關於音樂供養佛塔的記述，創作了一幅頗富生活情趣的“歡慶豐收圖”。如果把上、下兩品壁畫合起來觀賞，就是一幅優美的“雨中耕作”與“歡慶豐收”連環畫。這些畫面縮短了佛國與人間的距離，把想像中的佛國變成了可以看得見的人間樂園。

盛唐畫師的創新精神還表現在，即使描繪同一題材，在表現形式上也要別出心裁。同是〈化城喻品〉，第419窟重點描繪取寶路途中所遭遇的艱難險阻，第217、103窟着意於渲染途中的山青水秀，而第23窟則把筆墨主要用於表現化城中的安逸。

第31窟窟頂東坡下部所畫“玩布偶圖”也很有新意。經文依據出自〈隨喜功德品〉，大意是說：一個施主把一切娛樂器具施給眾生，其所得福報還不如輾轉聽聞一句《法華經》的千百億萬分之一。有趣的是畫師並未表現福報極大的聞經情節，而是選擇了福報很小很小的佈施娛樂器具的情節，畫了兩個曲眉豐頰，姿態豐滿的少女，正在興致勃勃地玩一個布偶。構圖簡潔，形象生動，顯示了盛唐末期的畫師仍然不拘泥於經文、大膽創新的可貴精神。這幅壁畫還是一條珍貴的戲劇史料。

單獨一品的法華經變

有些洞窟出現單獨一品的法華經變，包括〈觀世音菩薩普門品〉和〈見寶塔品〉。單獨的〈見寶塔品〉現存九鋪，即第27、45、46、48、49、208、215、374和444窟，絕大多數位於西壁龕頂，只有第444窟位於東壁窟門上部。畫面比初唐時期簡略，僅在七寶塔左右兩側畫諸菩薩、弟子，但用筆細膩，描繪華麗，不亞於初唐。

盛唐時因觀音信仰比較流行，在法華經變之外，再專闢一壁畫〈觀世音菩薩普門品〉（第217、23窟），還有畫單獨的觀音經變（第45、74、126、205、444窟），其中第45窟南壁的觀音經變堪稱代表作，畫面變色較少，輪廓完整，綫條清晰。主尊觀世音菩薩“圓如滿月，瑩如琉璃”，端莊肅穆，立於畫面中央。兩側畫觀音各項救助世人情節。雖然其經旨是宣傳觀世音菩薩的大慈大悲，普渡眾生，但卻保存了許多反映盛唐世俗生活的圖像資料。

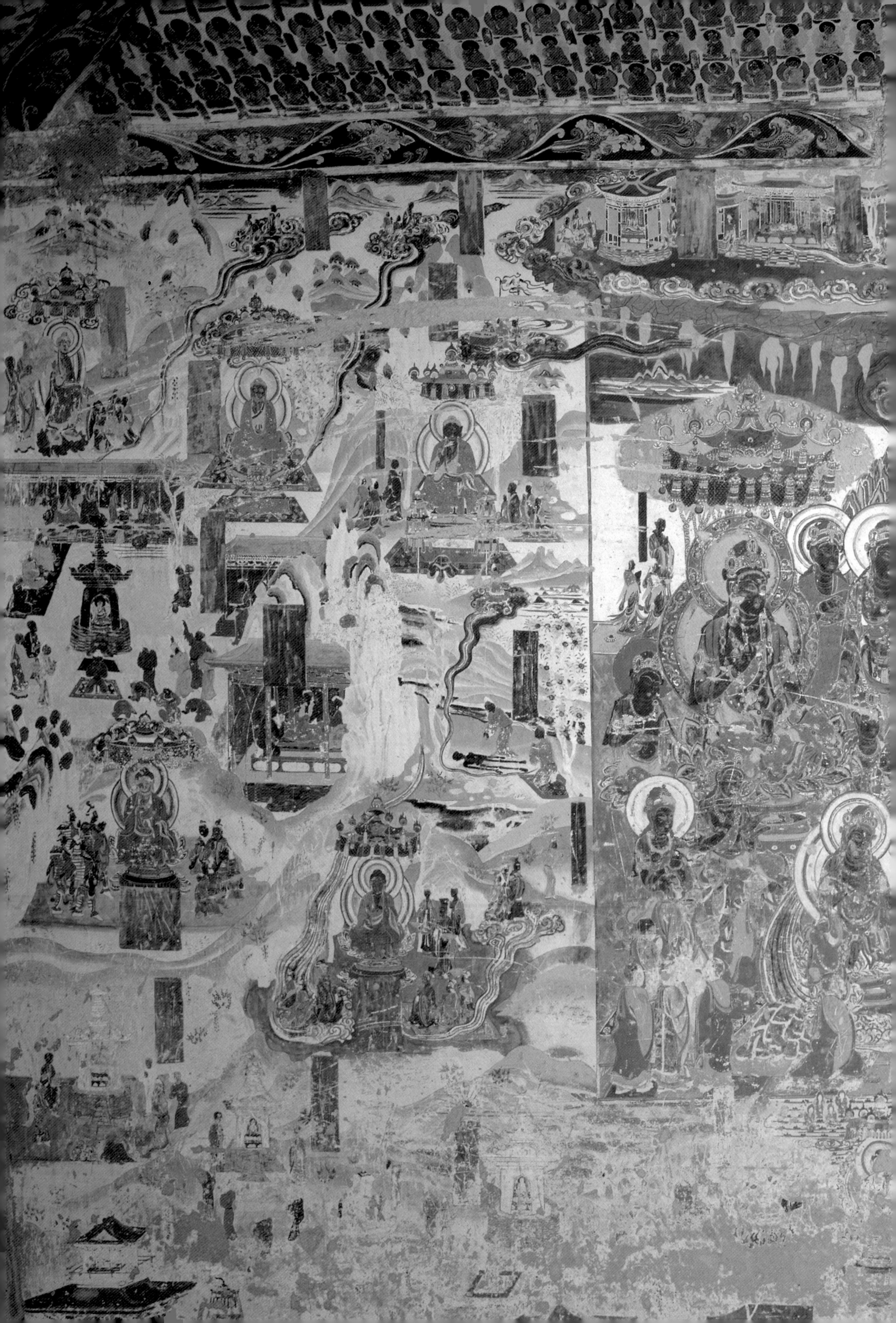

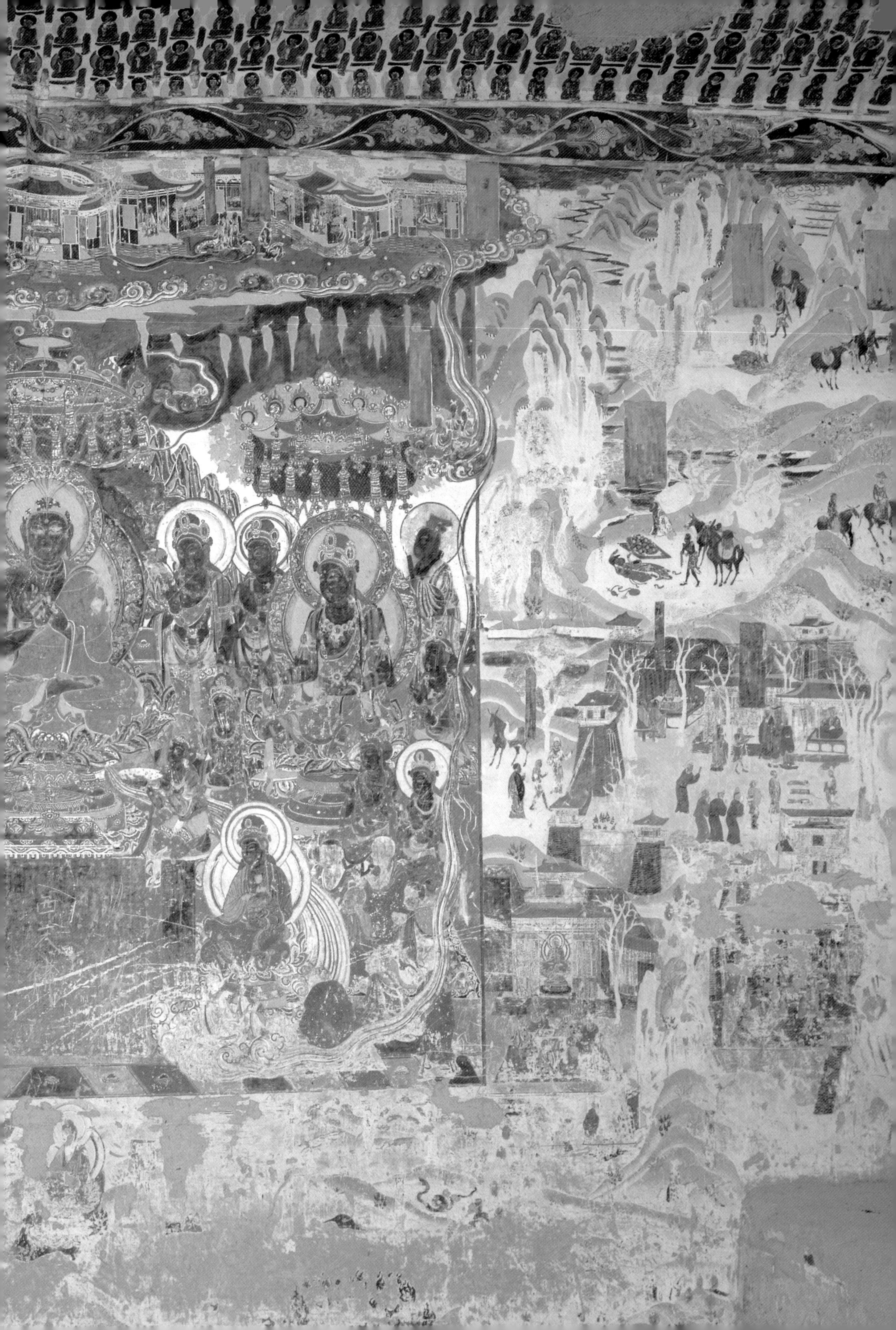

45 法華經變

◀ 見上頁

釋迦佛於靈鷲山前，結轉法輪手印，宣講《法華經》。靈鷲山上部是"阿迦尼吒天"。佛的兩側繪文殊為首的諸大菩薩，畫得特別細膩，或坐或立，錯落有致，優美的身姿飾以披紗、錦裙，珠釧瓔珞。以朱紅翠綠為主調的色彩對比，在亮色的光環映襯中，鮮艷奪目，獨具匠心。左右上角畫的可能是阿闍世王和夫人，阿闍世王頭戴寶冠，手持笏板，向佛而立。左右兩側下角畫十餘名比丘。其他各品內容環列其外。

盛唐 法華經 莫217 南壁

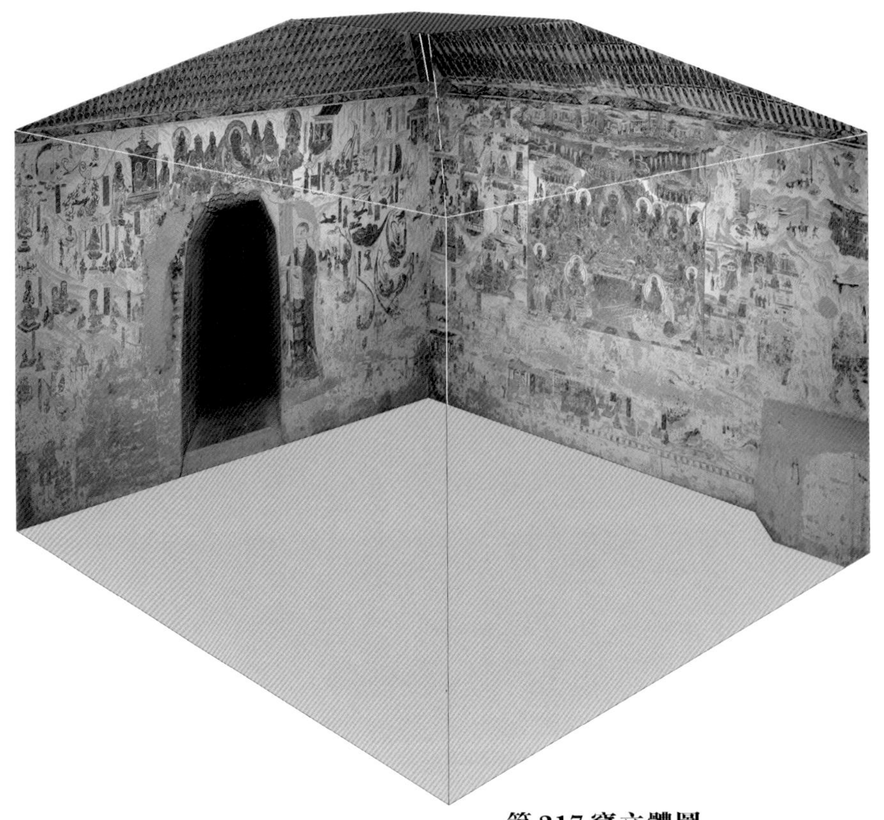

第217窟立體圖

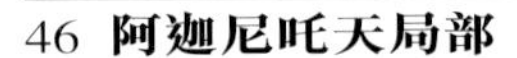

46 阿迦尼吒天局部

這一組描繪"東方萬八千世界"的建築羣，曲廊橫列，間植花樹，極富庭園之美，天人居住行走其間。名為天國，實乃人間富豪大族庭園建築的反映。它的出現，既是受北壁西方淨土變的影響，也是為了使南北兩壁畫面佈局和諧。

盛唐 法華經•序品 莫217 南壁

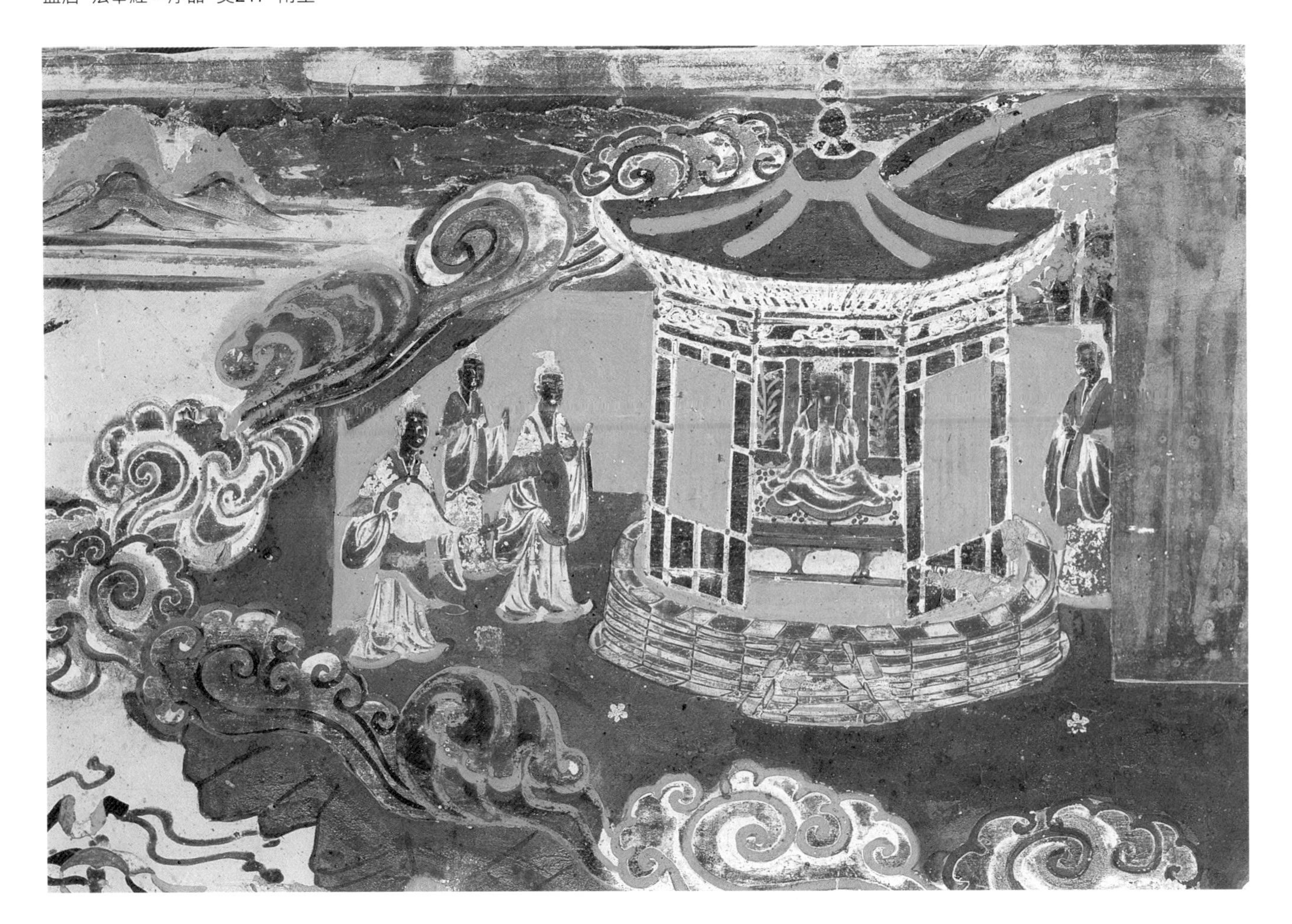

47 阿闍世王夫人及其侍從

對稱的左上角畫一貴夫人，攜兩侍女，向佛合十而立，可能是阿闍世王的眷屬。

盛唐 法華經•序品 莫217 南壁

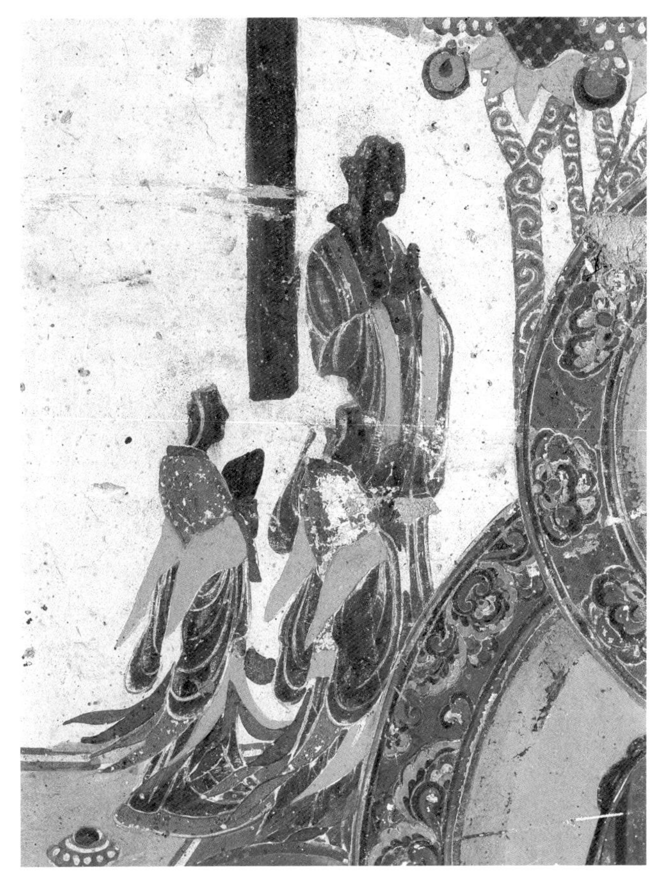

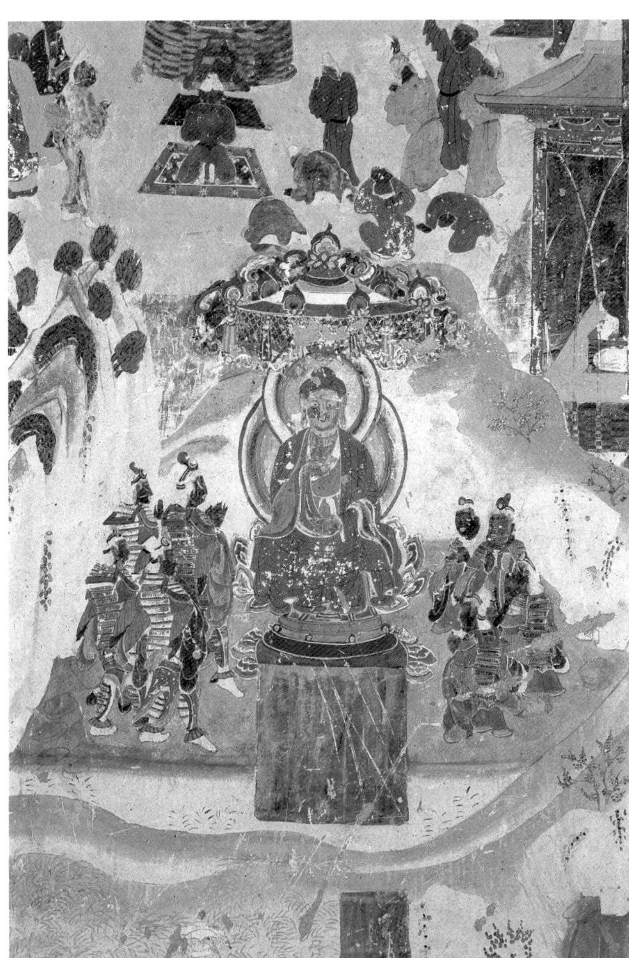

48 八王子出家

〈序品〉中說：過去世有日月燈明佛。他未出家時，有八個王子，各自統領四大洲。八王子聽說父王出家成佛，也都捨棄王位，剃度為僧，修行大乘，成為精通佛法的法師。又經過無數世的修行，八王子最終也都成佛。最小的王子就是燃燈佛，即釋迦牟尼佛的授記者（即被佛授予將來必能成佛的記號的人）。壁畫中的八王子都穿武士裝，表示他們剛剛捨棄王位，到佛前請求出家為僧。

盛唐 法華經•序品 莫217 南壁

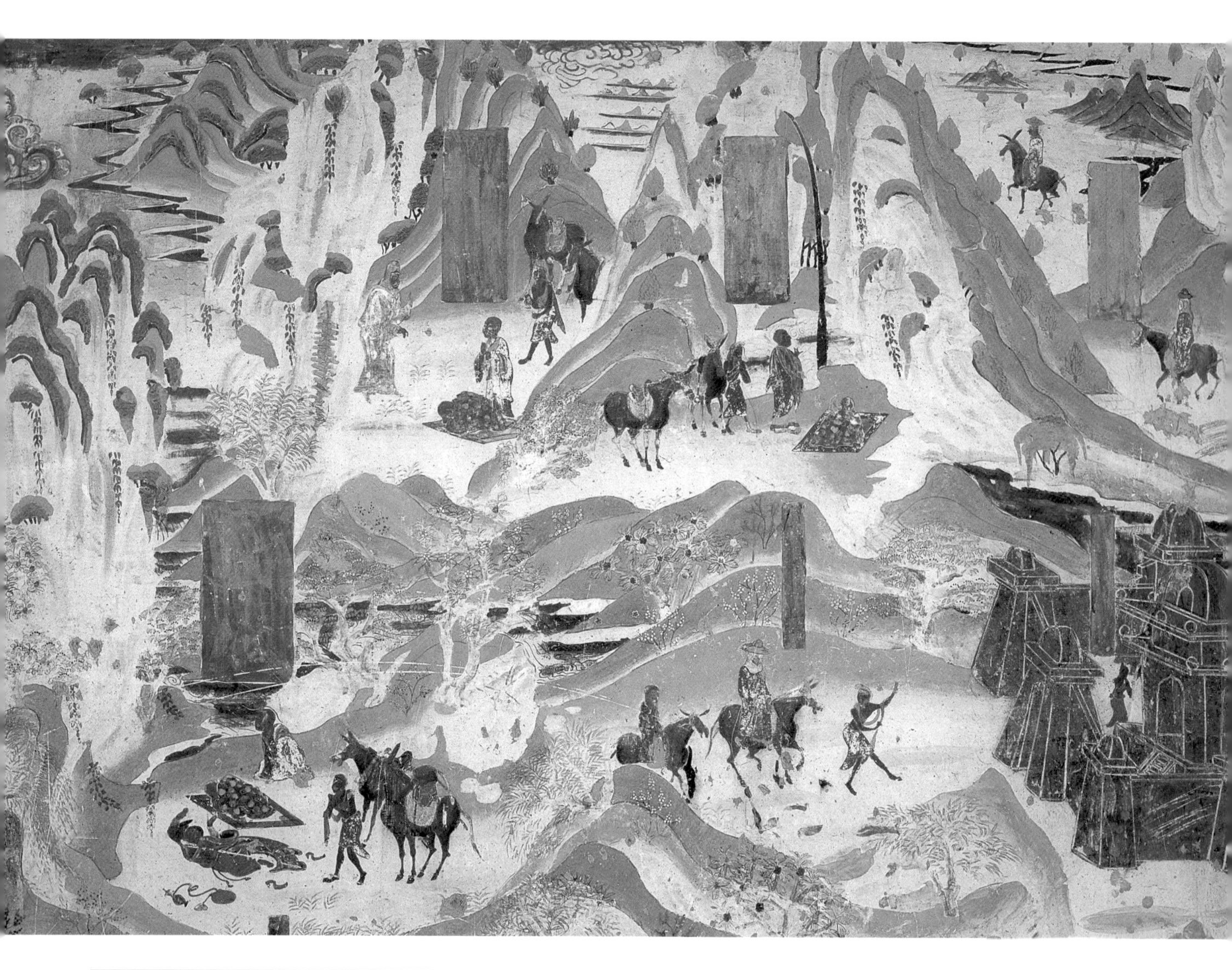

49 化城喻

蜿蜒曲折的河流，環繞着重疊聳峙的山巒，河流現已變成黑色。山巒之間的盆地上畫了一座西域城。全圖猶如一幅山水畫。畫中不同的行人，分別代表故事的不同情節。例如乘騎緩行者代表取寶的人正向寶地行進，歇馬休息表示人們中途畏難欲退，聰明智慧的導師變出化城後，取寶人又欣然嚮往，策馬投奔。北朝至隋代的故事畫，都是借山體或樹林區別不同的空間，以表示不同情節的場面。但是這幅化城喻圖，首先是一幅渾然一體的山水畫，風吹柳擺，山花爛漫，一派暮春三月的春遊景色。

盛唐 法華經•化城喻品 莫217 南壁

50 化城喻局部

盛唐 法華經•化城喻品 莫217 南壁

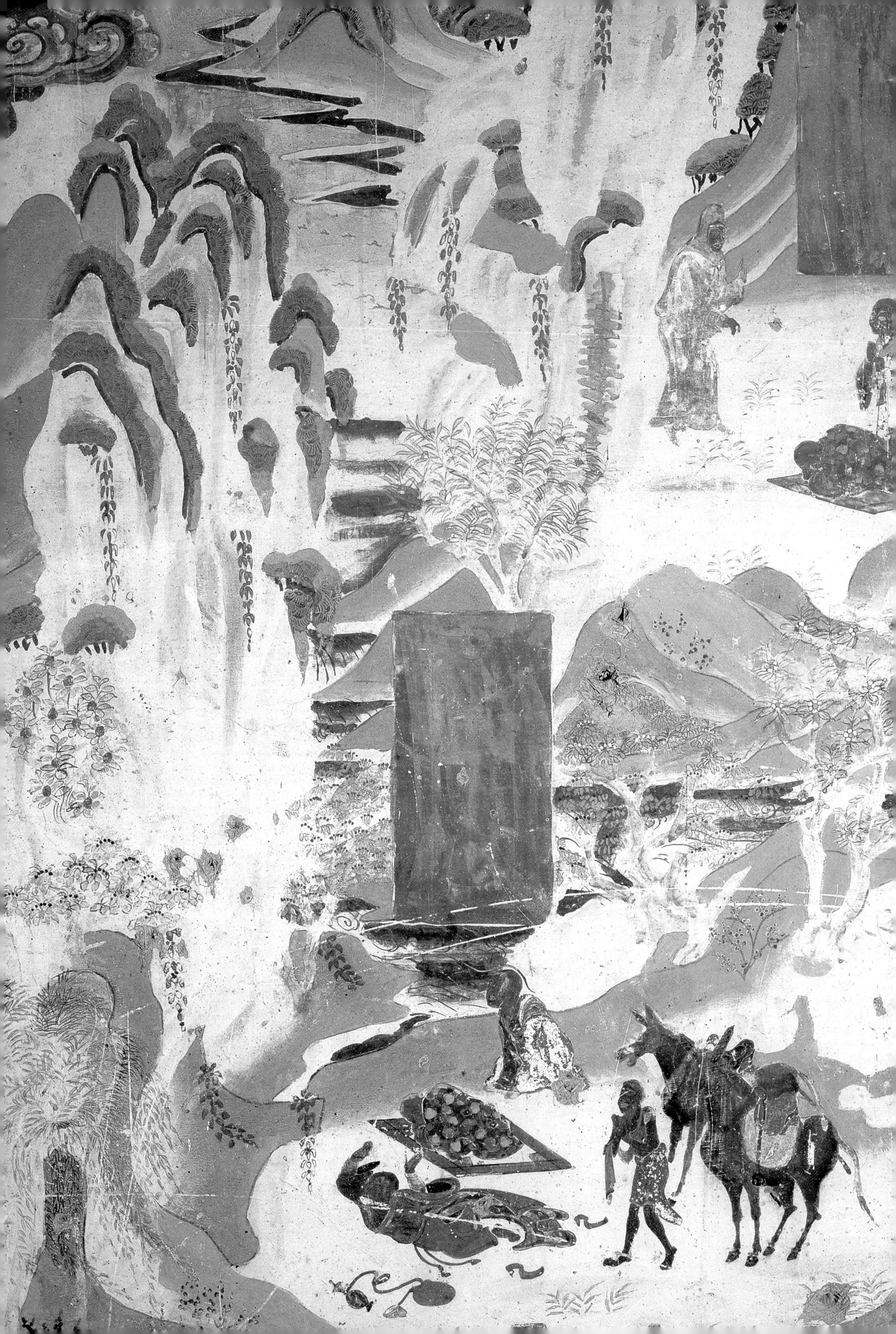

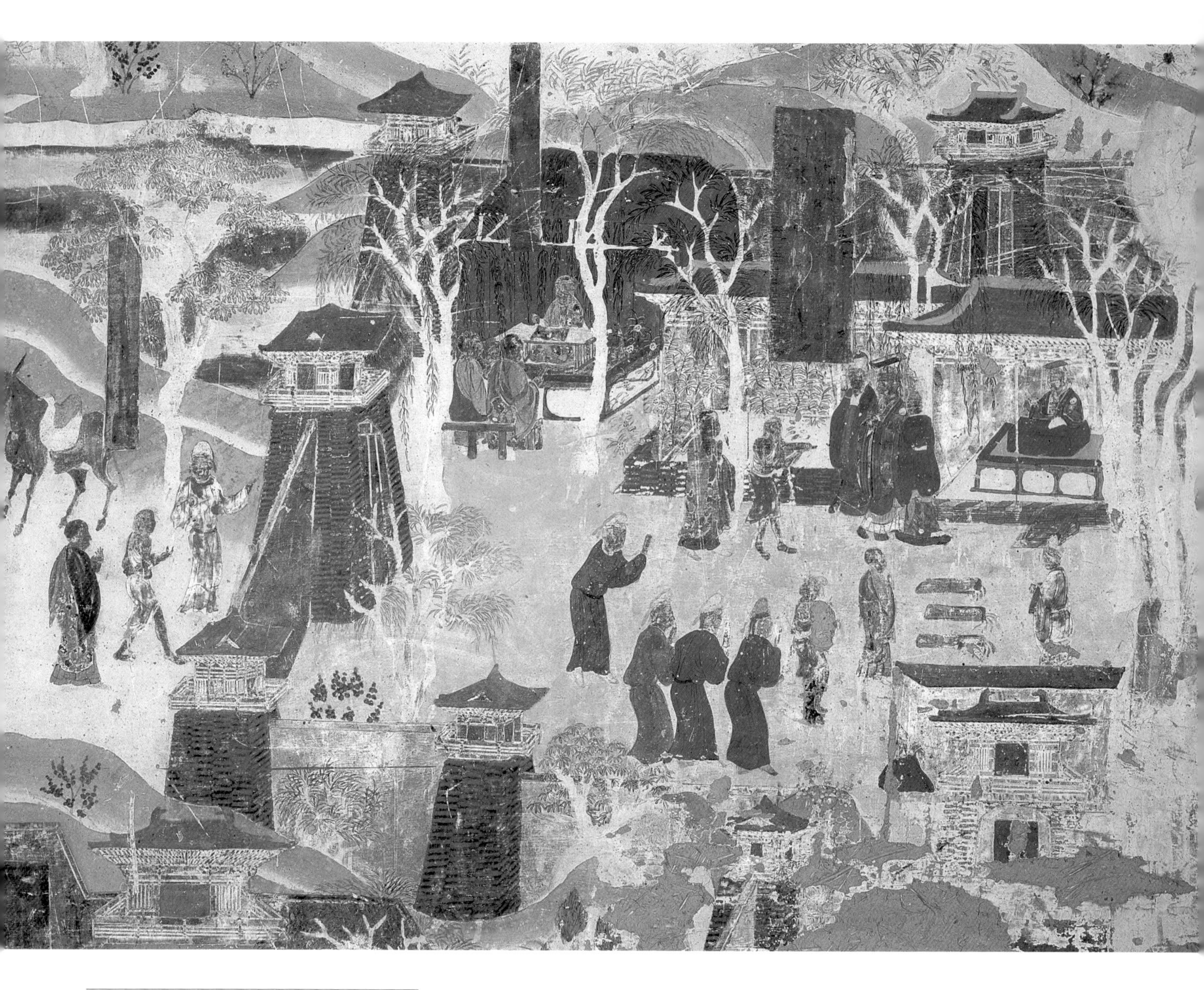

51 **國王求法**

圖中左側，仙人及僧人被接待進城。城內右側，國王身着衮服，頭戴冕旒，由重臣陪侍，接見仙人。旁邊還擺着國王施給仙人的絲綢。城內左上角，畫僧人宣講《法華經》。故事中的國王就是釋迦前生，他為求聽聞《法華經》而禮遇仙人。構圖嚴謹，人物刻畫細膩，全城綠樹成蔭，花草繁紛，堪稱唐代壁畫中的佳作。

盛唐　法華經•提婆達多品　莫217　南壁

52 **國王求法局部**

王城城牆高聳，城樓巍峨。一位官吏在城門口迎接身穿婆羅門服的仙人及僧人進城。

盛唐　法華經•提婆達多品　莫217　南壁

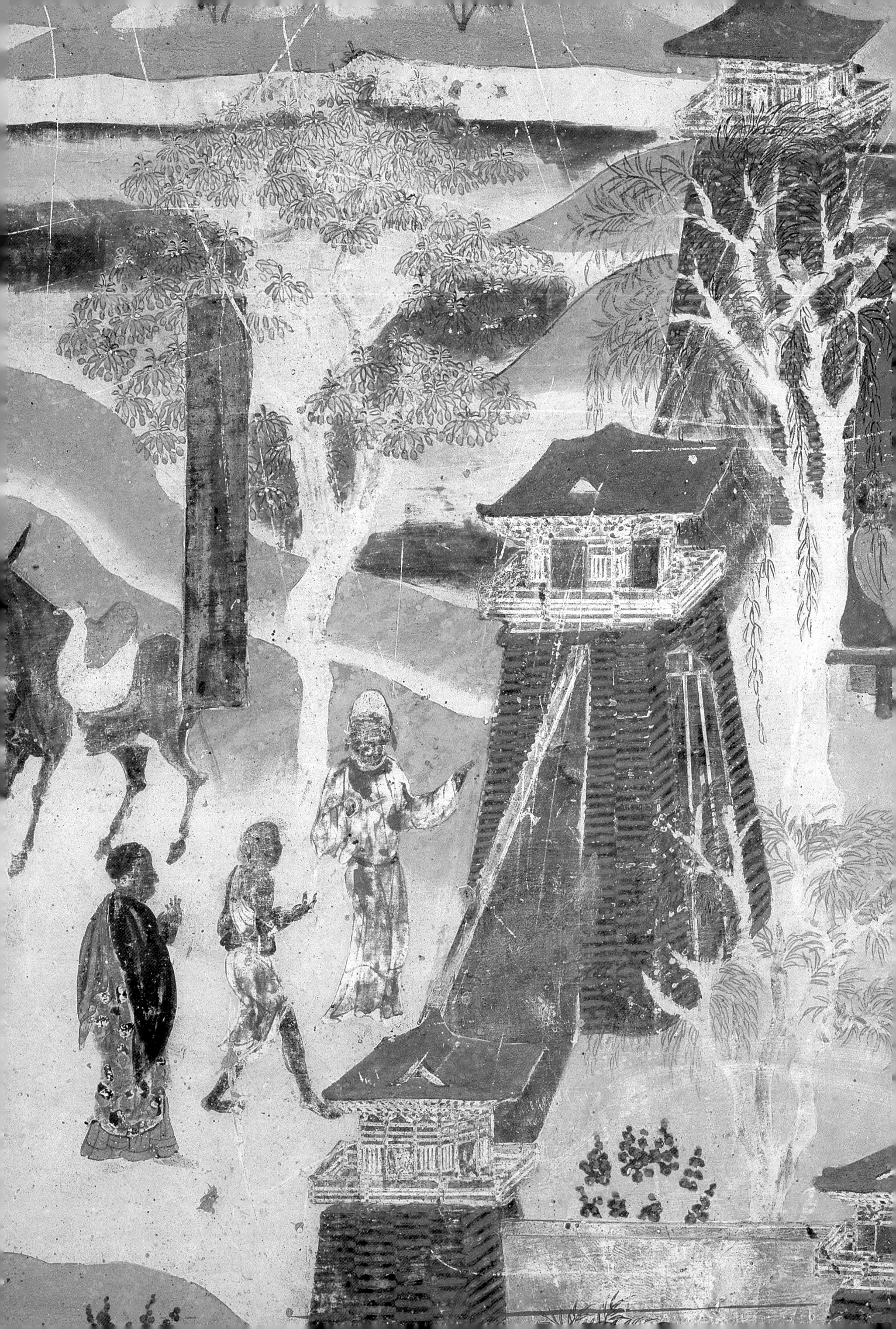

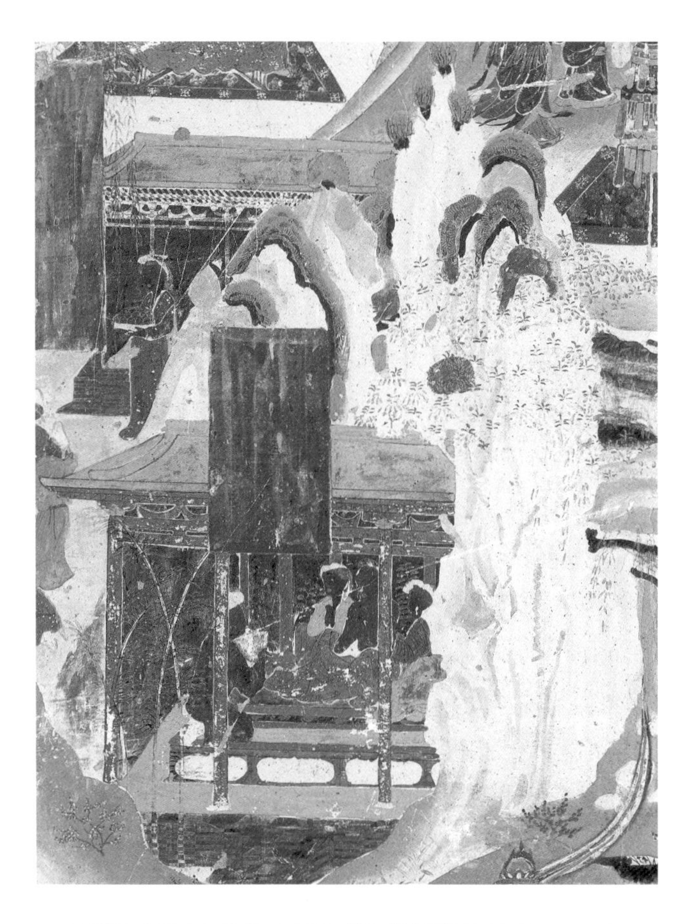

53 女人聞經

高山半遮朱窗，窗前山花爛漫，環境幽靜宜人。兩位衣裙艷麗的女子，端坐床上。一男子坐在床前，手捧《法華經》向兩女子宣講。佛教認為女人是禍水，但《法華經》說，只要聆聽〈藥王菩薩本事品〉，並且努力護持，來世即可不再轉生女身。

盛唐 法華經•藥王菩薩本事品
莫217 南壁

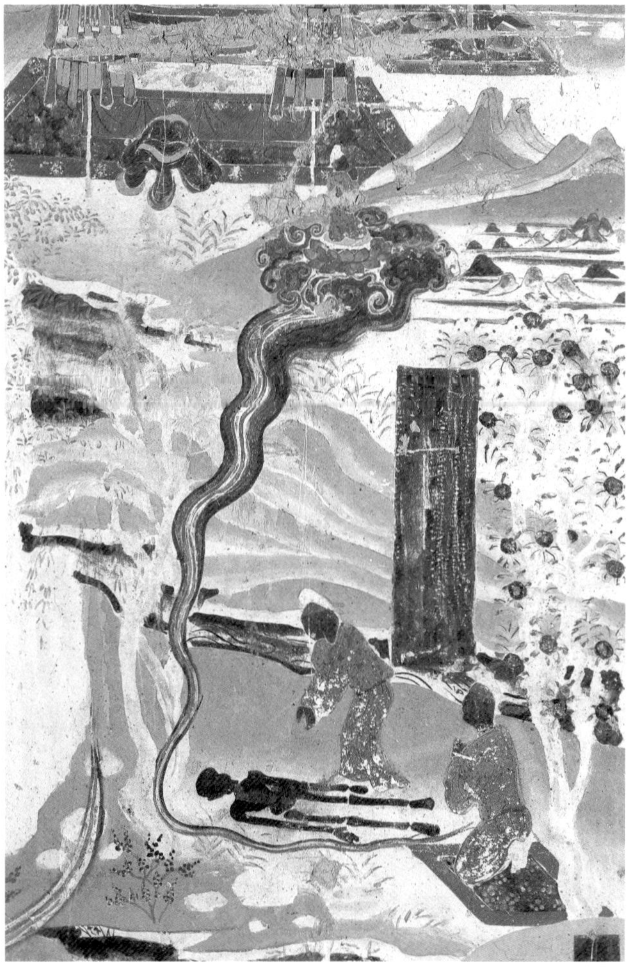

54 命終得生阿彌陀佛國

如果女人聆聽〈藥王菩薩本事品〉，並且如說修行，命終之後，即可往生阿彌陀佛國。圖中的骷髏，表示女人命終。乘雲扶搖升空者，表示命終的女人已轉生男身，往生佛國。

盛唐 法華經•藥王菩薩本事品
莫217 南壁

55 拜塔齋僧

〈方便品〉云：諸佛滅度後，如果有人起塔供養，即成佛道。如果有人禮拜佛塔，或者向佛塔合掌、舉手，甚至稍微低一下頭，都能成就無上佛道。畫師根據經文，在山間曠野中畫了一座佛塔，塔前有人叩頭，有人合掌禮拜，有人向塔舉手致敬。畫面生動熱鬧。

〈序品〉中又說：在釋迦佛眉間白毫相光的照耀下，可以看見東方萬八千世界，人們用餚膳飲食、百種湯藥施與僧人的盛況。畫師據此在塔的上部，畫了一座華麗的寺院，四個僧人並坐在走廊，接受施齋。廊下左側，三位施主陪同僧人吃齋。右側垂柳成蔭的庭院裏，僮僕、婢女提壺托盤，忙着上施齋食。

盛唐 法華經•方便品、序品 莫217 南壁

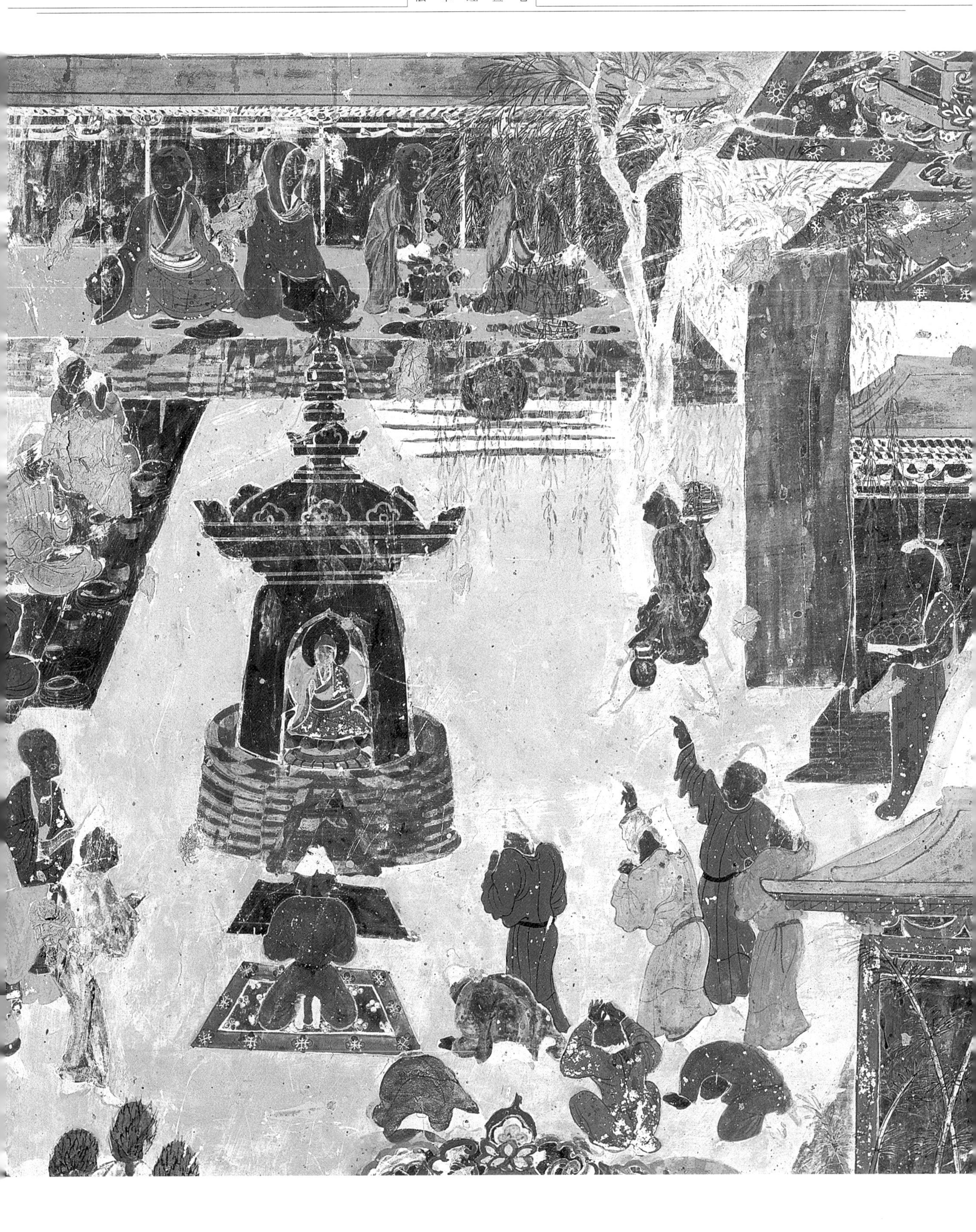

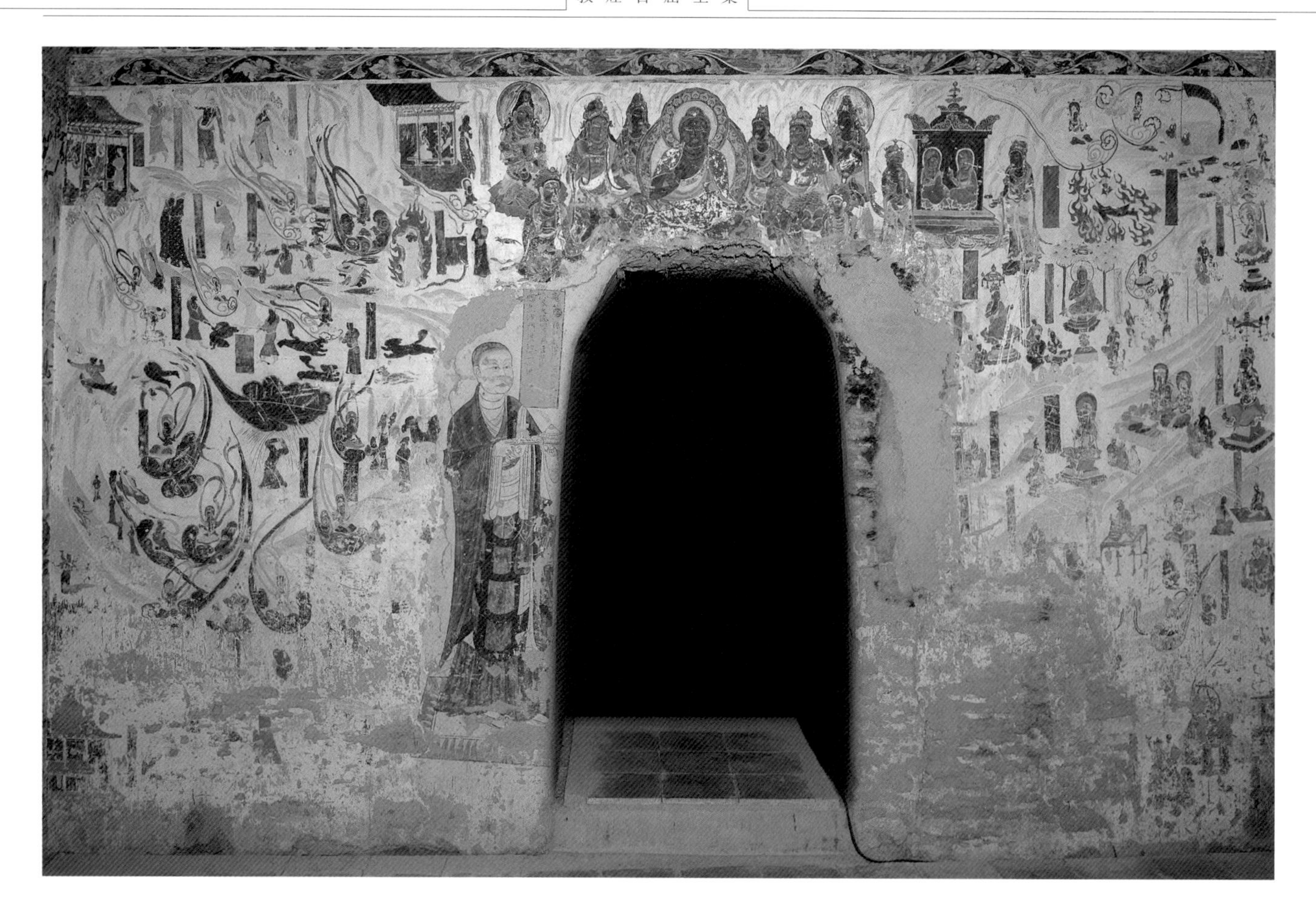

56 觀世音菩薩普門品全圖

窟門上部繪釋迦講述觀世音菩薩名號因緣。窟門北側下半部與南側上半部繪觀音救諸苦難。畫面依據〈觀世音菩薩普門品〉末尾的偈語，與第303窟隋代觀音經變，依據經文繪畫不同。在每一個救難場景中，都畫觀世音菩薩乘祥雲，從空飛降，立筆揮掃，勢若風旋，大大增強了畫面的動感。窟門北側北上角繪“脱離三毒”，其中“離淫欲毒圖”畫成了青年男女求爱圖，別開生面。窟門南側下半部畫“三十三現身”。北上角繪觀世音菩薩向釋迦、多寶二佛分獻瓔珞。窟門北側的供養比丘像是五代畫，與〈觀世音菩薩普門品〉無關。

盛唐 法華經•觀世音菩薩普門品
莫217 東壁

57 救墮落金剛山

〈觀世音菩薩普門品〉偈語中說：假如被壞人追逐，從金剛山上墮落，念一聲觀世音，能不損一毛。畫中一人從高山上倒栽而下。觀世音菩薩從右側乘祥雲，急速飛下承接，飄帶飛揚，勢若風旋。

盛唐 法華經•觀世音菩薩普門品
莫217 東壁窟門北側

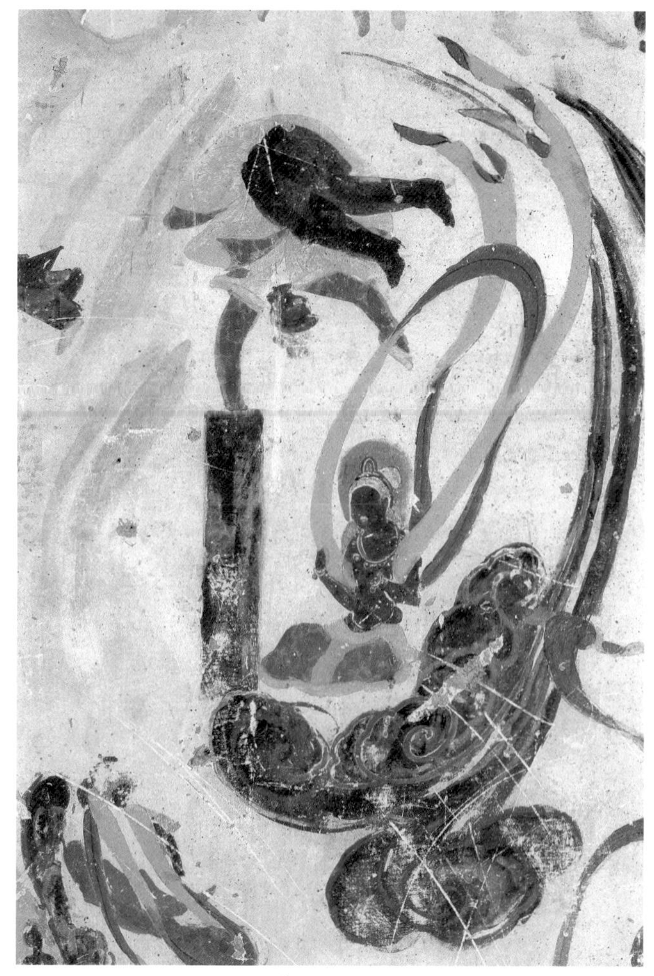

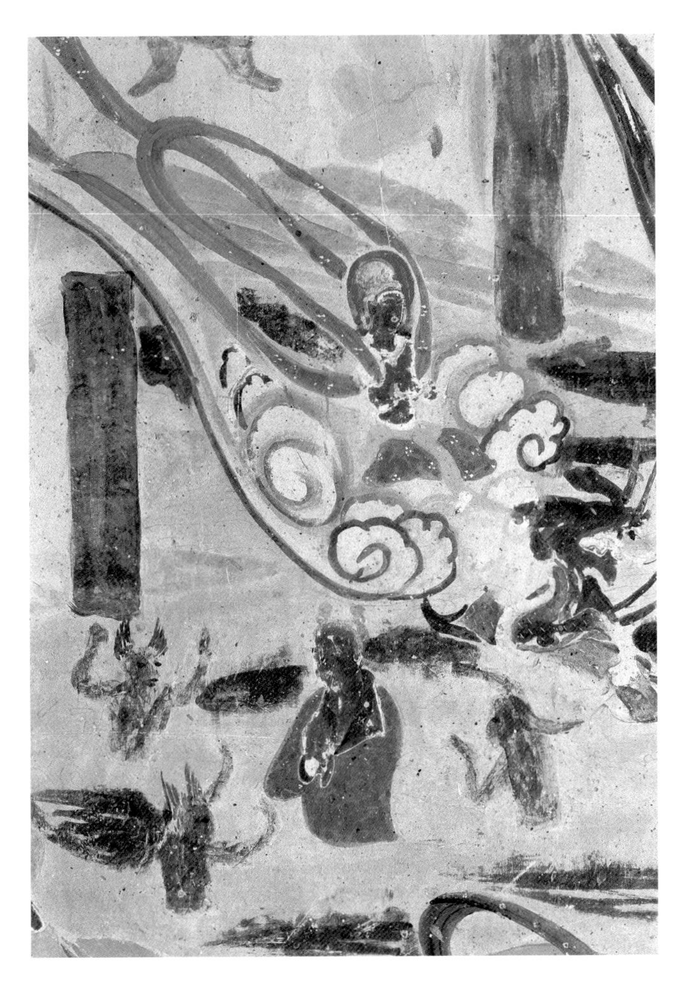

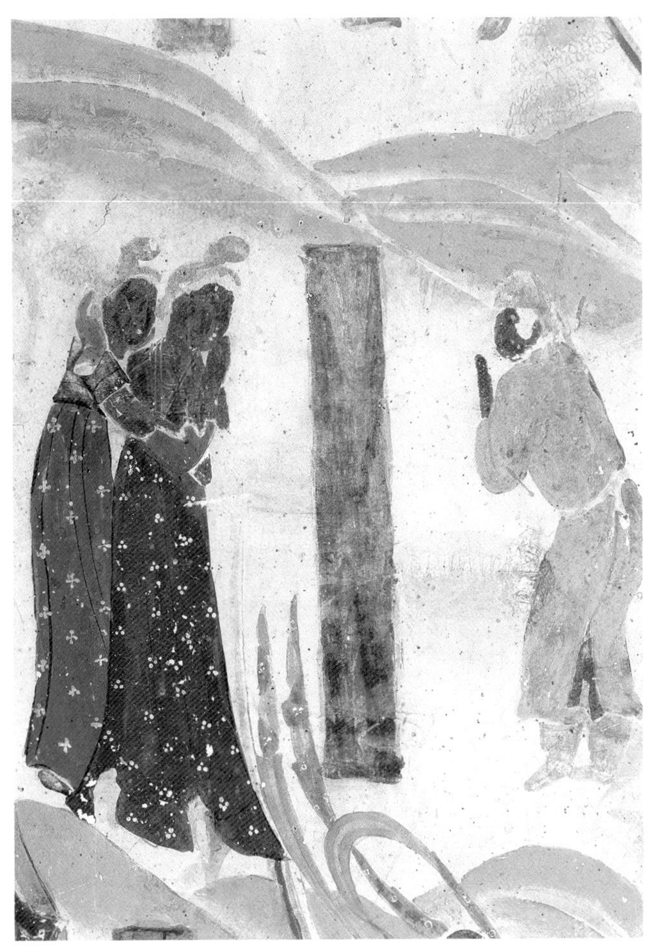

58 **救羅剎難**

〈觀世音菩薩普門品〉偈語中說：如果在大海中遇到羅剎鬼，念一聲觀世音，羅剎就不敢加害。圖中一人在大海中被羅剎鬼包圍，觀世音菩薩從空而下，前來救助。這些神鬼人物姿態生動，充分體現了畫師的想像力。

盛唐 法華經 • 觀世音菩薩普門品

莫217 東壁窟門北側

59 **離淫欲毒**

〈觀世音菩薩普門品〉中說：如果有人陷於情欲，念一聲觀世音菩薩，便得離情欲。但此畫面卻別開生面：兩個亭亭玉立的年輕女子，頭梳高髻，身穿窄袖短衫長花裙，相互偎依，一個青年男子正向她們作揖。這與其說是教戒除情欲，不如說是求愛圖。尤其耐人尋味的是大多"救難圖"都畫觀音飛來解救，而此圖中卻沒有觀音，這難道是畫師的一時疏忽嗎？

盛唐 法華經 • 觀世音菩薩普門品

莫217 東壁窟門北側

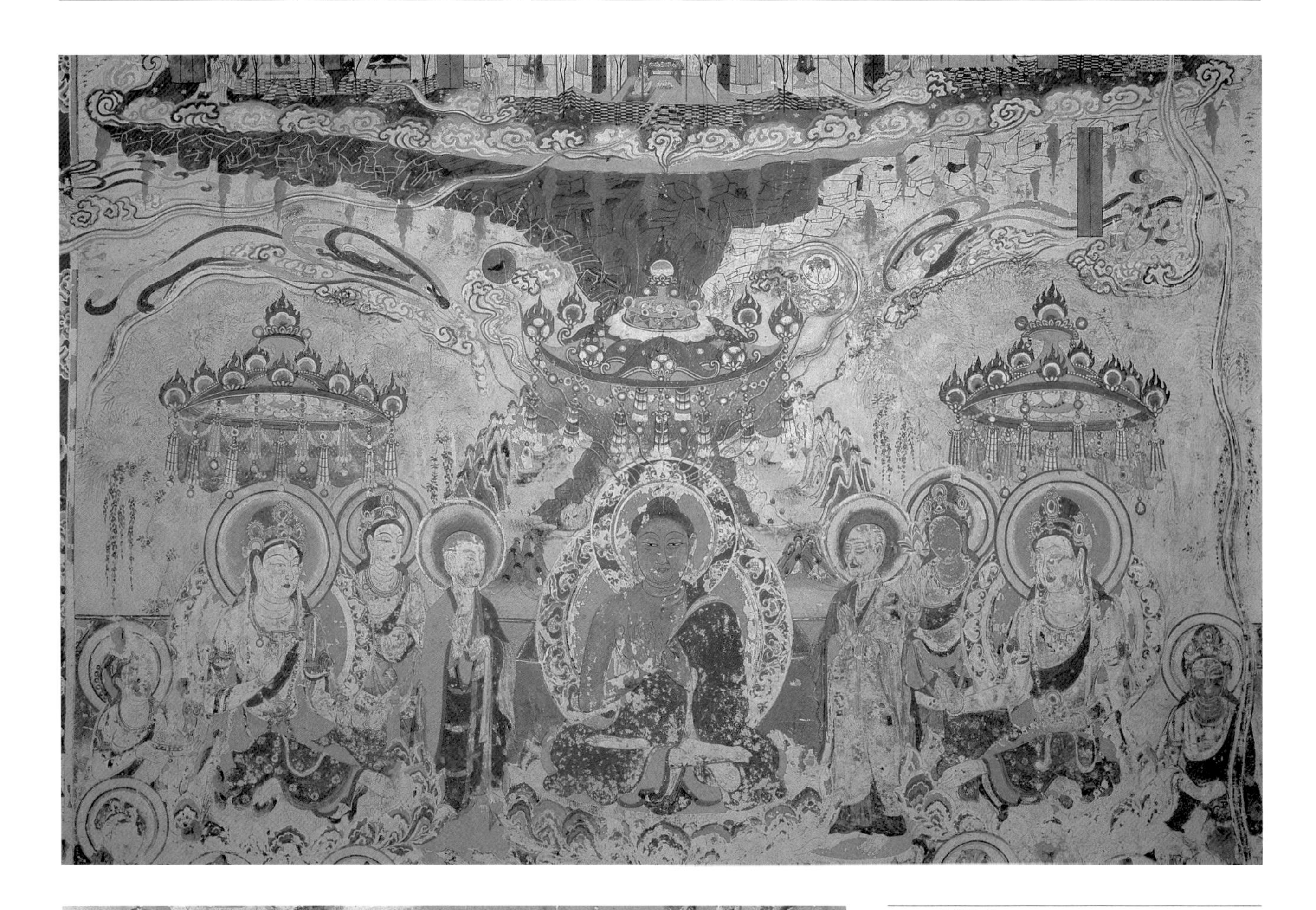

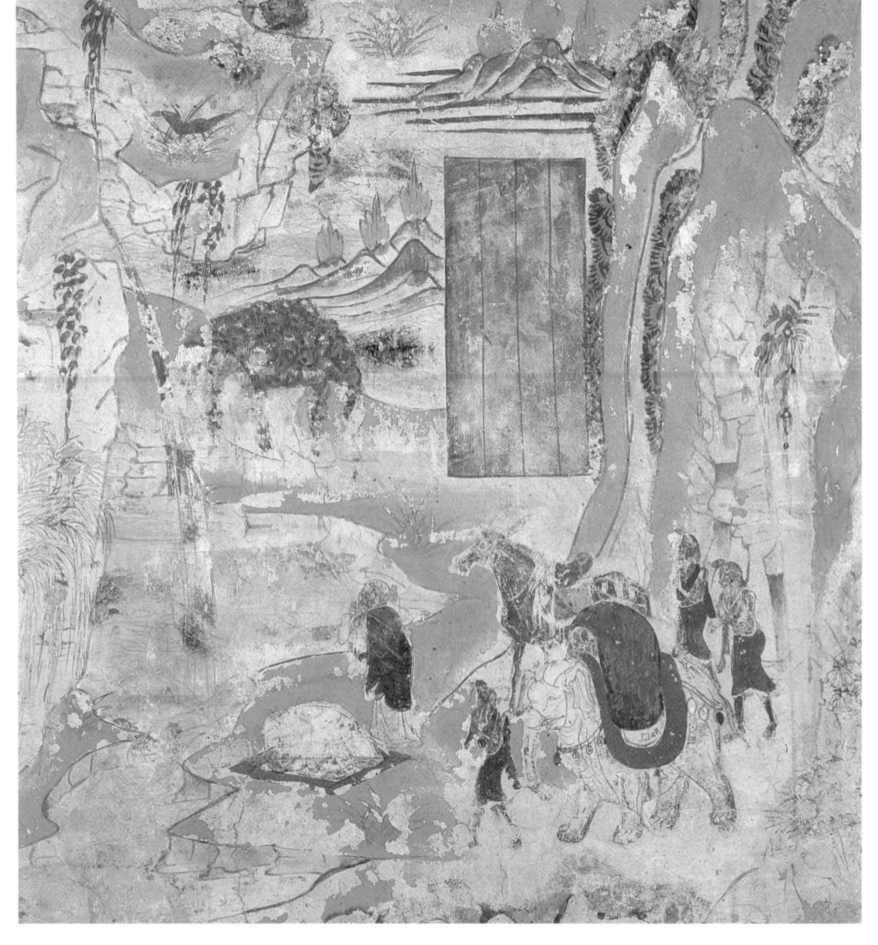

60 靈鷲會

構圖佈局與第217窟南壁的“靈鷲會”大致相同，唯迦葉、阿難兩大弟子位居諸大菩薩之先，侍立在釋迦佛左右兩側。人物端莊秀麗，用色也很考究。

盛唐 法華經•序品 莫103 南壁

61 化城喻局部

取寶人在導師的引導下，趕着大象、毛驢向寶地行進。眼前高山巍峨，擋住去路。飛流直下，大河難渡。一人合十，求佛保祐。一人五體投地，祈禱觀音現身，化險為夷。構圖嚴謹，寓意深刻。圖中描繪的山水，特別細膩生動。

盛唐 法華經•化城喻品 莫103 南壁

62 繞塔供養

〈方便品〉偈語中說：如果有人在佛塔前禮拜，或者合掌、舉手、低頭，都是功德，都可以成佛。與第217窟相似，畫師在山前曠野中畫了一座白塔。塔內庋藏七卷《法華經》，塔外八位俗家佛徒圍繞佛塔，或叩拜，或合掌，或舉手致敬，神態十分虔誠。

盛唐 法華經 • 方便品 莫103 南壁

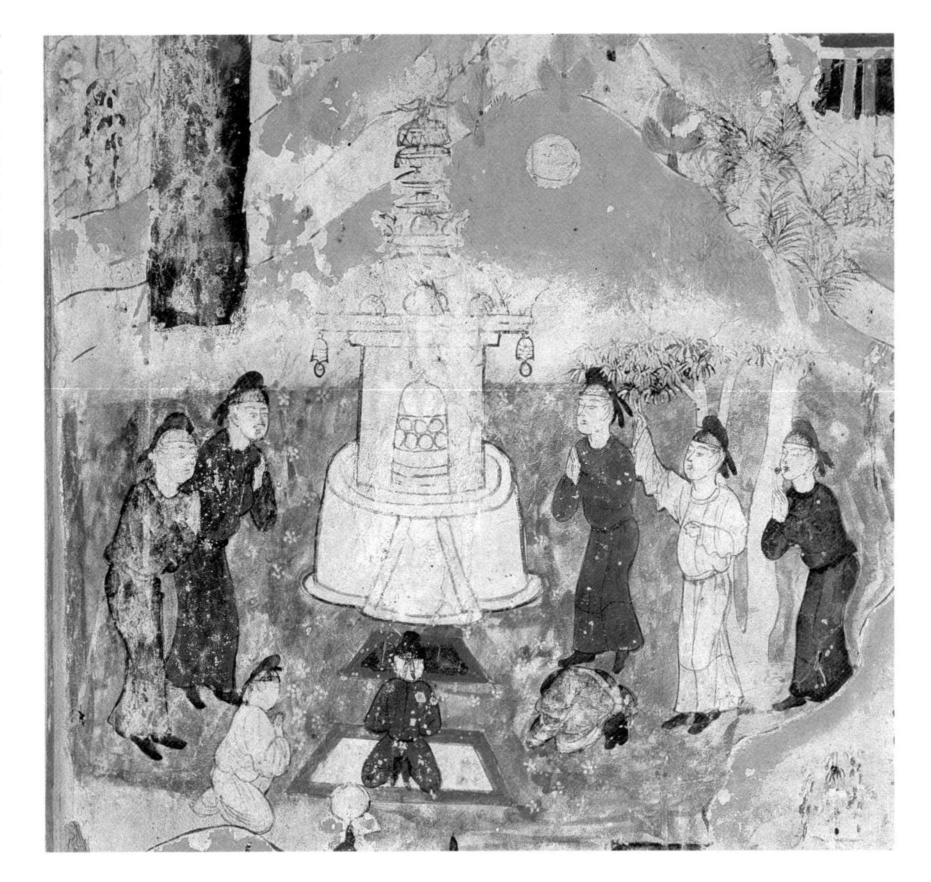

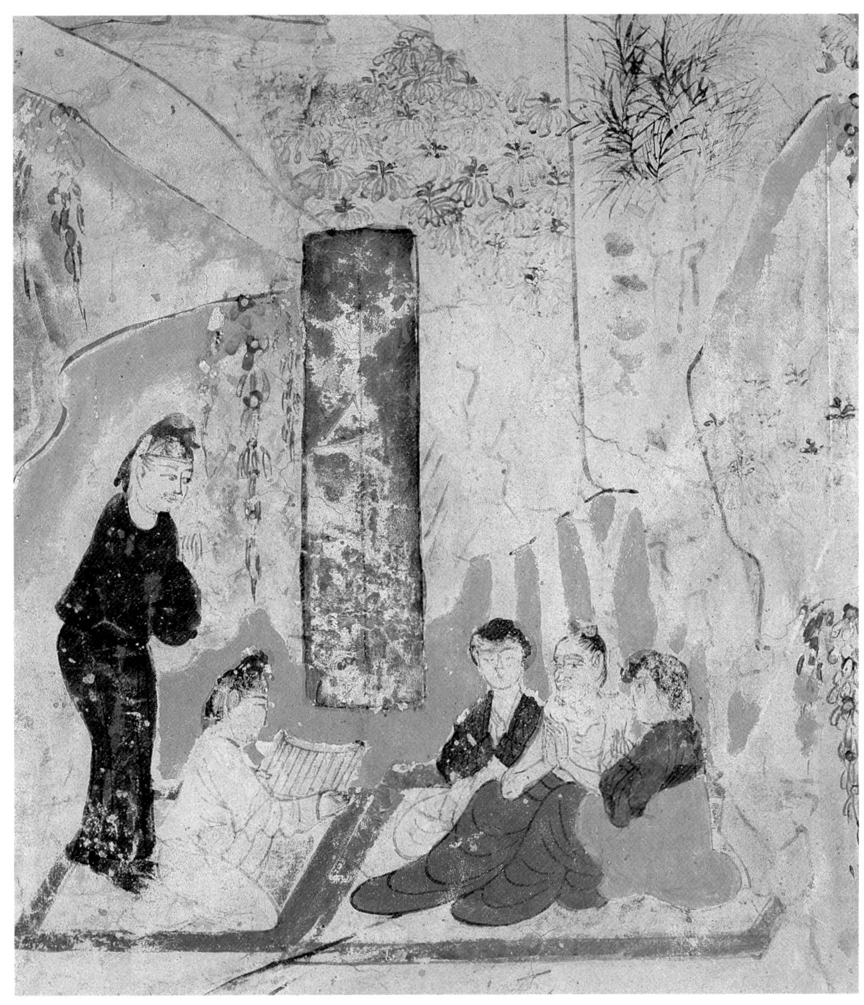

63 女人聞經

此圖與第217窟“女人聞經圖”相比，又是另一種表現形式。在山間曠野，三位女子並坐在地毯上，聆聽跪在地毯上的男子宣說《法華經》。這三位女子似為祖孫三代，中間老者雙手合十，專心聆聽，虔誠的神情躍然壁上，而年輕者雖亦合十，然而雙眼微閉，似在沉思。

盛唐 法華經 • 藥王菩薩本事品
莫103 南壁

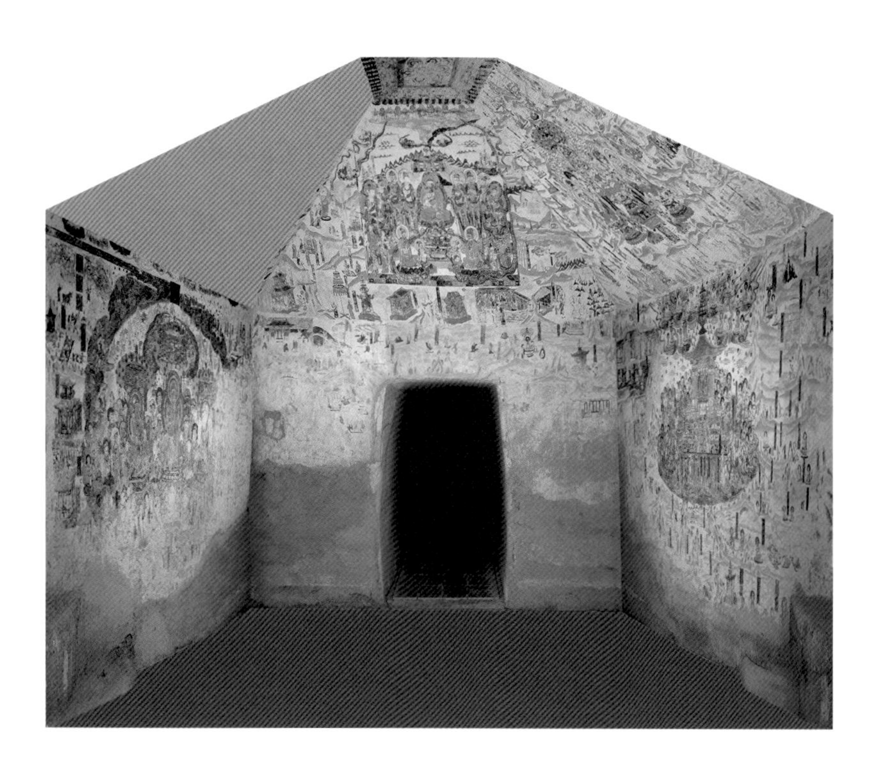

第23窟立體圖

北壁中間畫“靈鷲會”，南壁中間繪“虛空會”，南北呼應。兩會側面另繪〈藥草喻品〉、〈方便品〉、〈信解品〉、〈化城喻品〉、〈觀世音菩薩普門品〉等。此窟東壁及窟頂東、南二坡亦為法華經變內容。

64 靈鷲會

畫面中間，乘祥雲的菩薩組成巨大的雲環。雲環內上部繪羣峰起伏、林木蔥鬱的靈鷲山。山前釋迦佛宣說《法華經》，會眾簇擁聽法。這樣構圖的靈鷲會，在法華經變中還是首次出現。

盛唐 法華經 莫23 北壁

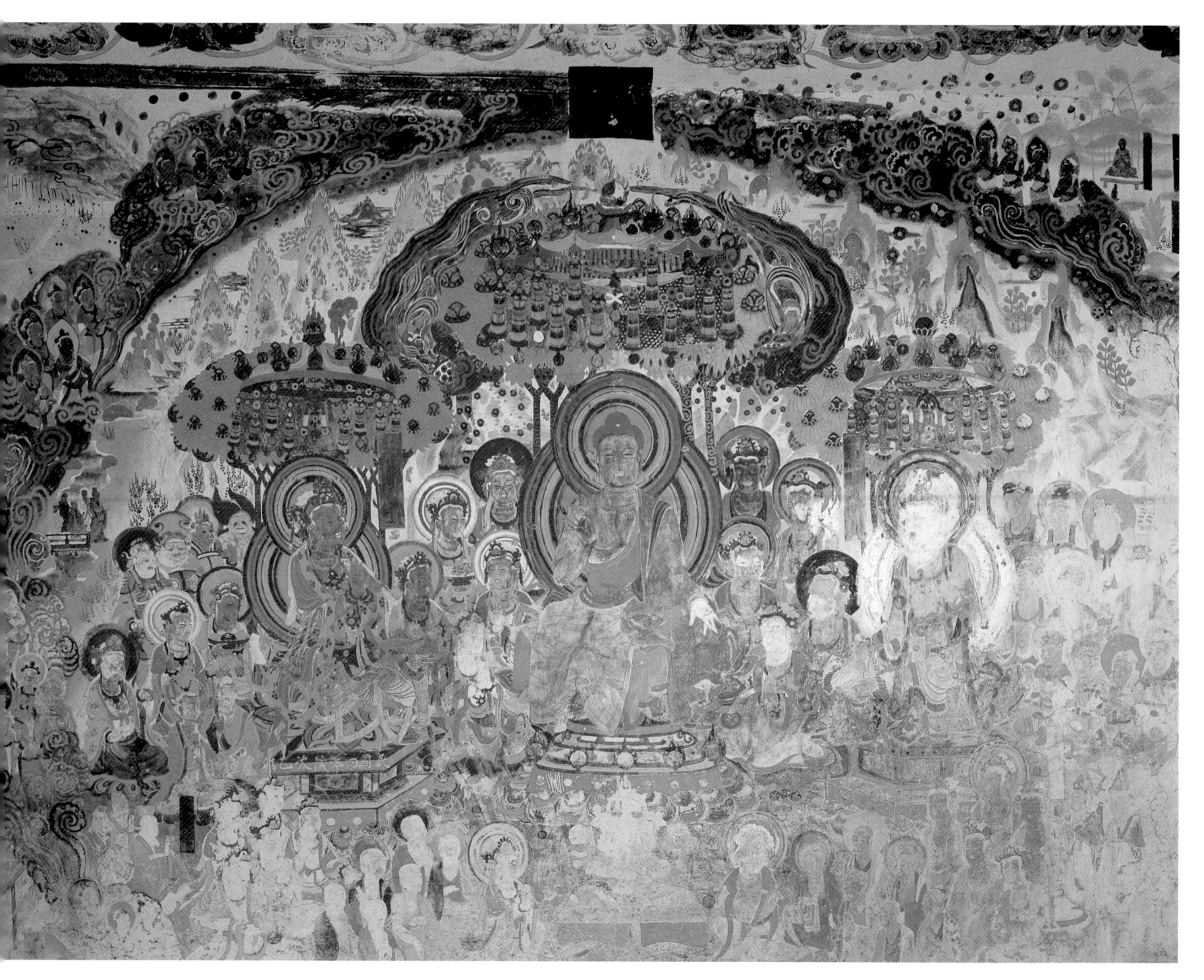

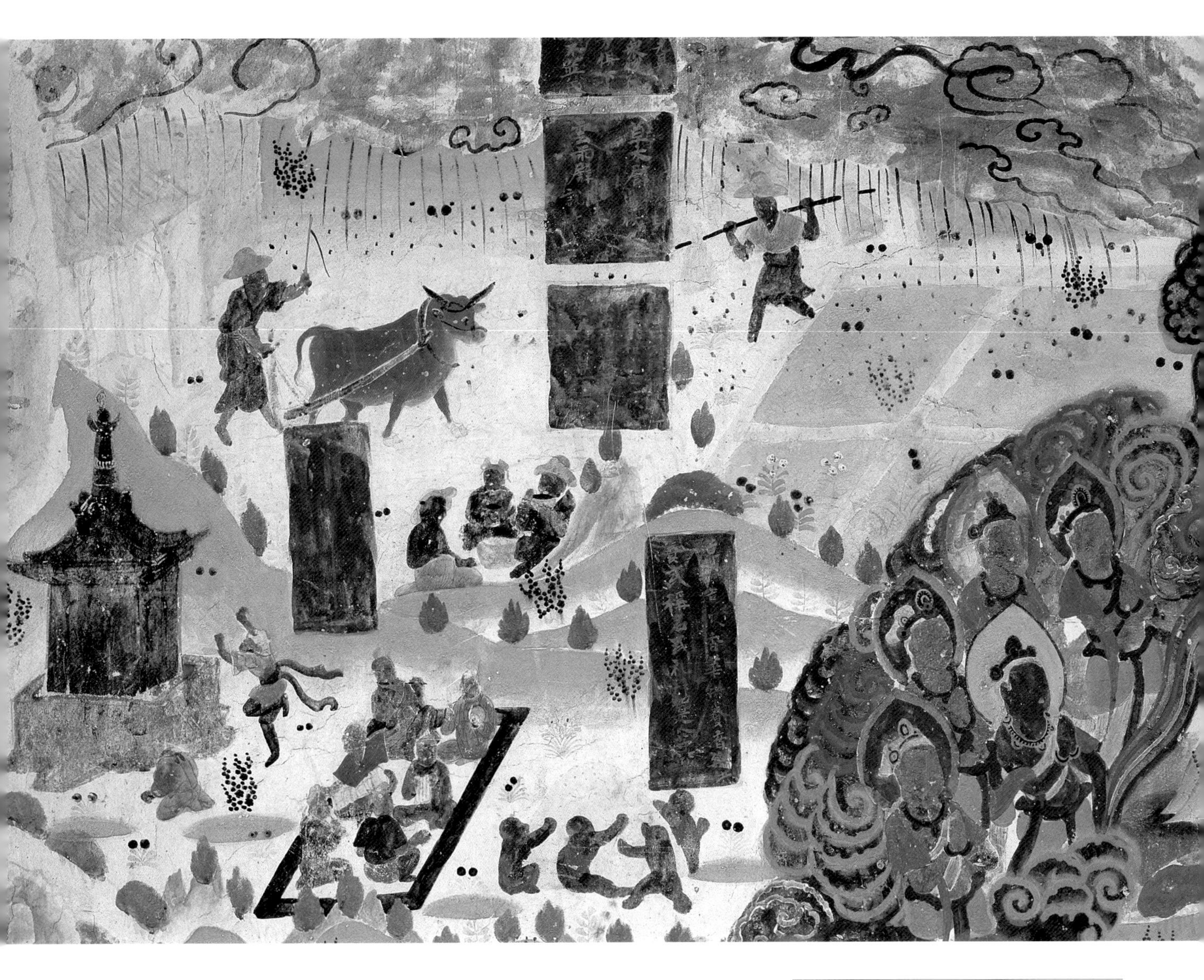

65 雨中耕作與起塔供養

畫面上部，大片烏雲迷漫，時雨霏霏，一個農夫正在田裏揮鞭策牛，辛苦耕作。另一個農夫肩挑麥綑，冒着大雨，急步歸家。下部，在山花爛漫的野外，父子捧碗吃飯，農婦親切地注視着。這一田間小景，頗富詩情畫意，使人聯想起《詩經．豳風．七月》中描寫的“同我婦子，饁彼南畝”的情景。

“雨中耕作圖”左下繪一塔，塔前一人跪地拜佛，一人翩翩起舞，六人席地而坐，各持樂器伴奏。右側繪四個胖娃娃，正在沙堆前忘形玩耍，表示經文的“聚沙成塔”。若把上下兩幅壁畫聯繫起來觀賞，是十分優美的“雨中耕作”與“歡慶豐收”的連環畫。

盛唐 法華經 • 藥草喻品與方便品
莫23 北壁

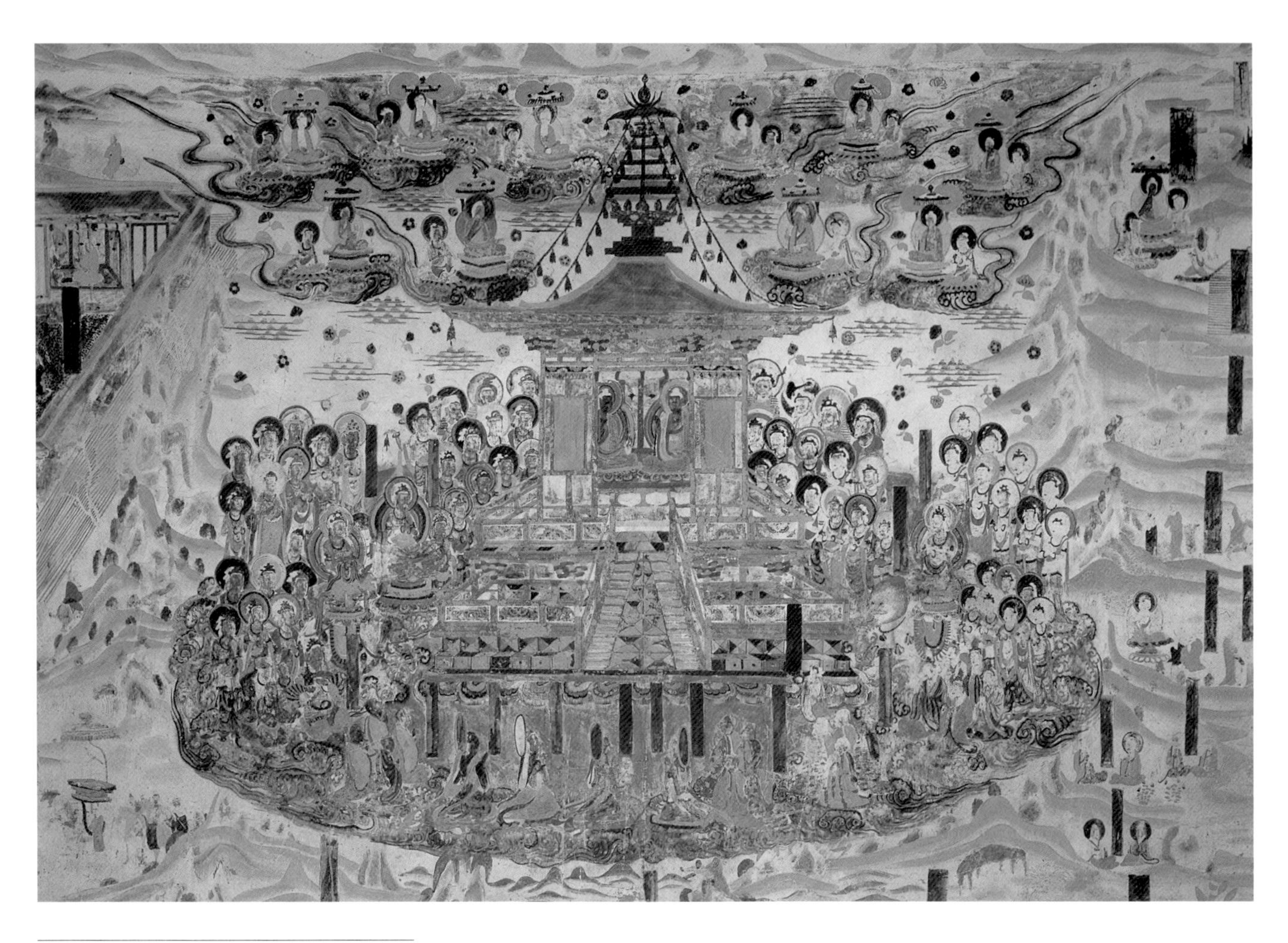

66 虛空會

此圖是敦煌壁畫中表現〈見寶塔品〉的傑作。基座正中設御路式踏級通向寶塔。塔身是三開間，中間敞開，可見釋迦、多寶二佛並坐在內，畫面開朗宏偉。七寶塔周圍，諸大菩薩、天龍八部以及比丘等形成一個橢圓形，有如眾星捧月。會眾下面畫船形祥雲，諸多會眾像乘着大船，雲游太空，既優美，又切合“釋迦牟尼以神通力，接諸大眾，皆在虛空”的經旨。會眾上面的空間，畫了八組小山，使人感覺這些小山好像很遠很遠，真是咫尺之壁，寫千里之景。七寶塔頂高聳，釋迦分身十方諸佛及其脅侍菩薩，各乘祥雲，好像一隻隻小船，從遙遠的他方佛國，雲集靈鷲山上空，給人滿壁風動之感。

盛唐　法華經•見寶塔品　莫23　南壁

67 化城喻

經文中“化城”是聰明的導師（即佛）幻化的，然而此圖畫的不是城，而是唐代河西走廊絲路古道上的客舍庭院。庭院外築有高高的夯土圍牆，圍牆正面門道內有兩個男子正往外走，似要迎接客人。庭院內，一個女子站在門口，似是客舍女主人。上房三楹，屋內陳設華麗，旅客們對坐矮桌前，從容地邊吃邊談。階下滿地的小黑點，按照經文的說法，是以七寶鋪地。僕人忙着操辦飲食。有的旅客似因疲極而躺在地上休息。圍牆外，數騎馳騁於山間小道上，表示取寶人在休息後，繼續向寶地進發。在敦煌壁畫中如此處理“化城”的，只此一例。

盛唐　法華經•化城喻品　莫23　南壁

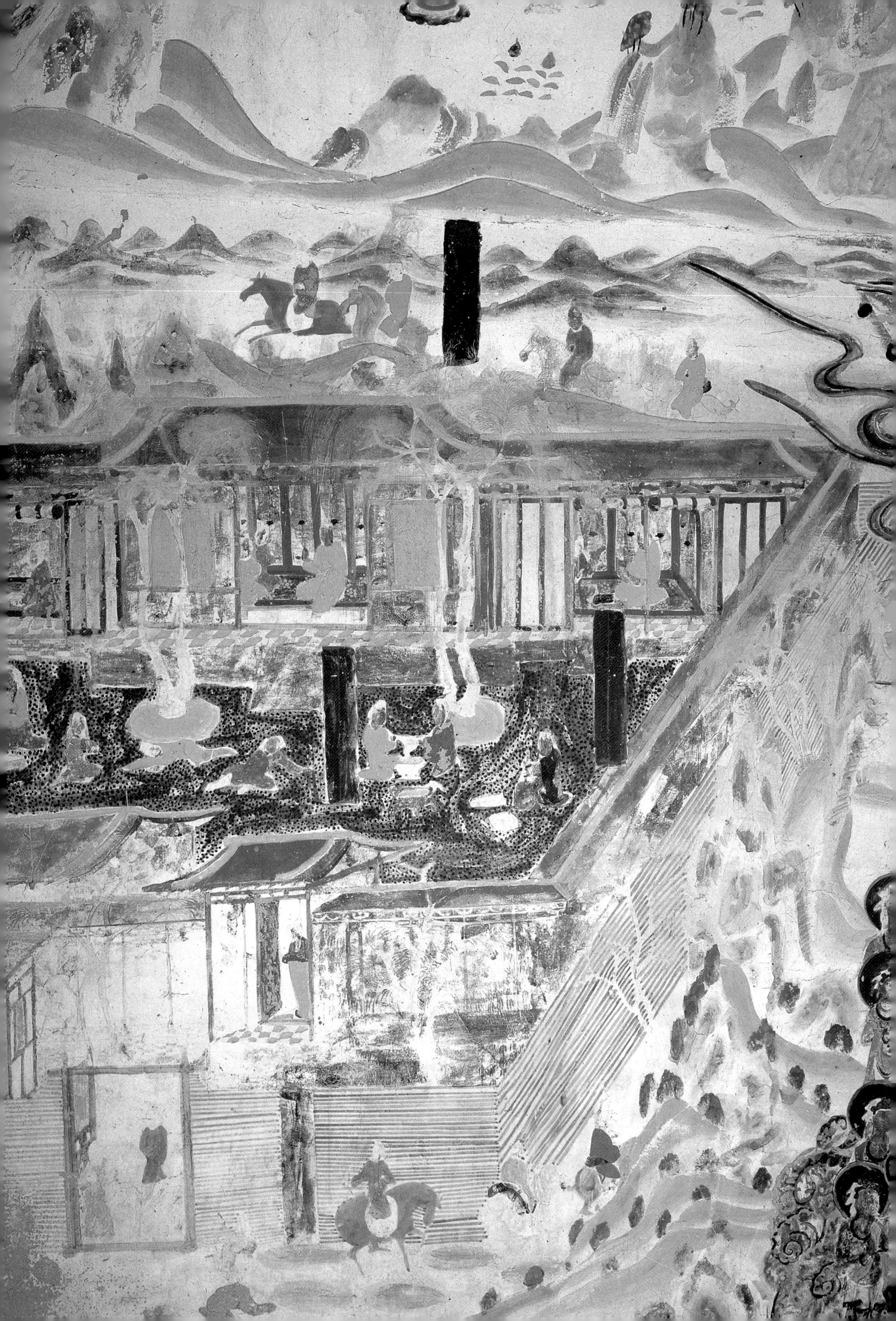

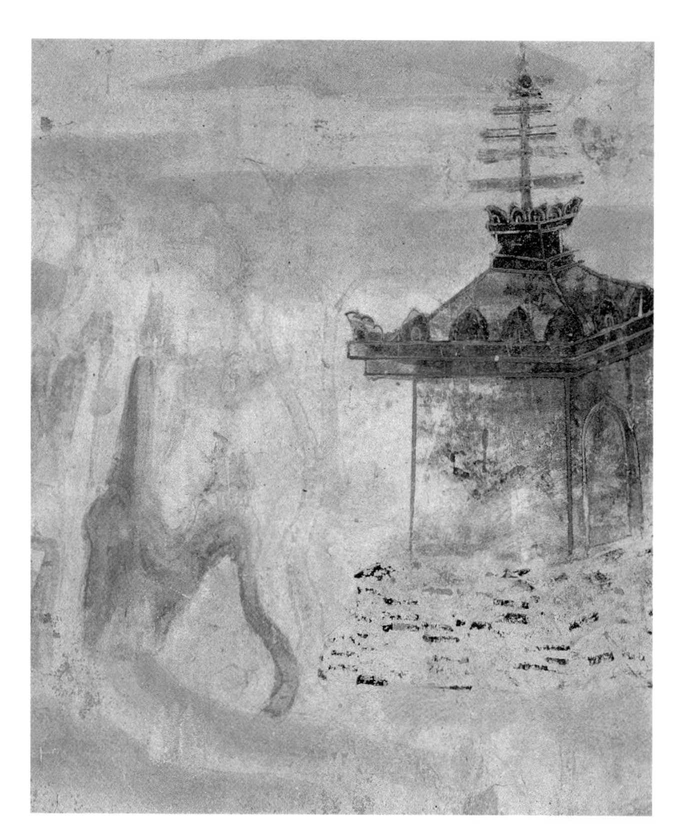

68 **一切喜見菩薩燃臂供養日月淨明德佛舍利塔**

盛唐 法華經 • 藥王菩薩本事品
莫23 東壁南側

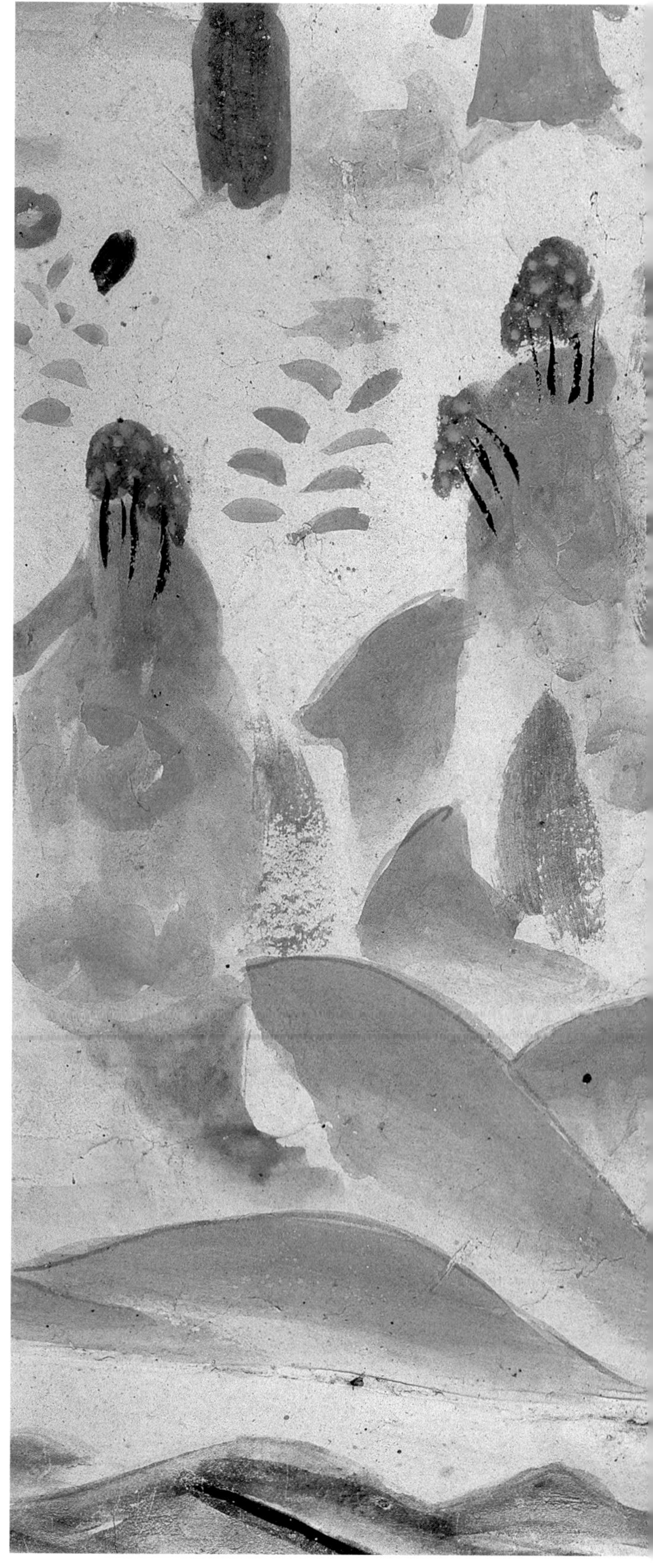

69 **離淫欲毒**

這是“離淫欲毒圖”的另一種表現形式。在幽靜的山莊別墅內，一對男女促膝交談。這與其說是勸人戒淫欲，不如說是男女幽會。在兩人身後的屏風上，似乎畫了仕女圖。

盛唐 法華經 • 觀世音菩薩普門品
莫23 窟頂南坡

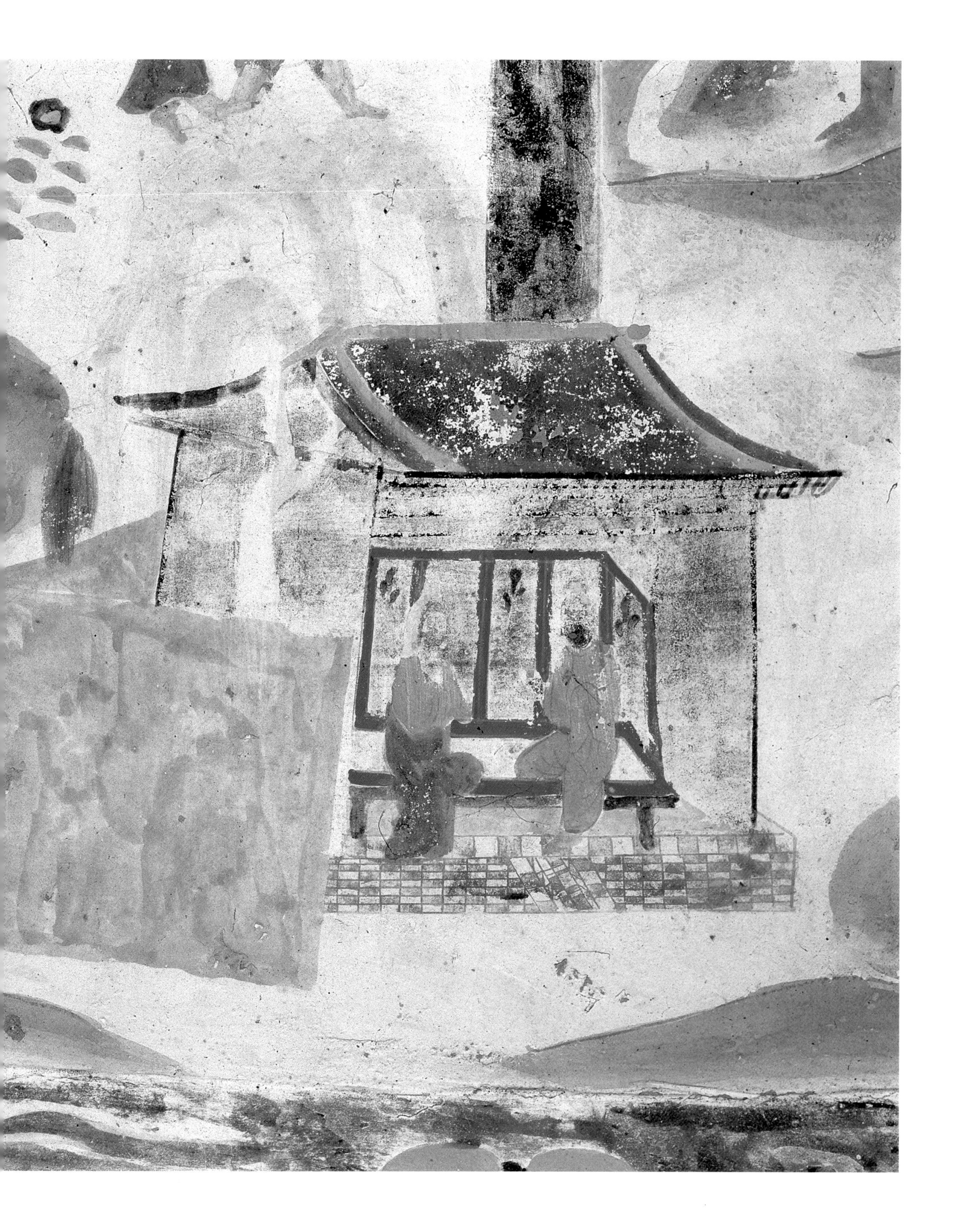

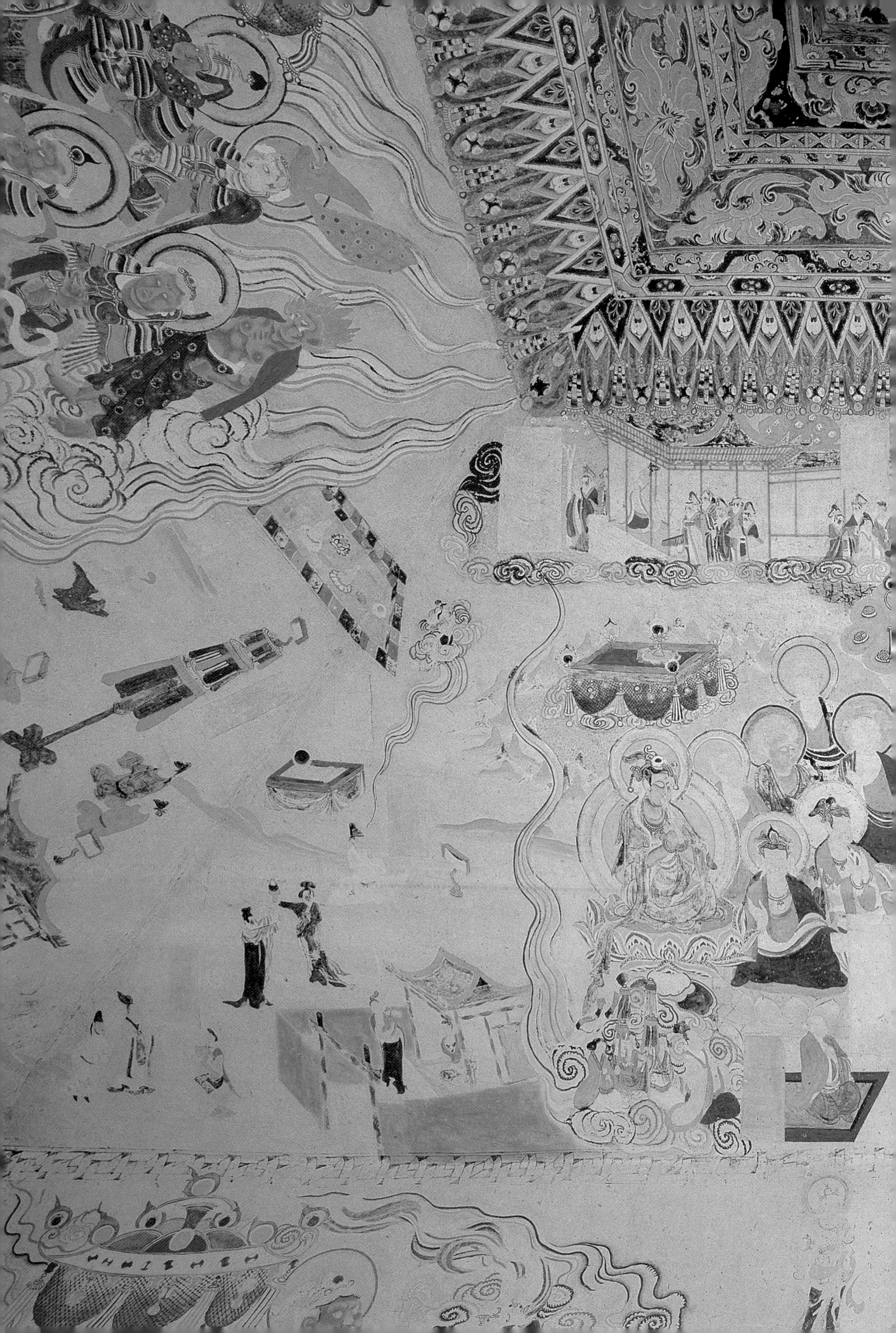

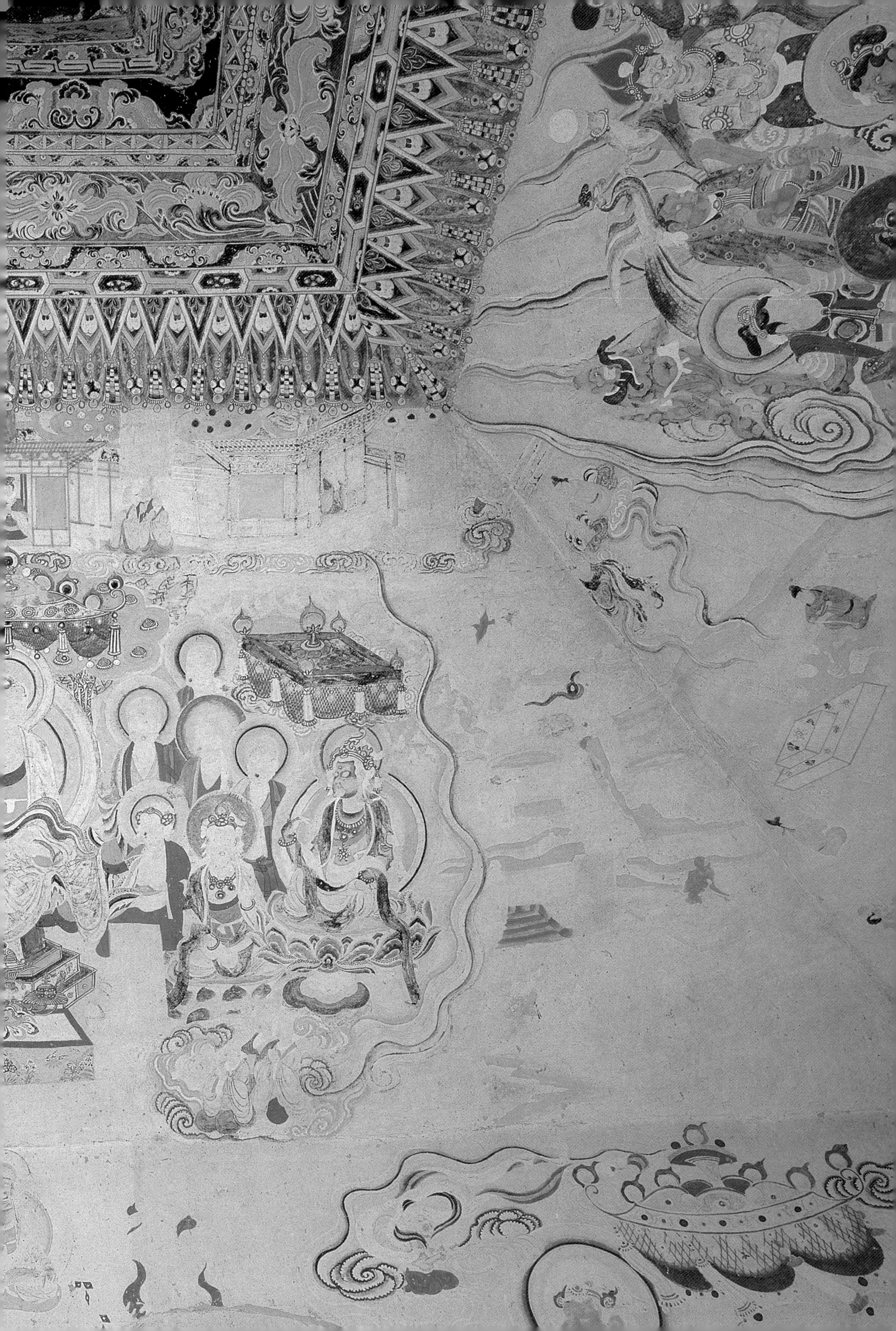

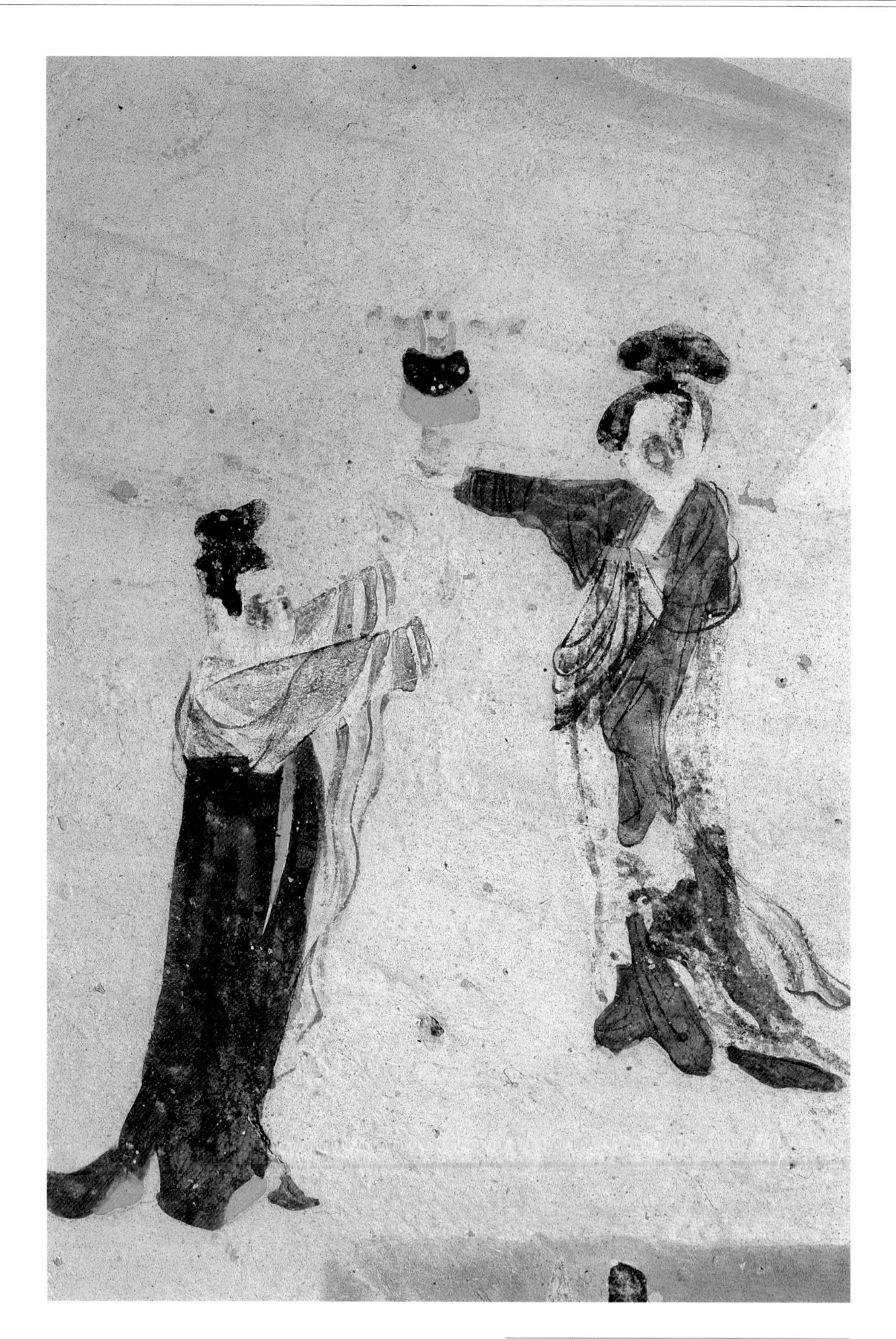

71 耍布偶

兩個典型的盛唐婦女正興致勃勃地玩一個布偶娃娃。右面的女子一手高舉布偶耍弄，另一個伸手要取。人物造型似唐代畫家周昉筆下的仕女，豐滿而有富貴氣。

盛唐 法華經•隨喜功德品

莫31 窟頂東坡左側下部

70 法華經變之一

◀ 見上頁

中間繪“靈鷲會”及“東方萬八千世界”，與第217、23窟同類題材相比，已經簡單多了。左側下部繪〈隨喜功德品〉與〈藥王菩薩本事品〉。右側內容不詳，待考。

盛唐 法華經 莫31 窟頂東坡

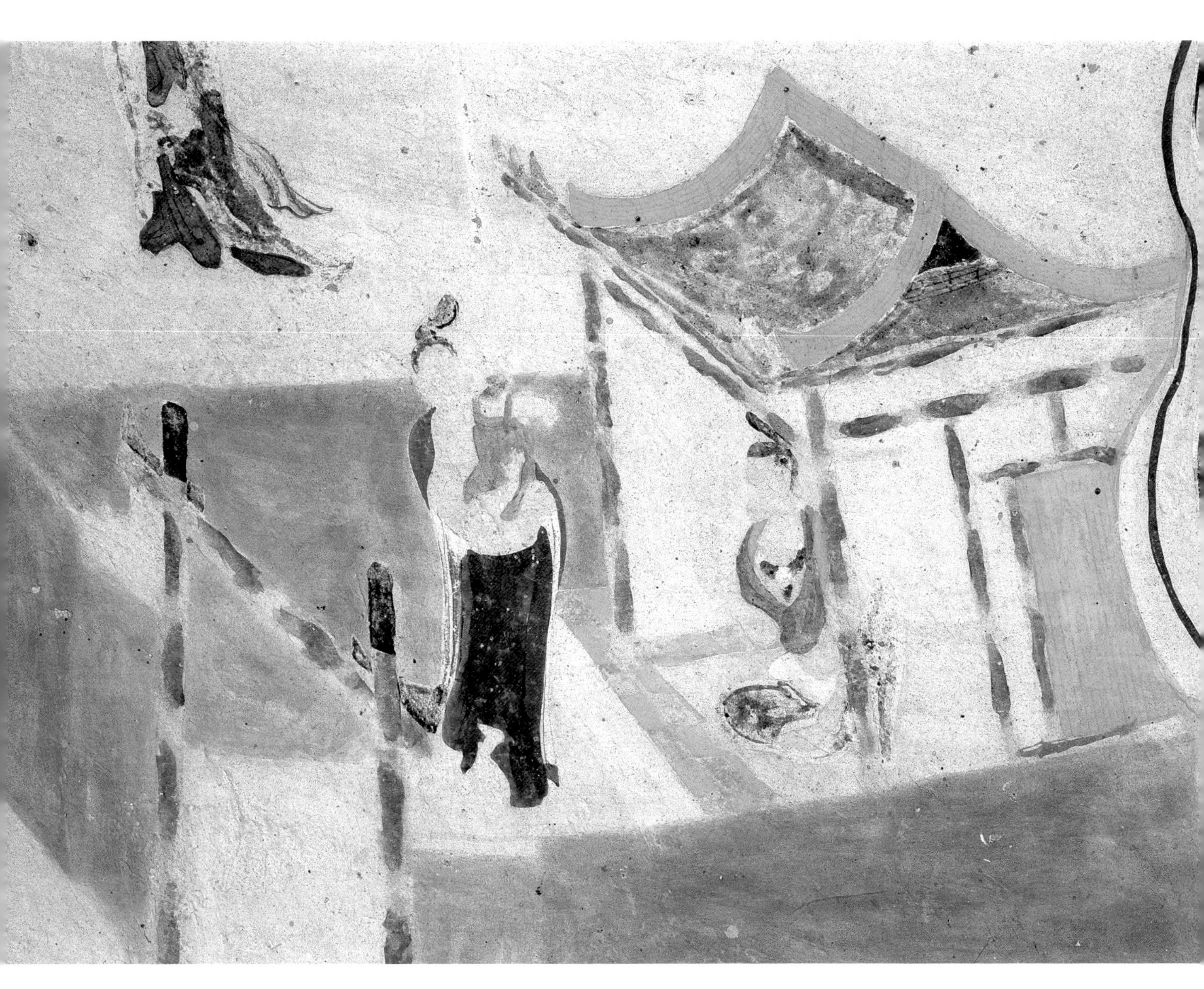

72 如子得母

在簡陋的小院裏有一間房子，母親席地坐在裏面。奶娘抱着嬰兒，在院子裏邊走邊逗樂。與第217窟富貴人家的“如子得母圖”相比，此圖反映了盛唐時期小康之家的生活情景。

盛唐 法華經 • 藥王菩薩本事品
莫31 窟頂東坡左側下部

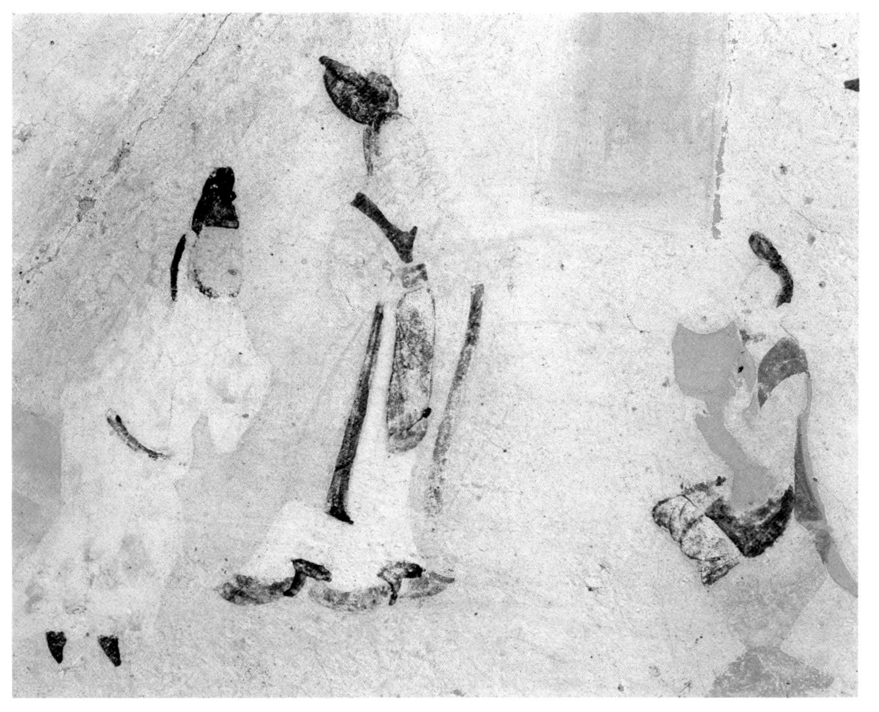

73 如病得醫

一位婆羅門醫生跪在束腰座上，為嬰兒診病。嬰兒家長頭戴峨冠，站在醫生前，詳説嬰兒病徵。後面一人躬身侍候。此圖的表現方法，與第217窟“如病得醫圖”大異其趣。

盛唐 法華經 • 藥王菩薩本事品
莫31 窟頂東坡左側下部

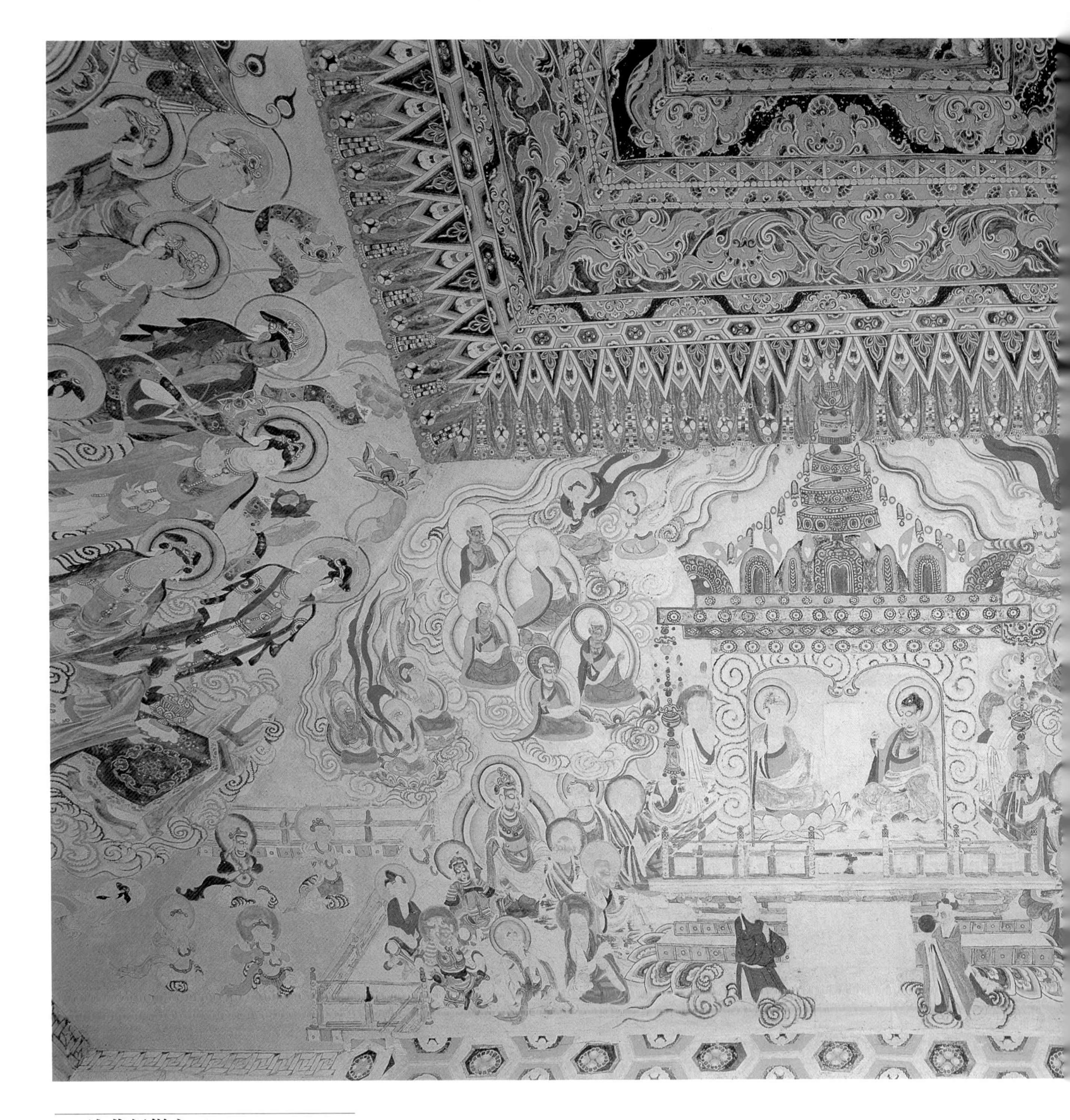

74 法華經變之二

主要表現〈見寶塔品〉“虛空會”，與東坡的“靈鷲會”遙相呼應，雖然藝術水平不及第23窟南、北壁，但在此圖中有兩種新因素值得注意：第一，七寶塔前出現了一對世俗男女供養人；第二，出現了西方淨土變中常見的水上平台，並且將從海湧出菩薩與從地湧出菩薩畫在平台上。這説明從第31窟開始，法華經變中已經試圖表現釋迦淨土。

盛唐 法華經 莫31 窟頂西坡

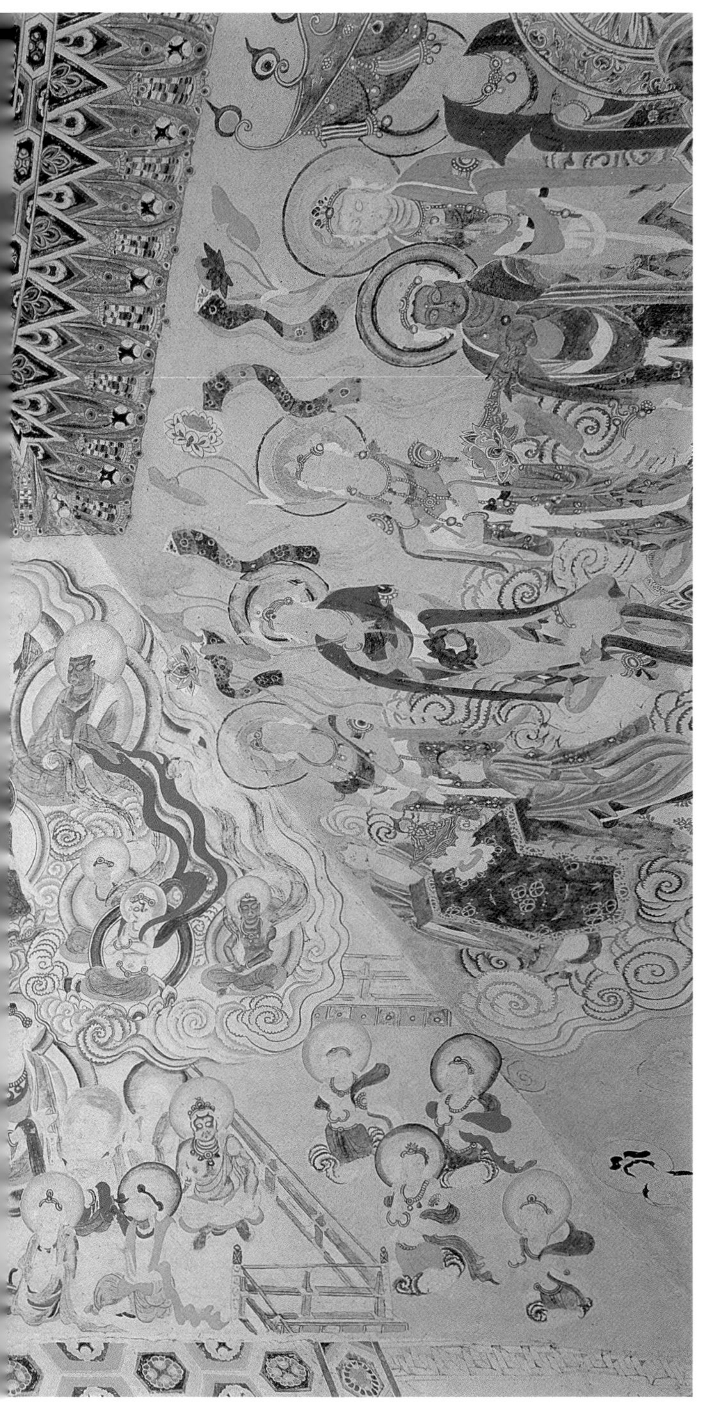

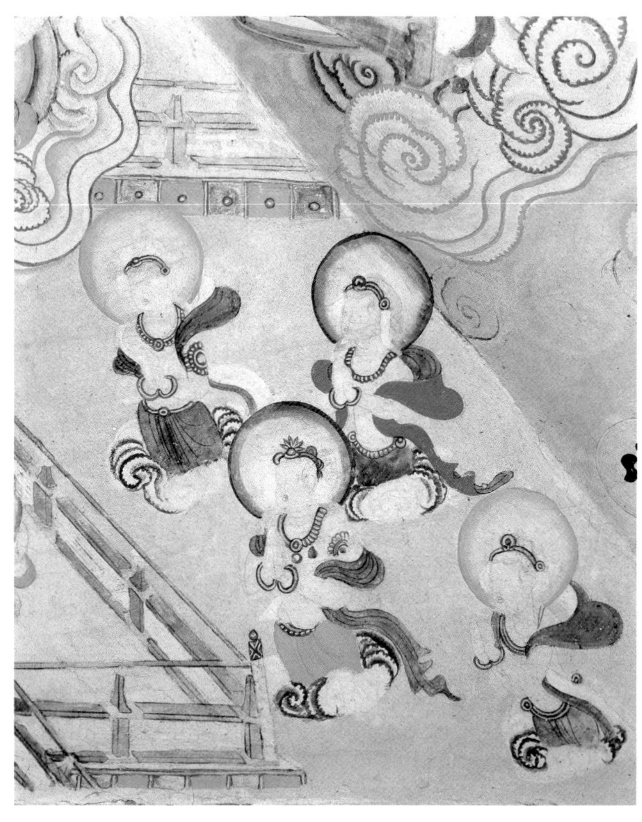

75 **從地湧出菩薩**

盛唐 法華經 • 從地湧出品

莫31 窟頂西坡北側

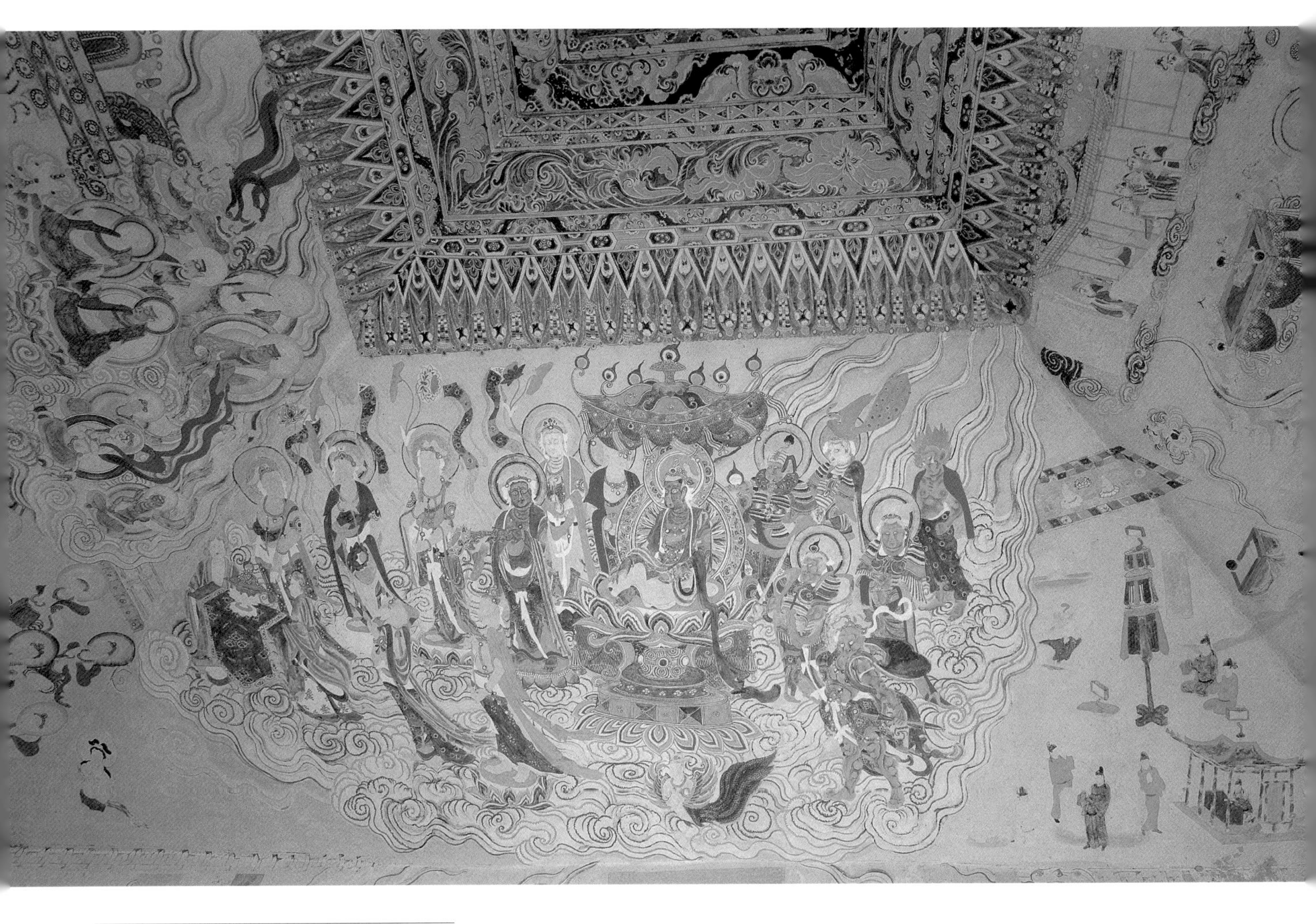

76 文殊菩薩及其侍從赴法華會

第31窟把文殊、普賢兩大菩薩，從虛空會中獨立出來，分別繪於窟頂北坡（文殊）與南坡（普賢）。兩圖皆人物眾多，描繪生動，是這一時期的上乘傑作。

此坡文殊菩薩舒腿踞坐蓮座上，前面兩天女抬香案，眾菩薩或持蓮花，或舉幡導引，後有天王、力士、夜叉以及孔雀明王護衛，在一大片祥雲上，步虛行空，共赴法華會。構圖緊湊，描繪生動。右下角畫面內容不詳，待考。

盛唐 法華經•序品 莫31 窟頂北坡

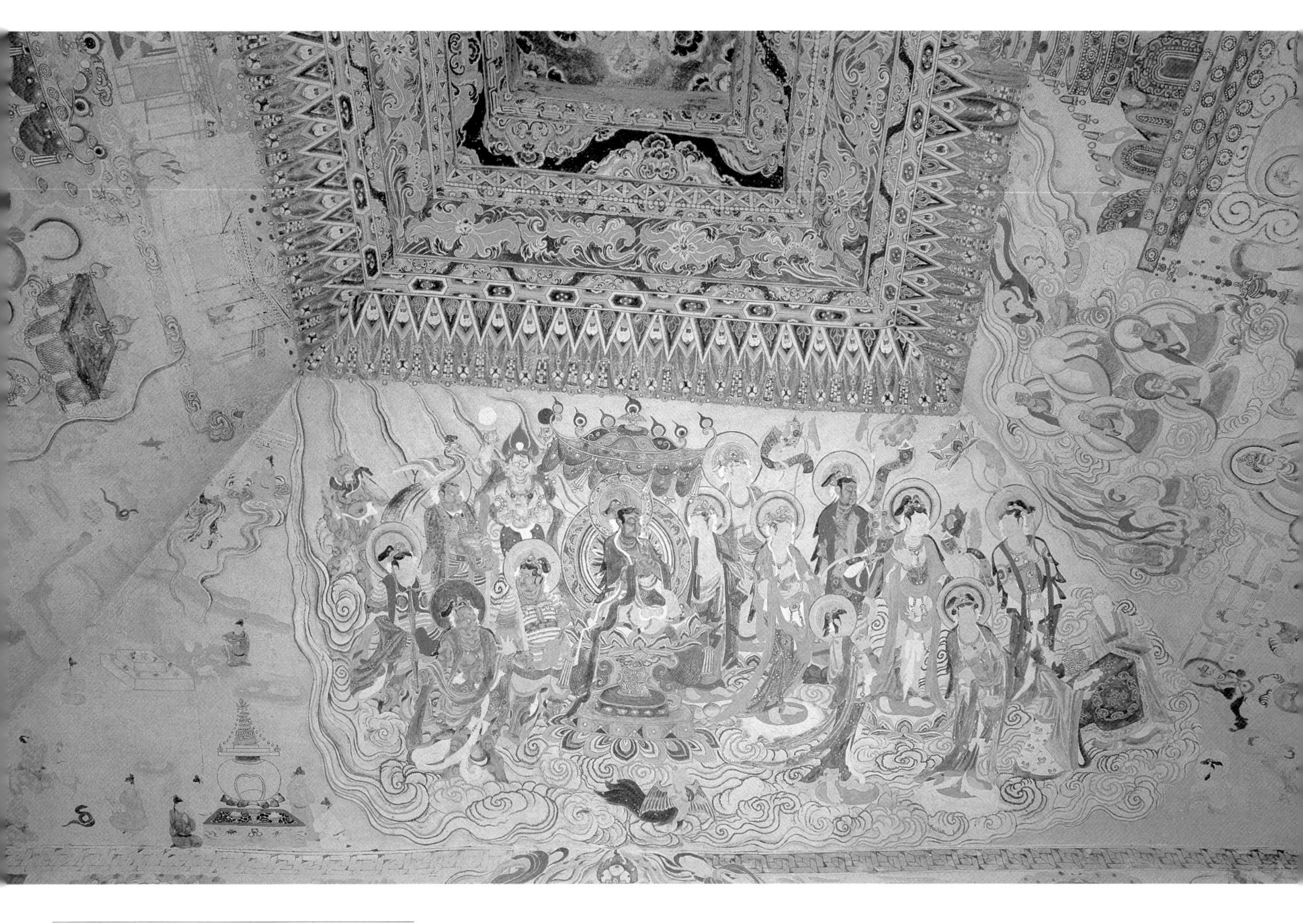

77 普賢菩薩及其侍從赴法華會

此圖的構圖及人物佈局與北坡大致相同，但護法神增加了天龍八部。左側繪〈方便品〉中之起塔供養等情節。

盛唐後期，“文殊赴法華會圖”和“普賢赴法華會圖”，就演變成構圖複雜，人物眾多的文殊變與普賢變，獨立放置。如第172窟東壁窟門北側的文殊變與窟門南側的普賢變堪稱代表，而且藝術性尤為精妙。中唐以後，文殊變與普賢變大多固定在西壁龕外帳門兩側。

盛唐 法華經 • 普賢菩薩勸發品
莫31 窟頂南坡

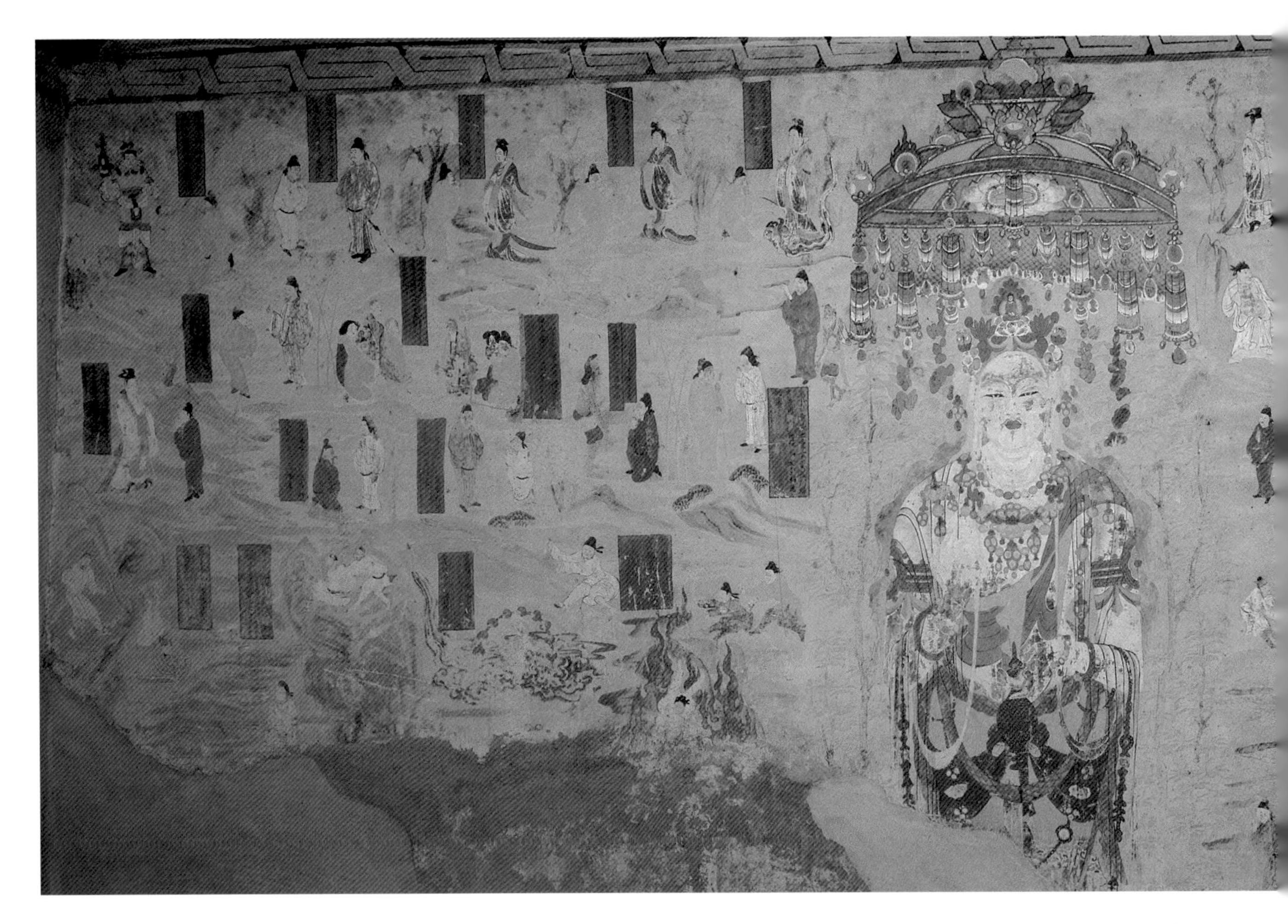

78 **觀音經變**

此經變以觀世音菩薩為主尊，頭戴化佛冠，左手持淨瓶，端莊肅穆，立於畫面中央。左右兩側下部畫救諸苦難，上部畫離“三毒”，得“二求”，“三十三現身”等情節。各個情節之間以山與樹間隔。墨書榜題清晰可見，標明了畫面的內容。

盛唐 法華經•觀世音菩薩普門品

莫45 南壁

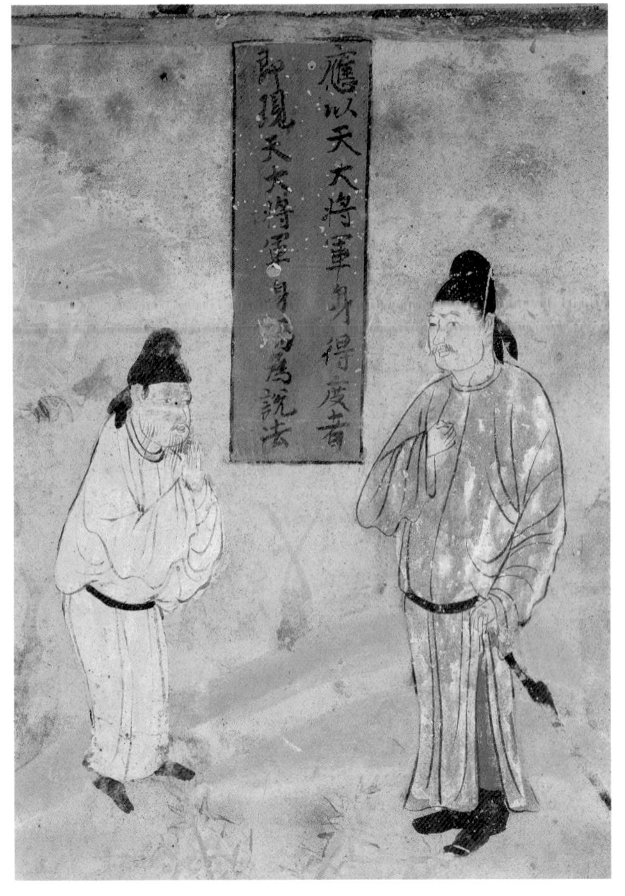

79 **現天大將軍身**

右面是觀世音菩薩變現的天大將軍，左面是聆聽《法華經》的平民男子。天大將軍左手握劍，右手置胸，盛氣淩人，毫無慈悲表情。平民男子雙手合十，躬身行禮，惶恐膽怯之情，躍然壁上。畫師如此處理畫面，真實地反映了官民之間的情感對立。

盛唐 法華經•觀世音菩薩普門品

莫45 南壁東側

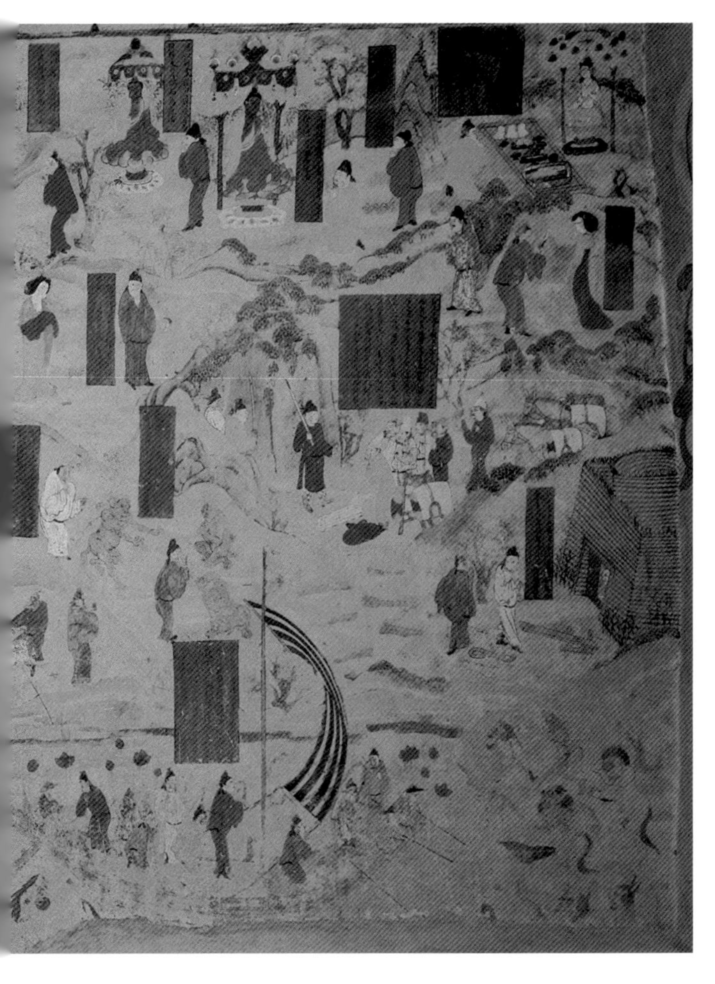

80 **離愚癡毒**

佛教視愚癡為人類的三毒之一，聲稱只要常念恭敬觀世音菩薩，即可離癡。左面是一白癡，右面是常念恭敬觀世音菩薩而離癡的善男子。畫師着意刻畫白癡衣着邋遢，袒胸露腹，嘴裂目呆，步履趔趄。癡呆神態，惟妙惟肖。

盛唐 法華經 • 觀世音菩薩普門品
莫45 南壁西側

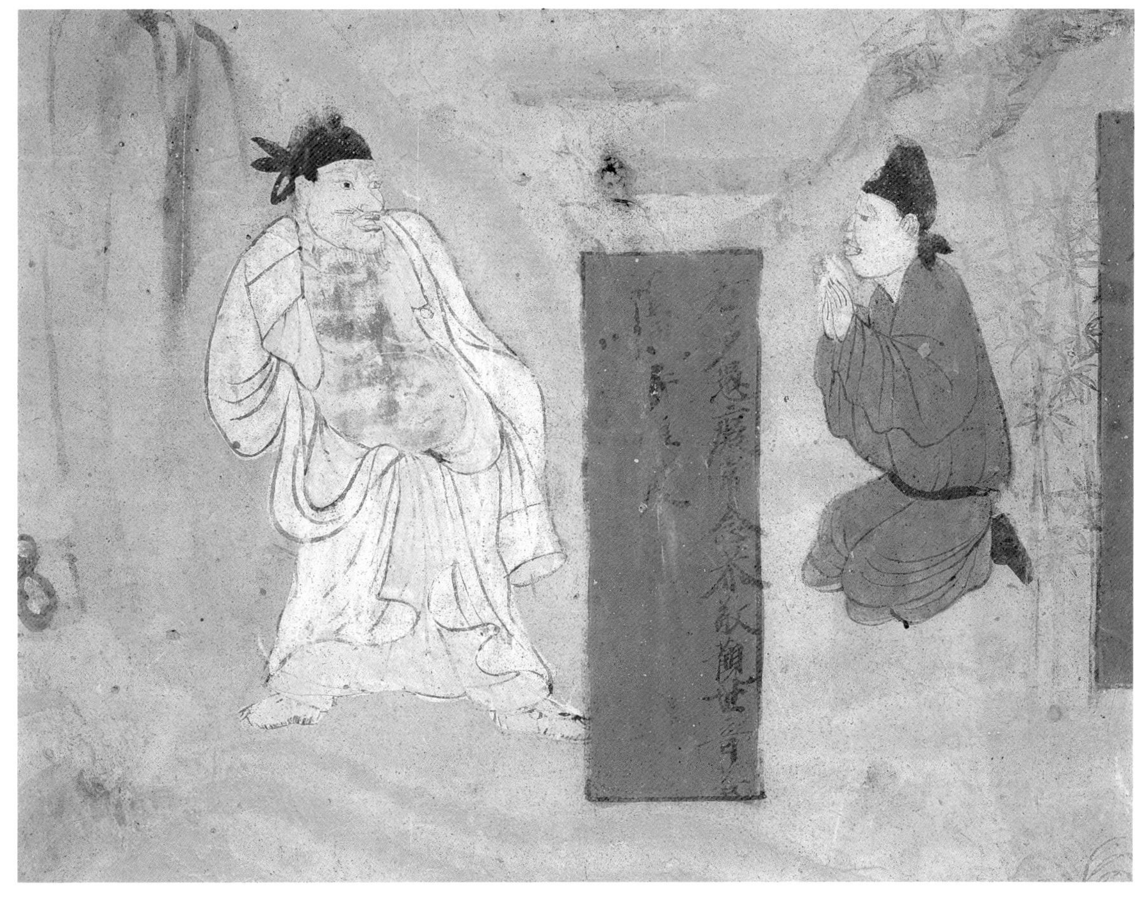

第四節　義理圓融 一仍唐風

中唐（公元781-848年）

唐建中二年（公元781年）吐蕃佔領敦煌，至大中二年（公元848年）張議潮率眾收復的六十七年間，為吐蕃佔領期。吐蕃統治期間，繼續任用漢人世家大族以及高級僧侶，加之吐蕃人也信奉佛教，故敦煌佛教藝術一仍唐風，藏傳佛教對當地影響不大。因此，吐蕃佔領期仍稱中唐時期。不過，吐蕃的統治也使中原路塞，內地名家高手不復西行，畫稿亦難西傳。敦煌佛教藝術失去與中原交流的機會，故此雖然仍是唐風，但已失去了初盛唐時蓬勃向上，努力表現人間現實生活的神采。此時繪畫，筆漫意蕪，神荒氣率。法華經變圖畫也是如此。

中唐法華經變的另一大特點是十分重視經義。由於吐蕃推崇佛教，十分尊重僧侶，於是敦煌地區聚集了一批學問僧，包括來自長安的曇曠、乘恩，禪宗南宗神會弟子摩訶衍，以及來自吐蕃的法成，他們對於大乘義理造詣很深，又積極開展教學活動，促進敦煌佛教義學的發展，對法華信仰自然也有影響。由現存中唐時期法華經變所見，各品皆經精心佈局，能巧妙地表現法華義理。

另外，原盛行於長安的唯識宗，中唐時期在敦煌流行。唯識宗也奉《法華經》為經典，如玄奘弟子窺基就曾以唯識宗的觀點詮釋《法華經》。所以，從敦煌遺書來看，公元八世紀中葉以降，敦煌的法華思想仍是相當活躍。

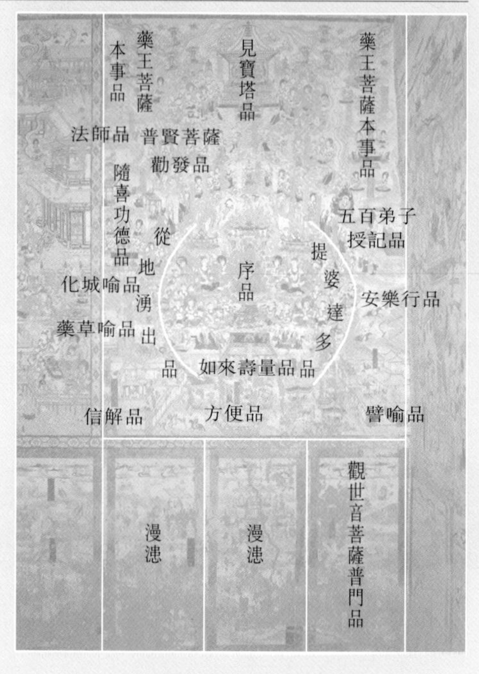

第159窟南壁法華經變示意圖

靈鷲、虛空兩會的新格局

中唐時期的法華經變現存六鋪，即第144、154、159、231、237及472窟。其中159窟最具代表性。現以第159窟為主，兼顧其他窟，簡評中唐法華經變特點如下。

第159窟的法華經變仍以〈序品〉“靈鷲會”釋迦說法為中心，釋迦佛座前新出現了寶池、蓮花，象徵釋迦淨土。法華經變中出現釋迦淨土這種新圖象，是與唐代以來阿彌陀西方淨土變的高度發展相呼應的。來聽法的諸大菩薩、大比丘、天龍八部以及世俗弟子，按地位高低，圍在釋迦左右及下部，由下而上，越近越大，有如階梯。最巧妙的是從海和從地湧出的眾多菩薩，分別由寶池左右兩側下部湧出，乘彩雲冉冉而上，構成對稱諧調，華麗莊嚴的兩大半圓形，圍繞着法華會，直抵釋迦背後的靈鷲山山頂。整個靈鷲說法，被團團簇擁，猶如眾星捧月。這樣的佈局，既美麗，又符合〈序品〉所說的“四眾圍繞”盛況。

靈鷲會上部，為代表“虛空會”的華麗七寶塔。塔外兩側分別繪十方諸佛及其脇侍菩薩，坐祥雲上，向塔雲遊而來。十方諸佛下部，左右分繪騎獅文殊菩薩和乘象普賢菩薩，各率其侍從，在彩雲上步虛行空，到七寶塔前。整幅畫看來風吹雲移，滿壁飄動。

靈鷲會、虛空會分處上下，切合法華經旨。兩會佔了法華經變的一半空間，在藝術上又突出了主題。從此以後，這種佈局就成了定式。

以涅槃圖統攝諸品

除了法華兩會的構圖，〈方便品〉及《法華經》各比喻的位置，亦突顯中唐法華經變的義理謹嚴。

正如前述，〈方便品〉是法華義理的核心，它強調十方佛土中，唯有一佛乘，其餘二乘、三乘，都是佛的方便說法。在第159窟中，靈鷲會下部正中繪“釋迦佛方便涅槃圖”，就是〈方便品〉這一法華義理的象徵，因為涅槃亦是佛的一種方便說法。在法華經變中畫“釋迦佛方便涅槃圖”始於隋代第420窟。初盛唐時不見此圖，中唐時期重新出現，六鋪法華經變，有五鋪繪〈方便品〉。雖然畫面很不起眼，但其象徵的佛教義理卻非常重要，對左右兩側的比喻故事畫起着提綱挈領的作用。為了從不同角度闡明一乘佛義理，以突出法華經的地位。全畫的左右兩側，又配置了“法華七喻”的前六喻和一系列小故事畫，共涵蓋十六品，巧妙地圍住法華會，對稱和諧，突出主題，形成向心式法華經變的定式。

前六喻（火宅喻、窮子喻、藥草喻、化城喻、髻珠喻和繫珠喻）平均分佈在畫面的左右下半部，即集中在“釋迦方便涅槃圖”及“靈鷲會”的左右兩側。比喻是釋迦方便說法，使眾生易明的法門。

最下面是火宅喻（〈譬喻品〉）和窮子喻（〈信解品〉），分別畫在“釋迦方便涅槃圖”的右、左。其中火宅喻內容在本卷隋代部分已述，該鋪火宅喻亦是敦煌最早的一幅。初盛唐似乎一度停畫此品，可能由於初盛唐的畫師喜歡各騁奇思，不願囿於前人成就。隋代和中唐都重視義理，中唐尤甚，所以火宅喻又倍受重視，甚至移到“靈鷲會”下部中央很顯眼的位置。第159窟的火宅喻也佔很大的壁面，與對角的窮子喻遙相呼應。

窮子喻大意為一個年幼無知的富家子，捨父出走，歷盡困苦，其父為與兒子重聚，不惜出高價僱用兒子，借機親近。最後，父子終可相認。故事以父親喻佛，窮子喻眾生，佛善以權宜之法，誘導眾生脫離苦海。“窮子喻”入畫，始見於盛唐第23窟，畫面簡單，借助榜題，方知為“窮子喻”。中唐的法華經變必有“窮子喻圖”，可知極為流行，而且都固定在經變左下角，與“火宅喻”對稱。這種佈局與著名學問高僧智顗、吉藏提出〈譬喻〉、〈信解〉兩品主旨相同，殊途同歸的思想有密切關係。

“窮子喻”之上是“藥草喻”（〈藥草喻品〉），以及“化城喻”（〈化城喻品〉），都不是新題材。而第159窟也畫得很簡單。

“火宅喻”之上有“髻珠喻”（〈安樂行品〉），再上面是“繫珠喻”（〈五百弟子授記品〉），都是中唐新出現的題材。髻珠喻是強力轉輪聖王賞賜戰功者的故事，它以轉輪聖王髮髻中的明珠比喻《法華經》，極為珍貴，佛輕易不宣講，當他看到四眾中弘傳護持佛法有大功者，特別高興，才宣講了《法華經》。有如強力轉輪聖王可以賜各種寶物，但只有大功者才賞賜髻中明珠。“繫珠喻”大意是有一愚夫在宴會中醉倒了，其友又因官事外出，遂以無價珠寶繫於愚夫內衣而去。愚夫醒後一無所知，還輾轉乞索。後來愚夫與好友重逢，好友便責備他身懷無價珠寶，也不懂使用。此喻批評小乘不知自身固有的佛性，不想再深求法華一佛乘。

法華六喻集中在靈鷲會兩側，各喻的主旨都是弘揚法華一乘佛，批判小乘。第159窟“虛空會”左右兩側繪〈藥王菩薩本事品〉、〈隨喜功德品〉和〈法師品〉，主旨轉為凡讀誦、護持《法華經》，必有福報。其中〈藥王菩薩本事品〉的位置轉變及其含義較特別。

〈藥王菩薩本事品〉在唐代前期就很盛行，但多畫於不顯眼的角落，取材主要是“如子得母”、“如病得醫”之類，突出人間現實生活。中唐以後的〈藥王菩薩本事品〉移到經變最上角，或者全佔左右兩角，以強調《法華經》的地位，因為〈藥王菩薩本事品〉中說，眾山之中須彌山第一；諸經之中《法華經》“最為其上”。第159窟的法華經變堪稱典型，左右兩側最上角均畫〈藥王菩薩本事品〉。內容是日月淨明德佛坐在須彌山頂，向一切喜見菩薩等宣講《法華經》。第154、231窟〈藥王菩薩本事品〉除上述情節外，左上角還畫“降魔圖”，經云：凡受持《法華經》者，不久必當“坐於道場，破諸魔軍”。第231窟右上角，還畫一切喜見菩薩燃身供養，起塔燃臂供養以及比喻《法華經》“如炬除暗”。

中唐法華經變藝術手法和新題材

中唐畫家把十多品的內容，主次分明地組織在一個畫面裏，應該是一種進步。但要把繁多的內容填入有限的框框內，就必須設計一套固定的位置和格式。畫家的創作因此受到限制，中唐法華經變亦漸漸失去藝術上的活力。中唐法華經變中比較突出的作品，只有〈安樂行品〉、〈譬喻品〉等幾品。其餘各品則較簡單，且不顯眼。

另有〈如來壽量品〉，〈常不輕菩薩品〉和〈陀羅尼品〉不見於中唐第159窟，均為新出現的。〈如來壽量品〉所畫為法華七喻的最後一喻——良醫喻。三品中〈陀羅尼品〉最難畫成為圖，該品宣傳護法思想，説釋迦涅槃後，毗沙門天王、持國天王、羅刹女等，為了護持《法華經》而説陀羅尼神咒。第231窟〈見寶塔品〉的左面畫毗沙門天王，右面畫持國天王，因為咒語都是梵文的音譯，無法形諸丹青，故只能以上述人物來表現。

中唐法華經變的其他變化

中唐時期，經變構圖形式上的顯著變化之一，是在經變下部新增了屏風式壁畫，法華經變也不例外。屏風，周代已有。唐代時更普及到許多達官貴人家庭。隨着寺院經濟的發展，佛教藝術進一步世俗化，屏風便被引進石窟。莫高窟在盛唐時已畫屏風。及至中唐，屏風畫更普及到窟內的主室及龕內。由於屏風畫的優點是可容納多品故事，正符合法華經變追求大而全的要求。法華經變屏風畫數量不等，第144窟有一扇，內畫〈安樂行品〉。第159窟有三扇，第231、237窟有四扇，都是畫〈觀音普門品〉等。

至於單鋪的〈見寶塔品〉亦產生變化，僅餘第361窟東壁窟門上部一鋪，情節也很簡單。〈見寶塔品〉鋭減是因為畫師已創造了“虛空會”和“靈鷲會”之間的合理佈局，毋須再單獨表現〈見寶塔品〉。

同時期的觀音經變，卻發展出三種形式。第一種是屏風式，現存兩例，其中一例畫於第7窟西壁龕內南北兩壁，共計十扇，其情節多達五十二個，堪稱最詳盡的觀音經變圖解。另一例繪於第18窟西壁龕內。第二種是主體立軸式，即畫面分成三豎條幅，中間畫主尊觀世音菩薩立像，左右兩側畫救諸苦難、三十三現身等。現存第112、185、472窟三例，其中第112窟的最精美。第三種為覆斗式，僅存第468窟窟頂四坡一例，西坡畫觀世音菩薩説法圖，左右兩側畫救諸苦難；南、北坡畫觀音三十三現身；東坡畫觀音菩薩向釋迦、多寶二佛奉獻瓔珞及救諸苦難。在大多為圖解式的畫面中，也有少量獨出心裁的妙品，例如西坡的“離淫欲毒圖”，佛經的本意是説教四眾力戒情欲，但畫面卻似煙花柳巷，與佛經本旨大相徑庭。

總括來説，中唐時期法華經變，在構圖上有了較大的改變，其中不少且成為定式。在繪畫風格上，雖然敦煌為吐蕃佔領，與中原交流減少，但一仍唐風，只是失去了唐代前期表現人世間現實生活的朝氣。

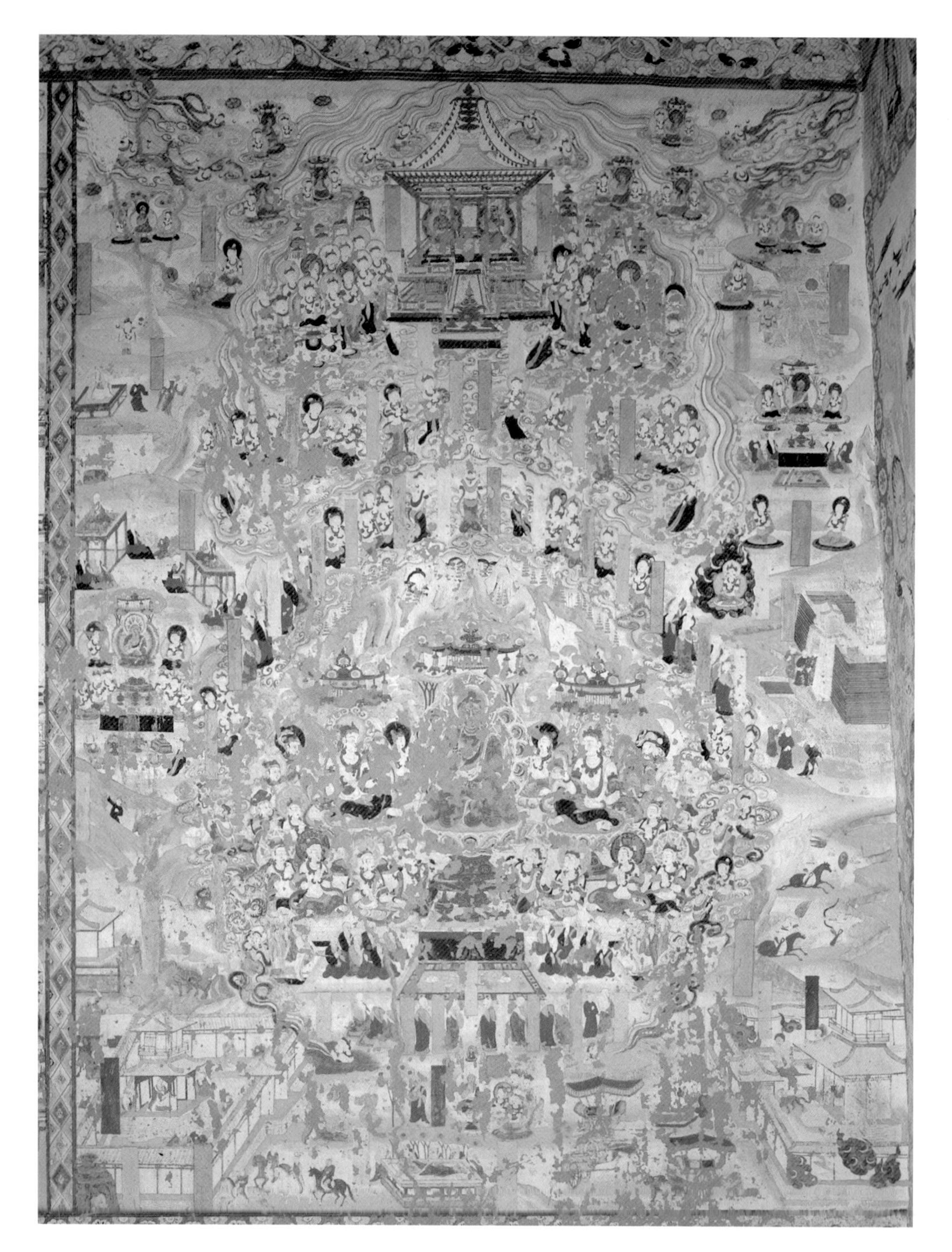

81 **法華經變**

中唐 法華經 莫159 南壁

第159窟法華經變構圖示意圖

可見以虛空會、靈鷲會為中心之佈局，及下部兩側法華六喻（圖88至93）分佈情況。詳細圖像可據圖號於後頁尋索。

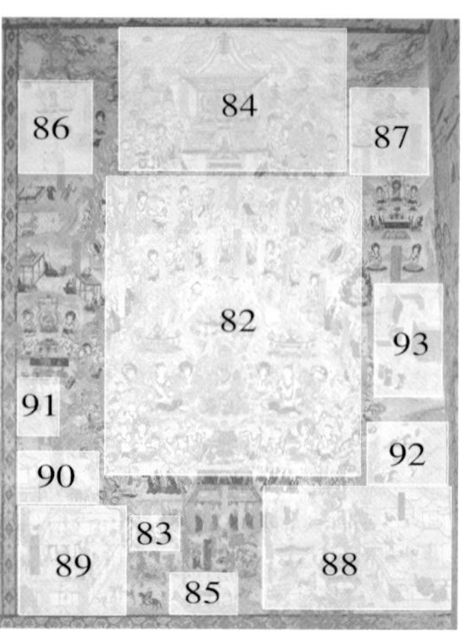

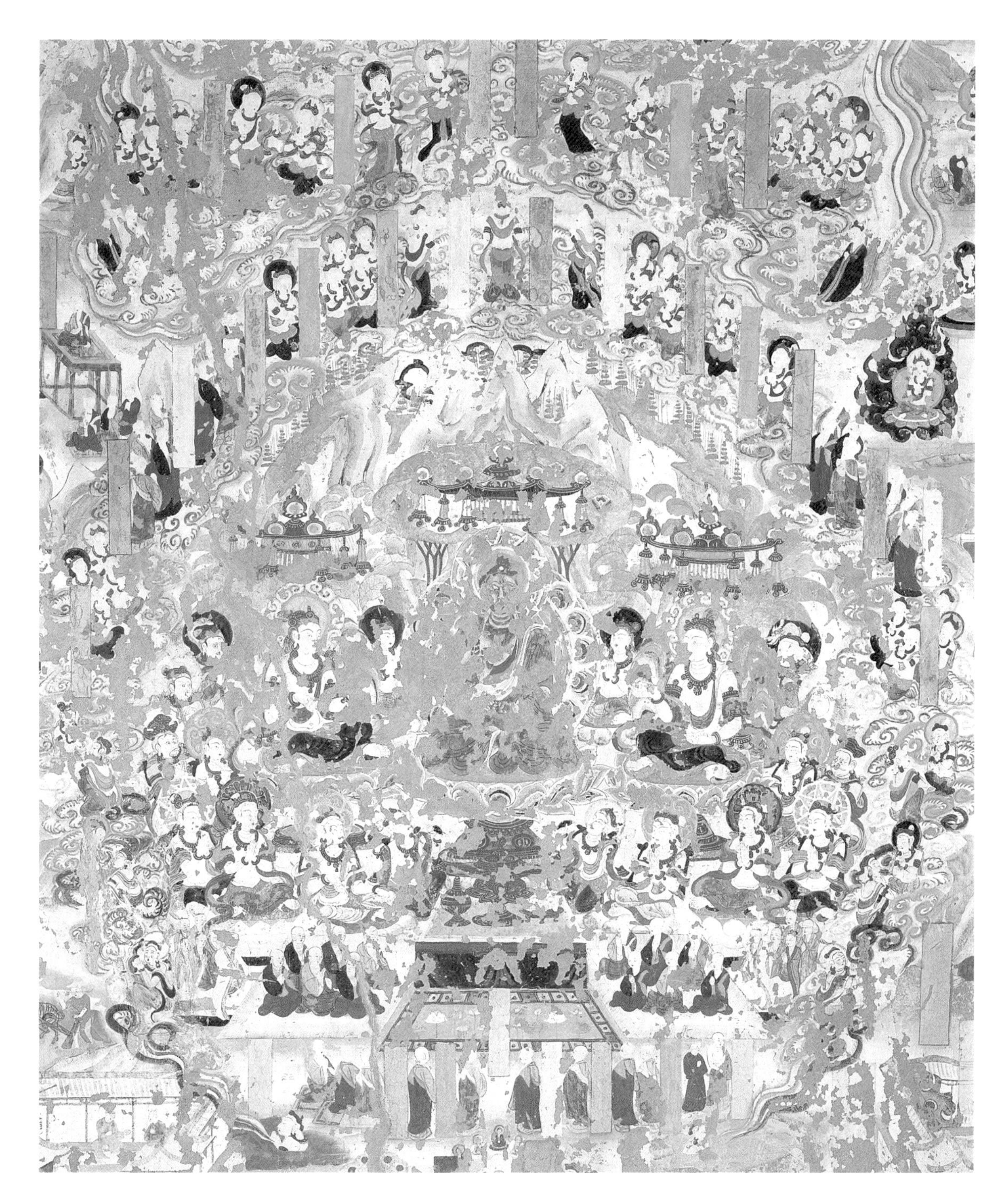

82 **靈鷲會**

釋迦佛座以靈鷲山為背景，前有寶池。寶池左右兩側，眾多菩薩分別從紅色的大地和綠色的大海中湧出，隨着弧形的彩色祥雲，冉冉升空，直至靈鷲山頂。眾多菩薩合成一個大圓形，表現〈序品〉所說“四眾圍繞”釋迦佛的華麗莊嚴場面。

中唐 法華經 莫159 南壁

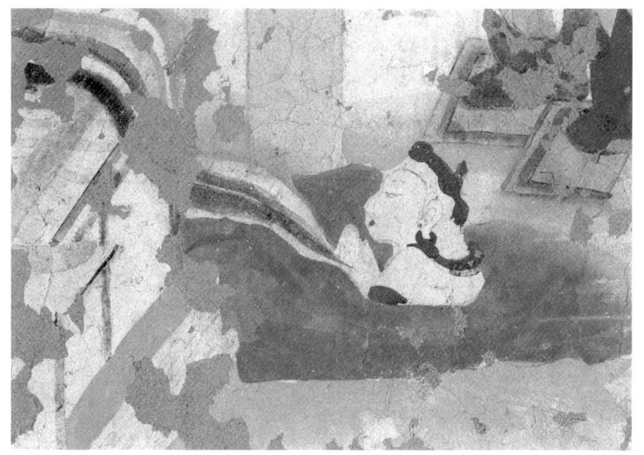

83 **從地湧出菩薩局部**

中唐 法華經 莫159 南壁

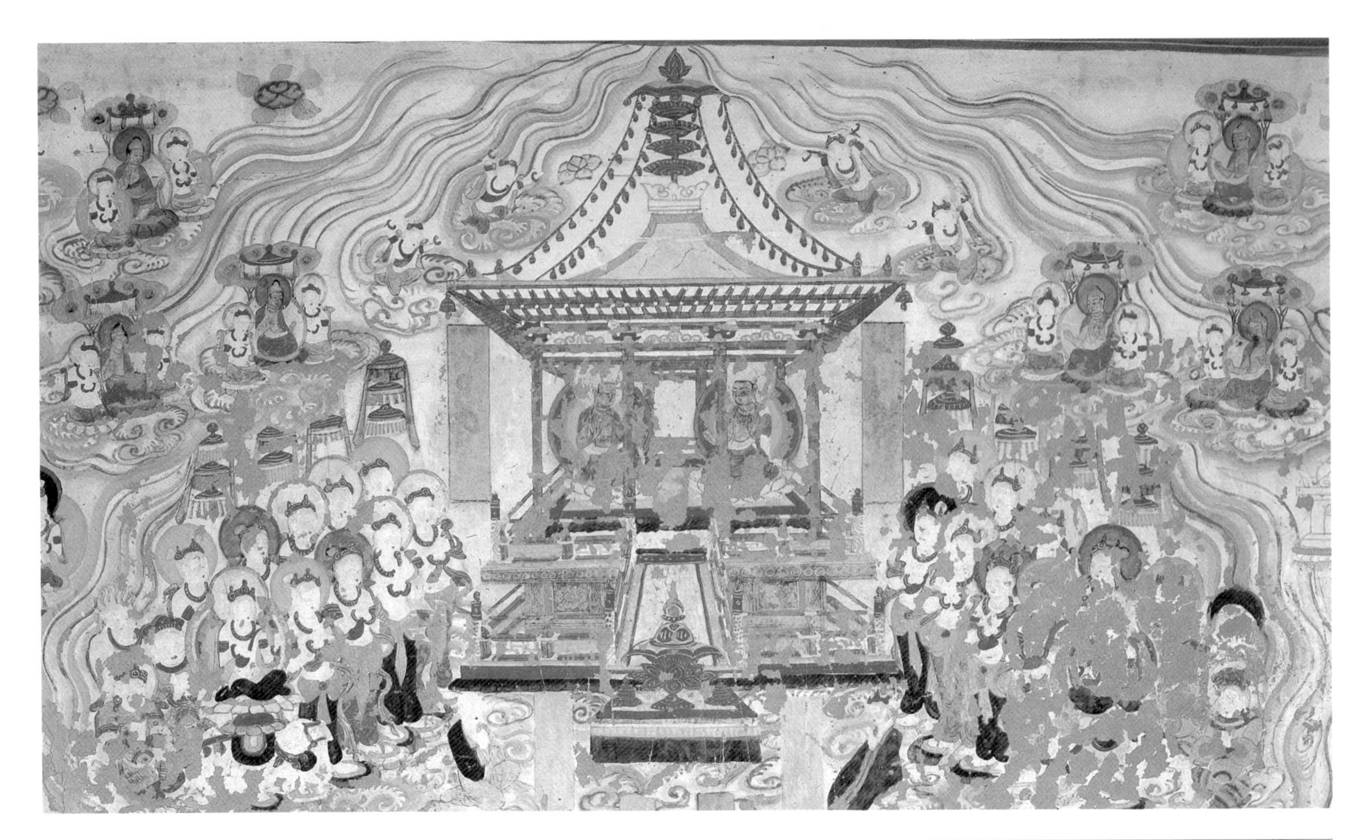

84 虛空會

畫面以七寶塔為中心，內坐着釋迦、多寶二佛。塔外左右為釋迦分身十方諸佛，各領脇侍菩薩。十方諸佛之下，左為文殊騎獅，右為普賢騎象，都在釋迦涅槃前聽講《法華經》。

中唐　法華經•見寶塔品　莫159　南壁

85 釋迦方便涅槃

畫面很簡單，只畫釋迦佛枕手累足右脇臥於方榻上，身後有五個比丘哀悼。雖然人物刻畫平平，僅起圖解作用而已，但在全幅圖中起了提綱挈領的作用，引出經變兩旁的《法華經》其他各品內容。

中唐　法華經•方便品　莫159　南壁

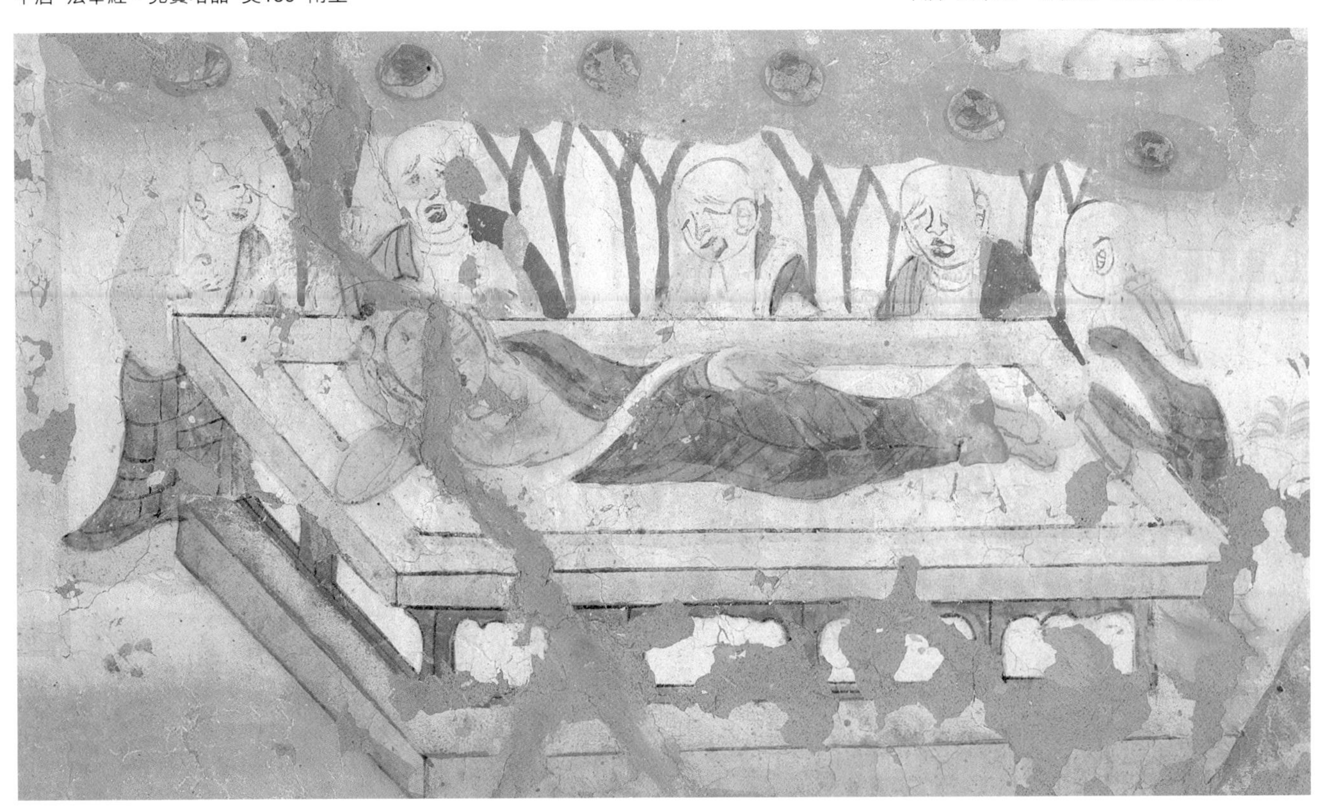

86 須彌山之一

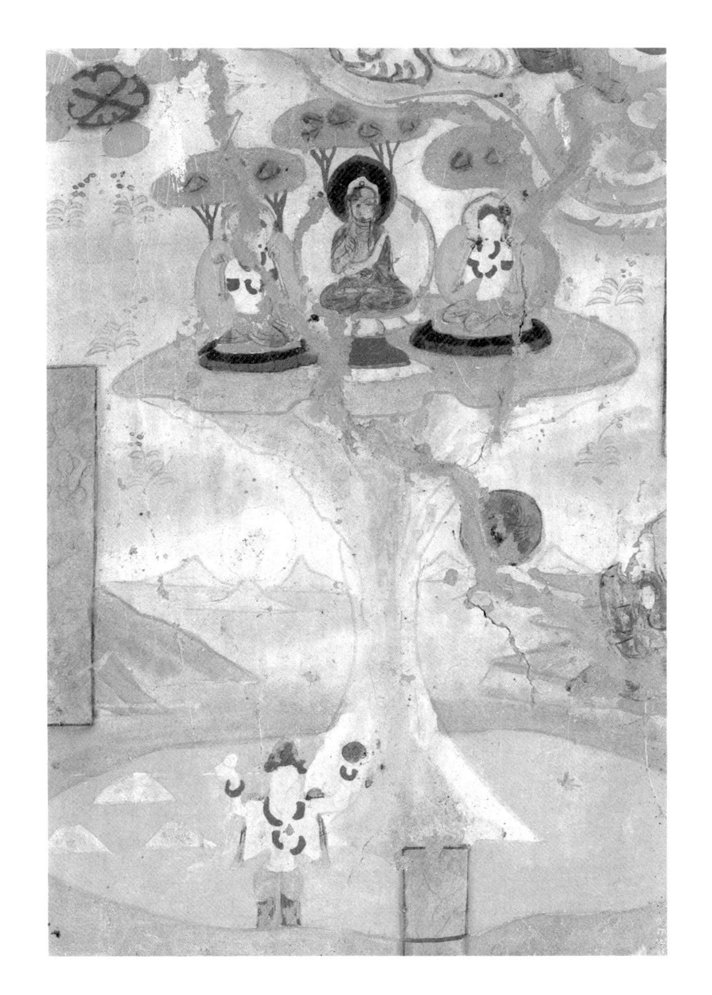

這是左上角的須彌山，位於大海中。山頂一佛二菩薩結跏趺坐，這是表現日月淨明德佛向一切喜見菩薩等宣講《法華經》。山腳左面，阿修羅手舉日月，站在大海中。山腰右邊紅日高照，左邊明月懸空。按照〈藥王菩薩本事品〉的說法，日天子能除諸暗，諸經之中《法華經》能破一切不善之暗；眾星之中月天子第一，諸經之中《法華經》“最為照明”。

中唐 法華經•藥王菩薩本事品 莫159 南壁

87 須彌山之二

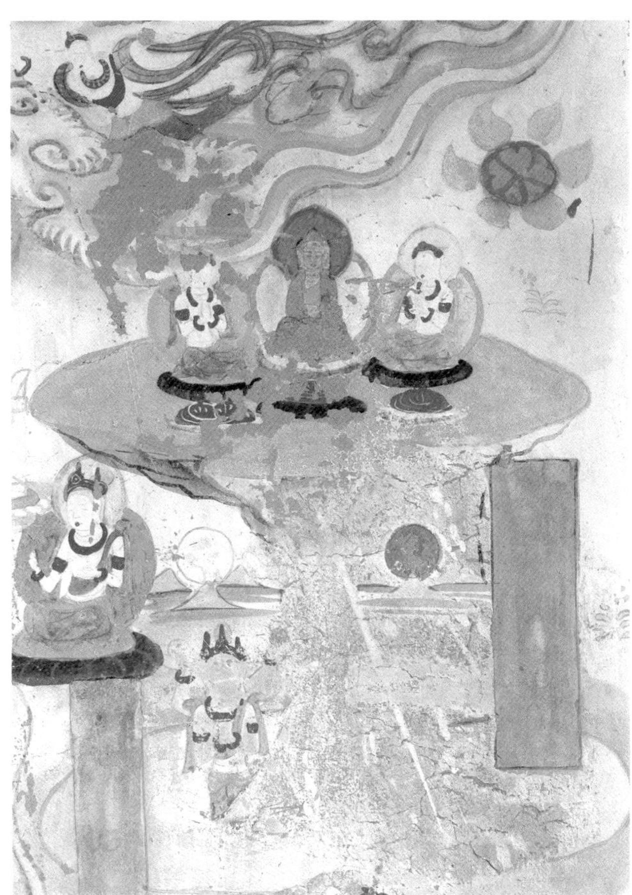

這是右上角的一幅。構圖佈局及所表現的經旨，與左側一幅完全相同。按照〈藥王菩薩本事品〉的說法，眾山之中須彌山第一，諸經之中《法華經》“最為其上”。故這兩幅須彌山圖被繪於第159窟法華經變的左、右上角。這兩幅畫藝術上平平，但圖解經意，倒是頗費了一番苦心，不失為融合經義的作品。

中唐 法華經•藥王菩薩本事品 莫159 南壁

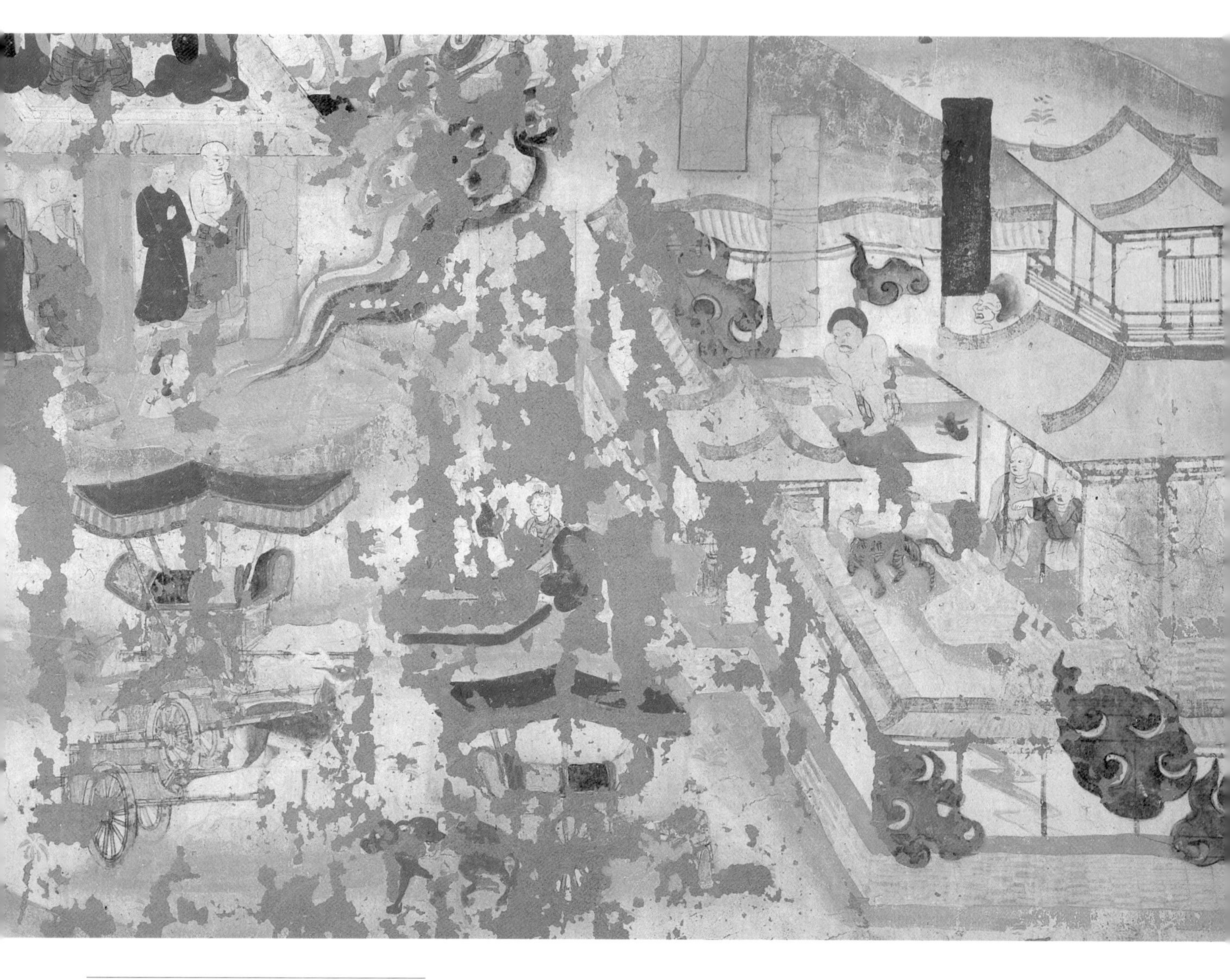

88 **火宅喻**

畫面剝落嚴重，較難辨認。右側畫火宅，是一座方形院落。牆頭上大火在燒，諸子還在房內嬉戲。院內野獸到處流竄。左側上部畫羊車、鹿車，向火宅行進，諸子跪在車前等候。下部畫一人趕着一輛大牛車，正離開火宅。

中唐 法華經•譬喻品 莫159 南壁

89 窮子喻

畫面以大塊空間，突出父親的寬大富麗的院落。右下畫父親與三個侍從騎馬外出，尋找兒子。院落前，窮子不能認出父親，父親派人追趕他，兒子驚恐倒地。院落左下角，畫兒子以高價受僱養馬，躺在草廬中。其餘情節都是畫師隨筆信手安排的，但很和諧，並不雜亂。

中唐 法華經 • 信解品 莫159 南壁

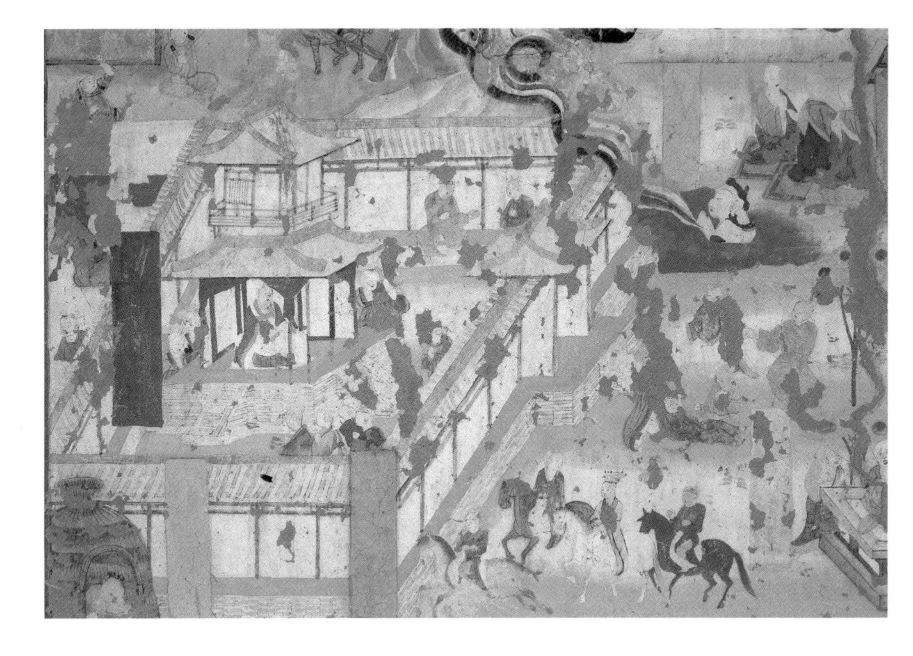

90 藥草喻

右側畫一個農夫驅牛耕地。左側兩個農婦站在門前觀望；兩個小兒席地而坐，舉手招呼。畫面簡單，藝術性一般，若與盛唐第23窟北壁“藥草喻圖”相比，此圖只能算是圖解而已。

中唐 法華經 • 藥草喻品 莫159 南壁

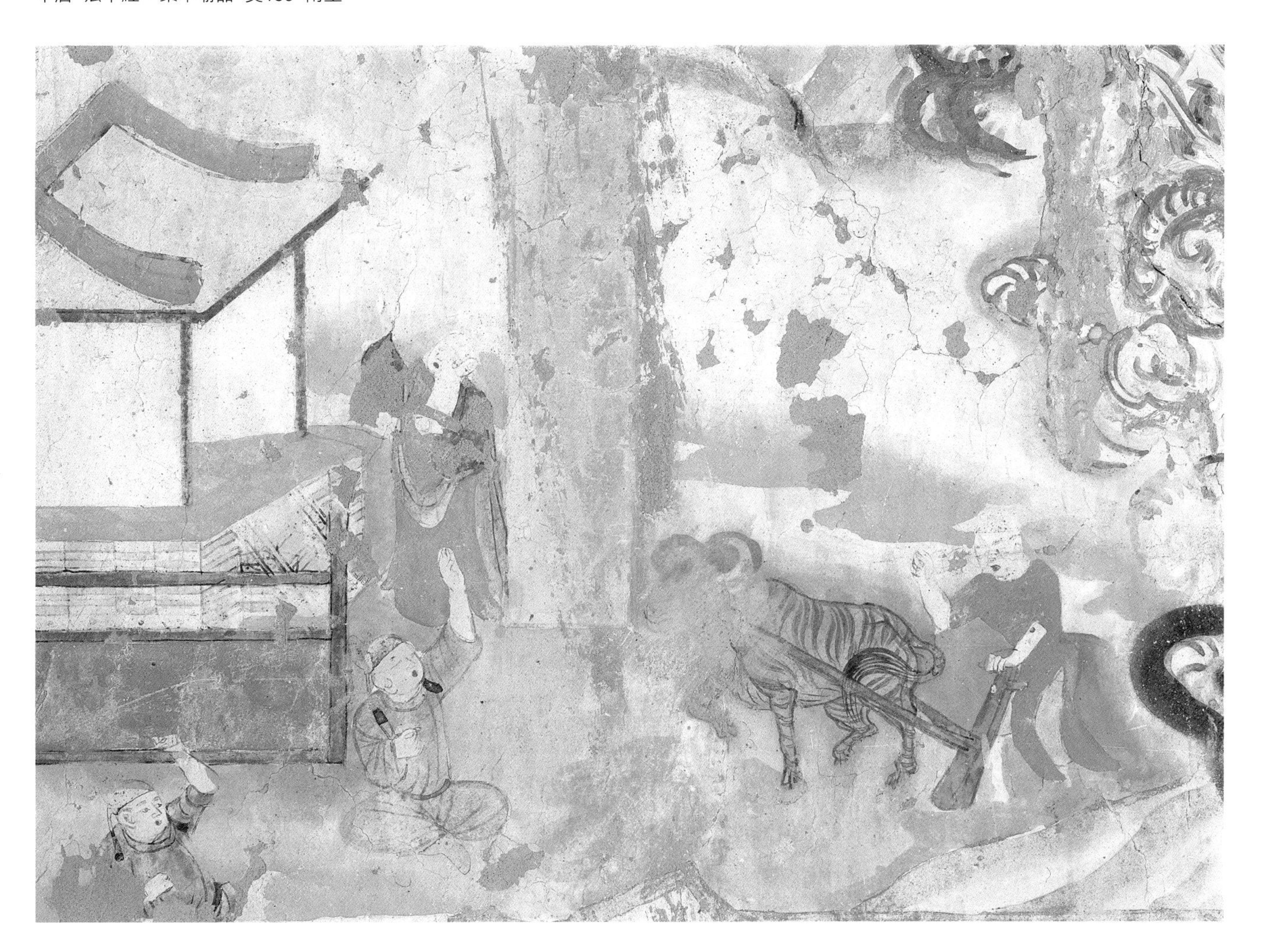

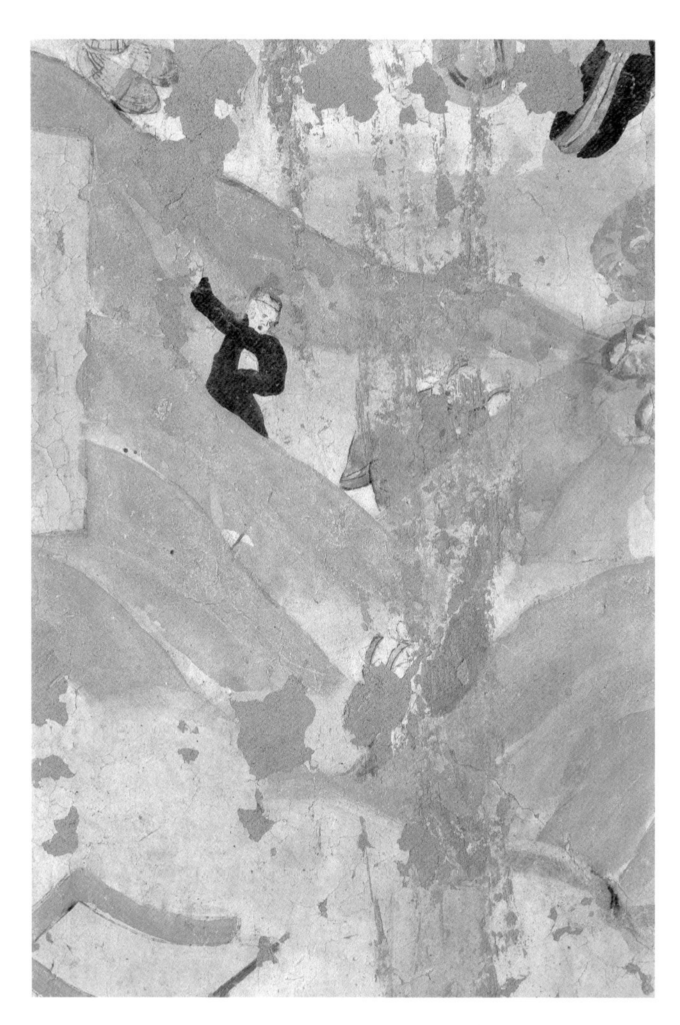

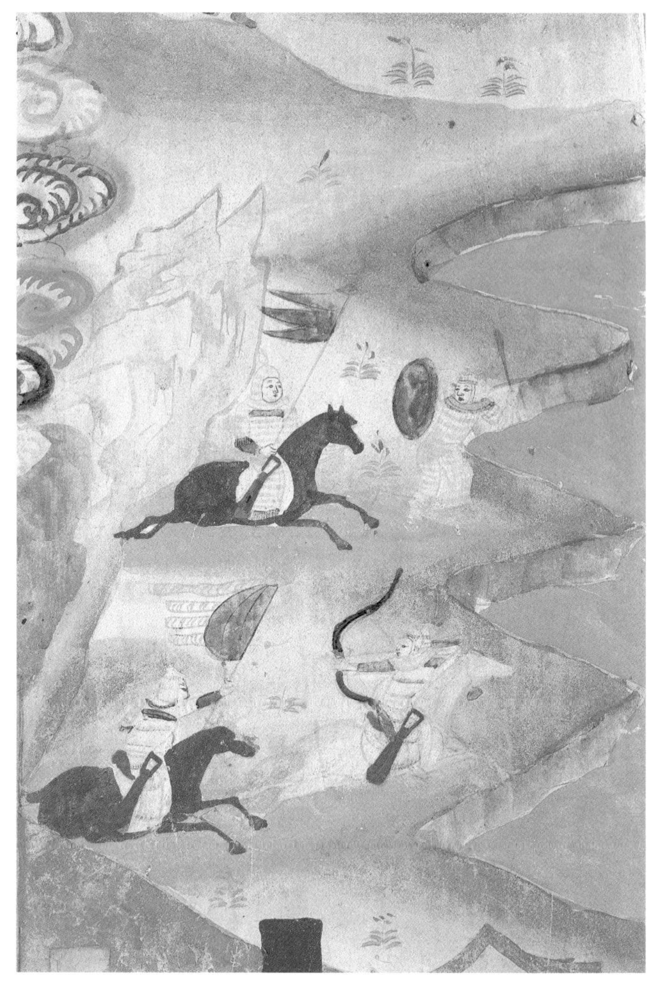

91 **化城喻**

這幅“化城喻圖”畫面剝落不清，也沒有畫化城，過去曾被誤認為其他故事。畫中幾個取寶人在聰明導師的指引下，在山間崎嶇小道上艱辛前行，其中兩人已疲憊不堪，躺在山坡上。高坡上聰明的導師手指高山，號召取寶人加把勁。畫師只畫艱難情狀，或許是為了突出修行一佛乘的不易。畫面雖嫌簡單，但作為一幅山水人物畫觀賞，也別有一番情趣。

中唐 法華經 • 化城喻品 莫159 南壁

92 **髻珠喻**

四位勇士在山前河邊激戰。左側騎紅馬揮車旗進攻的，是轉輪聖王的大軍。右側騎白馬射箭反擊以及持盾抵抗的，是小國軍隊。前面大河阻擋退路，小國大有背水決一死戰之勢。構圖緊湊，人物生動，用色和諧，為中唐壁畫的佳作。但情節較少。同期第154、231窟的“髻珠喻圖”情節更豐富，出現了調兵遣將、兩軍激戰和論功行賞等情景，並且成為以後“髻珠喻”的定式。

中唐 法華經 • 安樂行品 莫159 南壁

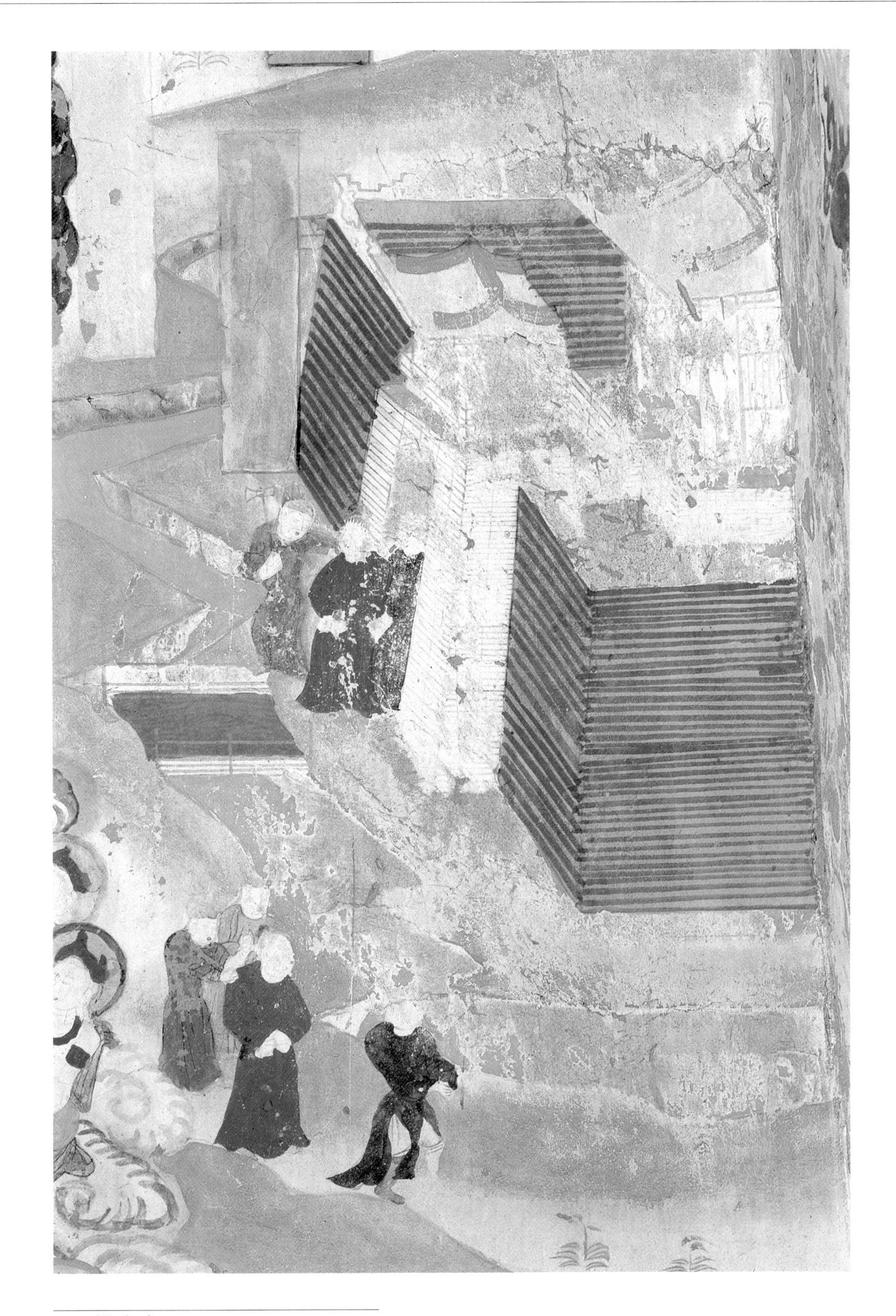

93 **繫珠喻**

上部畫一座夯土板築高牆院落，前有小河環繞。大門前還有小橋。表現的是愚夫酒醒之後，從親友家出來。下部畫愚夫浪迹他國，窮困潦倒，遭路人恥笑。

中唐 法華經•五百弟子授記品

莫159 南壁

94 輾轉聽受法華經

〈隨喜功德品〉在唐代前期已很盛行。第159窟的〈隨喜功德品〉以一佛、二菩薩說法圖為中心，分上下兩部分。這是上半部分，兩位高僧坐在高座上宣講《法華經》，席地而坐的四組人物，就是輾轉聽受法華經的善男信女。表現經文所謂施捨一輩子金銀珠寶所得的福報，不及輾轉第五十次聽受一句《法華經》的福報的百千萬億分之一。

中唐 法華經•隨喜功德品 莫159 南壁

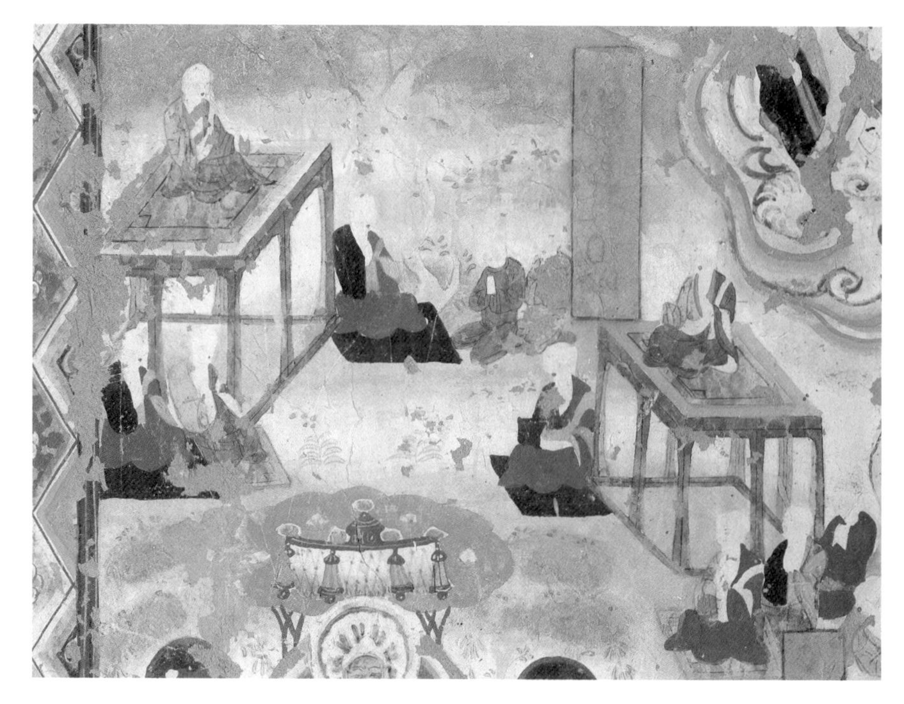

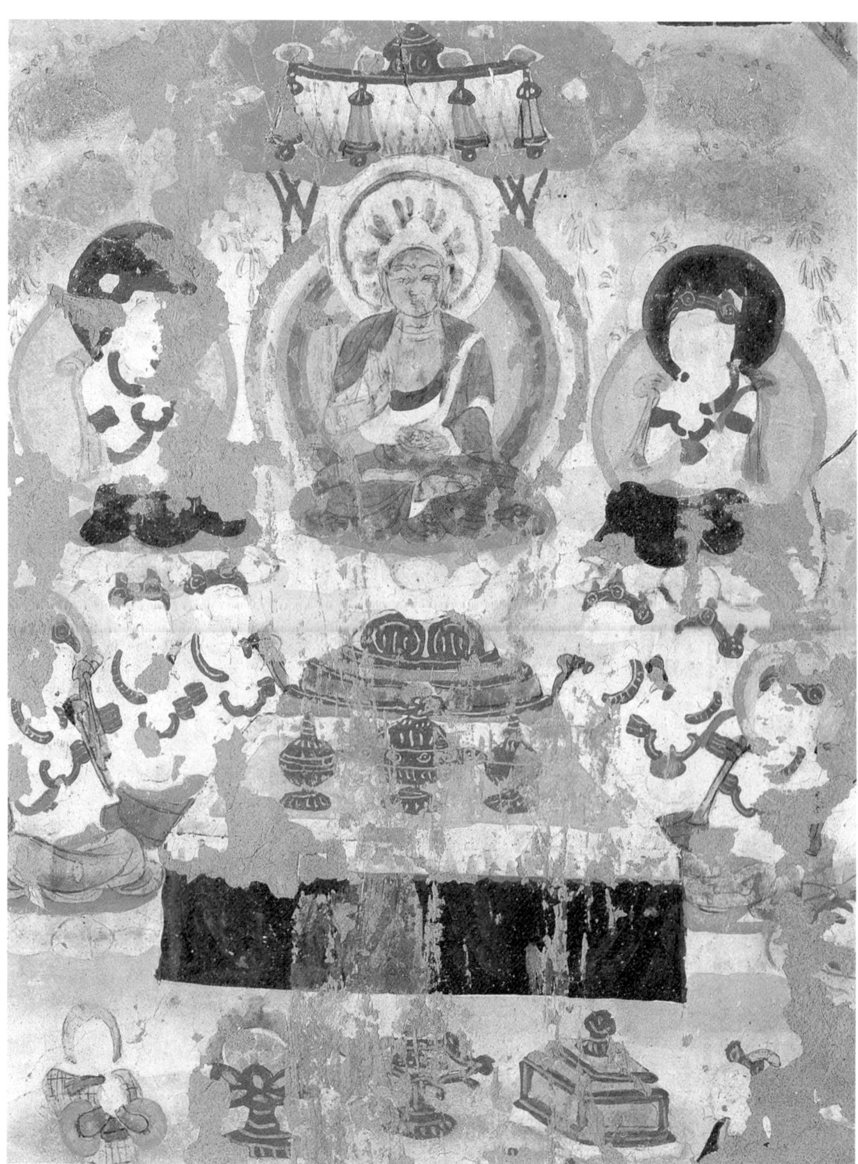

95 得七寶福報

這是下半部分，表現的是六位優婆夷聽講了片刻《法華經》，來世轉生時，得到上好的福報。畫師借用彌勒經變中常見的七寶來表現這些福報。左起依次為主兵寶、珠寶、輪寶、主藏寶、玉女寶。象寶與馬寶，畫在下部，已漫漶不清。象寶還可見到鞍子。這裏七寶畫在〈化城喻品〉與〈隨喜功德品〉之間，似乎含有雙重意思，即既表現〈隨喜功德品〉的福報，也象徵〈化城喻品〉的寶地。

中唐 法華經•隨喜功德品 莫159 南壁

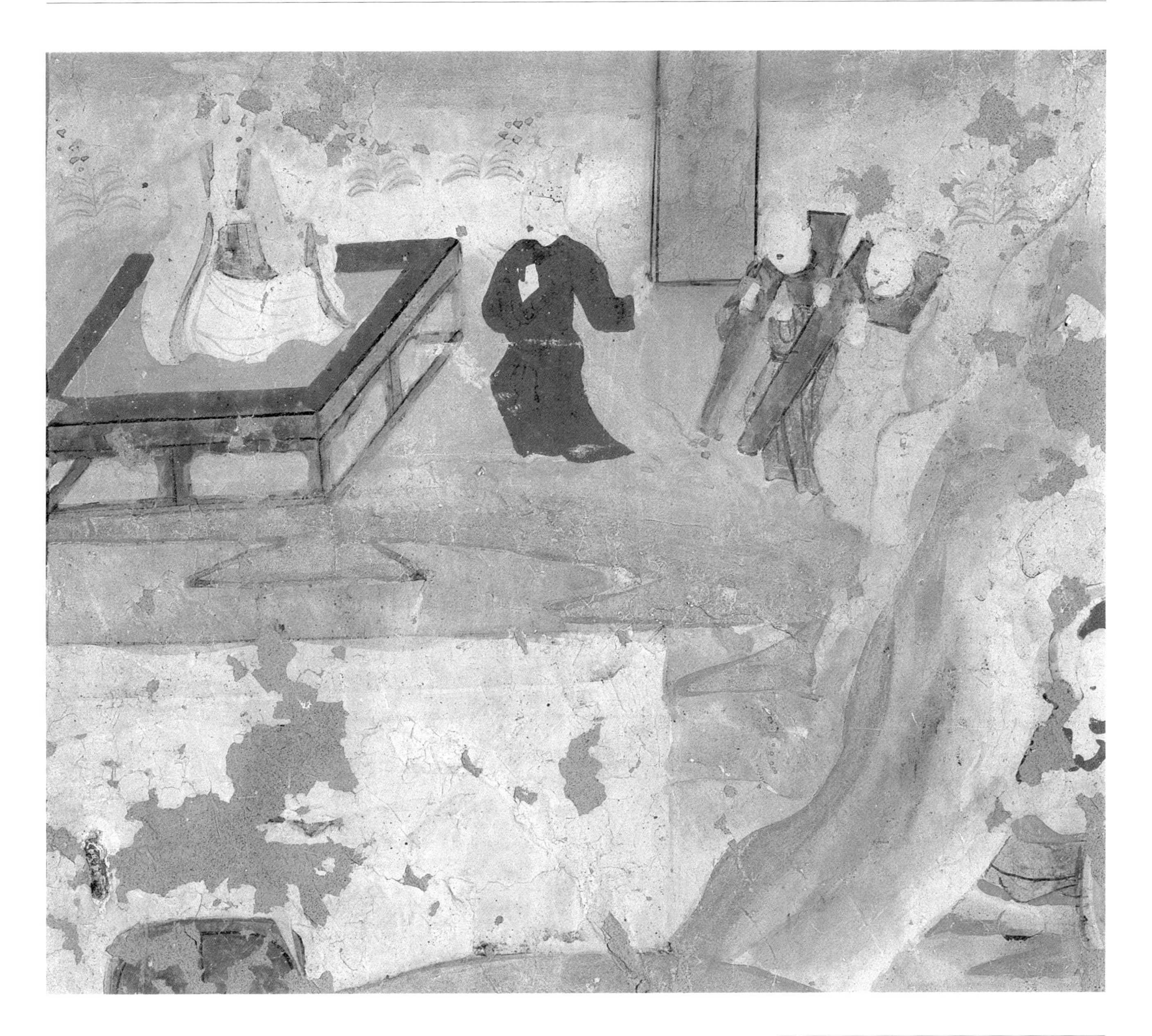

96 惡報

左側一對男女在家誦讀《法華經》，右側繪兩個騷擾誦讀《法華經》的人，帶上沉重枷鎖。〈法師品〉內說：如果有人口出一句惡言傷害誦讀《法華經》的人，其所得的惡報深重難赦。

中唐 法華經•法師品 莫159 南壁

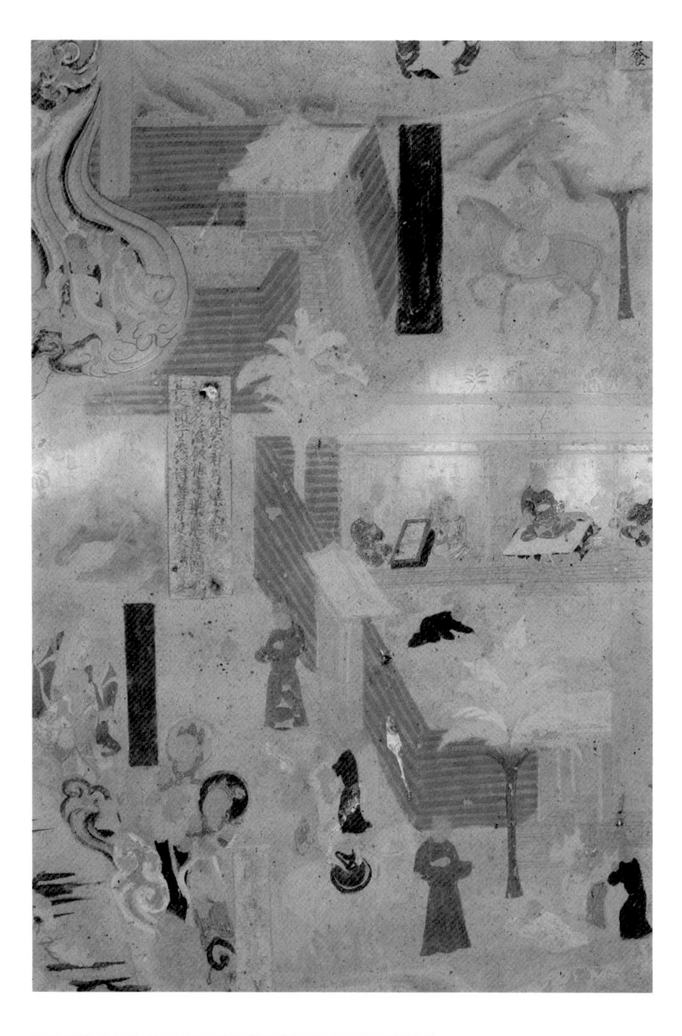

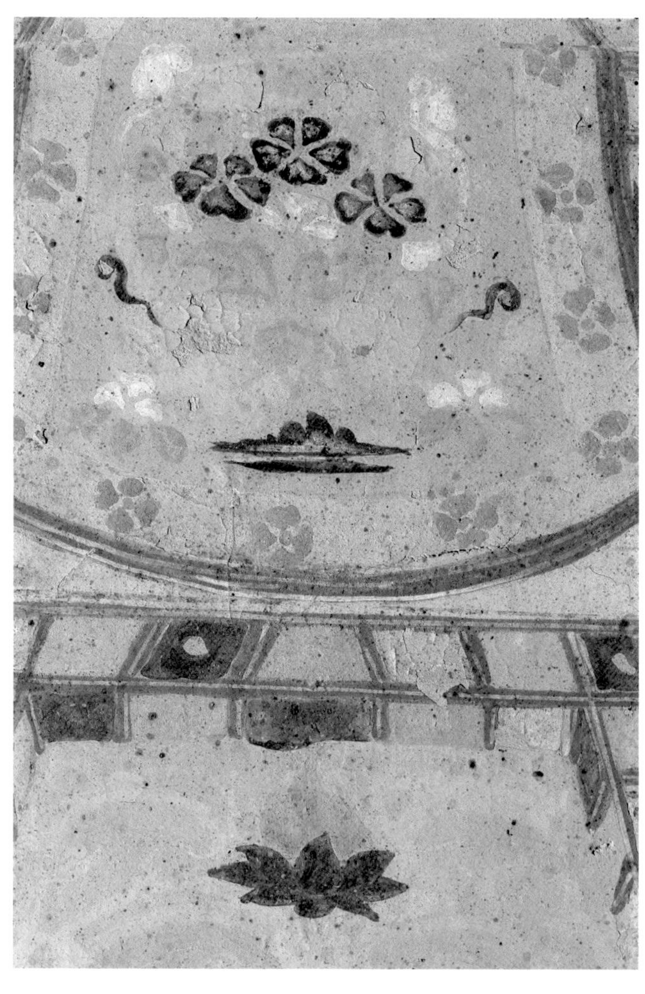

97 **良醫喻**

此喻說醫師外出時，兒子誤食毒藥。醫師立刻救治諸子。中毒淺的服藥即癒，中毒深的失了本心，不肯服藥。醫師為救兒子，詐稱遠遊他國，死於途中。兒子悔恨不已，終肯服藥。然後醫師回家與他們重聚。

畫面分上下兩部分。下部夯土板築院落內，諸子病倒於地。右側房內良醫在開藥方，左側房內為諸子。大門外良醫遠行他國。院落之下是良醫中途遣人佯稱病故。院落之上，良醫聞子痊癒，騎馬歸來。畫中榜題足以證明此圖內容是良醫喻。

此喻說釋迦佛壽量無限，為了普渡眾生，才以降生、出家、說法、涅槃等為方便之法，導人成佛。

中唐 法華經•如來壽量品 莫231 南壁

98 **寶池蓮花**

〈見寶塔品〉中說：釋迦以神通力三次變現娑婆世界為淨土。〈如來壽量品〉中又說：釋迦的淨土是永存不滅的。這裏的釋迦淨土指釋迦在靈鷲山說法，故而又稱釋迦靈鷲淨土。圖中的寶池、蓮花就是釋迦靈鷲淨土的象徵。中唐的法華經變中出現釋迦淨土，是與唐代以來阿彌陀西方淨土的高度發展相呼應的。

中唐 法華經•序品 莫231 南壁

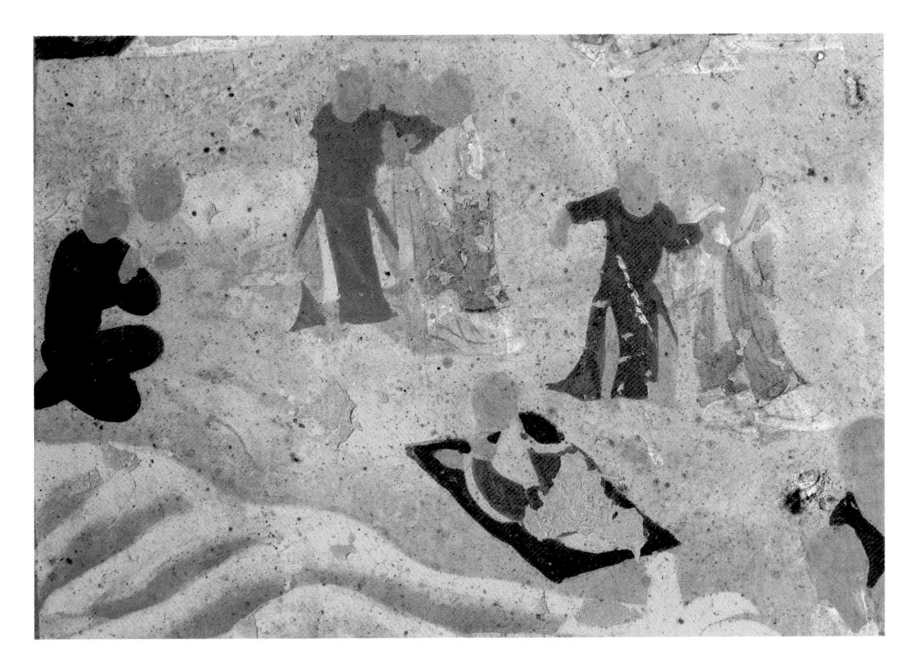

99 常不輕菩薩

故事説釋迦前世是一位菩薩比丘，見人就説："我深敬你們，不敢輕慢，你們將來都要成佛"。眾人以為虛妄，經常打罵他，戲稱他為"常不輕"。常不輕菩薩臨終前，聞威音王佛説《法華經》而增壽，到處傳揚《法華經》，以此功德，後來成為釋迦佛。〈常不輕菩薩品〉始見於中唐第154、231窟法華經變左側。畫面都很簡單，畫比丘被打，只是抱頭招架，並不還手。

中唐 法華經•常不輕菩薩品 莫231 南壁

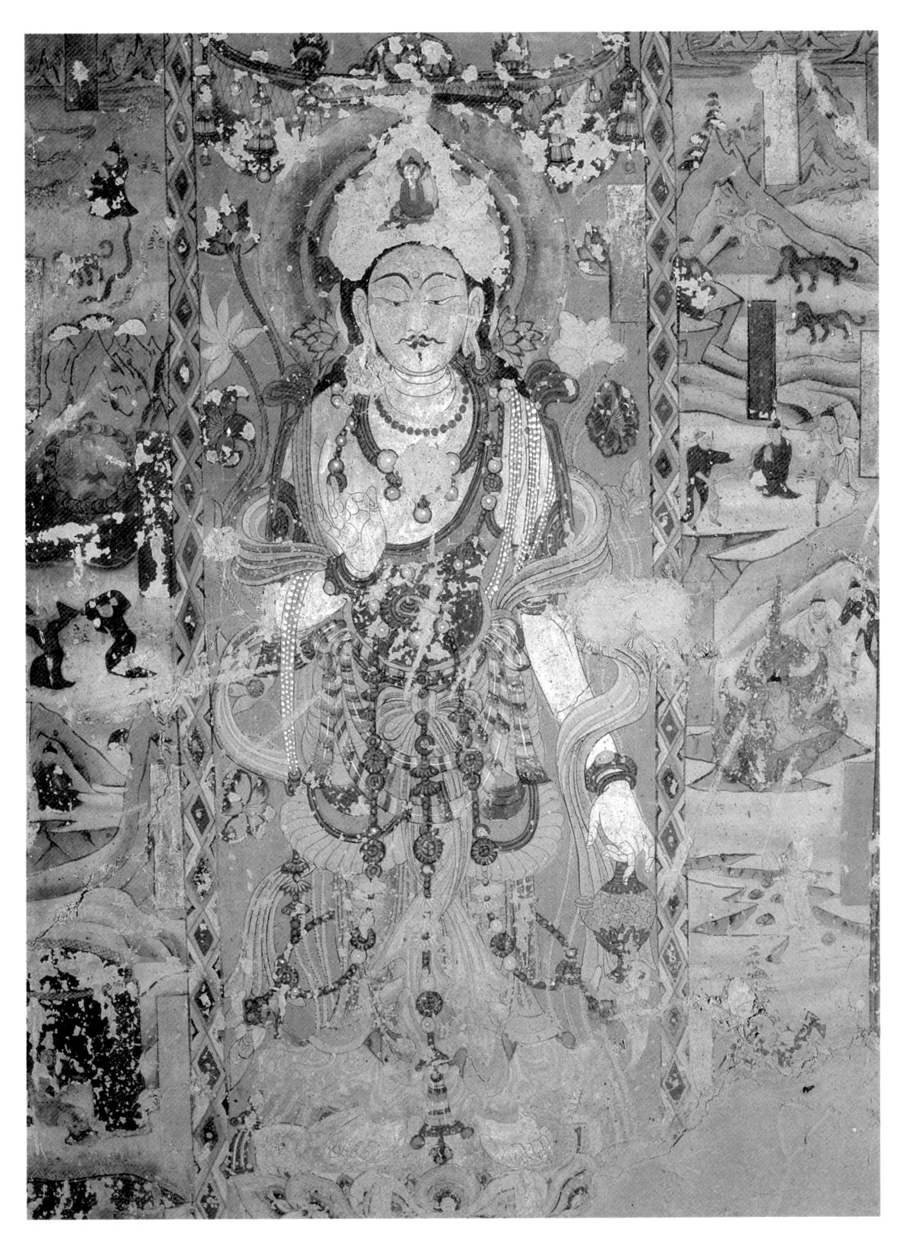

100 觀音經變

這是主體立軸式構圖，畫面分為三豎條，中間是觀音立像，頭戴化佛冠，身披十分華麗的飄帶瓔珞，珠光寶氣，給人以濯清漣而不妖的聖潔感。觀音右肩右臂上的白色飾珠，用的是蛤殼粉，在敦煌壁畫中是獨一無二。左右兩側各畫一豎條幅，以花邊間隔。條幅內畫觀音救水難、火難、刑難、野獸難、毒蟲難、雷擊難、囚牢難等。綫描精細柔麗，運筆宛轉自如，色調溫潤和諧，為中唐妙作。

中唐 法華經•觀世音菩薩普門品
莫112 壁龕門北側

第五節 力雖不勝 尚思奮飛

歸義軍時期（公元848-1036年）

唐大中二年（公元848年）張議潮率眾推翻吐蕃統治。後來曹議金繼張氏掌歸義軍權，至北宋景祐三年（公元1036年）才被西夏所滅，歸義軍共計統治敦煌一百八十八年，跨越晚唐、五代和宋三朝。

安史之亂後，唐朝國力日衰；會昌滅佛，佛教大傷元氣；山水畫興起，釋道畫遠非昔比；再加上歸義軍時期敦煌佛教日益世俗化，不再講究佛教義理的研究。敦煌佛教藝術由此步入黃昏期，法華經變也不例外。儘管歷任歸義軍節度使利用其軍、政、財大權，企圖中興敦煌佛教及佛教藝術，然而在全國趨勢的制約下，終究力不從心。此時的作品逐漸失去藝術活力與宗教思辨，尤其在歸義軍末期，簡直是槁木死灰，無足稱道。

法華經變藝術的黃昏時期

歸義軍時期的法華經變現存二十一鋪，半數以上是歷任歸義軍節度使、節度府官吏以及高級僧侶營建的"功德窟"，而且都是大窟。因為他們都是當地實際的統治者，財力比以往的地方官員、大族更雄厚。曹氏掌權時，節度府還設有畫院，聚集了一批較高水平的畫師，經營巨幅經變。隨着洞窟增大，經變的畫面和內容也相應增多，羅什譯《法華經》七卷二十八品全部入畫。力求涵蓋面廣，大而全，壁畫榜題空前增多，是歸義軍時期法華經變的顯著特徵。最突出的例子要算是第85窟。

第85窟是都僧統（歸義軍時期的最高僧職）法榮的功德窟，建於公元862至867年。南坡畫巨幅法華經變，共二十四品，居敦煌法華經變涵蓋量之首。各品佈局與中唐第159窟大同小異，但填充了許多細節，例如在〈化城喻品〉左上角畫了一幅"降魔圖"。據榜題得知，這是表現〈化城喻品〉中大通智勝佛端坐道場，破除外道。〈觀世音菩薩普門品〉簡直是見縫插針，遍佈畫面。還有諸如〈授學無學人記品〉、〈法師功德品〉、〈陀羅尼品〉、〈囑累品〉等，沒有固定位置，任憑畫師隨意填補，使整個畫面顯得頗為雜亂。

填補的畫面十分簡單，很難讀懂，為了便於觀眾理解，幾乎每一幅畫面旁都有榜題。第85窟法華經變中的榜題多達一百零六條，居敦煌壁畫中法華經變榜題數量之首。這些榜題是考釋各品內容的第一手珍貴資料，頗受學術界關注。但其中有一些榜題往往是張冠李戴，與畫面不符。可能因為寫榜題的書手與畫師不是同一人所致。

第61窟也是一個大窟。此窟是曹氏第四任歸義軍節度使曹元忠及其夫人翟氏的功德窟，約建於公元951至957年。涵蓋二十三品，僅次於第85窟，堪稱宏幅巨製。比較而言，第61窟畫師能夠把二十三品的故事情節巧妙地配置在一個固定的豎長方框內，既符合法華義理，又注意藝術上的對稱統一，近大遠小，主次分明，可以說是一種進步。但是，這種進步又意味着法華經變步入下坡路，因為畫師要把繁多的情節，填入一個有限的框框內，就不得不設計一套固定的格式，這束縛了藝術家的創作才能。這一套始自中唐的格式，使歸義軍時期的法華經變進一步失去藝術活力。

歸義軍時期法華經變的藝術水準較低。新出現的五品亦多屬圖解：〈授記品〉講四大聲聞、緣覺弟子接受釋迦佛的教導，決心捨棄小乘，皈依大乘，釋迦佛給他們授記，將來都能成佛。畫面上往往表現為佛前跪一至四人，以示受記。類似的畫面在第 154 、 231 、 146 窟也有，但因沒有榜題，較難斷定。現在能夠肯定的只有第 76 窟的迦葉受記圖。

〈授學無學人記品〉講釋迦教導有學與無學的聲聞弟子修行一佛乘，並為他們授記，來世當得成佛。此品在畫面表現上與〈授記品〉很難區別，只有借助榜題。第 85 窟〈見寶塔品〉左下畫兩人站在浮雲上，面向七寶塔，旁有墨書榜題說明這是釋迦為阿難及羅睺羅授記。第 146 窟也畫此品。

〈分別功德品〉云：釋迦告訴彌勒菩薩，如果有人聽說佛的壽命長遠，能在一念間產生信奉理解之心，他所得到的功德就沒有限量了。此義理難以入畫，只有借助榜題。此品僅第 85 窟一例，在〈見寶塔品〉左下側，畫三個菩薩式的人物，坐在祥雲上向七寶塔而來，其榜題寫明這是釋迦佛向彌勒菩薩講“分別功德隨喜勝益品時”。

〈法師功德品〉也是講因行善所得福報功德的。經云：善男信女如能夠護持、讀誦、書寫《法華經》，即可得到六根清淨，潔白無染的福報。壁畫首見於第 85 窟，畫一人雙手合十，席地而坐，右上側榜題“常精進菩薩問法師功德品經”。第 61 窟從地湧出菩薩羣中，有一菩薩雙手合十，立於祥雲之上，右上側榜題“常精進菩薩、舉首菩薩弘經”(《法華經》中沒有“舉首菩薩”，可能是書手誤寫)，常精進菩薩只見於〈法師功德品〉中出現的菩薩。

〈勸持品〉主旨是勸勉人奉持《法華經》。僅見一例，在第 61 窟從地湧出菩薩羣中畫三位菩薩，雙手合十，跪於祥雲上，右側榜題“藥王大教 (應為“樂”) 說二萬菩薩弘經”。《法華經》中只有〈勸持品〉談及藥王大樂菩薩。

但是在這一時期的法華經變，也有些畫面猶如日落時出現的彩霞，別開生面，例如晚唐第 12 窟的“髻珠喻圖”，情節空前豐富，從轉輪聖王召集御前軍事會議開始，連續畫擊鼓進軍，夾河鏖戰，凱旋歸師，押解戰俘，最後以轉輪聖王論功行賞結束，描繪得栩栩如生，是敦煌壁畫中描繪戰爭場面的傑作之一。

第61窟的〈妙莊嚴王本事品〉也不失為佳作。這是一個外道皈依佛法的故事。大意是説過去世很久以前，妙莊嚴王深信婆羅門教，但其夫人淨德與兩子淨藏、淨眼，皆信佛法，他們共設種種方便，啟示感化妙莊嚴王改信佛教，捨棄王位，與夫人、兩子並諸眷屬出家修道。此品入畫，始於盛唐，畫面簡單，僅畫妙莊嚴王與夫人、兩子，共詣佛所，聽講《法華經》。而第61窟的〈妙莊嚴王本事品〉則力求詳盡，從淨藏、淨眼升空現種種神變，一直畫到妙莊嚴王全家出家修道，生動細膩，一目了然。

第85窟窟頂南坡法華經變示意圖

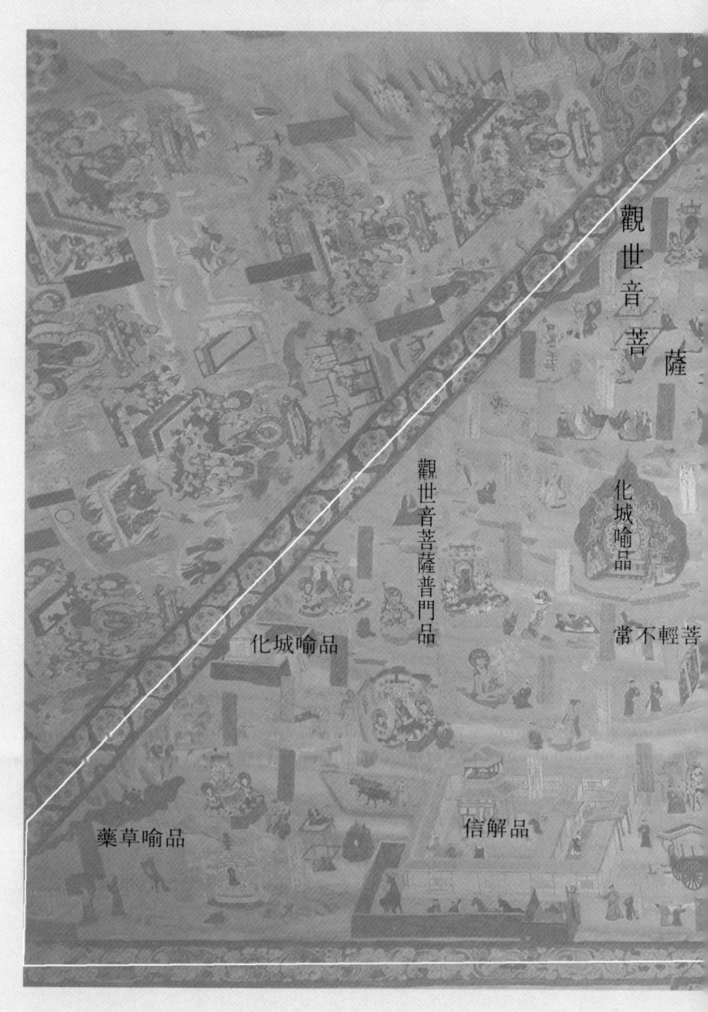

經變構圖的承襲與創新

中唐以後，向心式構圖已成為敦煌法華經變的定式。歸義軍時期的法華經變構圖，最後固定為四種形式，分別是向心式、梯形、屏風式及法華三會式，前兩者跟中唐向心式構圖大同小異；後兩者雖然比較特別，但它們只佔當時法華經變的少數，而屏風式也是繼承前人的。可以説，法華經變構圖已經成熟，較少創新。現把四種形式簡介如下：

第一種是延續並進一步完善類似中唐第159窟的向心式，現存十三鋪。這種形式又可分為兩類，一類是下部繪屏風畫，現存五鋪。另一類是下部未繪屏風畫，現存八鋪。上文提到的第61窟，堪稱第二類的代表。

第二種為梯形，位於覆斗形窟頂南坡，現存兩鋪，均屬晚唐張氏歸義軍時期的作品。第85窟的佈局與中唐第159

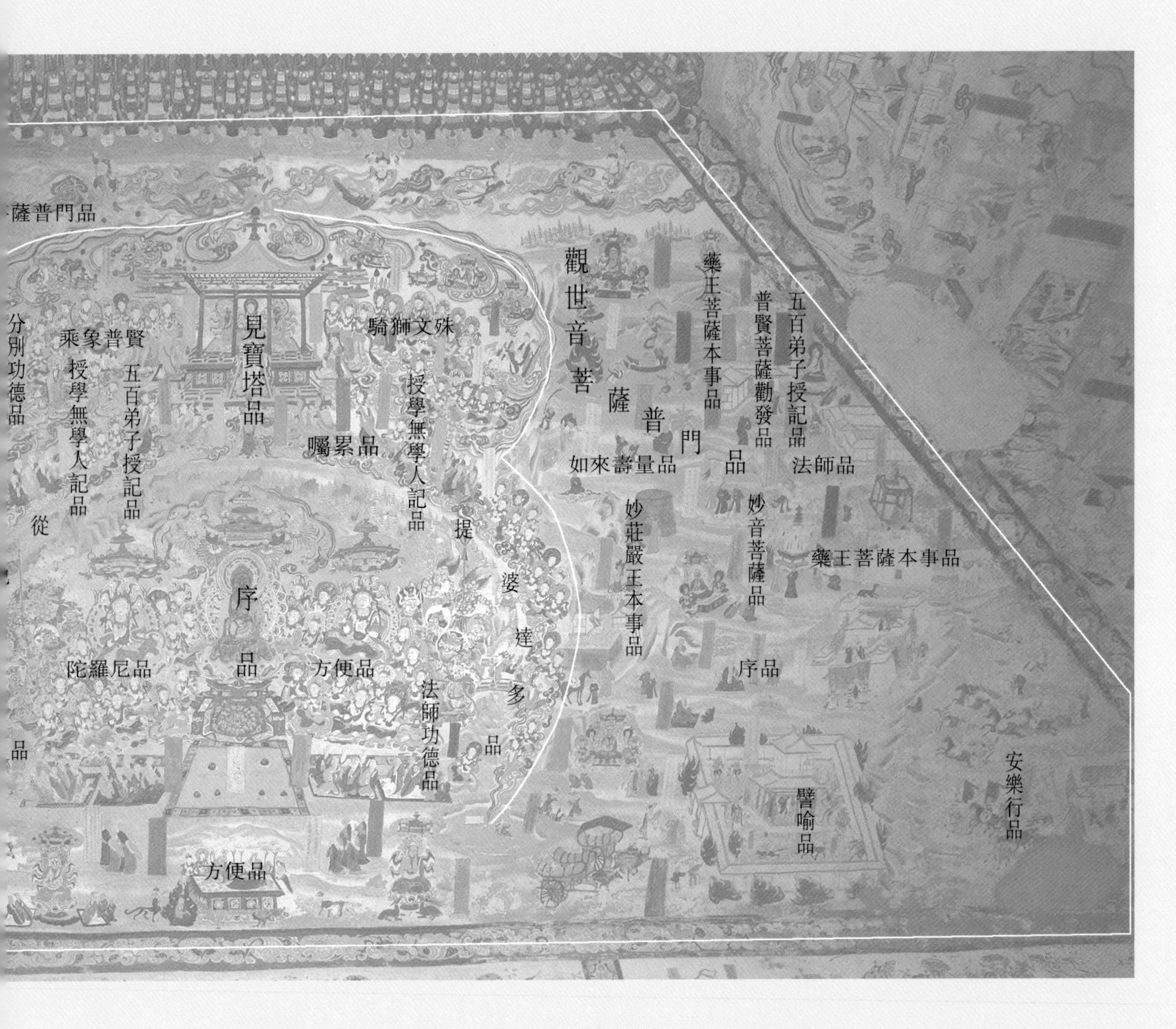

窟大同小異。所不同的只是它位於覆斗形窟頂坡上，全幅經變的形狀便變為梯形，而非第159窟的長方形。

第三種形式是“八扇屏風式”，僅存於第76窟南壁。該窟法華經變可能是依據敦煌寫本中八卷本《法華經》繪製的。八扇畫面分上、下兩排，每排四扇，每扇都有法華會說法圖，佔畫面的大半空間。每鋪說法圖前，都有長篇墨書榜題作“總說明”。各卷中各品的故事畫穿插於説法圖前，每幅故事畫前也有墨書榜題解説。

這時期較特別的應為第四種形式——“法華三會”，僅存兩鋪，現以第55窟為例。構圖佈局類似“彌勒三會”，或者淨土變中的“西方三聖”，都是由三組説法圖組成的。中間一組最大，上部以〈見寶塔品〉“虛空會”為主，下部以〈序品〉“靈鷲會”為主，共同組成法華會。左右又各畫一鋪略小的靈鷲會説法圖，上部均無“虛空會”。佛家對於釋迦佛宣講《法華經》有所謂“二處三會”之説。“二處”指地上與虛空。“三會”分“前靈鷲會”，包括第一至十品；虛空會，包括第十一至二十二品；後靈鷲會，包括第二十三至二十八品。這種形式，當即表現“法華三會”。

值得注意的是中間一鋪，把靈鷲會眾畫在蓮池水榭之上，有些類似西方淨土變的場景。這種場景最早萌芽於盛唐第31窟窟頂西坡，學術界對此畫面的解釋説法不一。筆者認為這是畫師把〈見寶塔品〉與〈如來壽量品〉中釋迦靈鷲淨土思想，糅合到〈序品〉中，其性質與中唐159窟法華經變佛座前的寶池蓮花相似。

這一時期，火宅喻與窮子喻的配置關係也發生了微妙的變化，例如第98窟法華經變中，將火宅喻中的三車畫在兩品之間，依次為牛車、鹿車、羊車，由窮子喻走向火宅喻，榜題説長者對窮子説三車在門外，只要他們出來，都給他們。這裏從畫面到榜題，顯然都已把兩品合而為一。這樣處理，也許是為了進一步突出智顗所説的〈信解品〉的“窮子喻”跟〈方便品〉的“火宅喻”有密切關係，都是表現“會三歸一”，由小乘轉向大乘的法華義理。

中唐以後，法華經變往往與華嚴經變南北相對，應略作交待。敦煌的華嚴經變在中唐逐漸增多，至歸義軍時發展到高峰，中唐至歸義軍時期共二十八鋪華嚴經變中，有二十二鋪與法華經變處於對應的位置，即法華經變位於南壁，或者窟頂南坡，華嚴經變位於北壁，或者窟頂北坡。這是法華經變與其他經變配置關係上的一個重大變化。究其原因，可能與天台宗、華嚴宗在佛性論上的觀點一致有關。《法華經》是天台宗的理論基礎，而《華嚴經》則是華嚴宗的理論基礎，兩宗都認為一切眾生皆有佛性，一切眾生都能成佛。因此在中唐注重融合法華義理的氛圍中，把法華經變與華嚴經變繪於對應的位置，似乎也是合情合理。

單獨一品的法華經變

歸義軍時期單獨的〈見寶塔品〉仍然很少，僅存三鋪，均平平不足道。同期的觀音經變則相當盛行，現存十一鋪。沿襲中唐的三種形式：第一種為屏風式，第二種是主體立軸式，第三種為位於覆斗形窟頂南坡、西坡，或者前室人字坡西坡的觀音經變，其中第三種經變破損嚴重。在第二種形式中，第14窟的觀音經變混合於密教圖畫中，比較特別。

歸義軍時期法華經變形式及分佈表

時代＼形式	梯形式	向心式（下部有屏風）	向心式（下部無屏風）	屏風式	法華三會式
晚唐	莫85、156窟窟頂南坡	莫12、196窟南壁 莫232窟北壁	莫138窟南壁 莫459窟北壁 榆36窟前室東壁		
五代		莫4窟南壁	莫6、61、98、108、146、261窟南壁 莫396窟前室西壁		
宋代		莫449窟南壁	莫431窟前室南壁	莫76窟南壁	莫55、454窟窟頂南坡

（說明：莫即莫高窟，榆即榆林窟，東即東千佛洞，西即西千佛洞，五個廟用全稱，本卷其餘各表同。）

歸義軍時期觀世音菩薩普門品經變形式及分佈表

時代＼形式	屏風式	主體立軸式	覆斗式人字坡式
晚唐	莫18、141窟西壁龕	莫14窟北壁 莫128窟東壁窟門南側	莫8窟覆斗形窟頂南坡
五代		莫345窟東壁窟門南、北兩側	
宋代		莫55窟南壁 榆38窟前室南壁	莫261窟西坡 莫288窟前室人字坡西坡

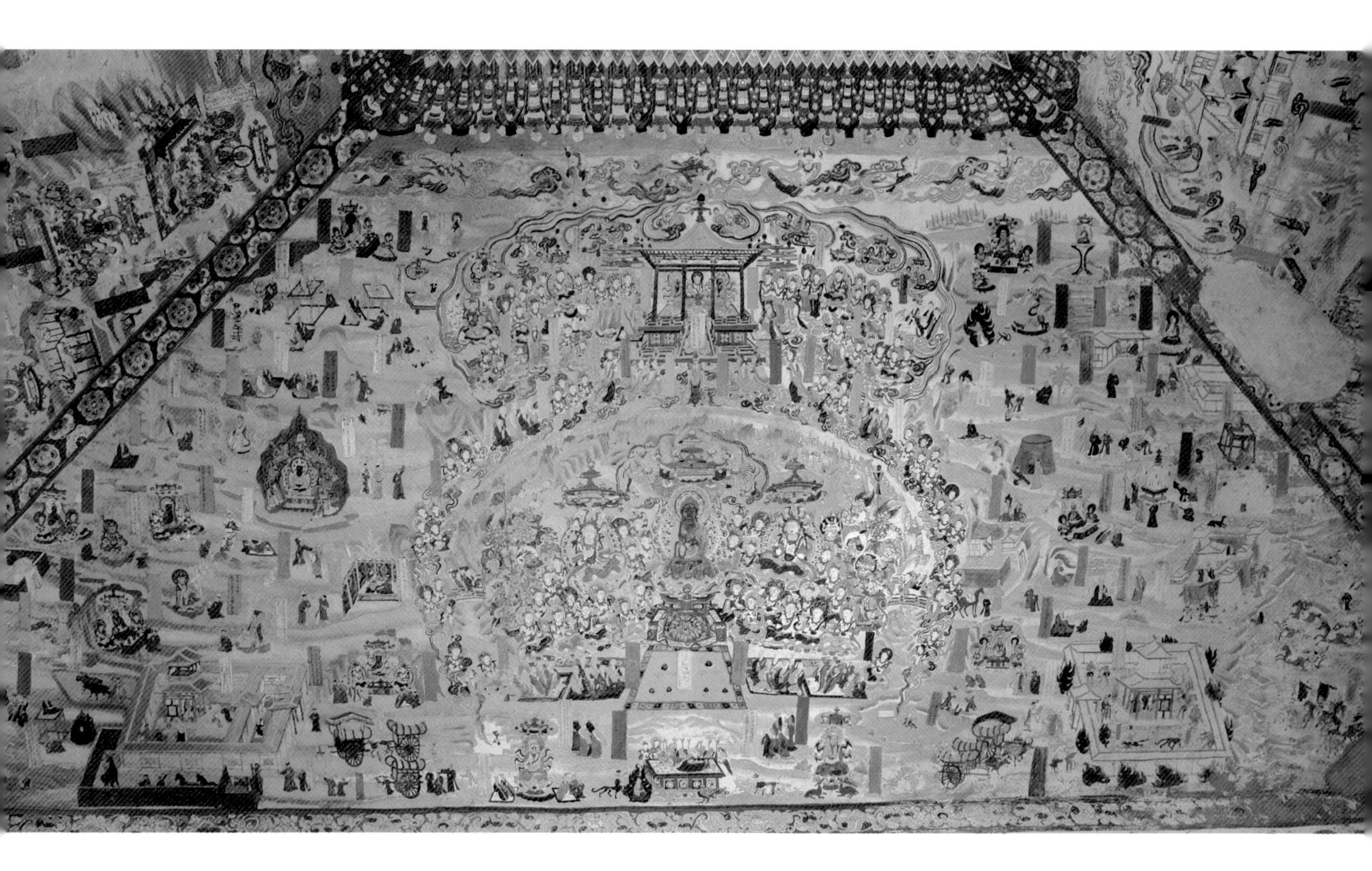

101　法華經變

此圖具體體現了歸義軍時期法華經變力求涵蓋面廣、大而全的特徵。就已解讀的各品而言，把《法華經》二十八品中的二十四品入畫，佔百分之八十六。內容雖多，但重點突出，構圖對稱，色彩協調，不失為晚唐佳作之　。

晚唐　法華經　莫85　窟頂南坡

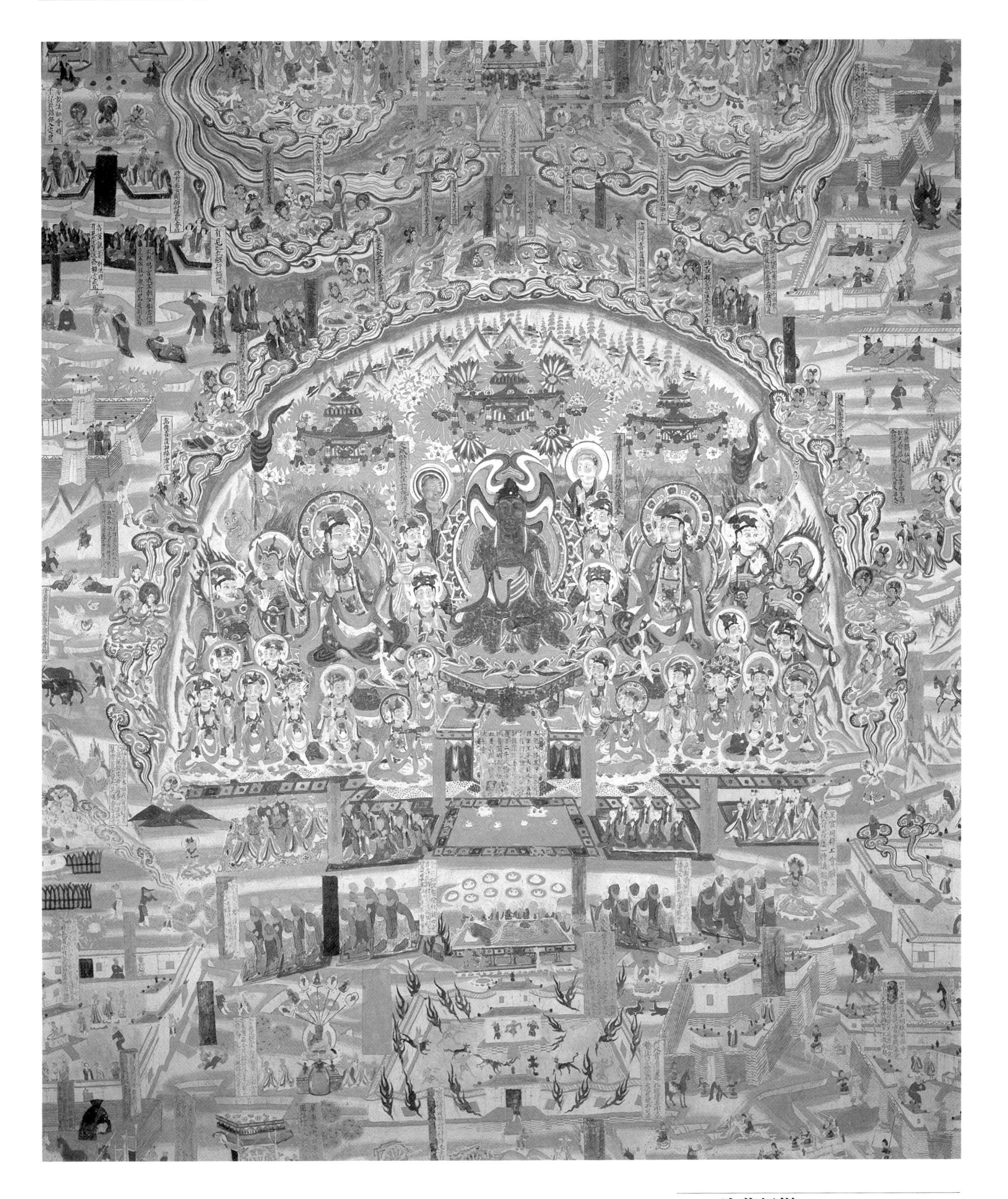

102 法華經變

此經變共畫二十三品，顯示出歸義軍時期法華經變力求完整地體現法華義理；構圖嚴謹對稱，以及重點突出等特點。

五代 法華經 莫61 南壁

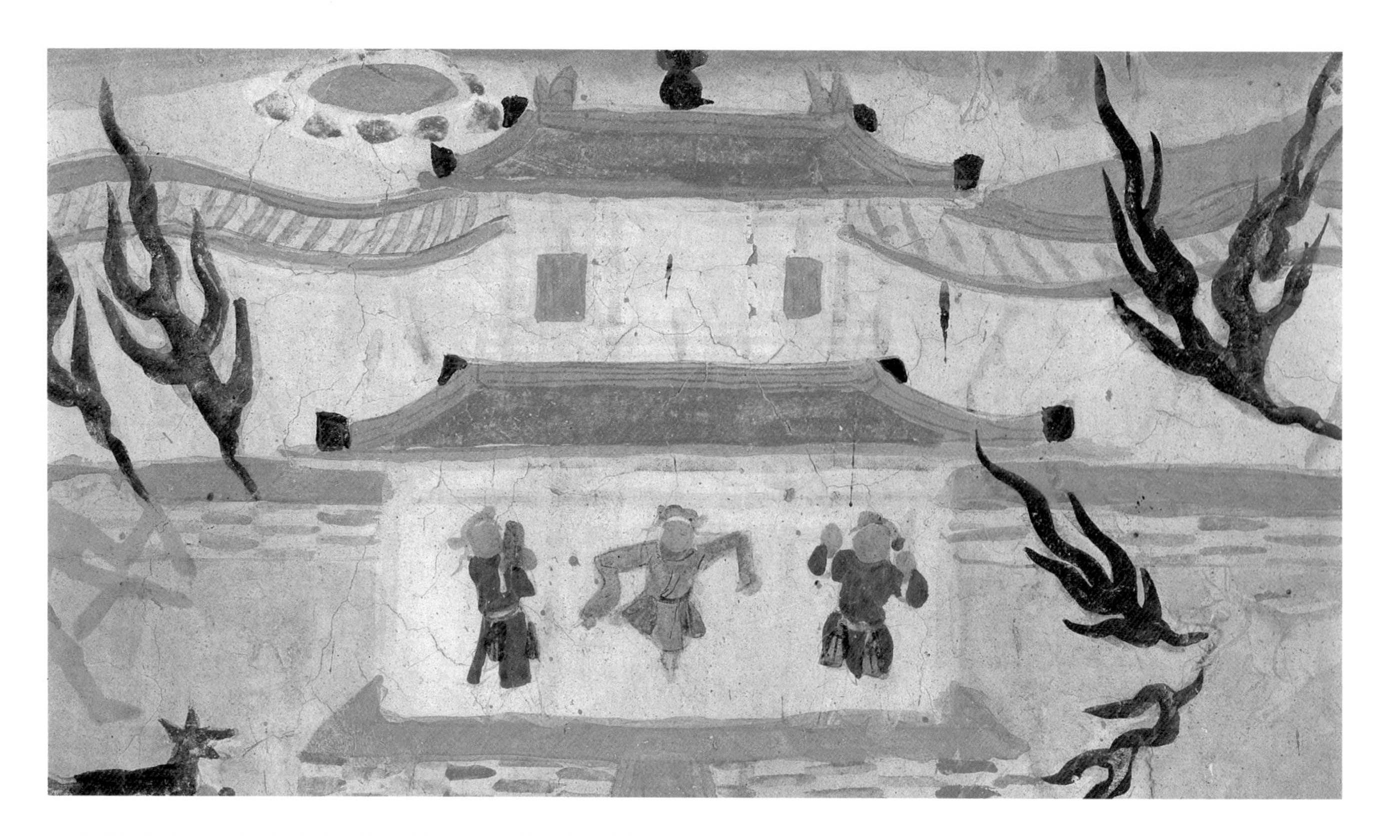

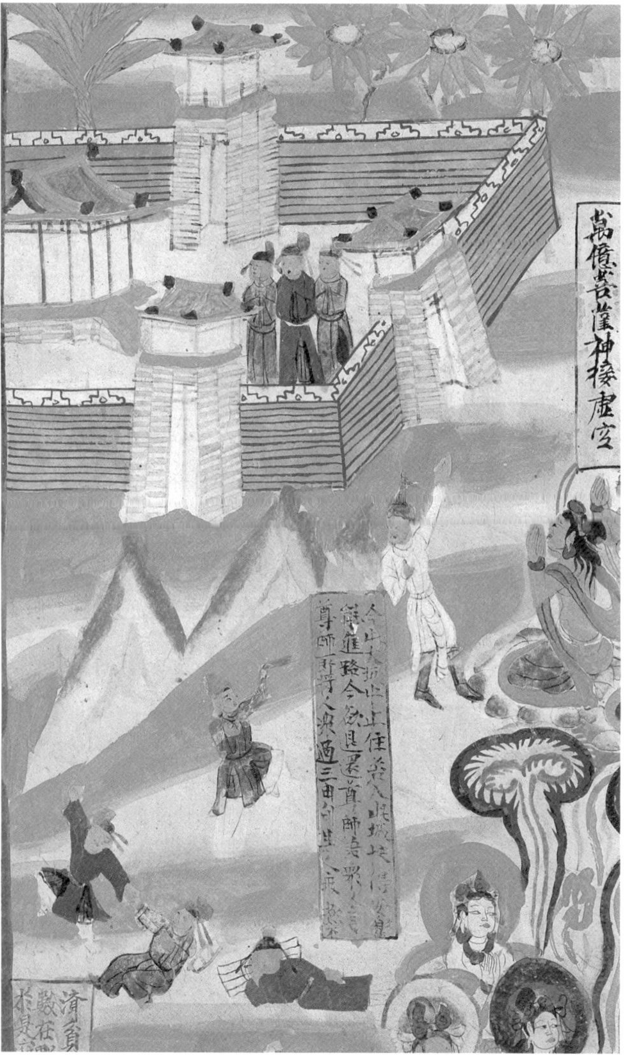

103 火宅喻之歌舞兒童

在一棟三開間屋內，三個小孩正玩得興高采烈，中間一個跳舞，左右兩個人伴奏。有稱這是中國最早的舞台演出圖。

五代 法華經 • 譬喻品 莫61 南壁

104 化城喻

畫面下部表現取寶人途經險峻山路，想退縮。上部表現取寶人進入化城休息。內容雖然與佛經相符，但缺乏意境，只能算是圖解而已。

五代 法華經 • 化城喻品 莫61 南壁

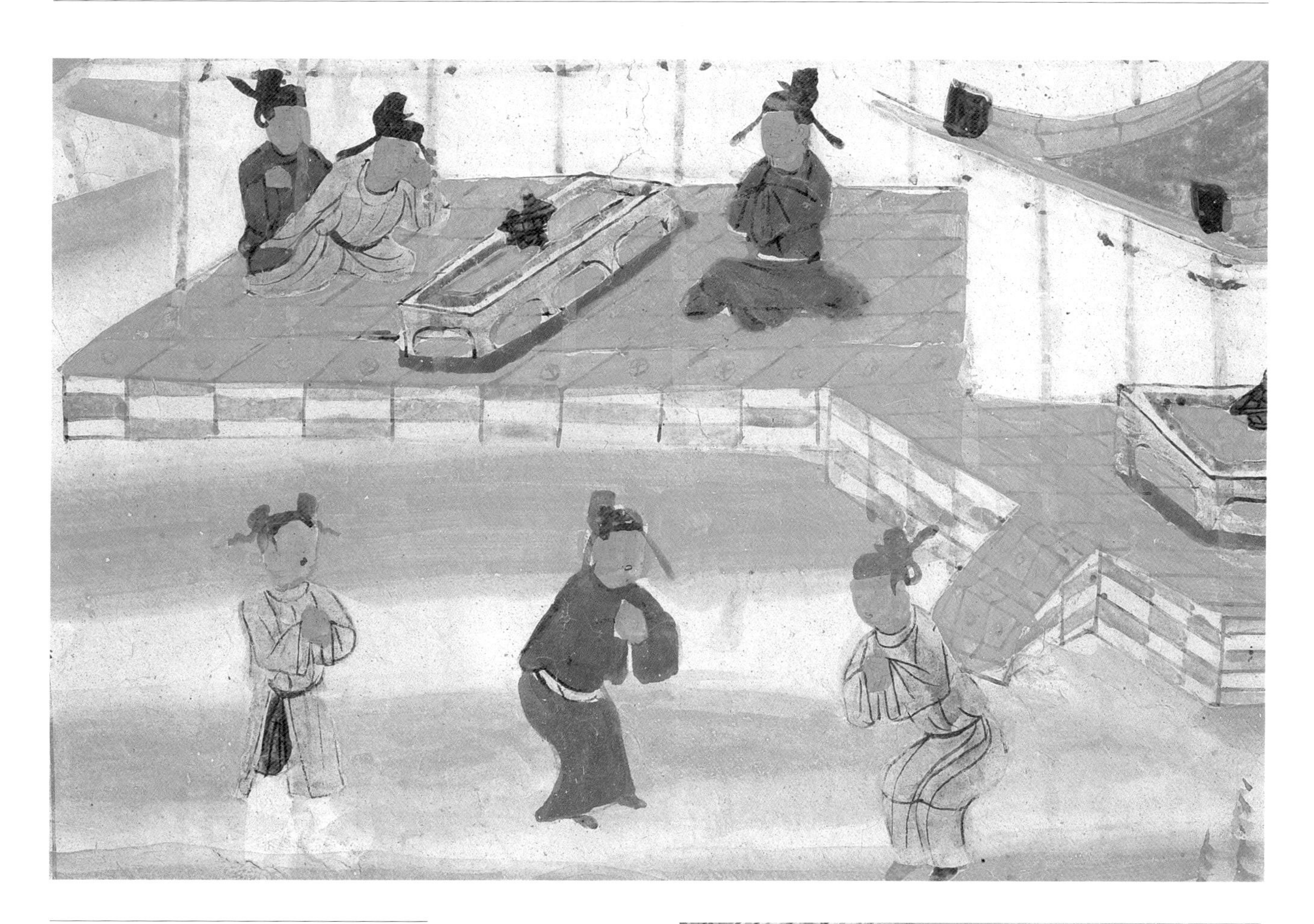

105 繫珠喻

上部畫愚夫到朋友家，朋友設酒席招待，愚夫醉倒。朋友因公事急忙外出，把珠寶繫於愚夫衣內。下部畫愚夫酒醒後浪迹他國，與朋友相遇時，作揖問候。

五代 法華經 • 五百弟子授記品
莫61 南壁

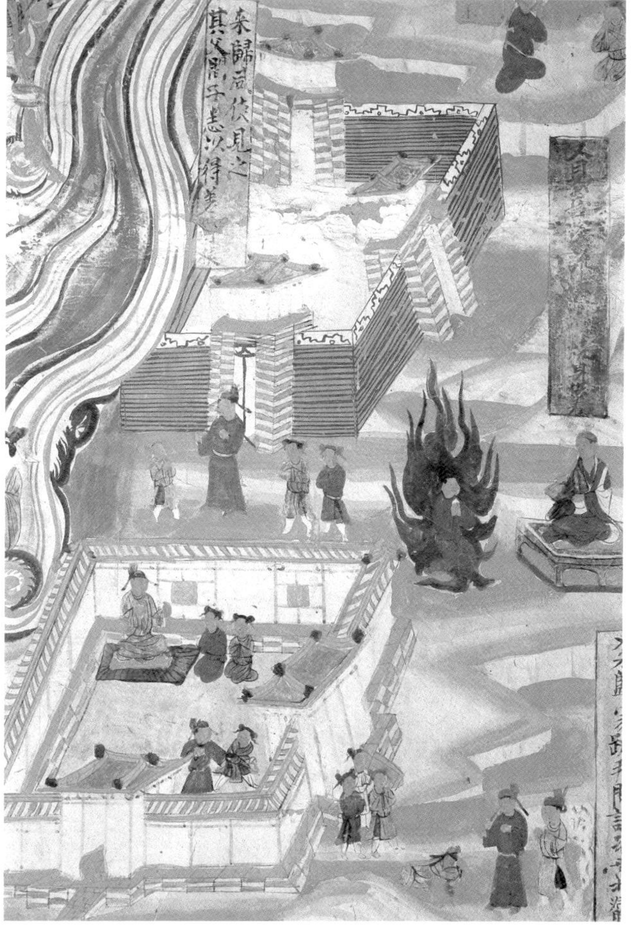

106 良醫喻

右下側良醫歸家，中毒兒子或跪地懇求，或拱手迎候，求父親救治。左側院落內，良醫正救治諸子。此喻以良醫詐稱客死他國，諸子驚覺無復恃怙，才醒悟服藥，比喻佛陀涅槃的作用。左上畫良醫回家與病痛兒子重聚。左上的夯土板築院落，即良醫之家。

右側的燃身供養圖屬於〈藥王菩薩本事品〉，與此圖無關。

五代 法華經 • 如來壽量品 莫61 南壁

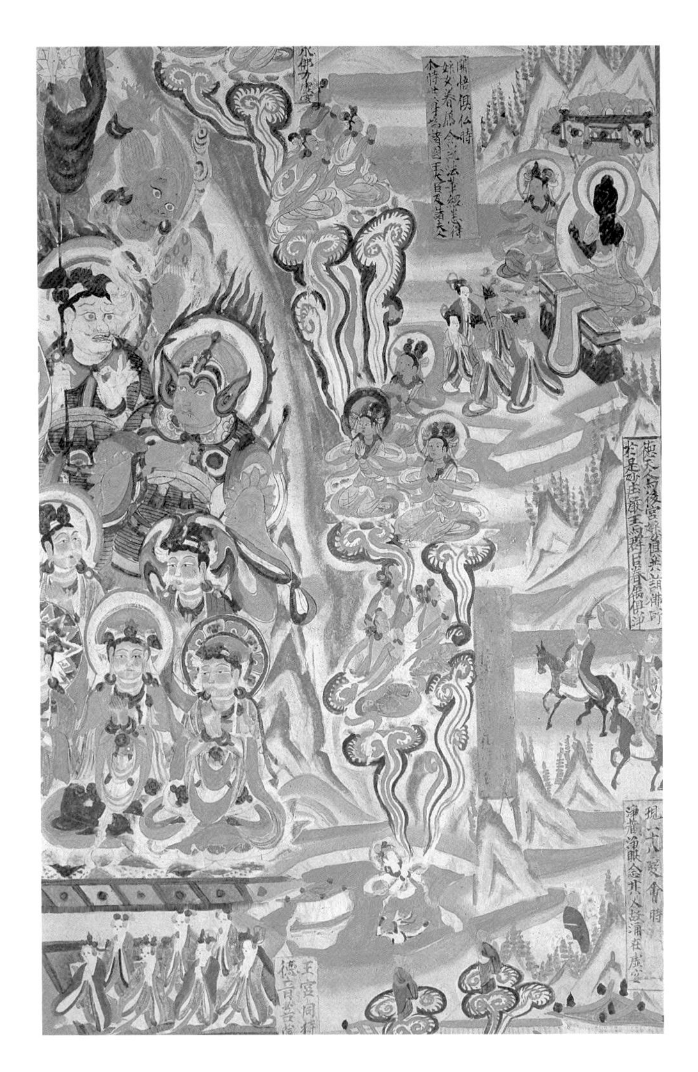

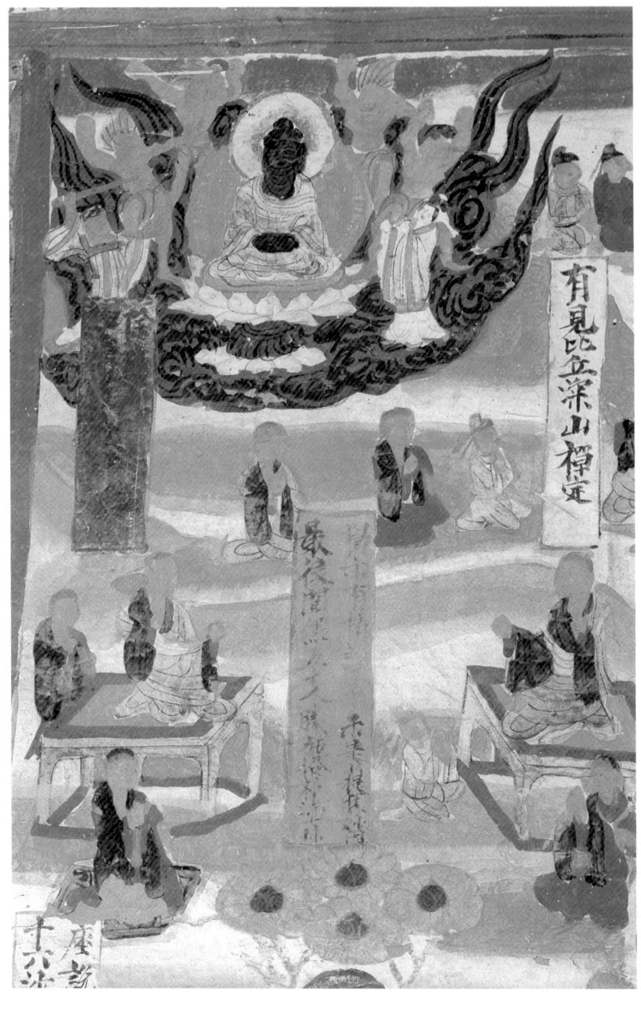

107 **妙莊嚴王本事品**

中唐以後，〈妙莊嚴王本事品〉大致固定在法華經變右下側。此圖分三部分。下部院落中是妙莊嚴王的兩個兒子，騰身飛向虛空，現出各種神變，化度父王捨棄婆羅門教，皈依佛門。中間是妙莊嚴王率領羣臣及家人等，於崇山峻嶺中乘馬前往雲雷音宿王華智佛所，聽受《法華經》。上部畫的是雲雷音宿王華智佛向妙莊嚴王等宣講《法華經》，並授記妙莊嚴王當得作佛，號娑羅樹王。畫面呈豎長條形，由下至上，一目了然。

五代 法華經•妙莊嚴王本事品
莫61 南壁

108 **最後聞經五十人**

類似畫面早在中唐就出現，很難解讀。有人認為是〈法師品〉，幸虧此組畫面中間墨書榜題"最後聞經五十人"，才知這是屬於〈隨喜功德品〉，從而糾正了前人的見解。圖中高座上對坐的兩位法師正宣講《法華經》，合十席地而坐的五位比丘代表最後聞經的五十人。上部的"降魔圖"表現的是〈藥王菩薩本事品〉中的"降伏魔軍"。下部一組畫是〈隨喜功德品〉。

五代 法華經•隨喜功德品 莫61 南壁

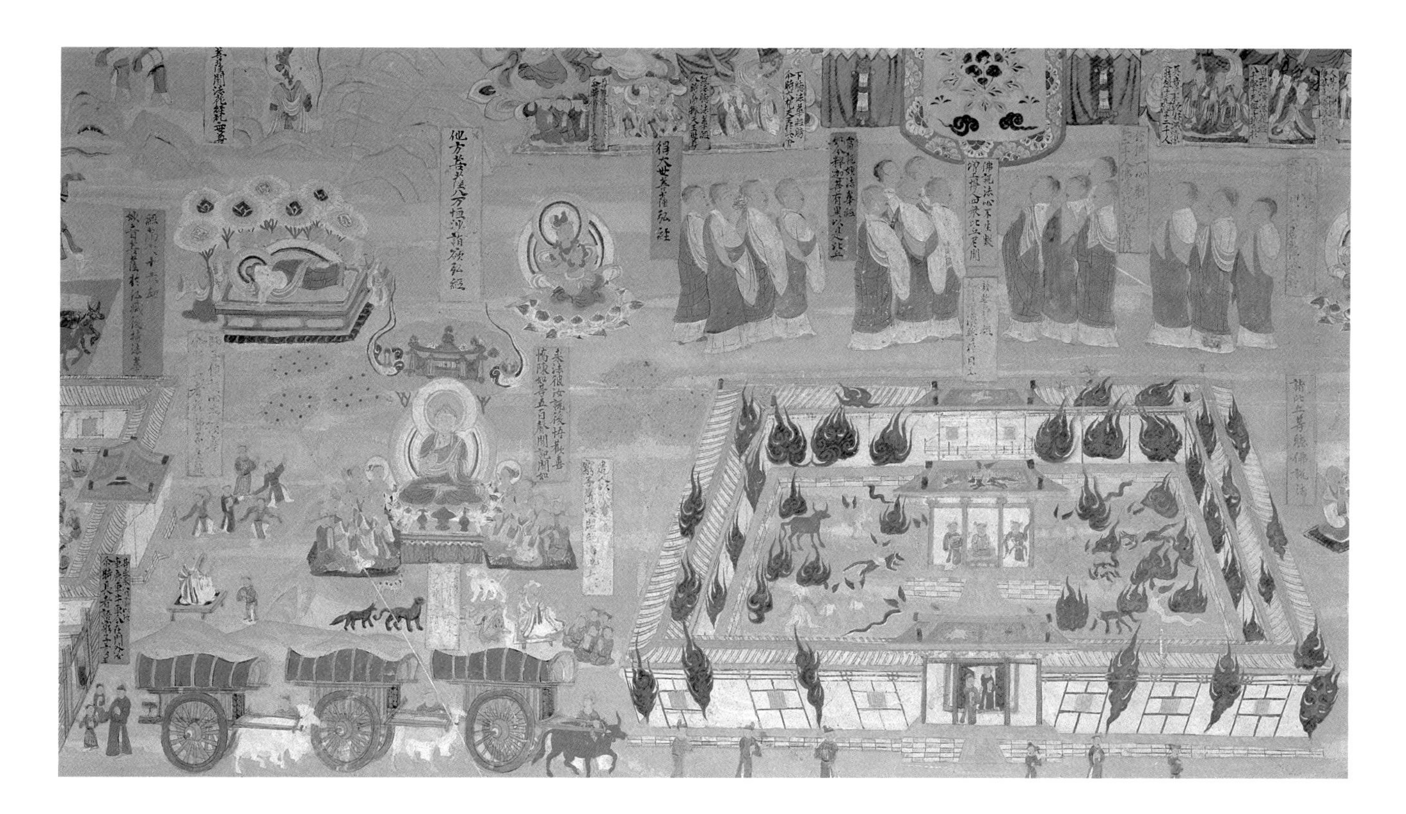

109 **火宅喻**

這是歸義軍時期〈譬喻品〉最常見的形式：畫一座四方形院落，屋頂大火熊熊，院內野獸亂竄，以示人間的險惡。院落中間畫三個小孩，仍然在無憂無慮地歌舞，與四周的險惡環境形成強烈的對比，頗富戲劇效果。

五代 法華經•譬喻品 莫98 南壁

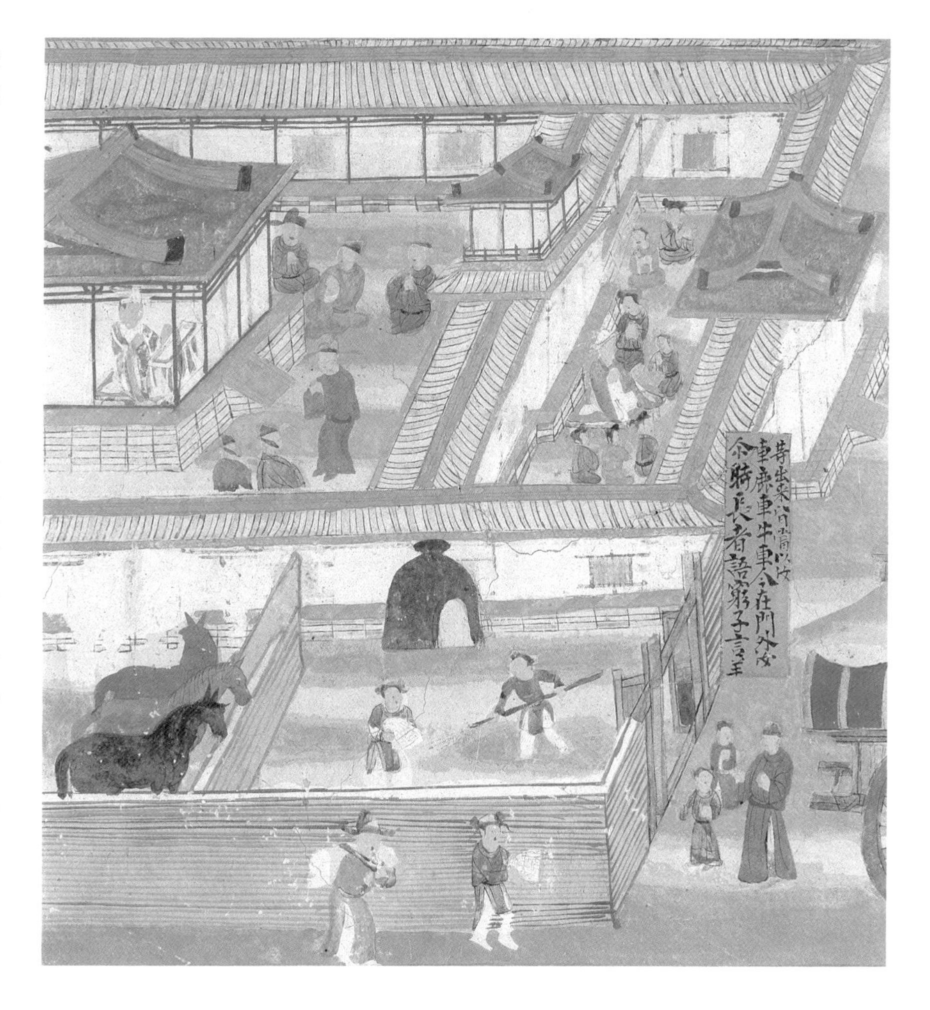

110 **窮子喻**

這是歸義軍時期〈信解品〉最常見的形式。全畫主要分三部分。上部右側前院，畫長者坐在華麗的床上，僮僕奴婢圍繞侍奉，窮子看見以為是王侯之家，心生恐懼而去。下部以將近一半的畫面，表現長者派人找回窮子，僱其清掃馬廄。上部左側後院，表現長者在國王、大臣、親族面前，宣佈窮子是他的兒子，一切財物都歸窮子所有。墨書榜題中將窮子喻與三車喻合而為一，反映當時法華經變更進一步強調法華義理的融合。

五代 法華經•信解品 莫98 南壁

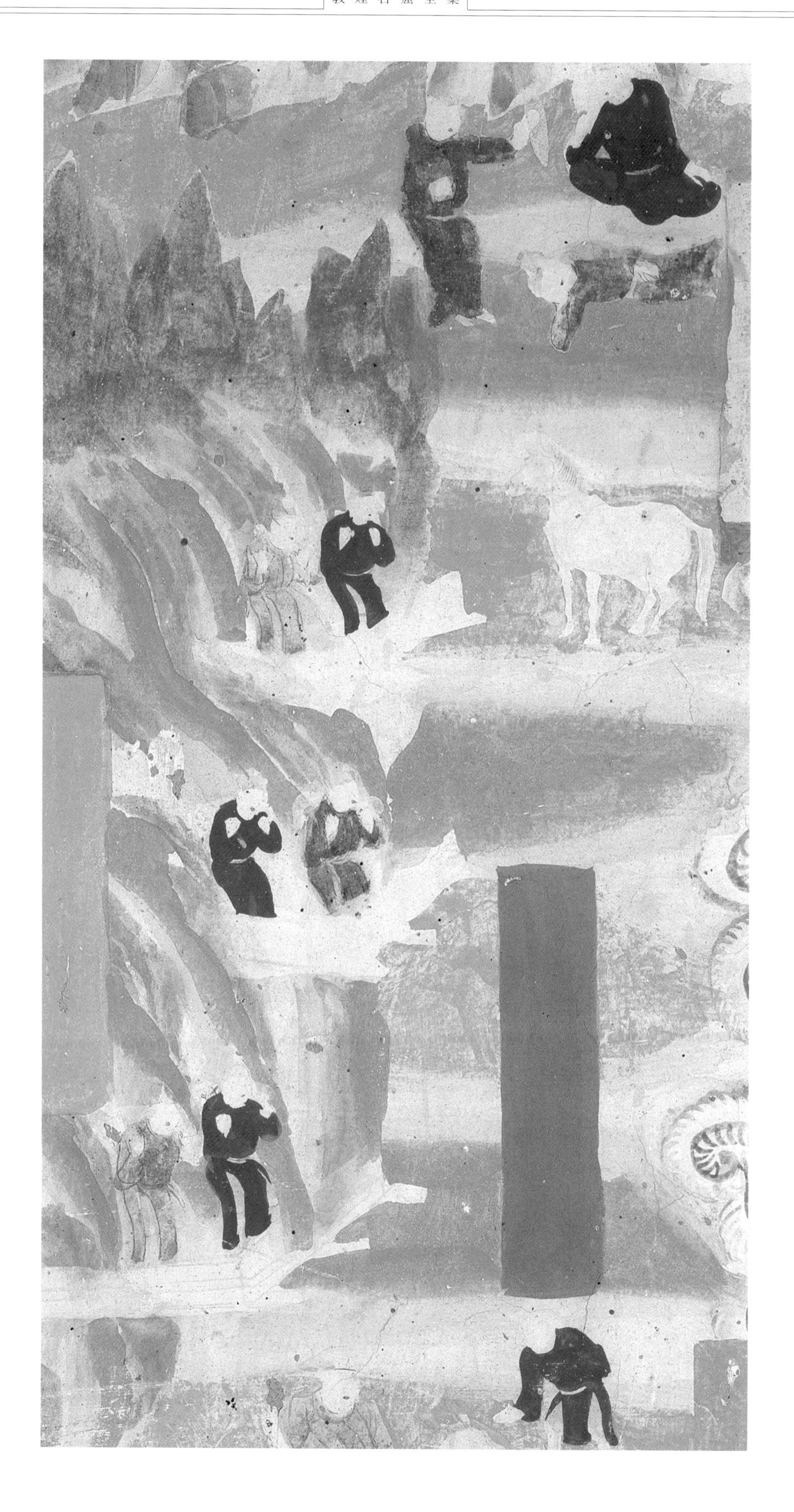

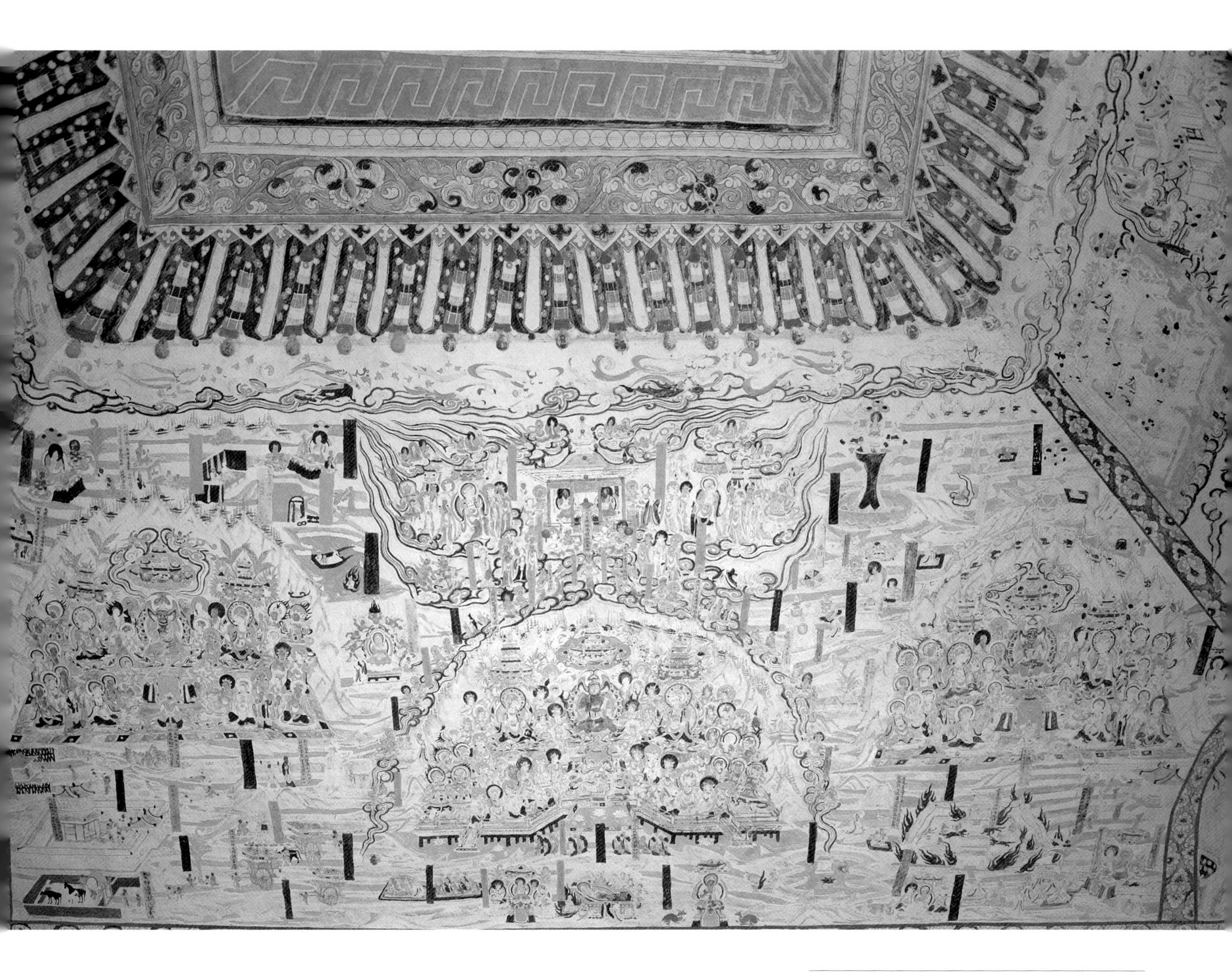

112 法華經變

此圖主要表現法華三會。值得注意的是中間一會繪有西方淨土變中常見的寶池、蓮花、水榭平台，以象徵〈如來壽量品〉中所說的釋迦佛靈鷲山淨土（即靈山淨土或釋迦淨土）。由於法華三會佔去了大量空間，其他各品相對減少。法華三會下部中間繪“釋迦佛方便涅槃圖”，右側繪〈譬喻品〉，左側繪〈信解品〉。〈信解品〉上部繪〈藥草喻品〉、〈常不輕菩薩品〉。法華三會上部右側繪〈藥王菩薩本事品〉，左側繪〈觀世音菩薩普門品〉。

北宋 法華經 莫55 窟頂南坡

111 過棧道

佛經中說取寶人必須經過“險難惡道”，畫師卻以中國古代蜀道難行的棧道來表現。歸義軍時期敦煌與四川往來較多，此圖或許就是“梁州秦嶺西，棧道與雲齊”的形象再現。

五代 法華經•化城喻品 莫6 南壁

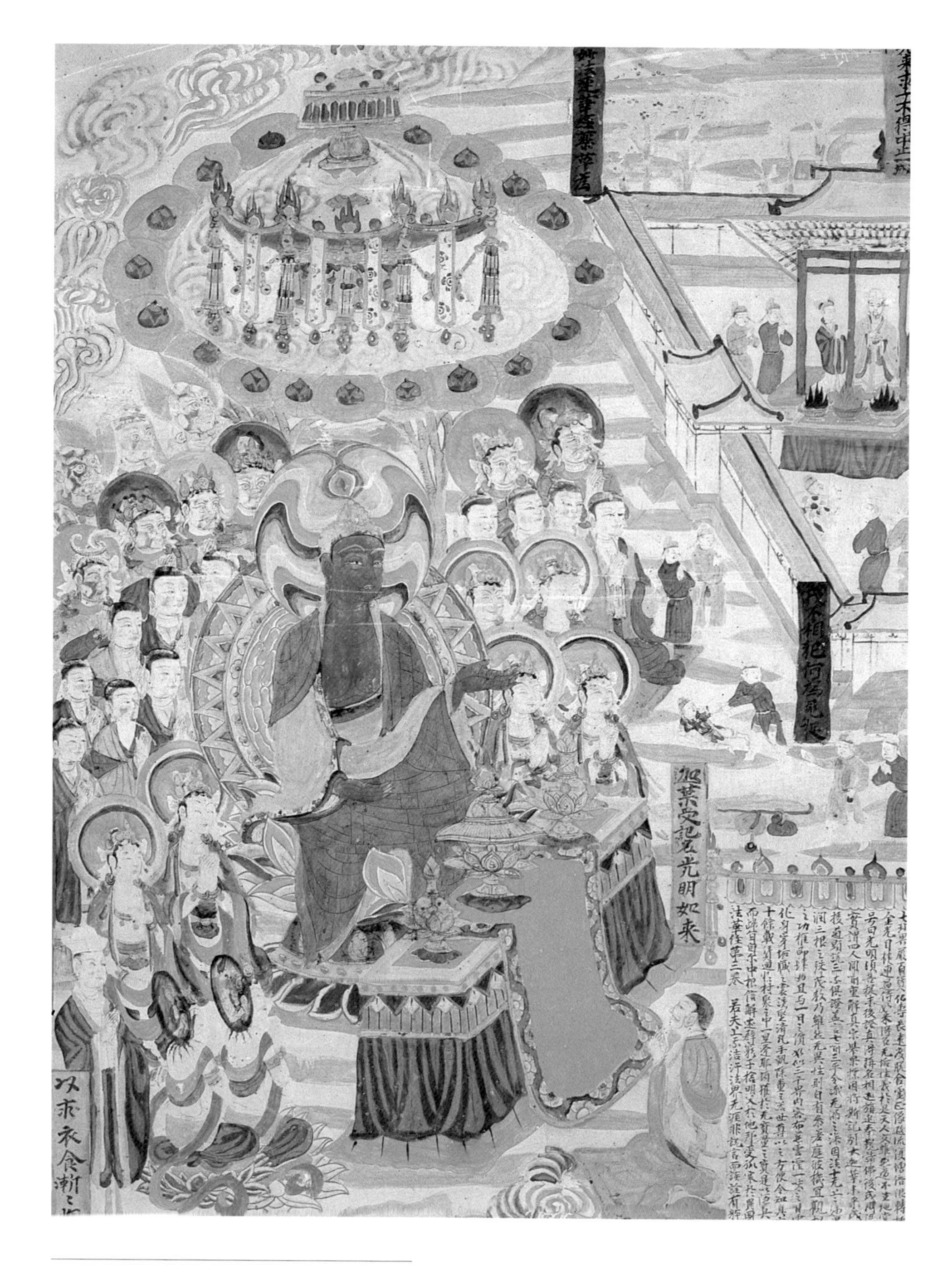

113 屏風式法華經變

這是屏風式法華經變第三卷。〈序品〉法華會佔了三分之二畫面。釋迦前跪一比丘，雙手合十，上部榜題："迦葉受記名光明如來"。此乃把〈序品〉與〈授記品〉相結合。表現迦葉受記，構圖很巧妙。法華會右側畫院落及諸人物，為〈信解品〉中之窮子喻。法華會左下角畫雙手合十而立的窮子，表現他輾轉遊行，以求衣食，可能是畫師信手加畫的。窮子喻上部的山野中畫四五棵樹，象徵〈藥草喻品〉中之山林樹木，實在太簡略。

北宋 法華經 莫76 南壁

涅槃經變

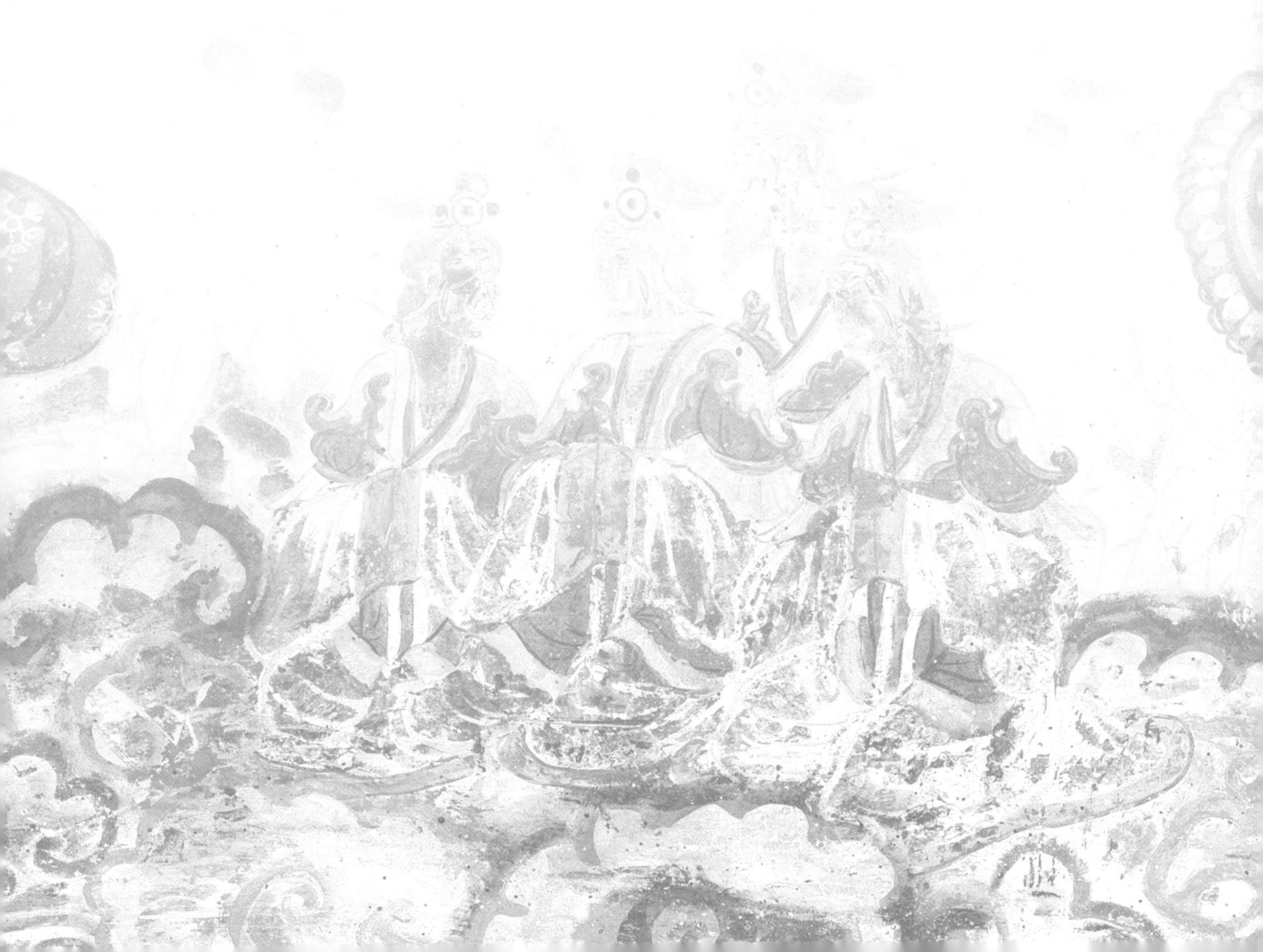

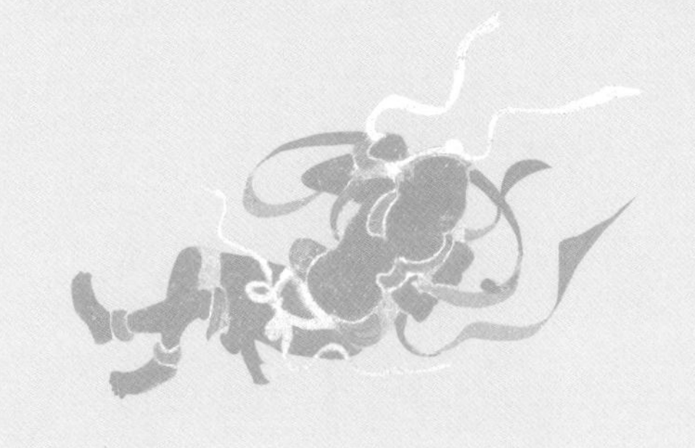

序論 **涅槃信仰與早期涅槃造像概述**

涅槃信仰和涅槃經的流行

涅槃是梵語的音譯，意譯為“滅度”、“圓寂”。涅槃不是死亡；釋迦牟尼之死，是覺悟生老病死的輪迴苦道而從此解脱，到達永遠的（常）、充滿安樂的（樂）、有真正自我的（我）和清淨沒有污染（淨）的境界。《涅槃經》的主旨是闡釋“一切眾生悉有佛性，如來常住無有變易”。所謂“佛性”就是講眾生與生俱來都有成佛的品性。佛藏中的涅槃經典頗為繁多，約可分為大乘、小乘兩類，其中對中國佛教影響最大的是《大乘涅槃經》，相傳早在東漢時已有譯本。而影響最大的是北涼曇無讖譯的《大般涅槃經》四十卷本，它被佛家列為大乘五大部經之一。

涅般經分類表

經類	經名	卷數	譯者
小乘	《長阿含經・游行經》		後秦・佛陀耶舍・竺佛念
小乘	《佛般泥洹經》	2	西晉・白法祖
小乘	《大般涅槃經》	3	東晉・法顯。一說失譯者名。
小乘	《般泥洹經》	2	失譯者名
大乘	《佛説方等泥洹經》	2	西晉・竺法護
大乘	《大般涅槃經》	40	北涼・曇無讖
大乘	《大般涅槃經》	36	劉宋・慧嚴等
大乘	《大般泥洹經》	6	東晉・法顯、覺賢
大乘	《菩薩從兜率天降神母胎説廣普經》	7	後秦・竺佛念
大乘	《佛入涅槃密迹金剛力士哀戀經》	1	失譯者名
疑偽	《大般涅槃經後分》	2	唐・若那跋陀羅
疑偽	《摩訶摩耶經》	2	蕭齊・曇景
疑偽	《佛母經》	1	

由於《涅槃經》提出眾生皆有佛性，不論有甚麼惡行都可成佛，於是從南朝開始，漸漸在中國流行起來。此後佛教學者中出現不少涅槃師，專門講習、註疏《大般涅槃經》，涅槃信仰遂流行大江南北。隋開皇十六年（公元596年），朝廷更設立專門講讀涅槃經的團體。隨着涅槃信仰的流行，作為佛教藝術題材之一的涅槃造像，也隨之產生。

犍陀羅與西域的涅槃藝術

世界上最早的涅槃造像始見於公元二世紀的印度犍陀羅浮雕中，一直延續到公元五世紀。其特徵是釋迦右脅向下，枕右手，左手伸直放在身上，雙足相疊，橫臥於寢台上，以示釋迦涅槃。佛家稱這種姿勢為"獅子臥"，跟凡人去世的仰臥姿勢不同。它象徵釋迦達到一種"常樂我淨"的永恒境界——不死之"死"。圍繞在周圍的，有末羅族的世俗男子、魔王與魔女、諸天中之梵天、帝釋天、密迹金剛力士、樹神、城鎮女神、諸比丘中之阿難、阿那律、優婆摩那、須跋陀羅、迦葉等。犍陀羅涅槃造像與小乘涅槃經典關係密切，就其總體而言，圖像與經典吻合，一般是作為佛陀生平故事畫中的一個情節出現，而非獨立的經變畫。

隨着佛教東漸，大約在公元四世紀，新疆的克孜爾石窟（在古龜茲）出現涅槃經變，並成為主要的塑、繪題材之一。現存繪有涅槃壁畫的洞窟，佔有壁畫洞窟一半以上。以風格而言，大約公元四、五世紀的作品受犍陀羅藝術影響較大，如釋迦作"獅子臥"，身後畫聖眾舉哀，頭側畫須跋陀羅身先入滅，腳後畫迦葉撫摸佛足等。六、七世紀的涅槃經變中新出現了火化佛身、八王爭舍利、首次結集、阿闍世王聞佛涅槃而悶絕、甦醒等情節。

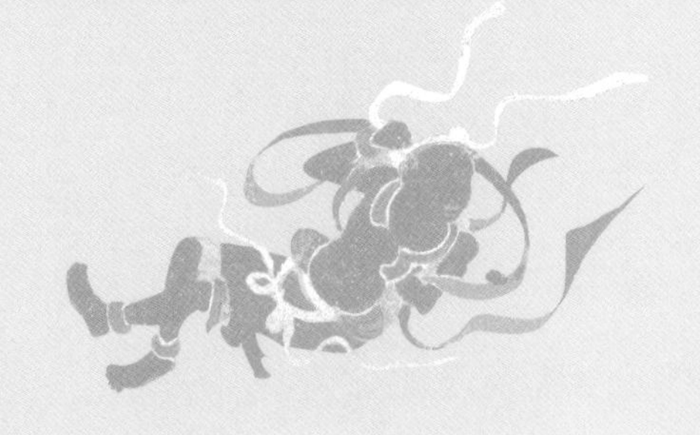

涅槃藝術的傳入與演變

中國南方涅槃造像大約始見於公元四世紀上半葉。《世説新語》載東晉太尉庾亮（公元289-340年）曾在佛寺中看見臥佛像，亦即涅槃像。《世説新語》還記述東晉司空顧和（公元287-351年）領着孫子與外孫到佛寺看見佛涅槃像，佛的弟子中有的哭泣，有的不哭泣。可見當時的江南佛寺裏，已經出現佛弟子圍繞的涅槃造像，可惜這些造像早已失傳。

與南方相反，北方的涅槃造像缺乏文獻記載，但現存實物既早且多。最早的有連雲港市孔望山傳為東漢末的涅槃造像，共刻五十七個人物，釋迦居中，仰面而臥。其餘人物分層逐段刻在釋迦像周圍，面向釋迦像，神情悲戚哀痛。如果此説可以成立，那麼中國涅槃造像的最早年代，就與犍陀羅涅槃圖像的年代不相上下了。

北朝時的涅槃造像遺物較多，現存十九鋪，其中十四鋪是仰臥的，這也是漢地與西域涅槃像之間最顯著的區別。漢地盛行仰臥涅槃造像，可能由於早期多數畫師塑工尚不理解佛教“涅槃”的深層含義，以為“涅槃”就是死，所以用漢地傳統的死人仰臥入棺來塑造釋迦的涅槃形象；另外五鋪涅槃造像受犍陀羅、克孜爾等地的影響，釋迦都是右脅枕手累足橫臥。至於漢地涅槃造像中環繞在釋迦涅槃周圍的哀悼人物，大致有痛不欲生的世俗弟子（即末羅族子），以摩訶迦旃延為首的眾多出家弟子；悶絕倒地的阿難；撫摸佛足的迦葉；最後供養的純陀；從忉利天下凡的佛母；淚污佛足的百歲貧婦；操辦喪事的力士；歌唄讚嘆的天人等。漢地早期涅槃造像所依據的佛教典籍，不局限於某一部佛經，而是糅和諸涅槃經創作而成的。還需一提的是西千佛洞第8窟涅槃圖中，有一人身穿紅色胡服，白眉長鬚，站在釋迦佛胸前下部，有人認為是給釋迦佛

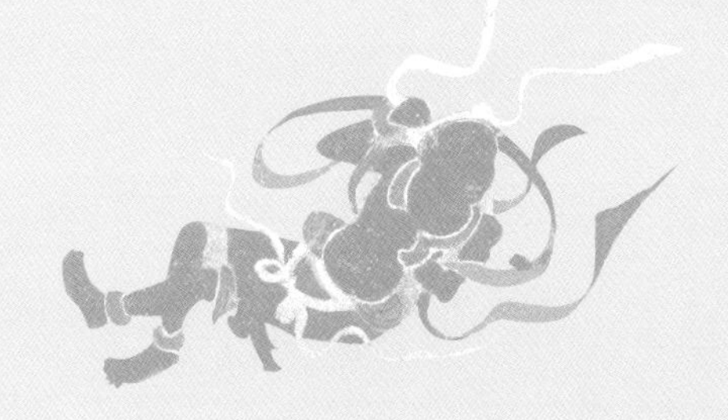

治病的古代印度神醫耆婆。不過因手部模糊，已難辨識手勢，未有定論。

敦煌壁畫中的涅槃圖像始見於北周，現存兩鋪。其中一鋪已由仰臥演變為半仰臥式；另外一鋪完全是西域臥式。這兩鋪涅槃圖，說明敦煌是漢地與西域兩種涅槃臥式的相遇地與融合地。

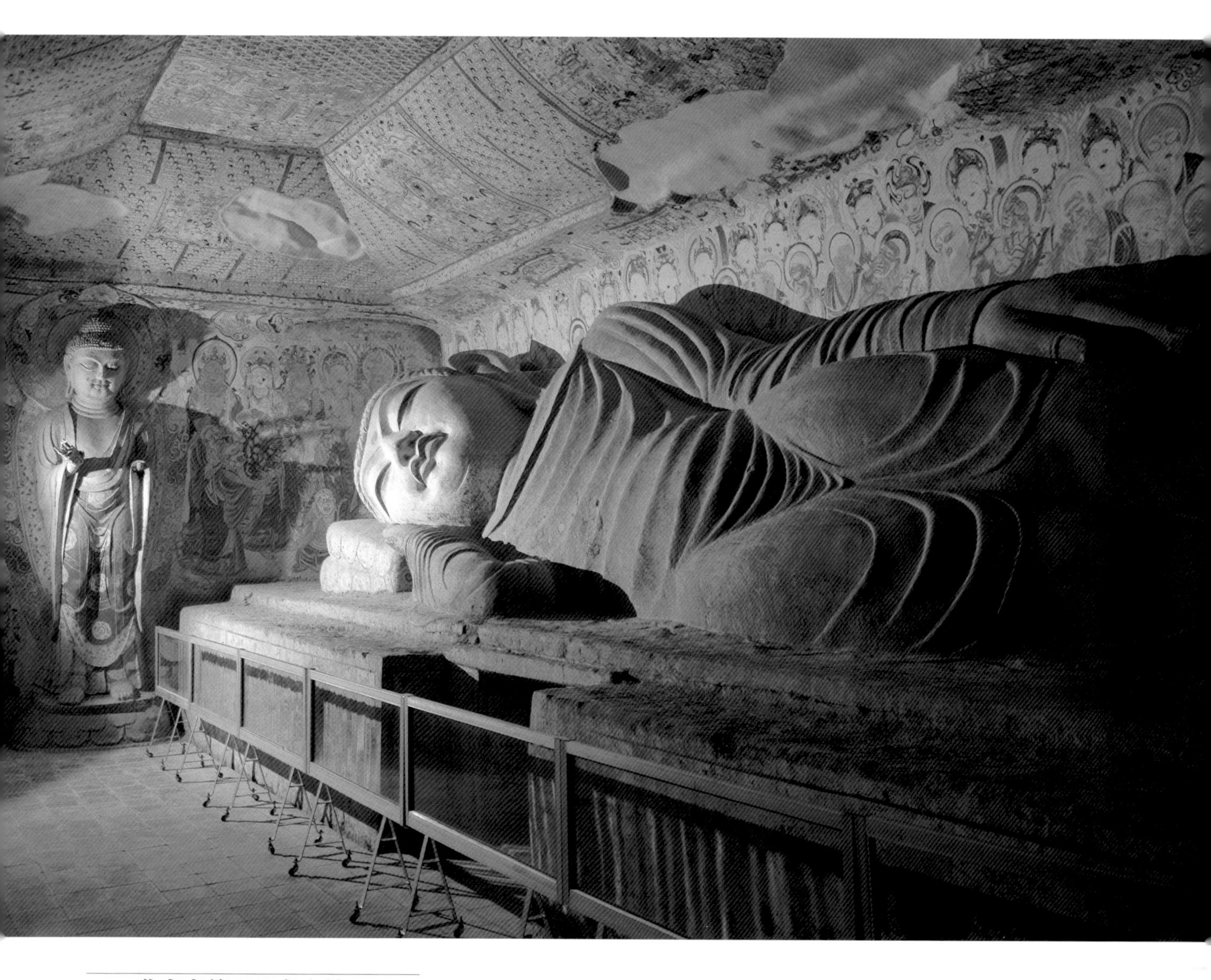

114 莫高窟第158窟內景

洞窟緊靠西壁設1.43米的通長大台，台上塑涅槃像，身長15.6米。窟頂中央及四坡畫“九方淨土”，加上佛壇中間所畫“下方淨土”，共同組成“十方淨土”。地面緊靠南壁塑迦葉佛立像，緊靠北壁塑彌勒佛倚坐像，以及西壁佛壇上的釋迦涅槃像，共同組成豎三世佛羣像：過去世佛迦葉、現在世佛釋迦牟尼，以及釋迦涅槃後接班的未來世佛彌勒。就整體佈局而言，儘管塑像壁畫主要是突出涅槃，但也強調極樂世界，據此可知窟主可能是一位淨土信仰者。

中唐 涅槃經 莫158

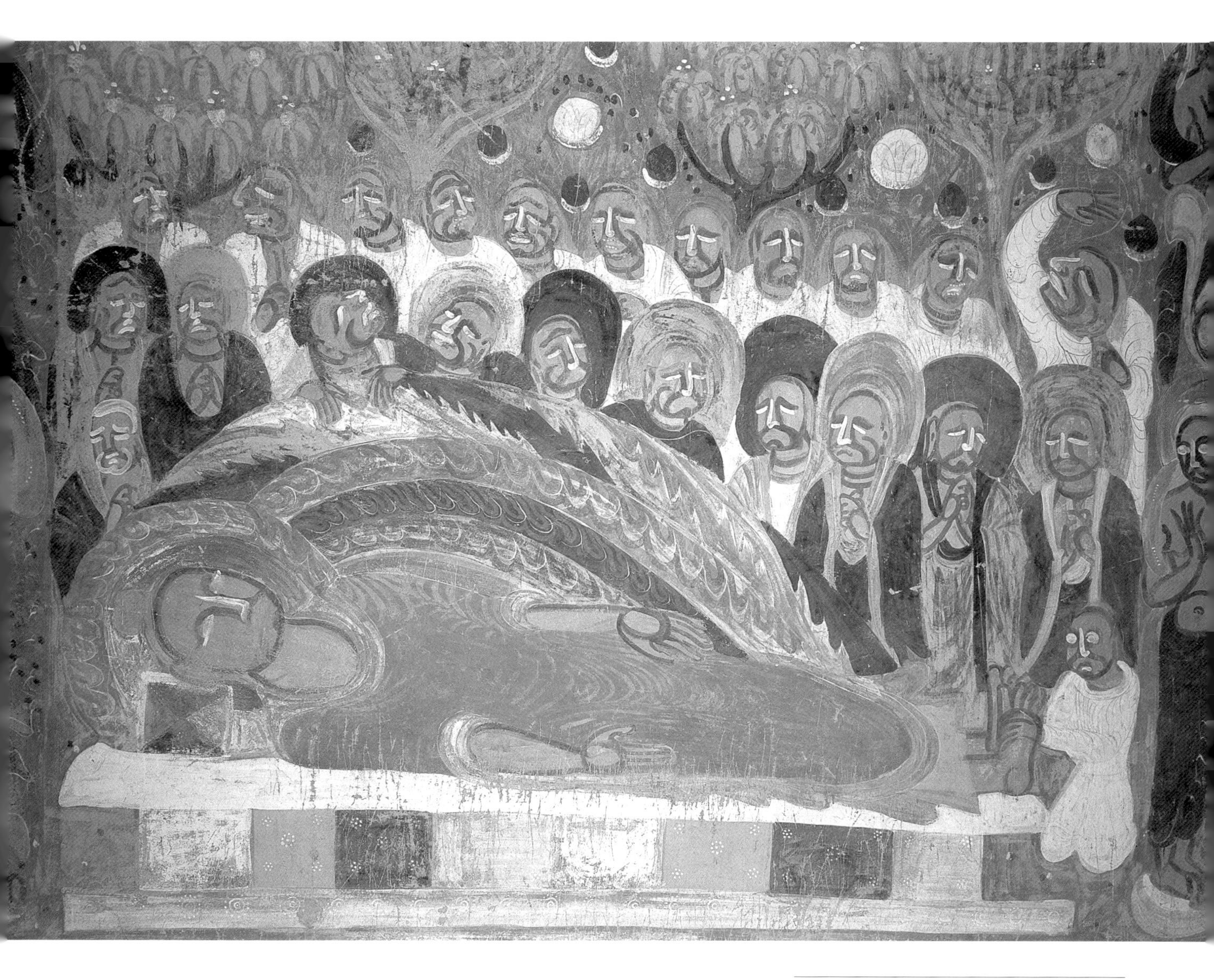

115 涅槃圖

繪於北周時瓜州刺史建平公于義開鑿的第428窟西壁。涅槃圖與樹下誕生圖並列，顯然屬於佛傳故事畫的一部分。畫面以四棵娑羅樹為背景，樹上開滿小白花，增強了畫面的悲哀氣氛。釋迦牟尼佛頭枕方枕，兩手伸平外露，半仰臥於床上，説明這是中原風格。釋迦身光背後，畫兩排弟子，後排十一身，深目高鼻，穿白衣，是末羅族的世俗男子；前排十一身，均有頭光，乃出家弟子；釋迦足前跪一人，穿白衣，無頭光，這是表現百歲貧婦，自傷貧窮，淚污佛足。

北周 涅槃經 莫428 西壁

第一節 遠鑒西域 近法中原

隋代（公元581-618年）

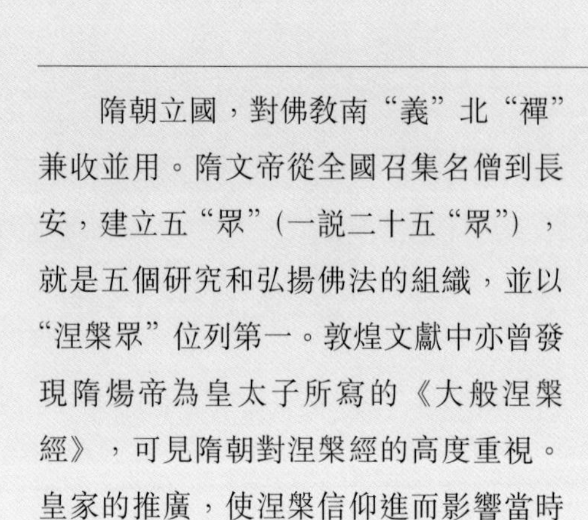

隋朝立國，對佛教南“義”北“禪”兼收並用。隋文帝從全國召集名僧到長安，建立五“眾”（一說二十五“眾”），就是五個研究和弘揚佛法的組織，並以“涅槃眾”位列第一。敦煌文獻中亦曾發現隋煬帝為皇太子所寫的《大般涅槃經》，可見隋朝對涅槃經的高度重視。皇家的推廣，使涅槃信仰進而影響當時的藝術創作。名畫家如楊契丹、鄭法士及展子虔，都到過寺院畫“涅槃變相”、“滅度變相”及“八國王分舍利”等涅槃經情節。

隋代的涅槃經變，是中國涅槃信仰的產物，更是中原與西域文化交流的結晶。隋朝曾雄心勃勃地經營西域，西域諸國也願與隋朝往來，客商僧侶，往來相繼。大業五年（公元609年）二十七國使者雲集張掖，成為千古美談。在交流中，西域與中原兩種不同風格的涅槃經變，也相撞於敦煌，出現了一枝新奇葩——敦煌涅槃經變。

東西特點交映的第295窟

隋代敦煌涅槃經變現存三鋪，分別繪於第295、280窟人字坡西坡，第427窟前室西頂（經宋代重繪）。這三窟均為單幅多情節，形式內容大同小異，今將以第295窟為例，詳加評介。此外，第420窟窟頂北坡與西坡的法華經變中，穿插了許多涅槃經變情節，也在此一併論述。

首先，第295窟涅槃經變的構圖形式，遠鑒西域，並加以中國化，形成一種獨特的涅槃經變。釋迦涅槃像位於畫面中心，佔經變三分之一的空間。故事則以單幅多情節形式來表現，把不同時間、不同空間發生的事件，巧妙地組織在釋迦涅槃像周圍。這種單幅多情節構圖，主題突出，情節分明，和諧緊湊，體現了古代畫師既善於吸收外來文化，又善於創新的卓越才能，堪稱六、七世紀之交涅槃經變傑作。

其次，隋代“涅槃眾”諸涅槃師對大乘涅槃經的深入研究和廣泛弘傳，使畫師領悟到大乘涅槃的深層含義並非真死，而是借“死”來表現永生。故此，第295窟的釋迦涅槃像，不再以一般人去世的仰臥式來表現，而改用盛行於印度、西域涅槃繪塑的“右脅式”（即“獅子臥”）來象徵佛陀之“死”。這是敦煌涅槃經變發展過程中的轉折性變化。

最後，儒家歷來攻擊佛教不孝，無父無母。佛教為了適應漢俗，隋代的涅槃經變中特意渲染與孝道有關的佛母吊喪，將摩耶夫人畫於釋迦頭側的顯著位置。從文獻而言，佛教這一番苦心在南朝時譯的《摩訶摩耶經》卷中表露無遺。經中說釋迦為了教育後世不孝眾生，便死而復生，與母相見。這種思想在唐代前期的涅槃經變中，表現得更為詳盡生動。

涅槃法華二經混合的第420窟

第420窟窟頂的涅槃經變內容屬法華經變的一部分，與法華經變交織在一起，情節亦多，佈局頗為零亂。北坡東側“雙樹涅槃圖”的形式與第295窟的大致相同，只是人物大增。其右上畫“抬棺圖”，“抬棺圖”下部畫“焚棺圖”，有兩人身穿俗裝，面向大火，手舞足蹈，按照《大般涅槃經》卷下的說法，這是表現天人作妙伎樂，歌唄贊嘆；“焚棺圖”左下側畫由無邊身菩薩變現出來的東方意樂美音佛國的極樂景觀。北坡西側很可能是依據曇無讖譯《大般涅槃經》卷一〈壽命品〉繪製的天上諸神與人間眾生請佛接受最後供養，其中可辨識的有四大天王、阿修羅等。第420窟窟頂西坡北端與北坡接連處，畫涅槃經變中象王、鳥王、牛羊王作最後供養，動物描畫得栩栩如生。

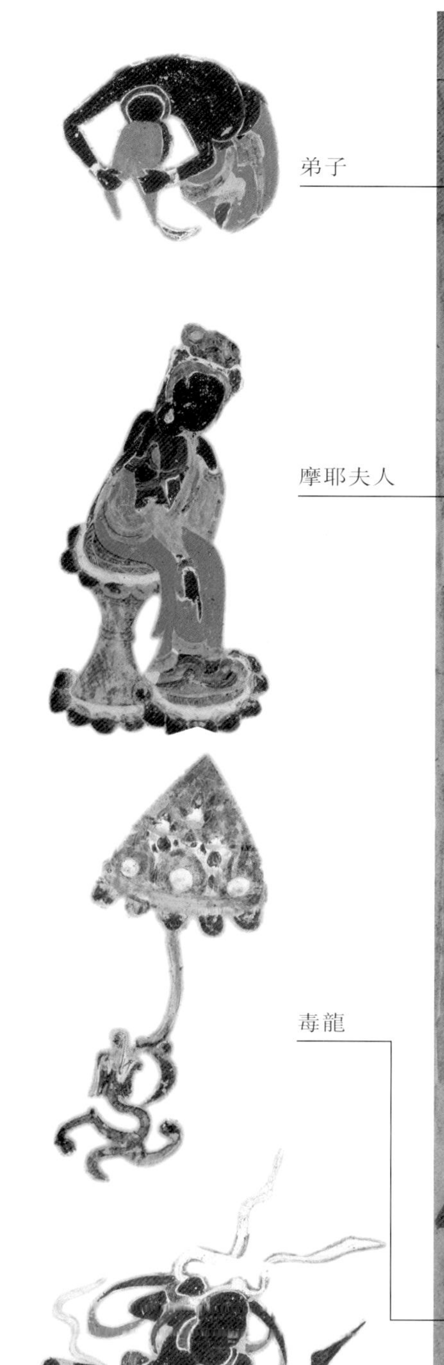

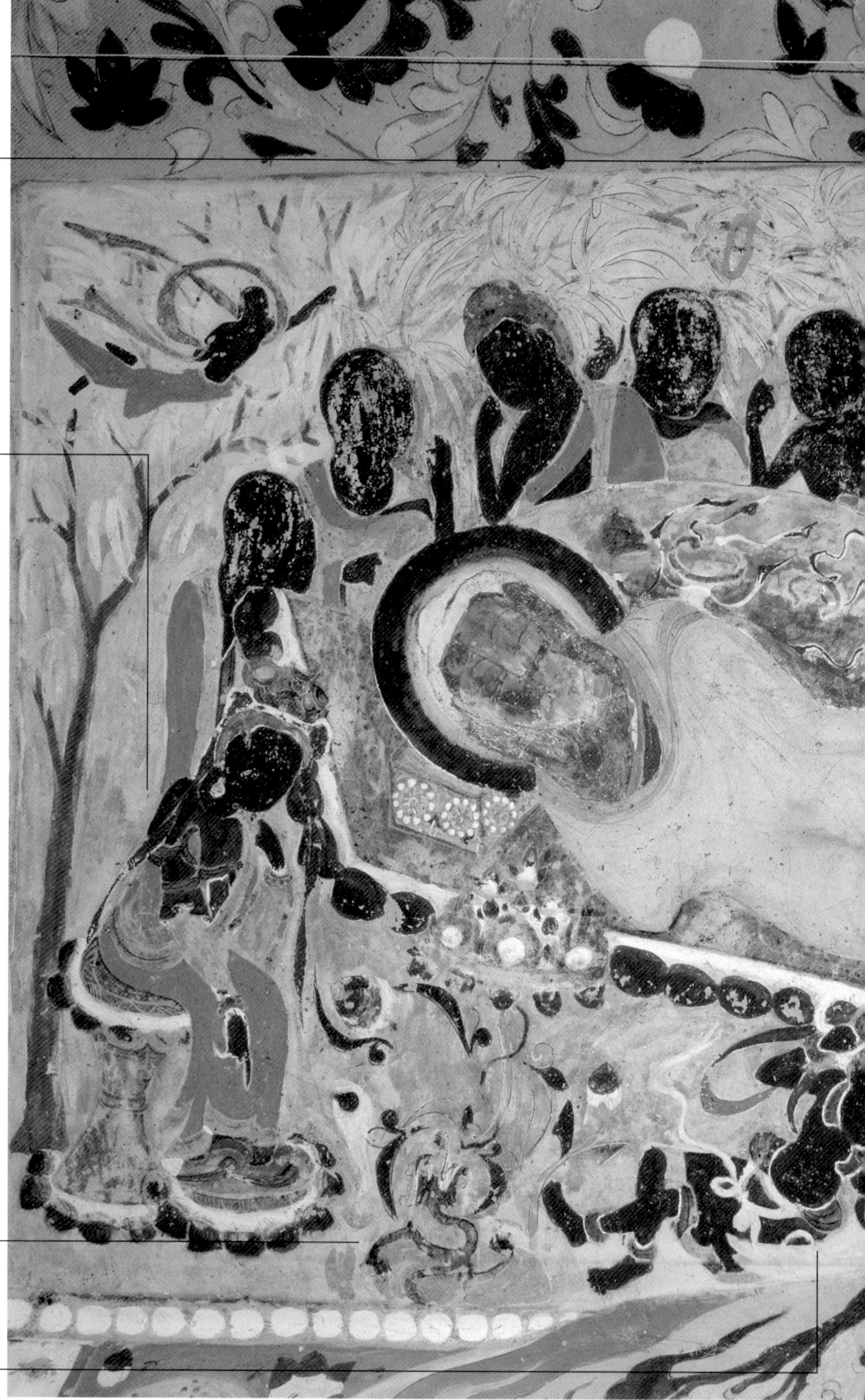
弟子
摩耶夫人
毒龍
密迹金剛

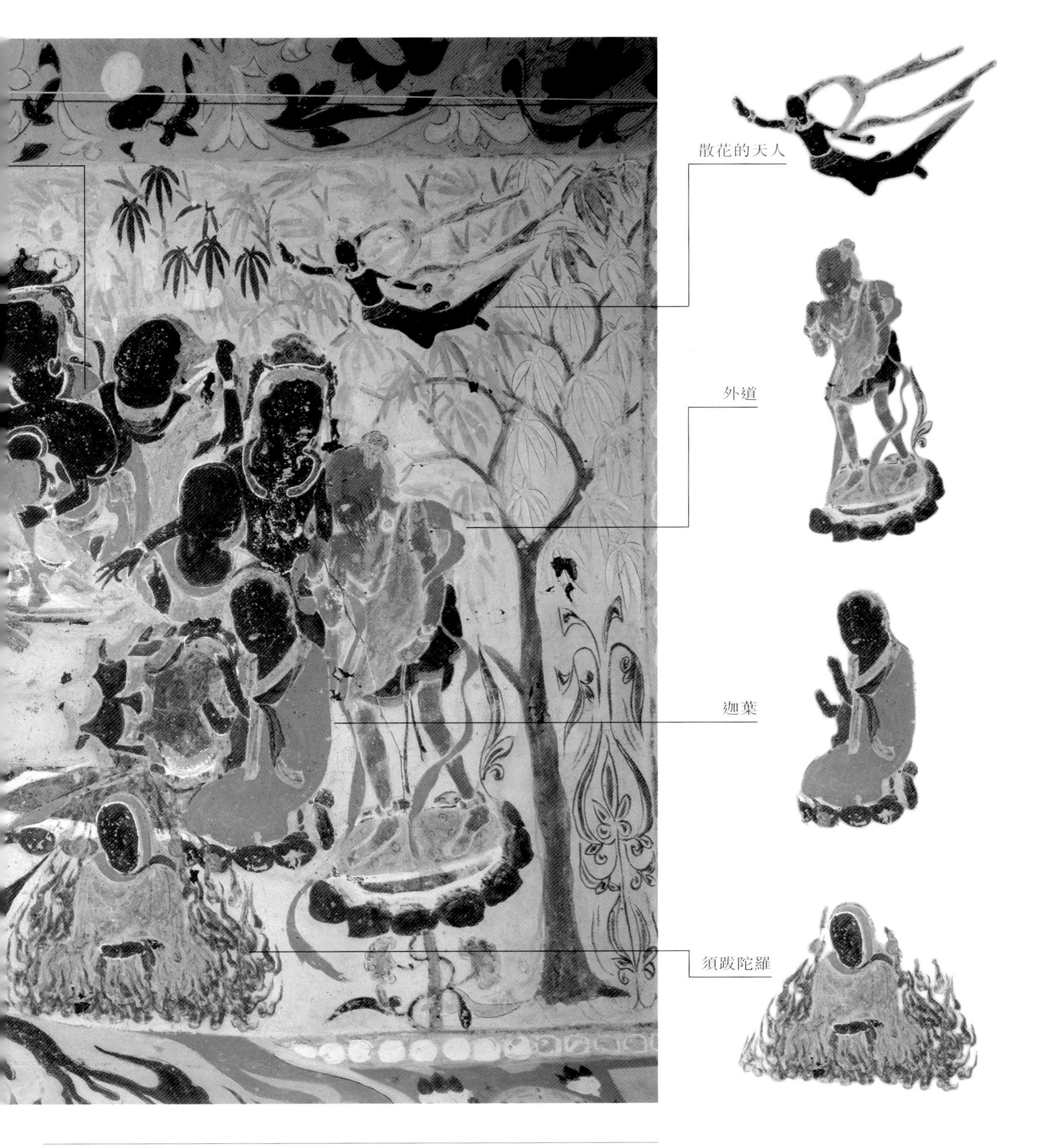

116 涅槃經變

此圖以娑羅雙樹為背景，樹上盛開的小白花，增強了涅槃的悲哀氣氛。釋迦牟尼"獅子臥"於寢台上，雙目半合，象徵他並非真死，而是進入常樂我淨的境界。釋迦身後畫一佛、二菩薩、五比丘、二世俗弟子，象徵十方諸佛，億萬菩薩，僧俗弟子，見佛涅槃，悲號啼哭，不能自持。其中有兩位世俗弟子"舉手拔髮"，反映了古代印度等地的喪葬禮俗。構圖嚴謹優美，不失為隋代涅槃經變的傑作。

此圖出現佛像和菩薩像，表明這是大乘涅槃經變。

隋 涅槃經 莫295 人字坡西坡

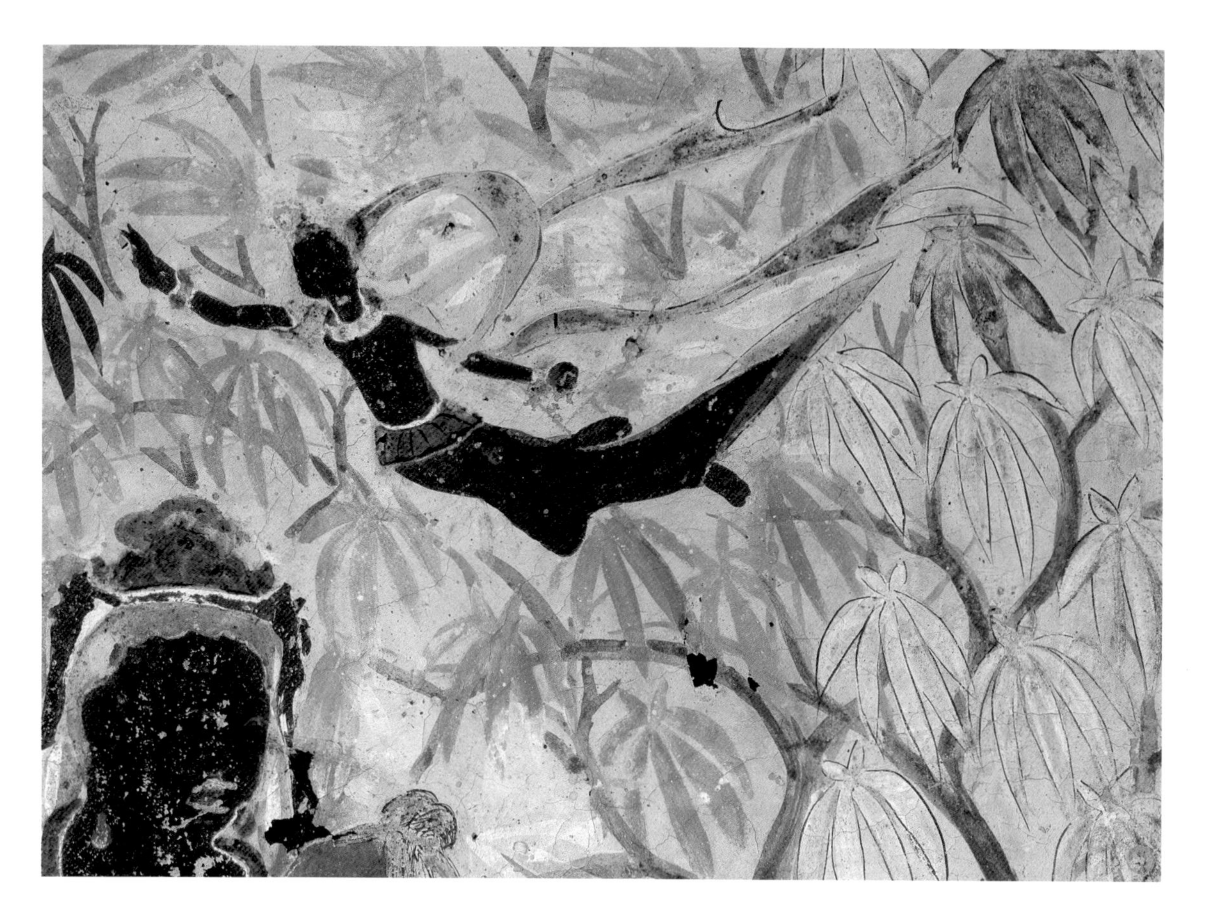

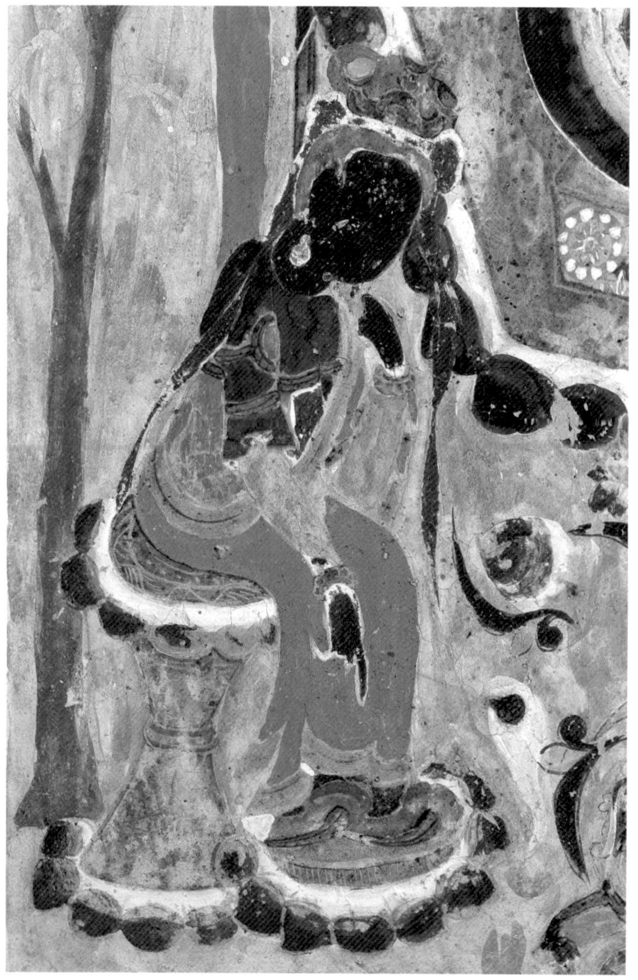

117 天人散花供養

《大般涅槃經》下卷中說釋迦佛涅槃後，諸天於空中散花供養。也有人說這是表現《長阿含經．游行經》中的"雙樹神"。不過從飛天雙手的動作來看，散花供養比較切題。

隋 涅槃經 莫295 人字坡西坡

118 佛母摩耶夫人

《摩訶摩耶經》卷下說：佛母摩耶夫人得悉釋迦涅槃後，即從忉利天上，鬖鬌雲飛，直到娑羅雙樹間，前至佛所，頭頂作禮。圖中這位貴婦即佛母摩耶夫人，她頭戴寶冠，穿華麗服裝，外披袒右肩紅色袈裟，坐束腰蓮座上，上身前傾，左手支頤，右手撫膝，向佛默哀。也有人說這是彌勒菩薩。

隋 摩訶摩耶經 莫295 人字坡西坡

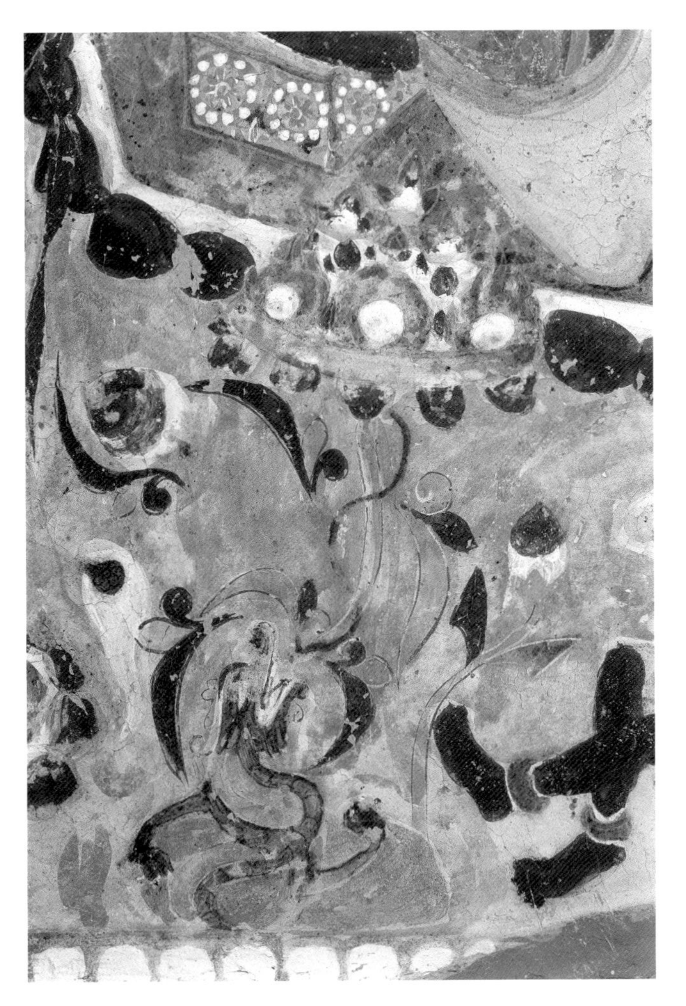

119 **毒龍吸珠**

《摩訶摩耶經》卷下云：釋迦在娑羅雙樹間行將涅槃時，其母摩耶夫人在忉利天上作五大惡夢，其中第四惡夢是：有四毒龍，吸如意珠。此圖中的毒龍，昂首張口，吞吸蓮枝上堆放的如意寶珠，刻畫相當生動。此情節不見於西域與中原的涅槃經變，為敦煌所獨有。

隋　摩訶摩耶經　莫295　人字坡西坡

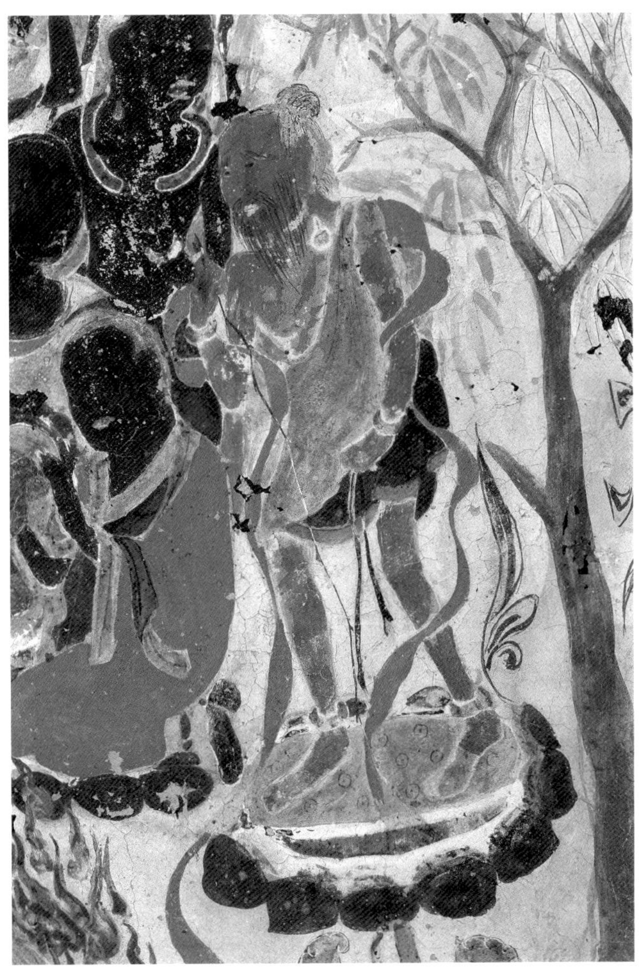

120 **外道**

《大般涅槃經》卷下云：迦葉在外，聽說釋迦即將涅槃，帶領五百比丘，趕路疾歸。恰有一手拿花朵的外道告訴迦葉，釋迦涅槃已經七天，即將火化。圖中這一老者，着外道裝，左手執杖，右手似拿花朵，站在蓮座上，似在講話，可能就是那個外道。人物刻畫很有生氣。

隋　大般涅槃經　莫295　人字坡西坡

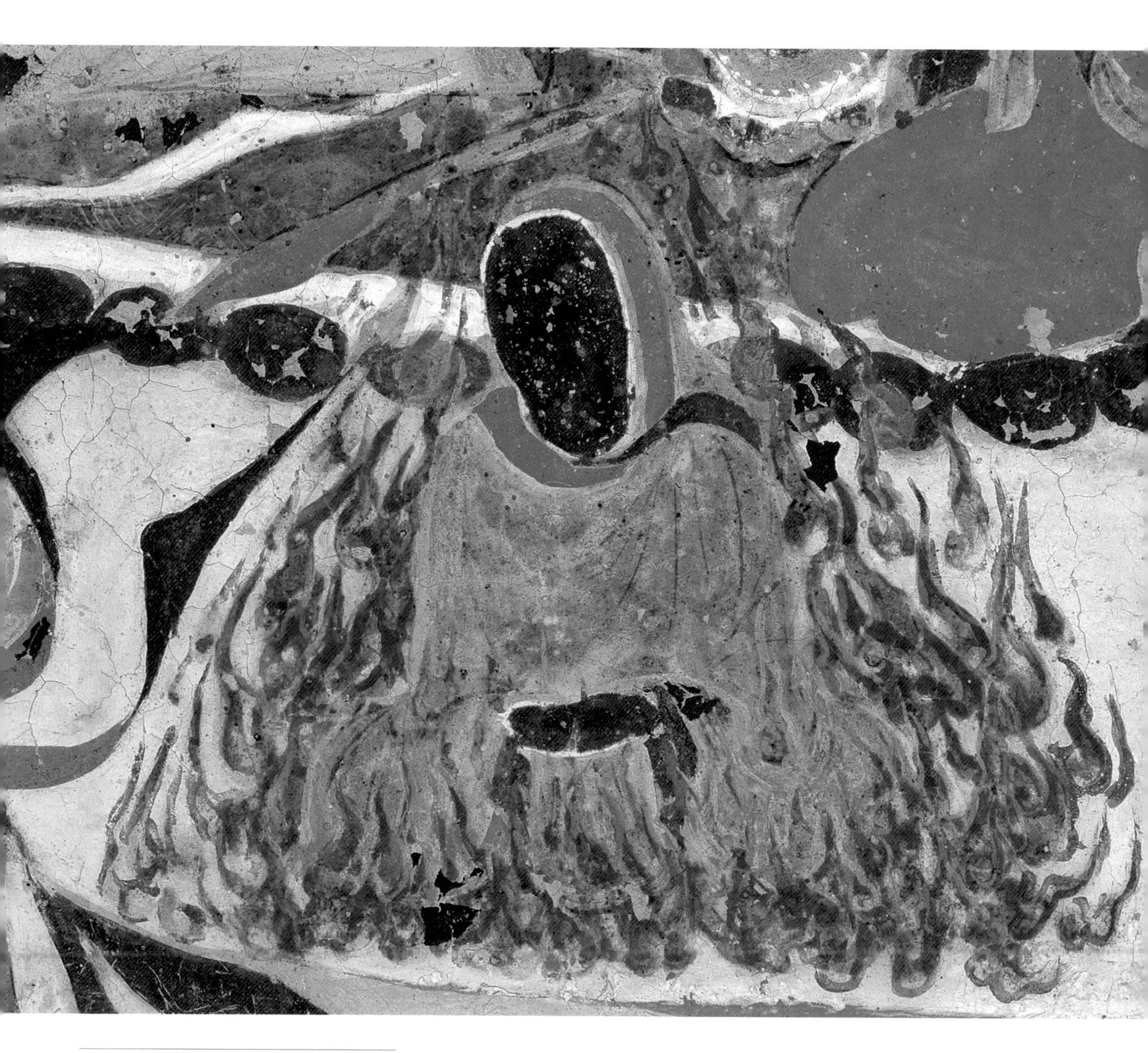

121　須跋陀羅身先入滅

《大般涅槃經》卷下云：釋迦佛的關門弟子須跋陀羅，不忍看見佛先入滅，請求自己身先入滅。圖中結跏趺坐於大火中的比丘就是須跋陀羅，佛家稱之為"火界三昧"，即由自己身上發出火焰的一種禪定。這個圖像最早見於犍陀羅涅槃圖中。

隋　大般涅槃經　莫295　人字坡西坡

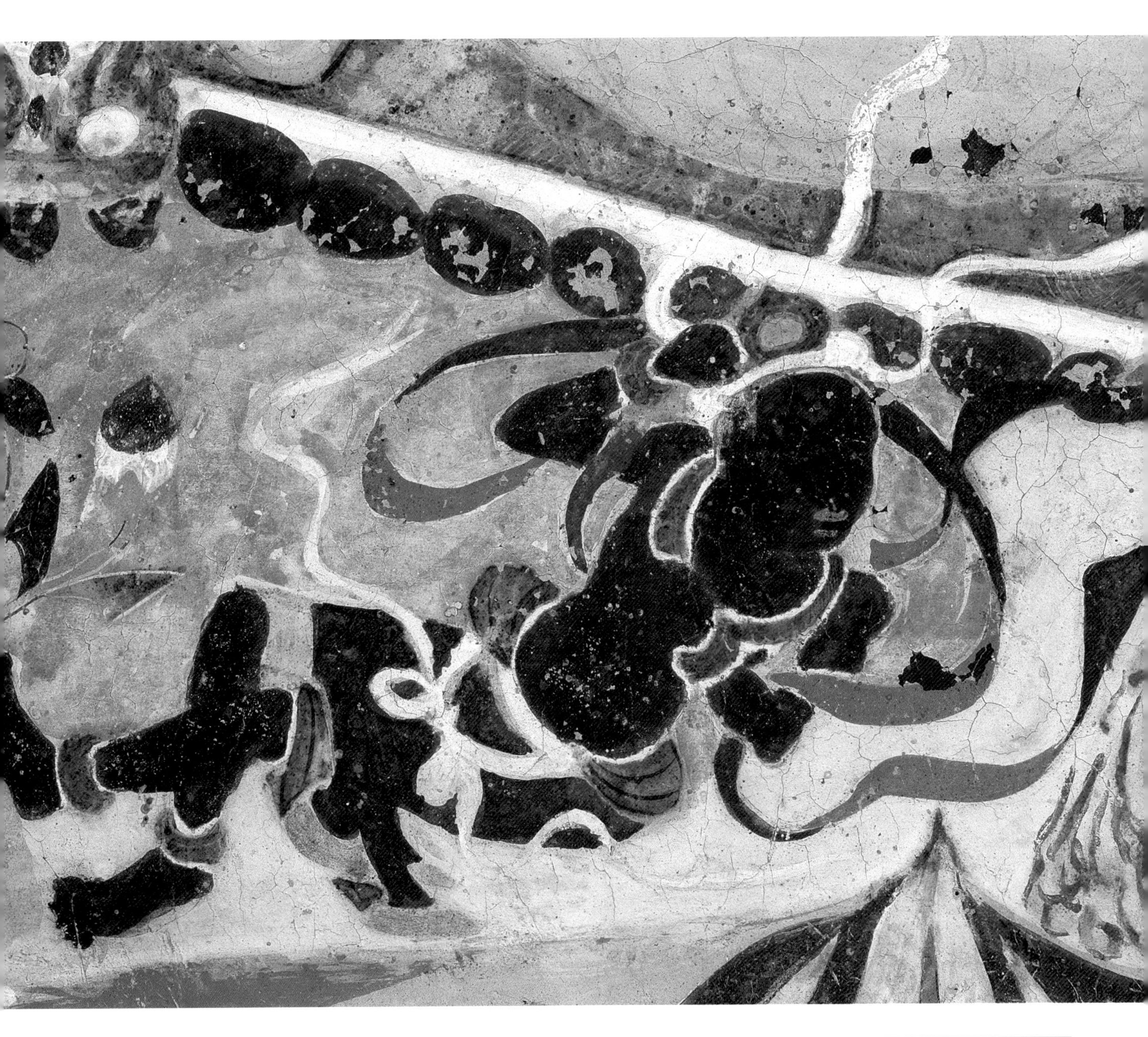

122 密迹金剛力士倒地

《佛入涅槃密迹金剛力士哀戀經》云：釋迦佛初入涅槃時，密迹金剛力士見佛滅度，痛不欲生，悶絕倒地。圖中這位仰倒於地的力士就是密迹金剛。此乃佛教護法神之一，因其親近佛，願聞佛之密秘事迹，故名。

隋 佛入涅槃密迹金剛力士哀戀經
莫295 人字坡西坡

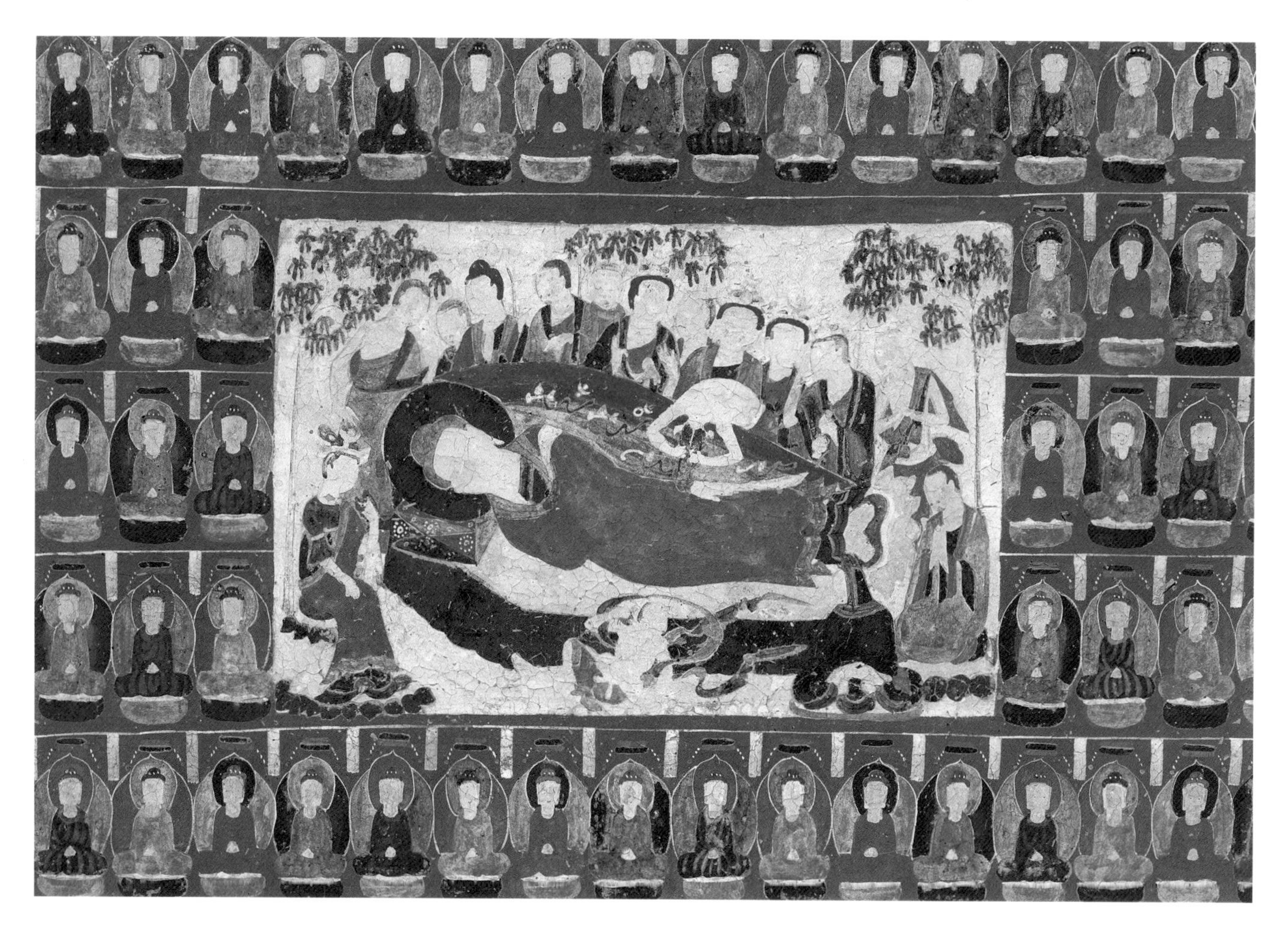

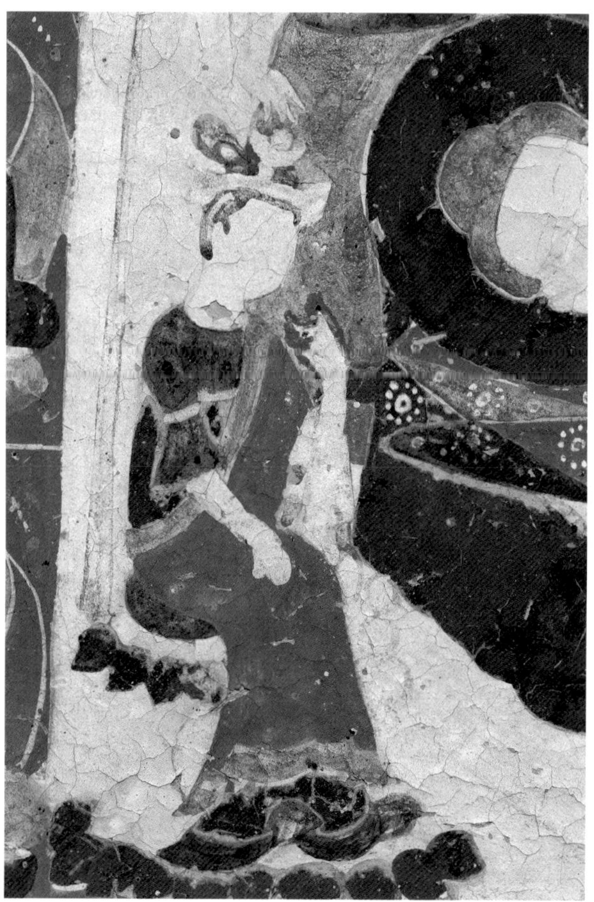

123　**涅槃經變**

此圖與第295窟涅槃經變大同小異。色彩方面，在粉白底色的襯托下，身穿大紅袈裟的釋迦牟尼佛涅槃像顯得格外醒目。

隋　涅槃經　莫280　人字坡西坡

124　**佛母摩耶夫人**

此圖中的摩耶夫人上身所穿的喇叭短袖俗裝十分清楚。古今中外的彌勒菩薩像從未有穿此裝，故很難說這是彌勒菩薩。

隋　摩訶摩耶經　莫280　人字坡西坡

125 佛母摩耶夫人

圖中的貴夫人上身着長袖窄衫，兩肩似削，下身穿拖地長裙，裙腰高束，與隋末唐初第390窟女供養人畫像中的達官貴夫人服裝基本相同，足以證明她不是彌勒菩薩，而是從忉利天下來吊喪的佛母摩耶夫人。

隋 摩訶摩耶經 莫420 人字坡北坡

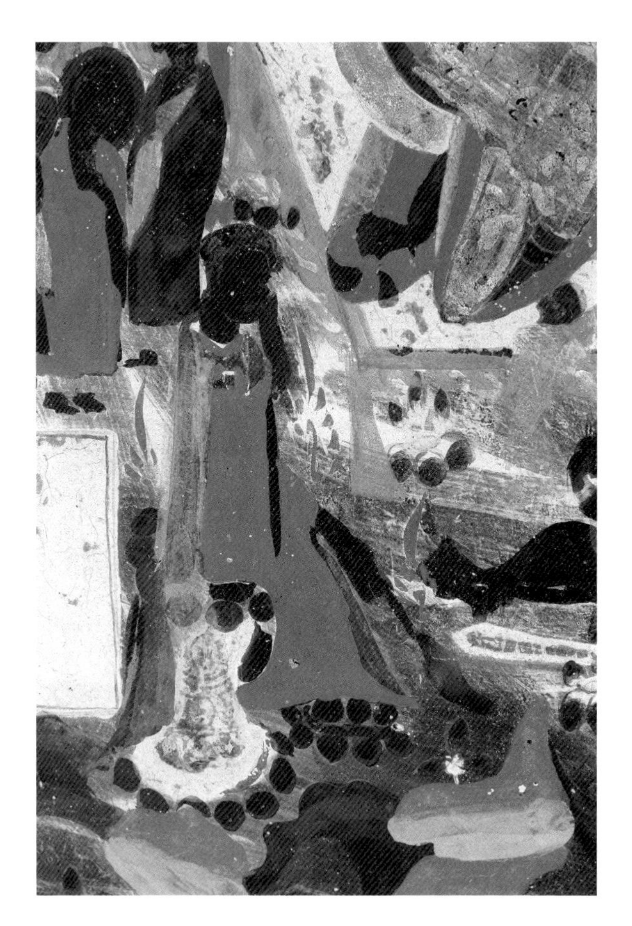

126 抬棺

按照《大般涅槃經》卷下的說法，鳩尸那城諸大力士順從天意，共抬佛棺，繞城一周，從北門入，停在城中心，以便諸天隨意供養。此圖表現六個力士用力抬着佛棺，艱辛前進。兩側送殯四眾簇擁，後邊四人抬着兩顆摩尼寶珠供養，諸天於天空散花供養。這可能是中國涅槃經變中最早出現的抬棺圖。

隋 大般涅槃經 莫420 人字坡北坡

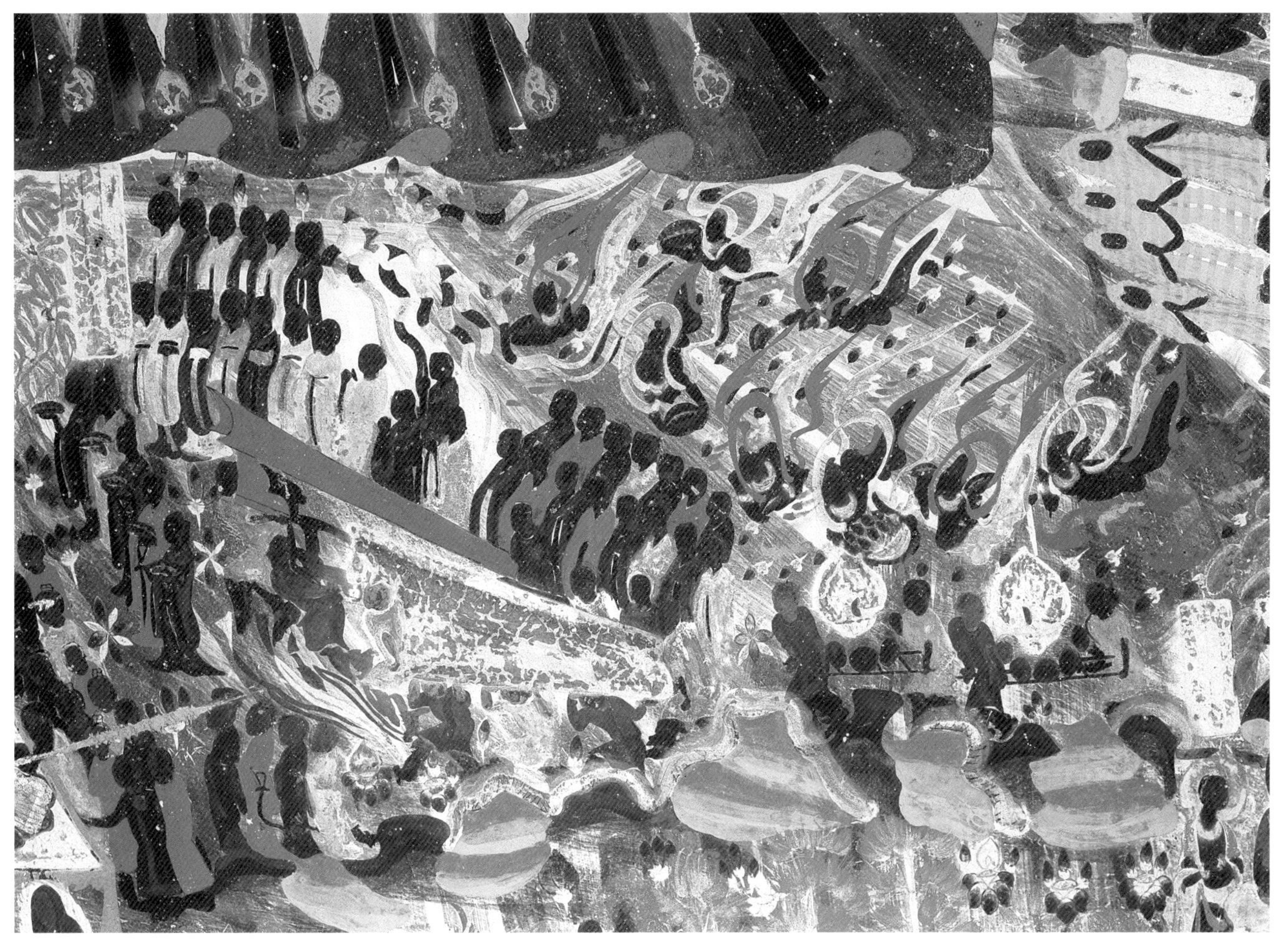

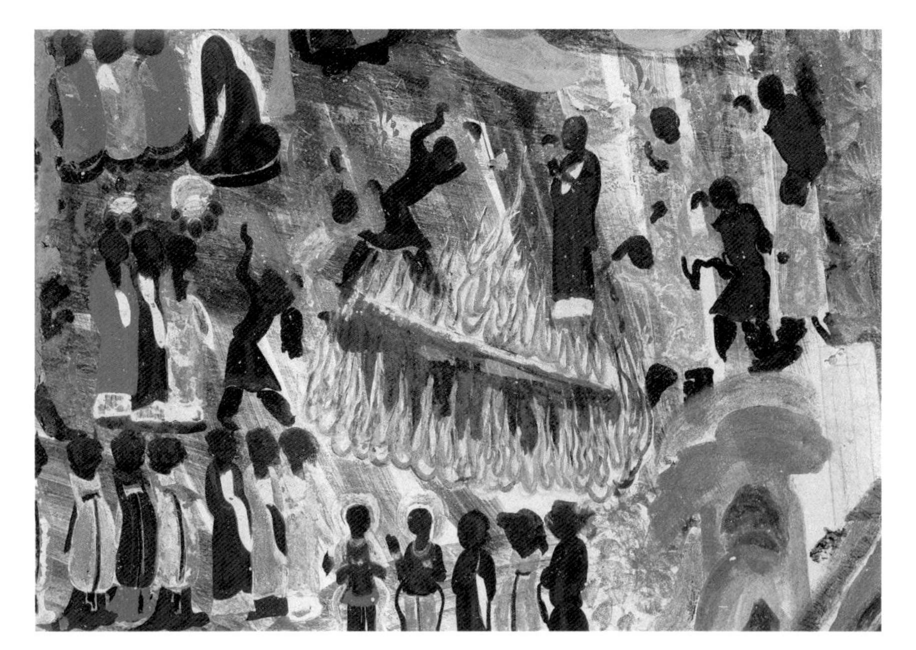

127 焚棺

《菩薩處胎經》卷七〈復本形品〉說：佛棺安置妥當後，迦葉舉火點燃焚燒。圖中熊熊大火正在燃燒佛棺，周圍四眾簇擁致哀。右上立一比丘，雙手似拿火炬，當為迦葉。“焚棺圖”在克孜爾石窟極為盛行。

隋 菩薩處胎經 • 復本形品

莫420 窟頂北坡

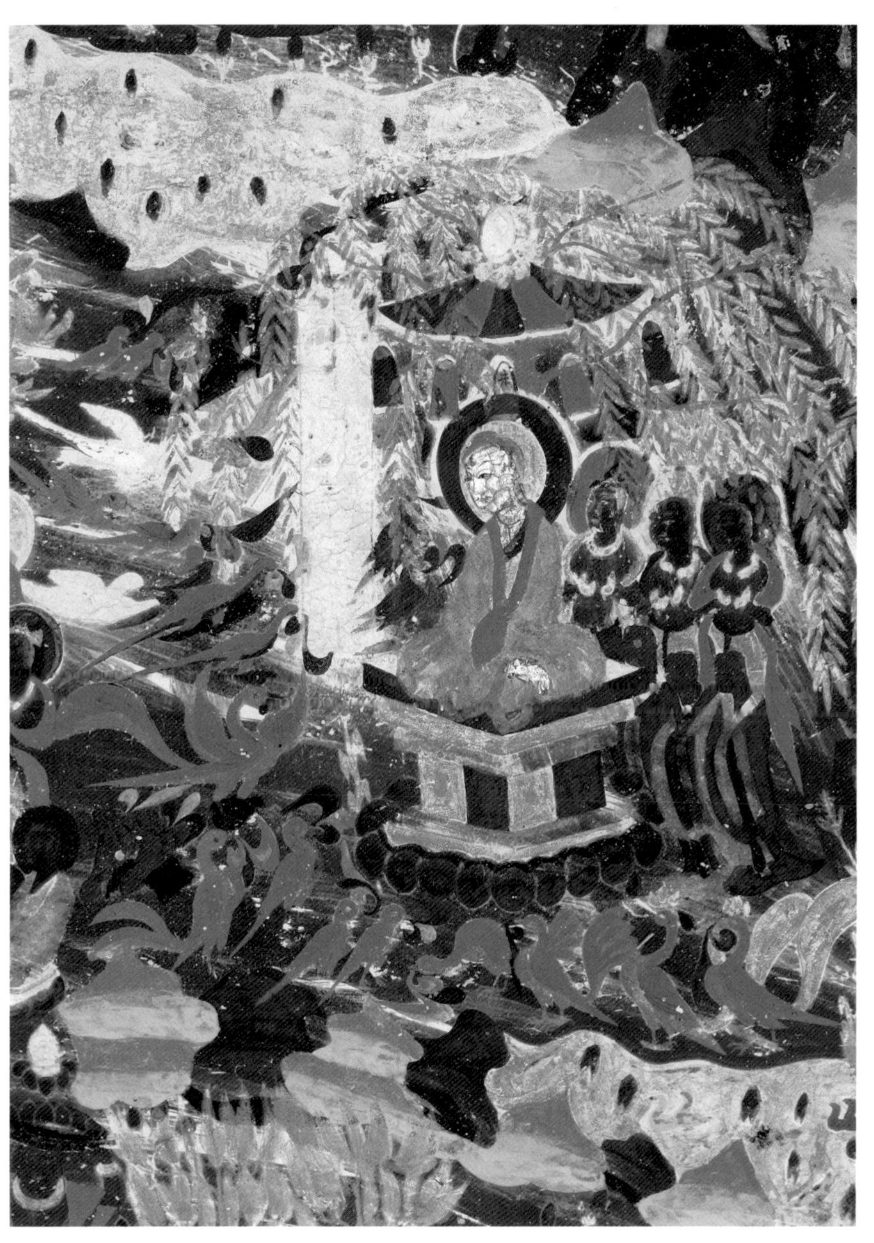

128 鳥王最後供養

在背山面水、垂柳成蔭的環境中，釋迦佛結跏趺坐於柳蔭下的蓮座上，佛前及下部畫了一羣各種各樣的鳥，或靜立，或飛翔，或嘴銜花草，均面向釋迦。按照曇無讖譯《大般涅槃經》卷一〈壽命品〉曾說，諸鳥王驚悉釋迦即將涅槃，飛來請佛接受牠們的最後供養。然畫中盡是活潑好動的鳥兒，不見牠們驚恐悲哀。由此可見隋代敦煌畫師“師法造化”的寫實精神。

隋 大般涅槃經 • 壽命品

莫420 窟頂西坡

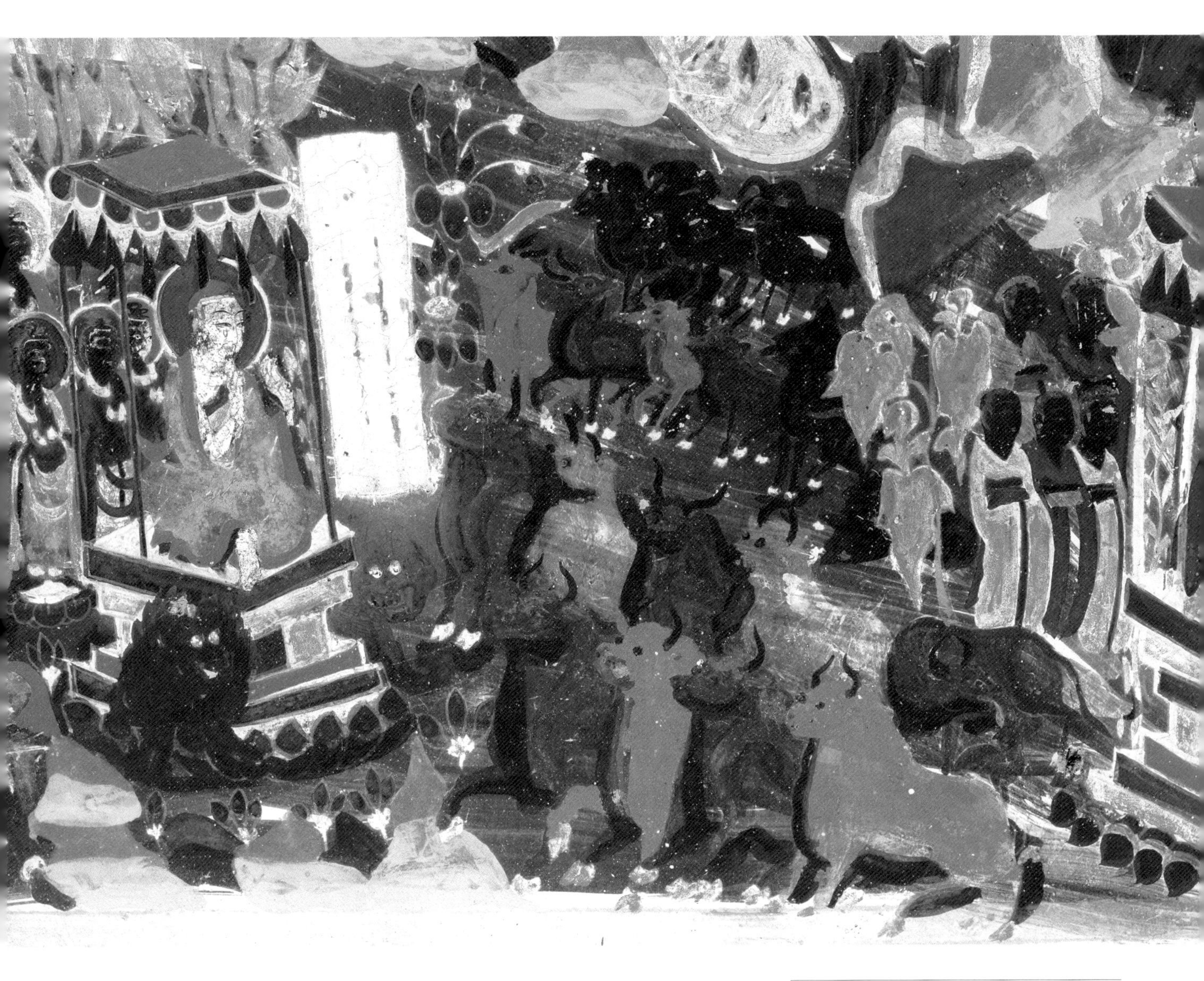

129　牛羊王最後供養

釋迦坐在雙獅座上，似在最後說法。佛前上部聚集一羣羊，下部共有八頭公牛，分列兩排，昂首聽法。按照曇無讖譯《大般涅槃經》卷一〈壽命品〉所說，這是"牛羊"得知釋迦佛即將涅槃，驚慌起來，求佛接受牠們最後供養。畫師以熟練的技巧，將牛羊的神態生動地表現出來。最有趣的是畫師在牛羣最後畫了一頭母牛，回頭撫舔着正在吃奶的小牛，舐犢深情，躍然壁上。這一小小的插曲，為各種版本漢譯涅槃經中所無，純屬畫師的抒情之筆。

隋　大般涅槃經 • 壽命品

莫420　窟頂西坡

第二節 氣韻象形 全然唐風

初唐（公元618-704年）

初唐八十七年間，涅槃信仰似頗反常：莫高窟僅存一鋪涅槃經變，比隋代還少。敦煌寫經亦有這種情況，有明確紀年的敦煌涅槃經寫本中，隋代多達二十二件，初唐卻只有四件。可能因為新興的天台、三論諸宗勢力的影響，不再有以獨講一經著名的涅槃師了。

釋迦涅槃連環畫——第332窟

現存初唐唯一的涅槃經變，繪於聖曆元年（公元698年）建成的第332窟，是莫高窟首見塑繪合壁的涅槃經變。西壁龕內有釋迦涅槃像和殘存兩身哀悼者小塑像，龕壁繪娑羅樹及佛母哀悼釋迦的壁畫。但此窟最矚目的，是南壁的大型涅槃經變，高3.7米，寬6.08米。此經變據初唐譯《大般涅槃經後分》兩卷增加了情節，因此畫面較隋代豐富。畫面安排也很特別，先從下面向左看，接着在上面往右看。現依次簡述如下：

❶▷ 右下一開始，是“臨終遺教”和“雙樹病臥”圖，按《大般涅槃經後分．遺教品》，釋迦向弟子、菩薩等道出涅槃經中“常樂我淨”的真義，並勸他們精勤護❷▷持《涅槃經》。釋迦說法後，右脅臥於床上，眾人不知釋迦是否涅槃，“皆悉慌亂”。

❸▷ “入般涅槃圖”刻畫眾人在釋迦涅槃之後，痛不欲生的情況。

❹▷ “入殯圖”綜合幾種經的記載，繪釋迦涅槃後，眾人不知如何入殮。後得帝釋天相告，才知道應以轉輪聖王的規格，並製作金棺等物入殮聖體。

摩耶夫人驚聞噩耗，即率天女乘雲趕來，可是釋迦已經入殮，摩耶夫人悲痛不已。“棺蓋自啟為母說法圖”描述佛◁❺聞母哭，即以大神力啟棺而起，向母親說法。上述情節是按《摩訶摩耶經》卷下加上的，藉以宣傳儒家特別強調的孝道。有謂《摩訶摩耶經》是中國僧侶編寫的“偽經”，經中直言不諱：如來為教育後世不孝眾生，從金棺出，“用報所生恩，示我孝戀情”。儒佛之爭是唐代一個大問題，並且往往與政治掛勾。儒家攻擊佛教不孝，“削髮而揖君親”。佛教遂按中國國情需要，在《涅槃經》中加添一些儒家孝義，佛教因而進一步中國化。此圖就是佛教中國化的見證。

釋迦為佛母說法後，棺蓋自合，“出殯圖”即繪畫出殯儀式。與隋代第◁❻420窟不同，抬棺的不是諸大力士，而是諸大比丘，這是因為畫師依據的佛經不同。此圖是按後秦竺佛念譯《菩薩處胎經》卷七〈復本形品〉創作的。此經說：迦葉及五百弟子繞棺七周，在一面立，阿難提棺西北角，難陀捉棺東北角，諸天在後侍值。畫面與經文大致相合，只是把捉棺改為抬棺。更有趣的是畫師在佛棺蓋上，畫了一隻雄赳赳的大公雞。按照中國傳統，雞主御死辟惡。在十二相屬裏雞為酉，酉為西方，西方又被佛家視為阿彌陀佛極樂世界的所在地。據此可知，此雄雞既有中國傳統避凶就吉的含意，又有佛教往生西方極樂世界的象徵，反映唐代佛教與中國傳統文化的糅合。

❼▷ 迦葉等五百弟子送佛棺到寶冠支提，並開始火化。“焚棺圖”中只見大火熊熊，燃燒佛棺。

大多數《涅槃經》記載火化之後，以摩竭國阿闍世王為首的七國國王，帶兵前來，要求與拘尸那國分舍利，險些釀成戰爭。幸得一位香姓波羅門勸告，八國才能達成協議，平分舍利，各自歸國起塔供養。畫師在“八王爭分舍利圖”中，卻創作了一幅以戰爭爭奪舍利的畫面。這顯然與經文不符。諸經中唯獨《菩薩處胎經》卷七〈復本形品〉說：八國國王爭分舍利，隨力大小，各自持歸供養。於是，喜歡爭強鬥勝的武則天時❽▷代的藝術家，便選了這段經文來畫了一幅戰爭圖。此圖是中國現存最完整、描繪最生動、藝術水平也最高的一幅“八王爭舍利圖”。八王爭舍利圖在新疆拜城克孜爾石窟很盛行，一般畫七國軍隊包圍拘尸那城，畫面很生動。麥積山北魏晚期窟也有，可惜畫面損壞嚴重。

最後一組畫面是“起塔供養圖”。

初唐涅槃經變的意義

初唐這一鋪涅槃經變有劃時代的意義。第一，發展成多幅多情節，有連環畫形式的新型涅槃經變，而且內容豐富，佈局靈活自由，沒有固定格式的限制。第二，氣韻全然唐風，雖然主要的故事情節還是出於佛經，但人物造型、氣質、服飾完全唐化了。第三，畫面大，氣勢雄偉，原來綫描精細，色彩富麗，可惜剝落。第332窟這種新型涅槃經變，絕非敦煌土生土長，而是源自中原高度發達的佛教藝術。

敦煌初唐涅槃經變少，唯一一鋪出現於武則天時，亦應與中原局勢有關。山西臨猗縣大雲寺原有一件刻於天授三年（公元692年）的造像碑，銘文載此碑是武則天稱帝後為她作的涅槃經變，內容跟六年後建成的第332窟涅槃經變基本相同。顯然，第332窟的涅槃經變是受中原影響而繪製的，所不同的是石窟中空間寬廣，畫師可以盡情發揮，並且有所創新。這類涅槃經變出現於中原山西到河西走廊的敦煌，應與武則天製造稱帝輿論有關。因為敦煌遺書有《大雲經疏》，曾把武則天附會為《大方等無想經》中的天女淨光，這天女在釋迦佛世時，聽聞涅槃經義，即可當國王。另外，《大雲經疏》又說武則天是未來世佛彌勒下生，在現在世佛釋迦涅槃之後，便能成佛。古人往往認為佛國的佛陀與人間的皇帝是同一回事，故此武則天便刻意宣傳釋迦涅槃，以利她這位彌勒繼位。為了攀附皇權，寺院、石窟中出現涅槃經變，也就順理成章了。或許在這種政治、宗教思想的影響下，敦煌大姓李克讓建功德窟第332窟，就在西壁龕及南壁作涅槃經變，主室塑巨大的過去世迦葉佛、涅槃的現在世佛釋迦牟尼和業已得道的未來世佛彌勒。第332窟建成時，武則天已稱帝，窟中未來世佛的彌勒沒有塑為菩薩像。兩者關係或可見一斑。

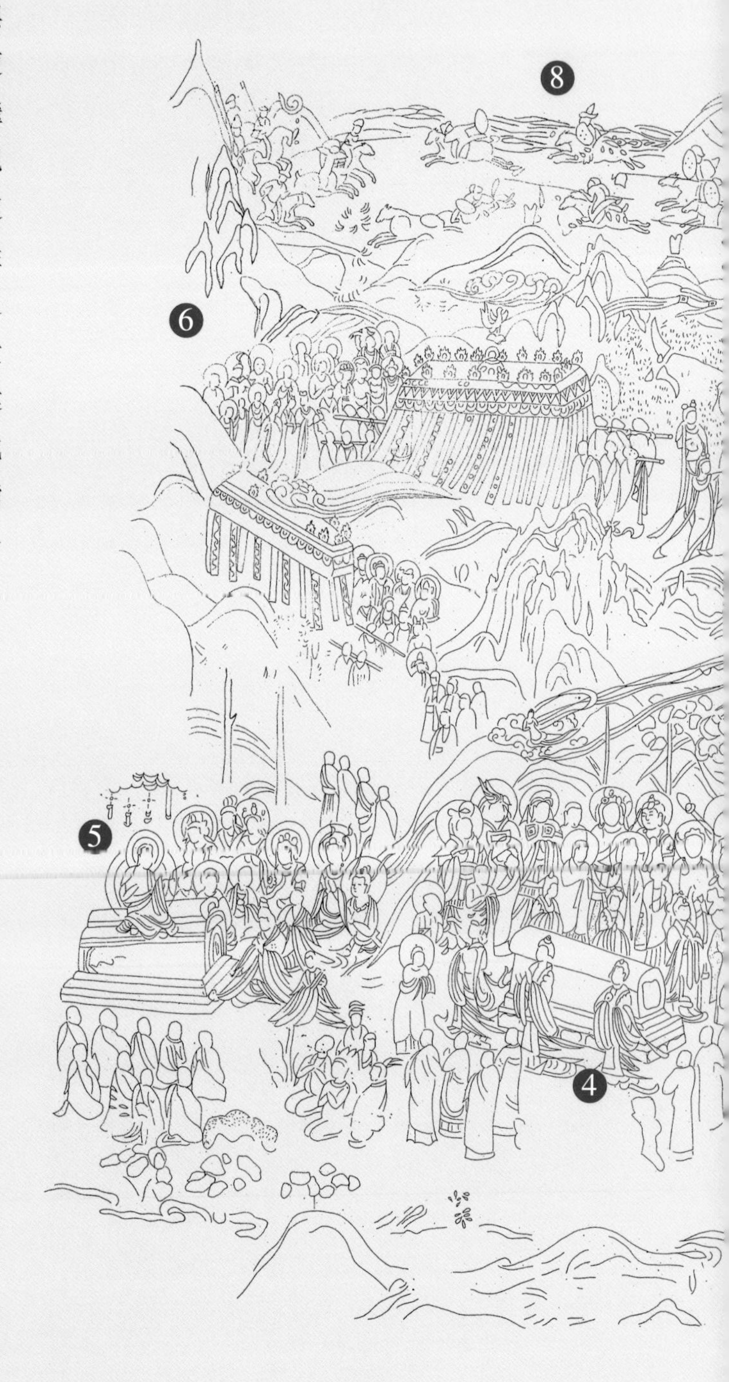

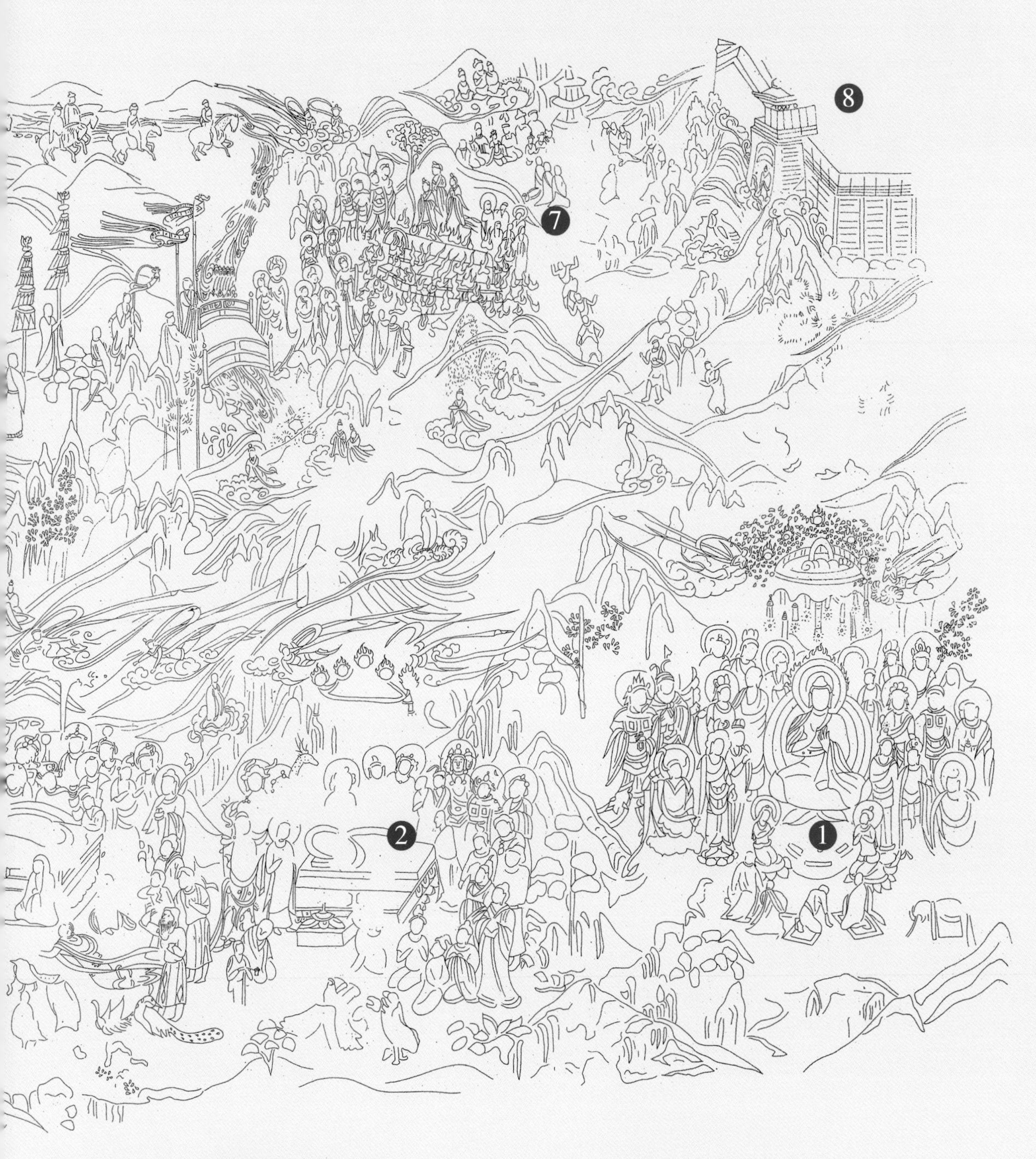

第 332 窟南壁涅槃經變示意圖

畫面可分八組，首五組在下列，從右至左看；後三組在上列，由左返右鋪展。

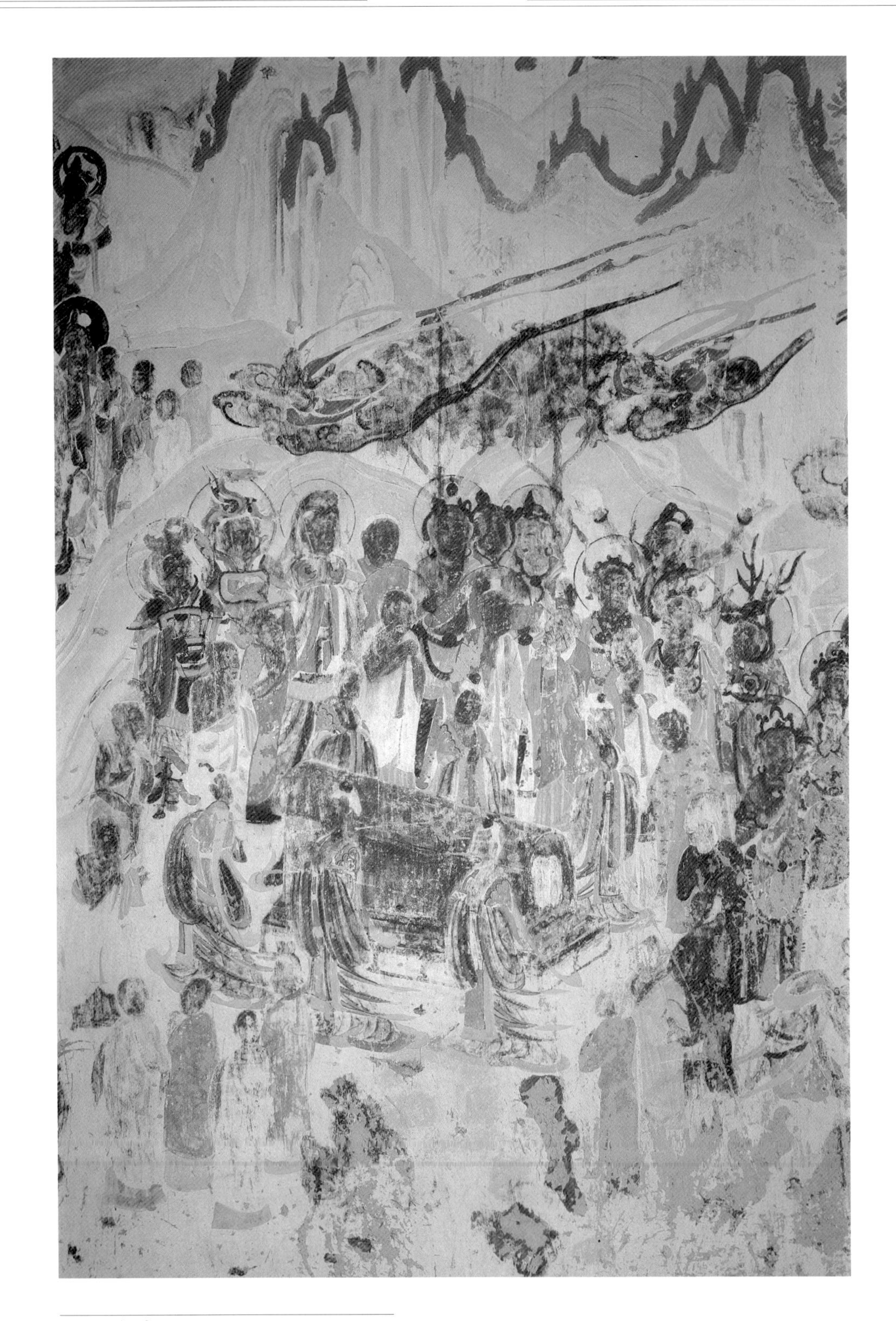

130 **入殯**

釋迦聖體已入殯。兩飛天在天空散花供養。菩薩、弟子、天龍八部等聖眾圍繞佛棺，合十哀悼。摩耶夫人及二天女則右旋告別遺體。人物神態瀟灑，天衣飄飛，是典型的初唐風格。

初唐 涅槃經 莫332 南壁

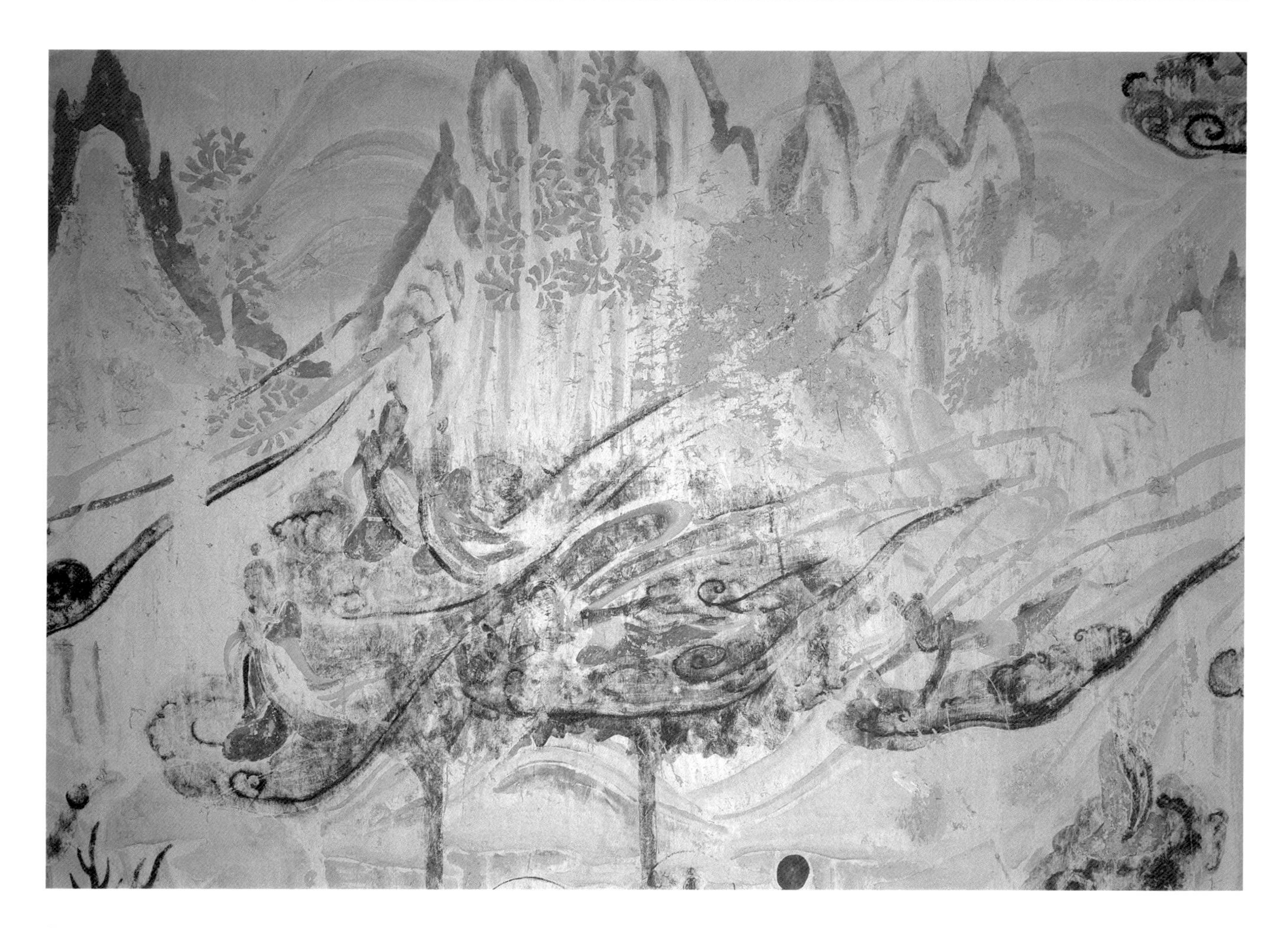

131 **佛母奔喪**

佛母摩耶夫人領諸天女，離開忉利天宮，乘祥雲徐徐降臨娑羅雙樹間，跪虛行空，滿壁風動。若非高手，難以有此傑作。

初唐 摩訶摩耶經 莫332 南壁

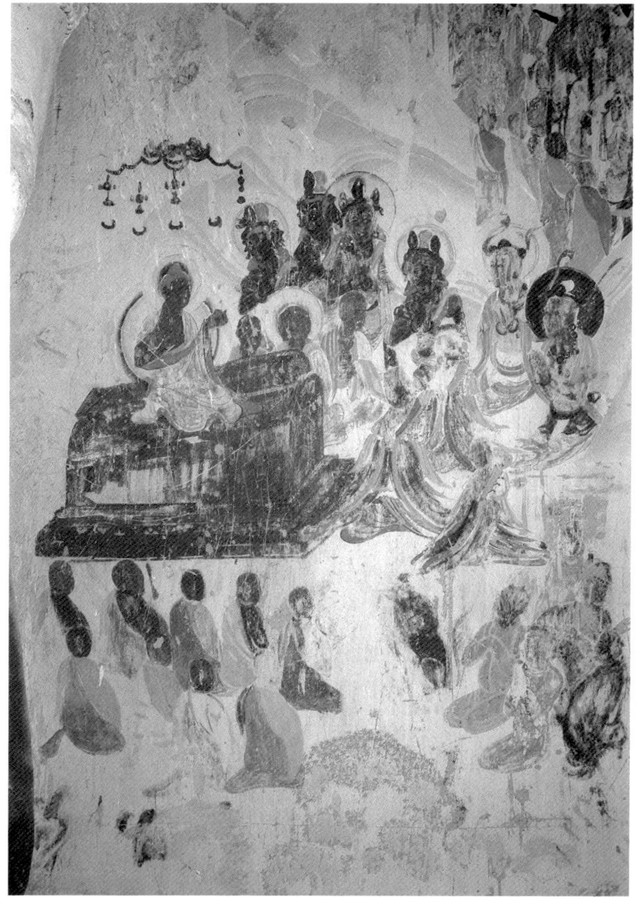

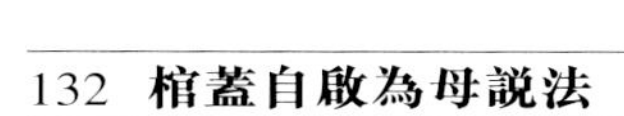

132 **棺蓋自啟為母說法**

釋迦坐在棺蓋上為母說法。摩耶夫人及二天女，跪在佛前聆聽。同時聽法的還有佛國的聖眾和人間的四眾。

初唐 摩訶摩耶經 莫332 南壁

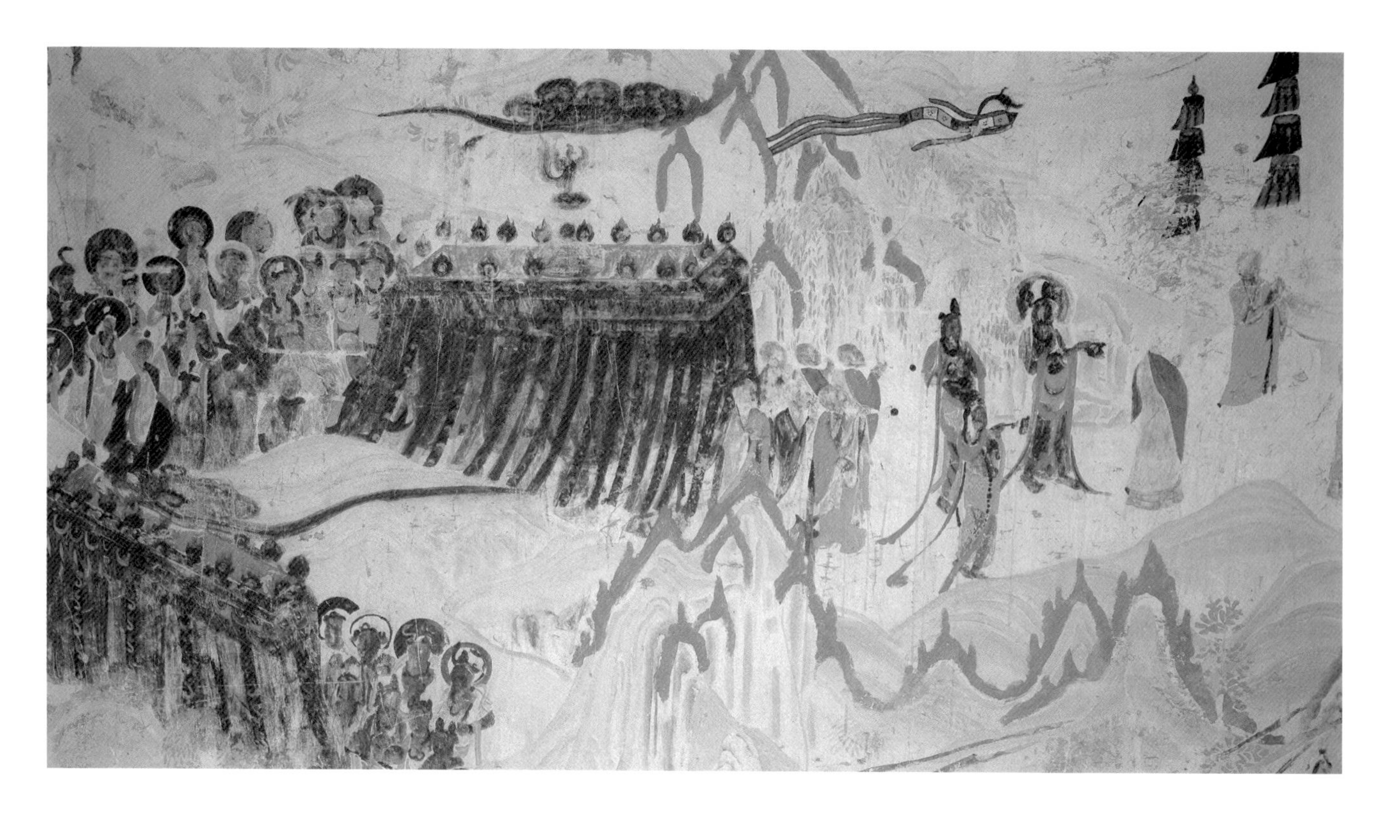

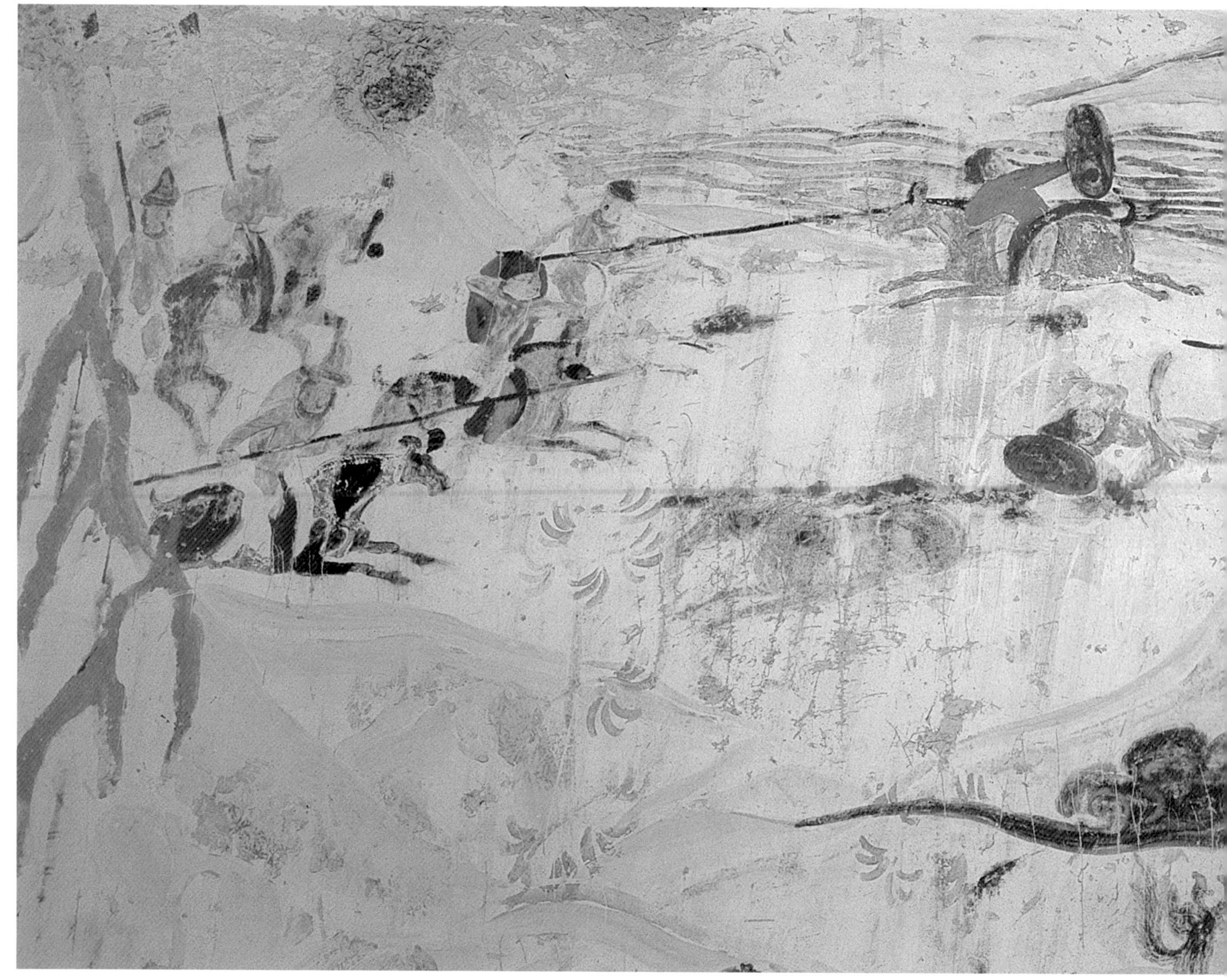

133 出殯

上了山坡，急向右轉，改由前後十二個比丘抬棺。佛棺前，有三個持香爐的菩薩，八個執幢幡的比丘導引，行至熙連禪河邊，過了橋，就是火化場。按照窺基撰《阿彌陀經通贊疏》卷下所載，西域人命終後，以幢幡為前引，親友念阿彌陀佛，助死者往生西方極樂世界。從此圖看來，西域這種葬俗，在初唐時已經流傳到敦煌地區。

初唐 菩薩處胎經 • 復本形品 莫332 南壁

134 八王爭舍利

兩軍在恒河岸邊激戰。右邊的七人象徵七國，各乘戰騎，一手挺長槍，一手握盾牌，奮勇衝殺。最前一人負傷落馬。左邊畫六人騎馬持槍，其中三人出陣迎戰，三人觀戰，這是表現拘尸那國迎戰的情景。畫面右端山後，畫六人騎馬，朝相反的方向行，可能是表現七國軍隊奪得舍利，收兵回國。

初唐 菩薩處胎經 • 復本形品 莫332 南壁

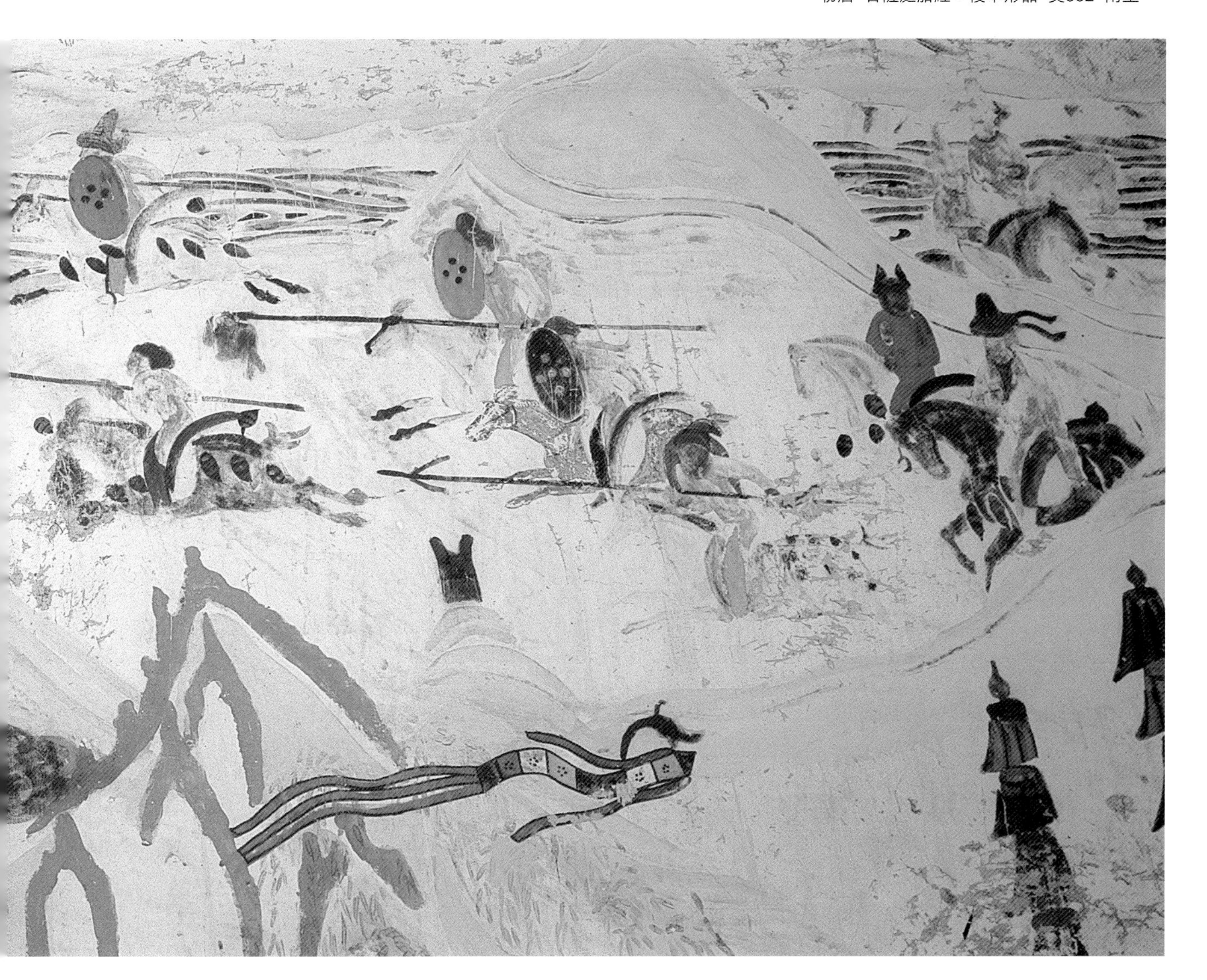

第三節 磅礴巨構 盛唐風範

盛唐（公元705-781年）

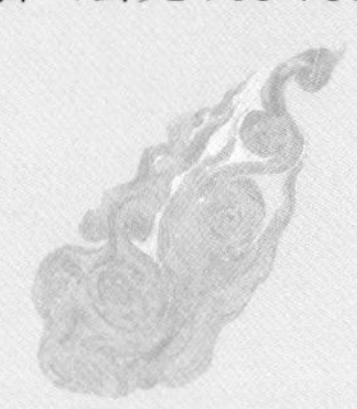

盛唐時期中原繼續流行涅槃經變，名畫家吳道子、楊惠之、楊庭光和盧楞迦都在佛寺畫過涅槃經變。開元年間，王善登亦曾在晉南造碑，上刻涅槃經變，主要情節有“入般涅槃”、“棺蓋自啟為母說法”以及“焚棺”。此碑二十世紀初流散到日本大阪。

敦煌與中原一致，在盛唐七十餘年間，莫高窟等地共有八鋪涅槃經變遺存下來，包括壁畫和塑像。從結構和情節來劃分，可分單幅多情節及多幅多情節兩類（見下表）。其中多幅多情節的巨幅涅槃經變，雖只存兩鋪，但最能反映盛唐氣勢雄偉的時代面貌：第130窟該鋪是開元年間的作品，雖在宋代被嚴重破壞，但從殘存壁畫來看，可能與初唐第332窟南壁的涅槃經變屬同一類型。靠近窟門的“八王爭舍利圖”尚可看清局部，一匹奔騰着的戰馬以及馬上回身射箭的武士，栩栩如生，賦彩行筆，神采未失，顯然出自大手筆。而第148窟該鋪，則是此節的論述重點。

橫貫三壁的大手筆——第148窟

第148窟是敦煌大姓李太賓於大曆十一年（公元776年）前建成的功德窟。主室西壁的釋迦涅槃像、菩薩、比丘塑像都是後人所為，已失盛唐神韻。盛唐繪涅槃經變始於南壁，經西壁，結束於北壁。這是繼初唐第332窟涅槃經變發展出來的多幅多情節巨構，並有六十六條墨書榜題，為解讀畫面提供第一手珍貴資料。畫面分為十組，解讀如下：

南壁“臨終遺教圖”表現釋迦佛宣告他即將涅槃，眾生若有問題，趕快來問。據榜題可知此圖按南本《大般涅槃經》繪製。

西壁共有八幅圖，由左至右排列。最左為“純陀最後供養圖”，表現佛默然不受菩薩、諸天鬼神、禽獸王的最後供養，只欣然接受巧匠之子純陀的最後供養，並宣講施捨果報問題。相傳純陀向佛供養木耳，佛食後便涅槃。此圖亦是按南本《大般涅槃經》繪製。

“入般涅槃圖”及“入殯圖”表現的釋迦涅槃、各人哀悼及入殯情節，與第332窟的相近，但在“入般涅槃圖”左下側按《佛入涅槃密迹金剛力士哀戀經》，加上“外道幸災樂禍”的新情節。

“棺蓋自啟為母說法圖”的故事始見

盛唐涅槃經變形式及分佈表

形式	壁畫	繪塑合壁	塑像
單幅多情節	1.莫120窟東壁窟門上部 2.榆21窟東壁底層	1.莫39窟西壁龕內 2.莫225窟北壁龕內 3.莫46窟南壁龕內	榆5窟
多幅多情節	莫130窟東壁窟門北側	莫148窟西壁	

於《摩訶摩耶經》卷下。入唐以後，敦煌流行由中國僧人依據《摩訶摩耶經》編寫的《佛母經》，敦煌遺書中現已找到二十六件。《佛母經》以釋迦佛從棺中再生，為母說法為主綫，把中國儒家的孝道與佛教思想糅合為一，擴大佛教的影響力。從壁畫榜題中"優波利（離）"的名字來看，此圖的依據不是《摩訶摩耶經》，而是《佛母經》。

"金棺自舉圖"説佛將出殯了，按照《大般涅槃經後分》的說法，拘尸城內一切士女"貪福善心"，不願與天人同舉佛棺，選派四大力士，最後增至十六大力士，還是舉不動。釋迦起慈悲心，欲令世間眾生平等得福，於是自舉金棺，在空中徐徐行進，從西門入，東門出，北門入，南門出，繞城三周，最後行向焚棺場。此圖表現的正是金棺自舉，出入城門的剎那。敦煌涅槃經變中只有第148窟繪此情節。

"大出殯圖"鋪張釋迦出殯場面。按《大般涅槃經後分》的說法，釋迦金棺是自舉到七寶床上焚燒。也許是畫師覺得這樣不合現實常情，遂改成六個力士，使勁抬棺前進。佛棺前有抬靈塔的力士及執幢幡的菩薩引路，後有四眾哭哭啼啼送殯，仿如親臨唐代上層社會的出殯場景。

"香樓焚棺圖"按照《大般涅槃經後分》説，城中一切大眾積香木成樓，並置金棺於香樓上，可是大眾、諸天神多次點火都不成功。直至迦葉來後，供養完畢，釋迦佛才以大悲力，從心胸中發火，金棺燃燒達七日之久。此圖畫面與《大般涅槃經後分》經文相合。

"求分舍利圖"位於"香樓焚棺圖"下部，主題是表現諸天、龍神以及以阿闍世王為首的八國國王求分舍利被拒絕，只好"悲恨而還"。這跟第332、130窟中八王為爭舍利不惜開戰的情節不同。這種轉變跟敦煌時局有密切關係。安史之亂後，吐蕃不斷侵擾河西，敦煌也危在旦夕。第148窟涅槃經變將"八王分舍利圖"按多數涅槃經文的記載，繪成和平解決，既合經旨，也順應民心。

北壁"收取舍利起塔供養"表現釋迦火化後，當地拘尸那人分取舍利與起塔供養的情景。此圖按《大般涅槃經後分》繪成。

第148窟的涅槃經變是一鋪橫貫南、西、北三壁的長卷連環式巨幅經變畫，高約2.5米，總長23米，氣勢磅礴，是敦煌壁畫中規模最大的涅槃經變。雖有十組畫面和六十六個情節，構圖佈局仍然和諧。出場人物與動物五百多個，描繪生動；而且色彩輝煌，山水秀雅，建築精嚴，令觀者賞心悦目。

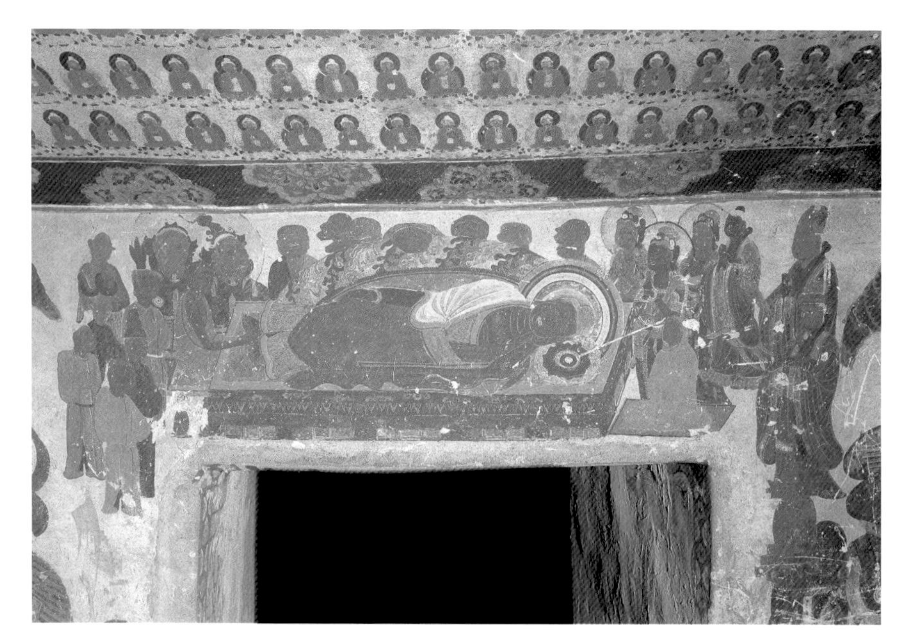

135 涅槃經變

這幅涅槃經變很特別，莫高窟僅此一例。釋迦頭向南，面向西，左脅而臥。這種臥式，佛家稱為"愛欲臥"。按佛教戒律，這種臥式是不允許的，不知此窟為甚麼如此處理？佛陀身後畫六個比丘號哭，兩側畫諸菩薩、天龍八部以及世俗弟子舉哀，頭前畫須跋陀羅身先入滅，腳部畫迦葉禮佛足。

盛唐 涅槃經 莫120 東壁窟門上部

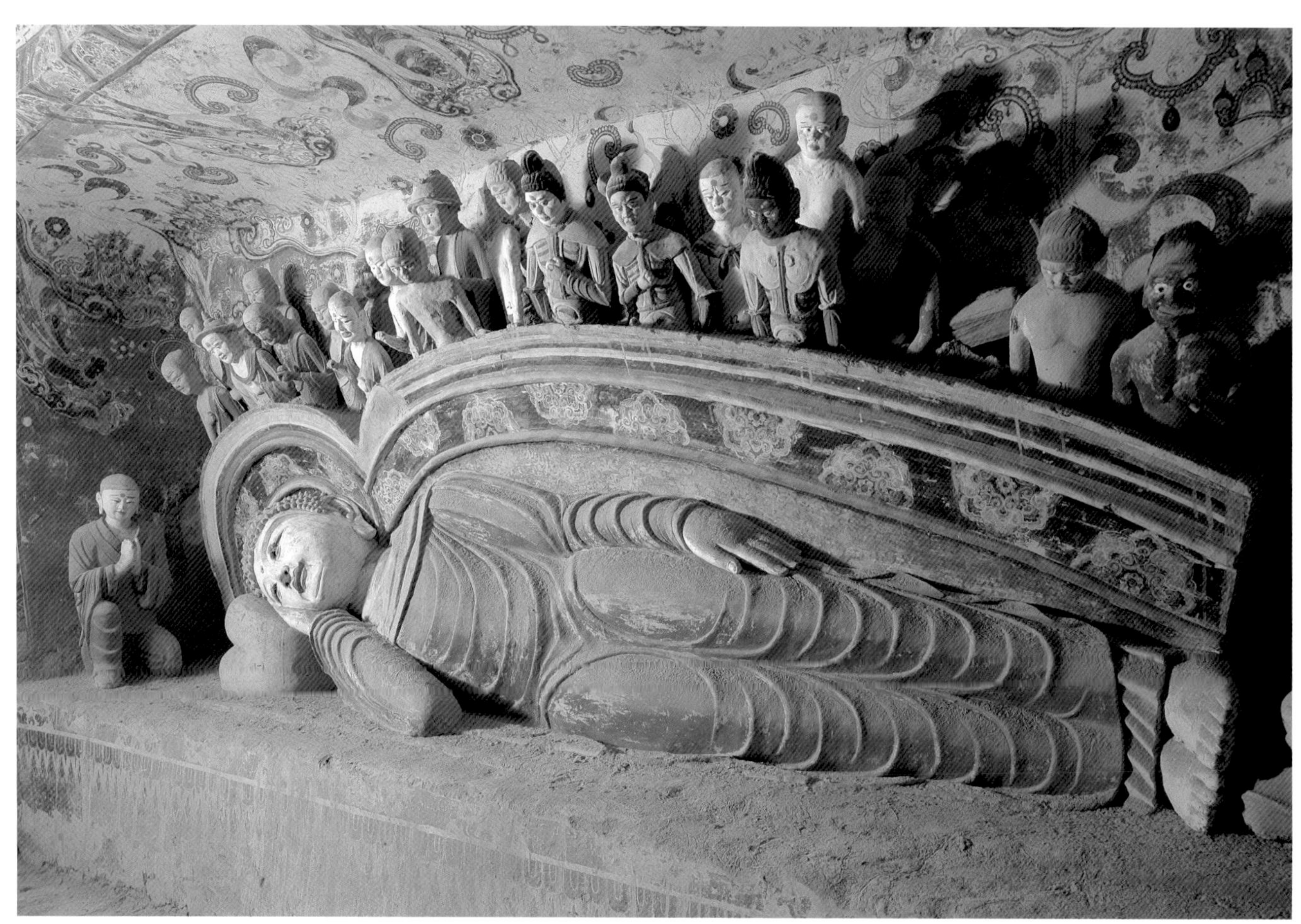

136 涅槃經變

主室西壁開一龕，內塑釋迦涅槃像，身長2.9米，是清代重修。釋迦身後諸像，全係清塑，醜陋不堪。唯龕內壁畫屬於盛唐原作，筆力雄渾，綫條清晰，色彩典雅。

盛唐 涅槃經 莫39 西壁龕內

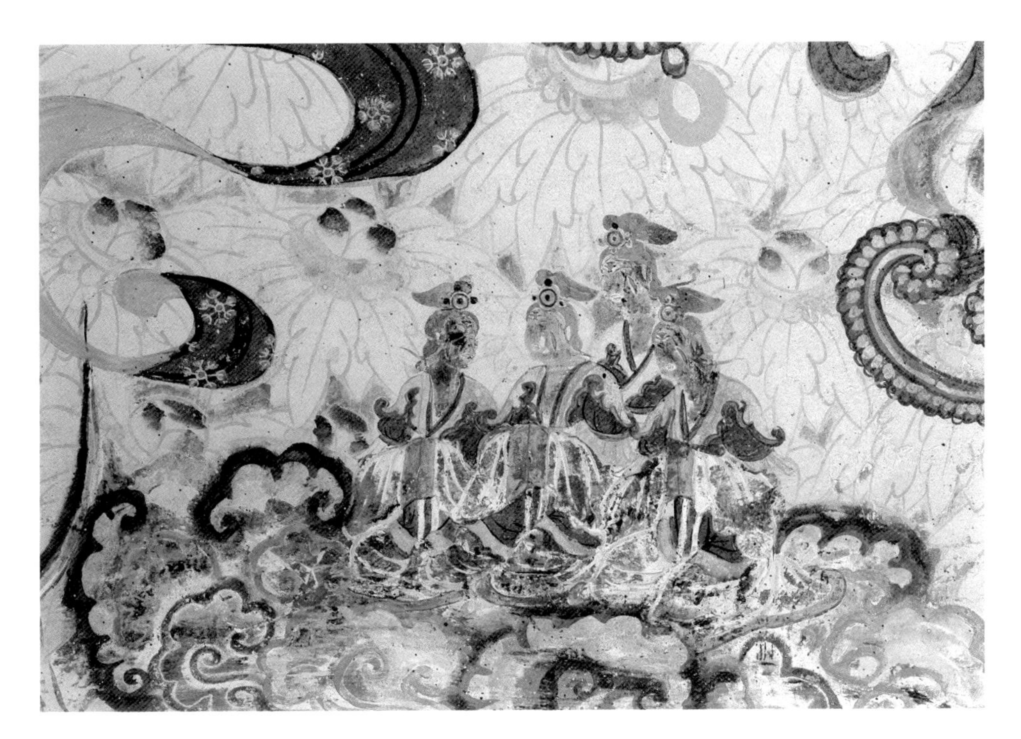

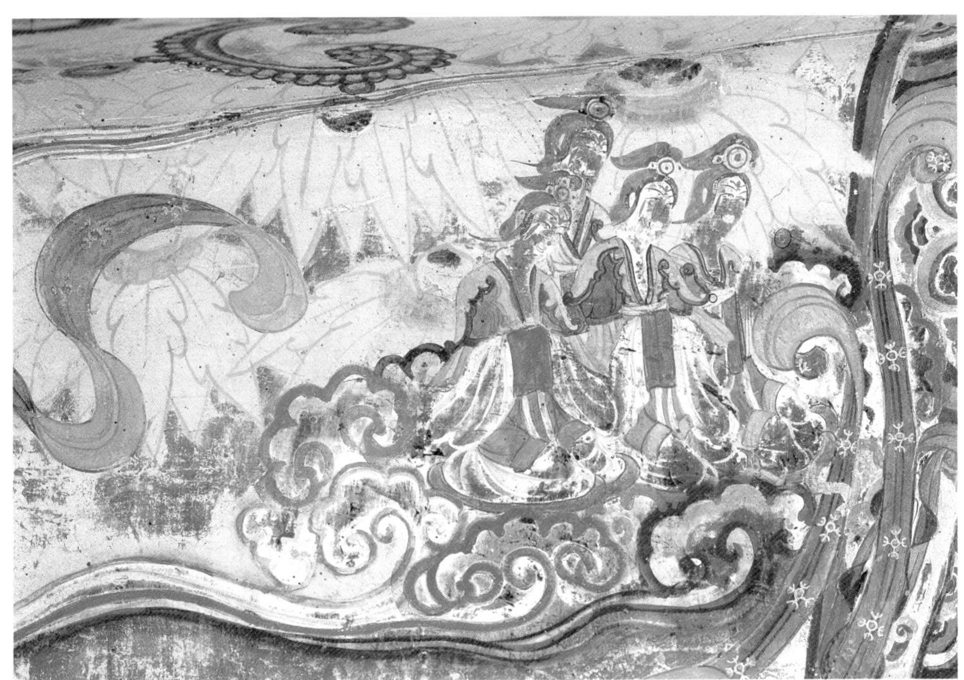

137 **佛母奔喪**

佛母摩耶夫人驚悉愛子涅槃，急忙從忉利天宮前往娑羅雙樹間。此圖描繪的是佛母與天女下凡的剎那間，乘雲行空，風吹雲移。佛母注視着人間，焦急不安。左側天女回視佛母，似在勸慰。

盛唐 摩訶摩耶經 莫39 西壁龕內

138 **佛母返回忉利天宮**

佛母聽完佛陀再生說法後，不忍目睹火化佛體，遂先返回忉利天宮。此圖描繪的是佛母率天女乘祥雲，冉冉升空，返回忉利天宮的剎那間。從人物造型到衣冠服飾，全是大唐宮妃的寫照。

盛唐 摩訶摩耶經 莫39 西壁龕內

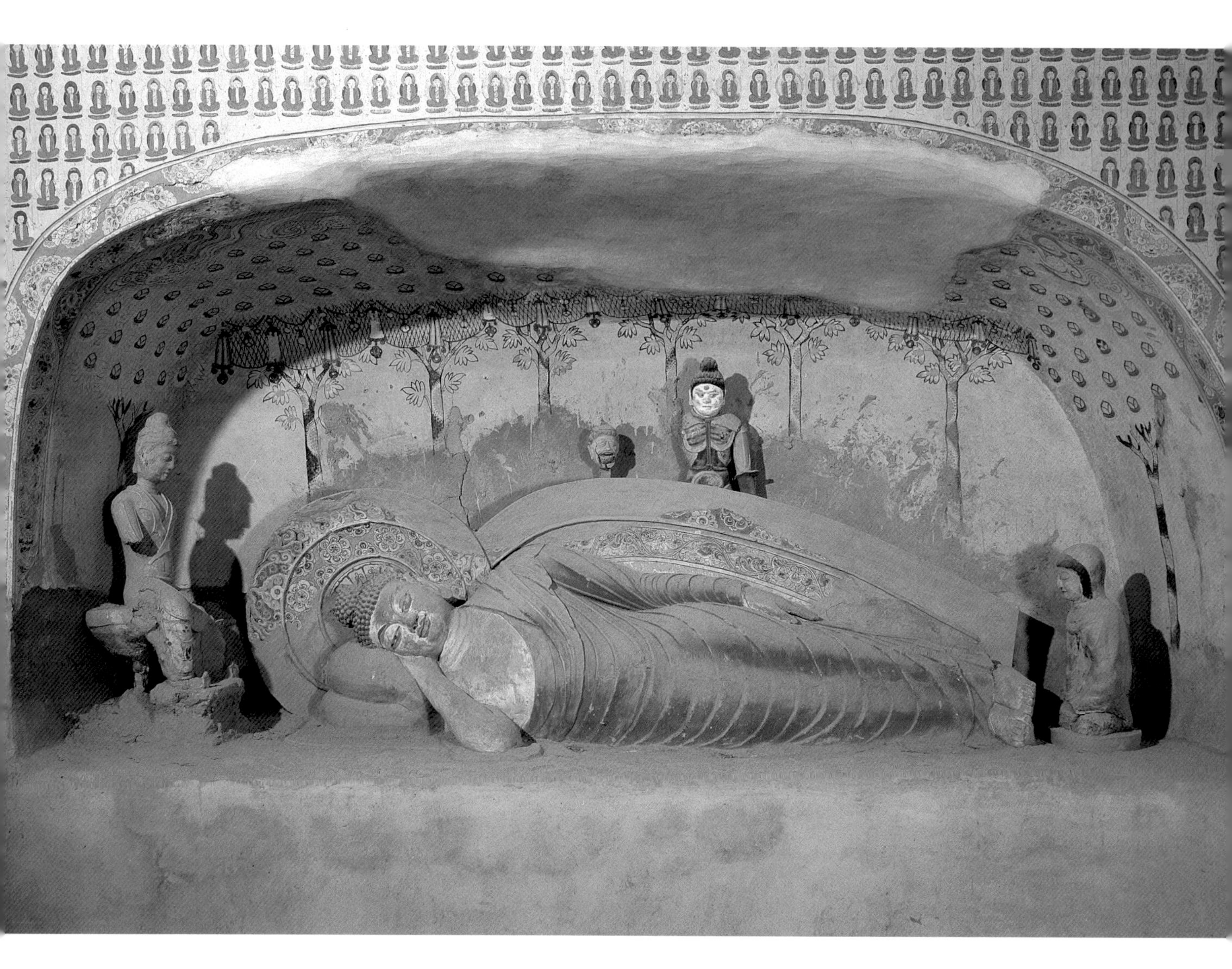

139 **涅槃經變**

龕壁繪八棵娑羅樹。龕內塑釋迦涅槃像，身長1.85米。釋迦身後原塑的舉哀羣像，現只殘存天王、弟子像各一。釋迦頭前塑佛母摩耶夫人，腳後塑須跋陀羅身先入滅，均屬盛唐原塑，而且都是僅存孤品，十分珍貴。

盛唐 涅槃經 莫46 南壁

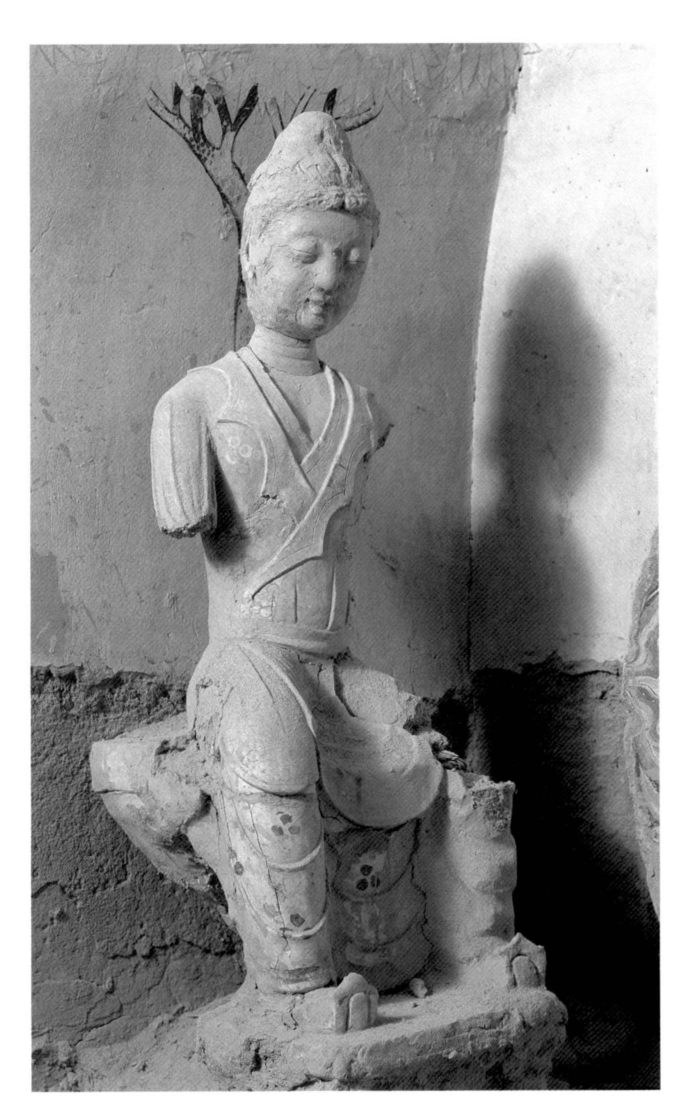

140 **佛母摩耶夫人**

摩耶夫人着交領襦，下穿裙，腳踏雲頭鞋，坐在仰蓮座上，神情哀傷。這是莫高窟僅存的摩耶夫人塑像。雖嫌殘缺，但十分珍貴。

盛唐 摩訶摩耶經 莫46 南壁

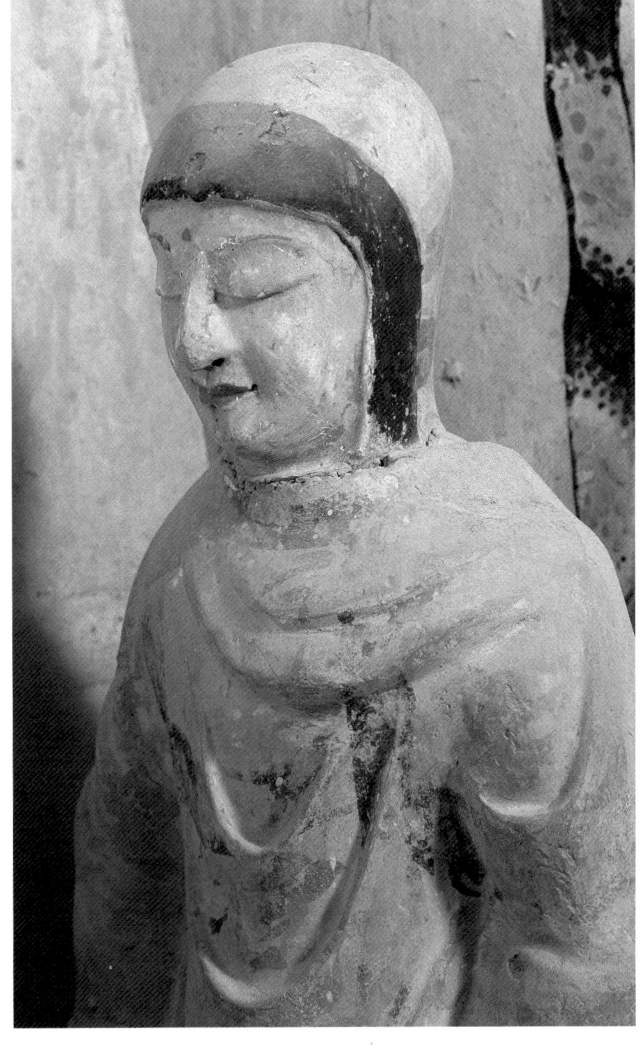

141 **須跋陀羅身先入滅**

須跋陀羅身穿披頭通肩袈裟，閉目沉思，表示他已深入禪定，身先入滅。刀法利落，具有繪畫中意到筆不到的寫意風格。

盛唐 大般涅槃經 莫46 南壁龕內

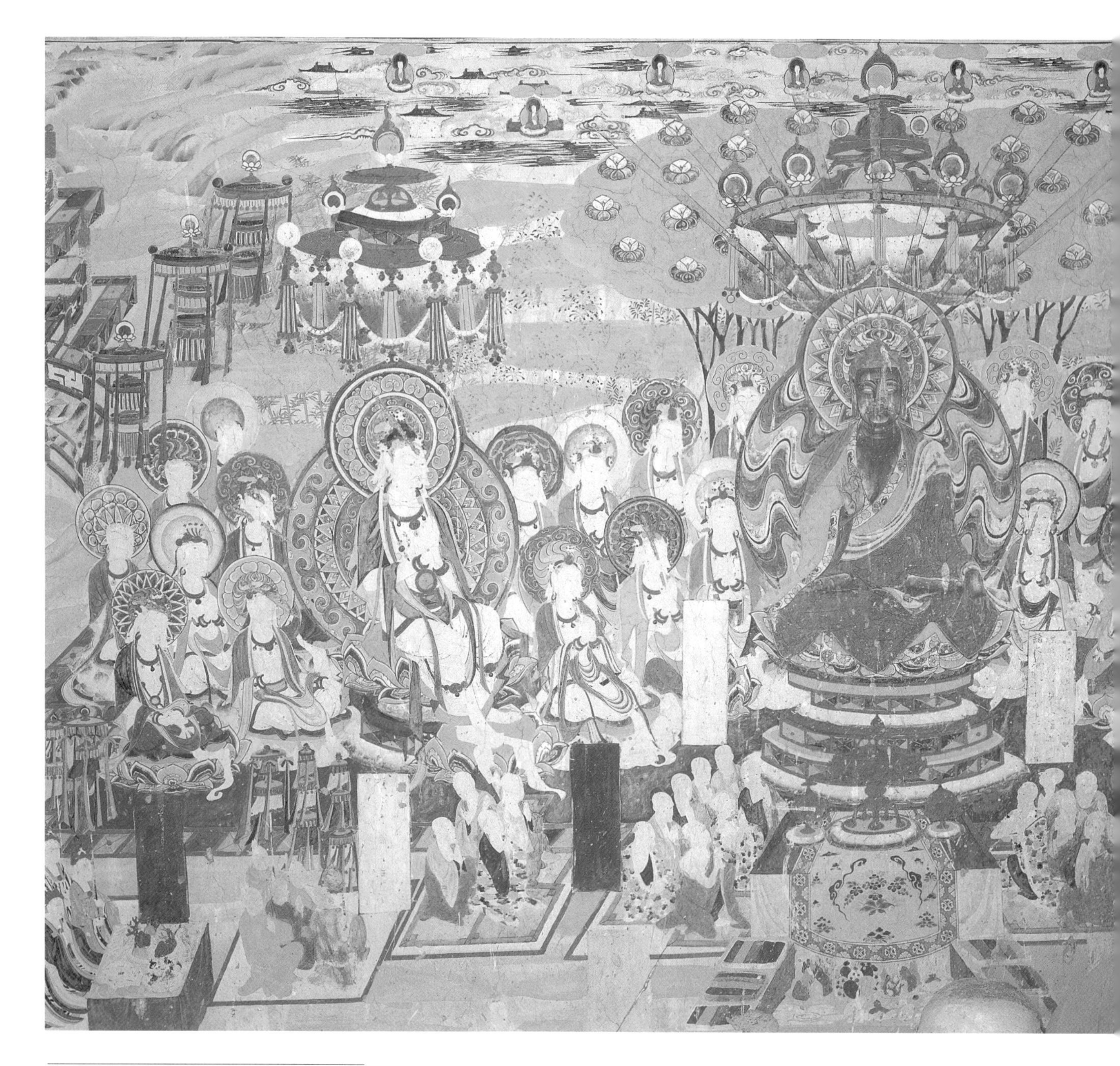

142 臨終遺教

釋迦結跏趺坐於蓮座上說法，面門放光，遍照三千大千佛國世界。佛座前繪寶池蓮花，象徵釋迦淨土。左右兩位上首菩薩為海德菩薩與無盡意菩薩。根據榜題，他們是前來勸佛不要涅槃，接受他們最後供養。圖中還有以摩訶迦旃延為首的諸大弟子，善賢為首的諸比丘，還有世俗的優婆塞、優婆夷以及毗舍離國王、夫人等。

盛唐 大般涅槃經後分 莫148 南壁

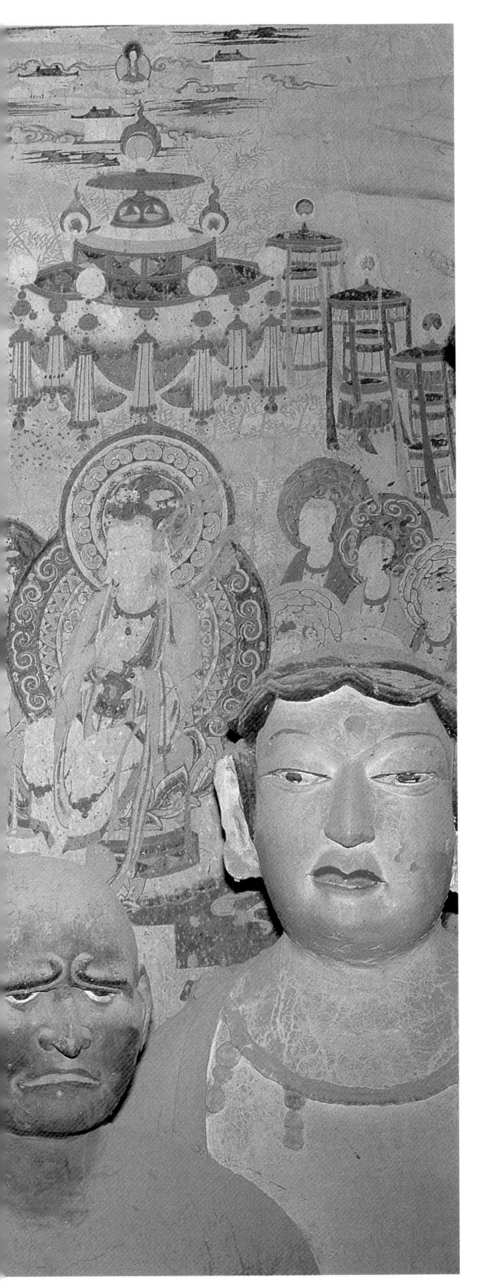

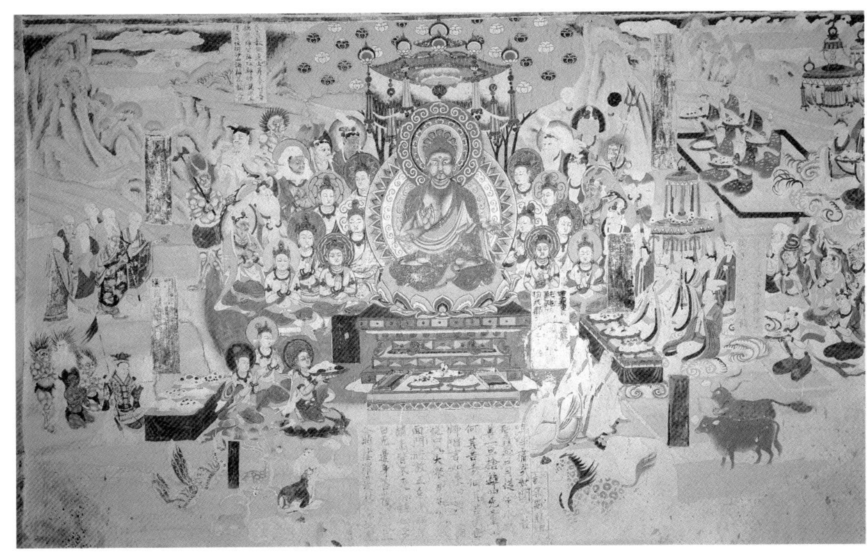

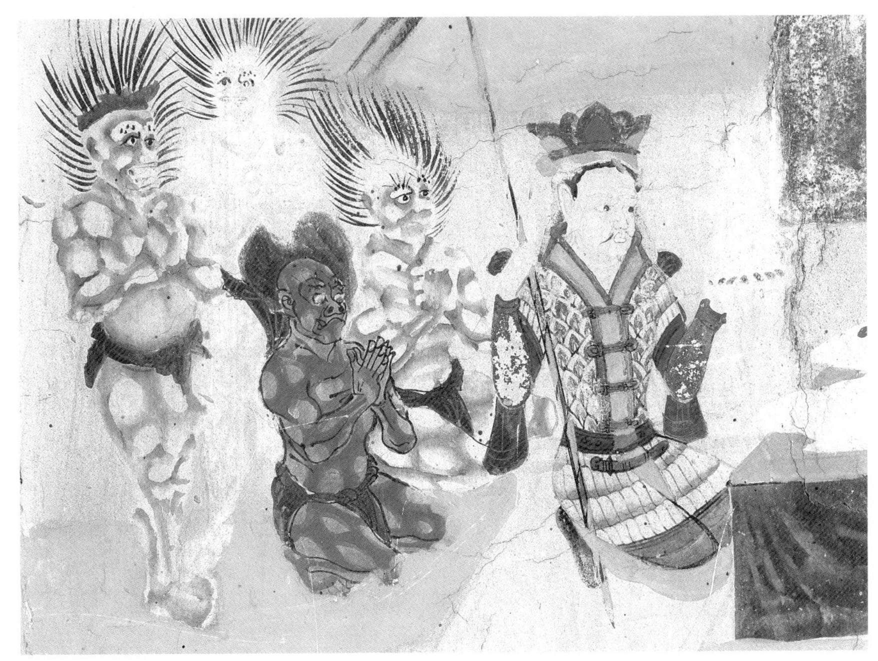

143 純陀等最後供養

釋迦居中說法，佛座前陳列各種供品。根據壁畫榜題，兩側畫無邊身菩薩、大梵天王、三十三天、魔王波旬、諸鬼神王、龍王海神以及諸禽獸王等，請佛接受最後供養。說法圖右下角五人均穿世俗裝，向佛席地而跪，請佛接受他們的最後供養，此即佛經所說的“純陀與其同類十五人俱”。

盛唐 大般涅槃經 • 純陀品

莫148 西壁南端

144 毗沙門天王等最後供養

根據壁畫榜題，此圖是以毗沙門天王為首的“諸鬼神王”最後供養釋迦牟尼佛。前面身穿戰袍、右手執幡、席地而跪的是毗沙門天王，亦稱北方天王。後面四身“諸鬼神王”，豎髮、瞪眼、咧嘴，很有個性。

盛唐 大般涅槃經 • 序品

莫148 西壁南端

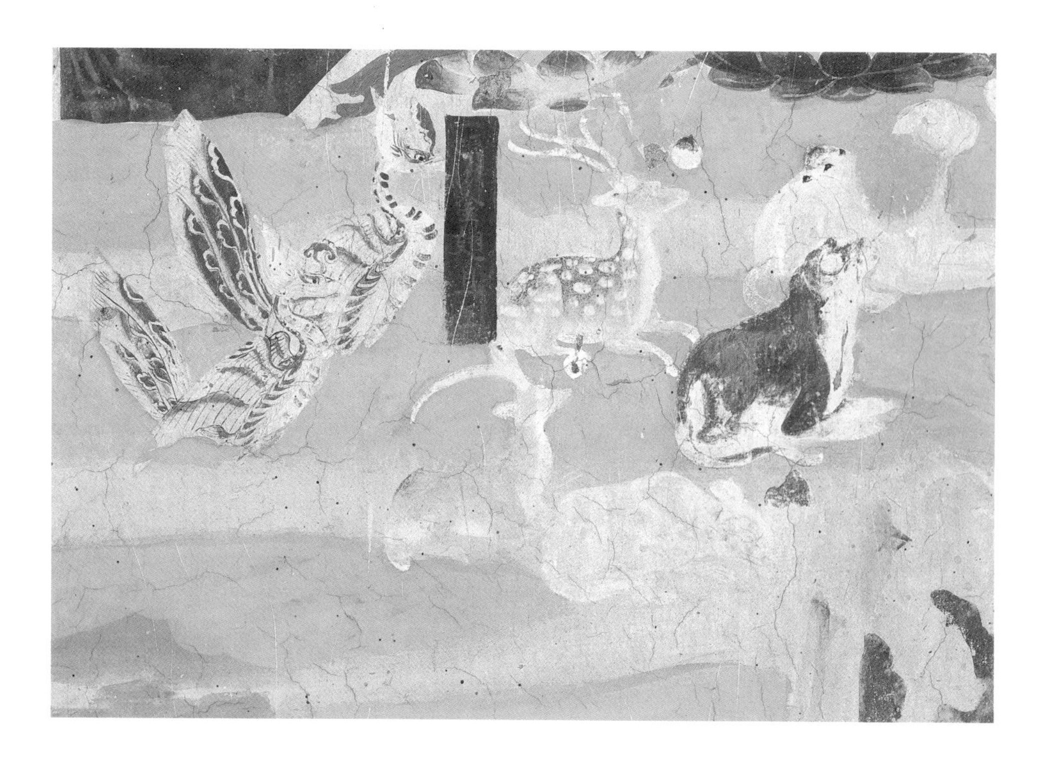

145 **諸禽獸最後供養**

圖中的孔雀在佛經中有記載，然鹿、狗、貓則係畫師信筆所加。

盛唐 大般涅槃經•序品 莫148 西壁南端

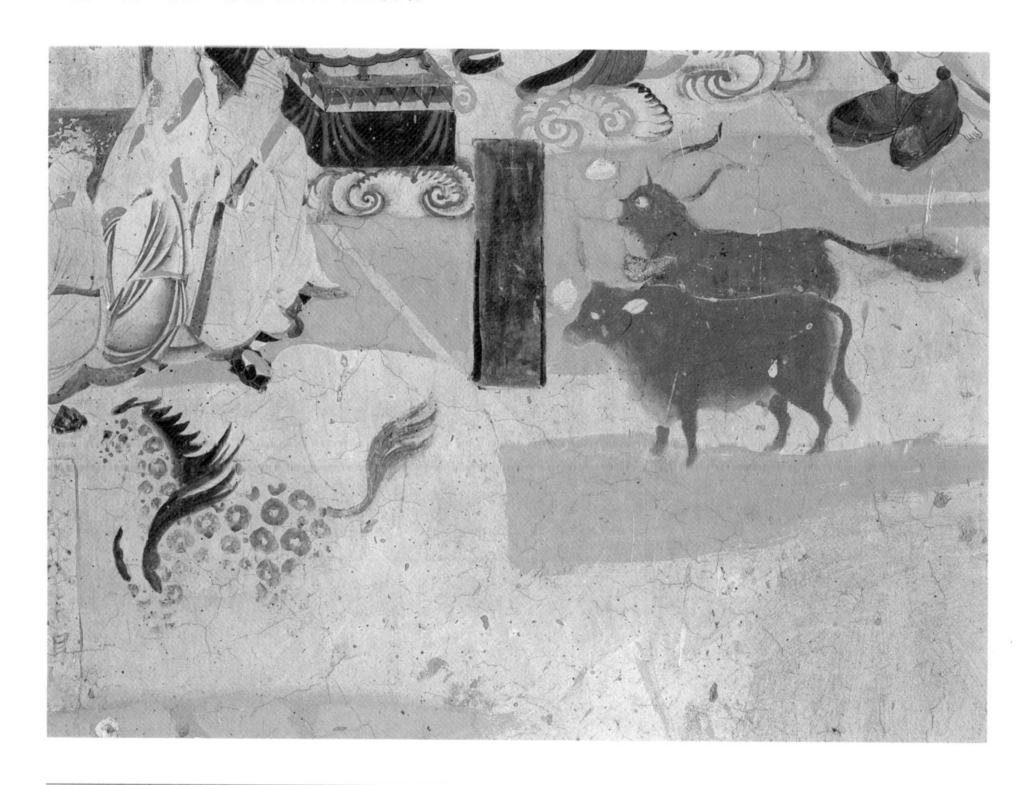

146 **牛王最後供養**

表現經中有二十恒河沙等水牛出妙香乳供養佛的情節。

盛唐 大般涅槃經•序品 莫148 西壁南端

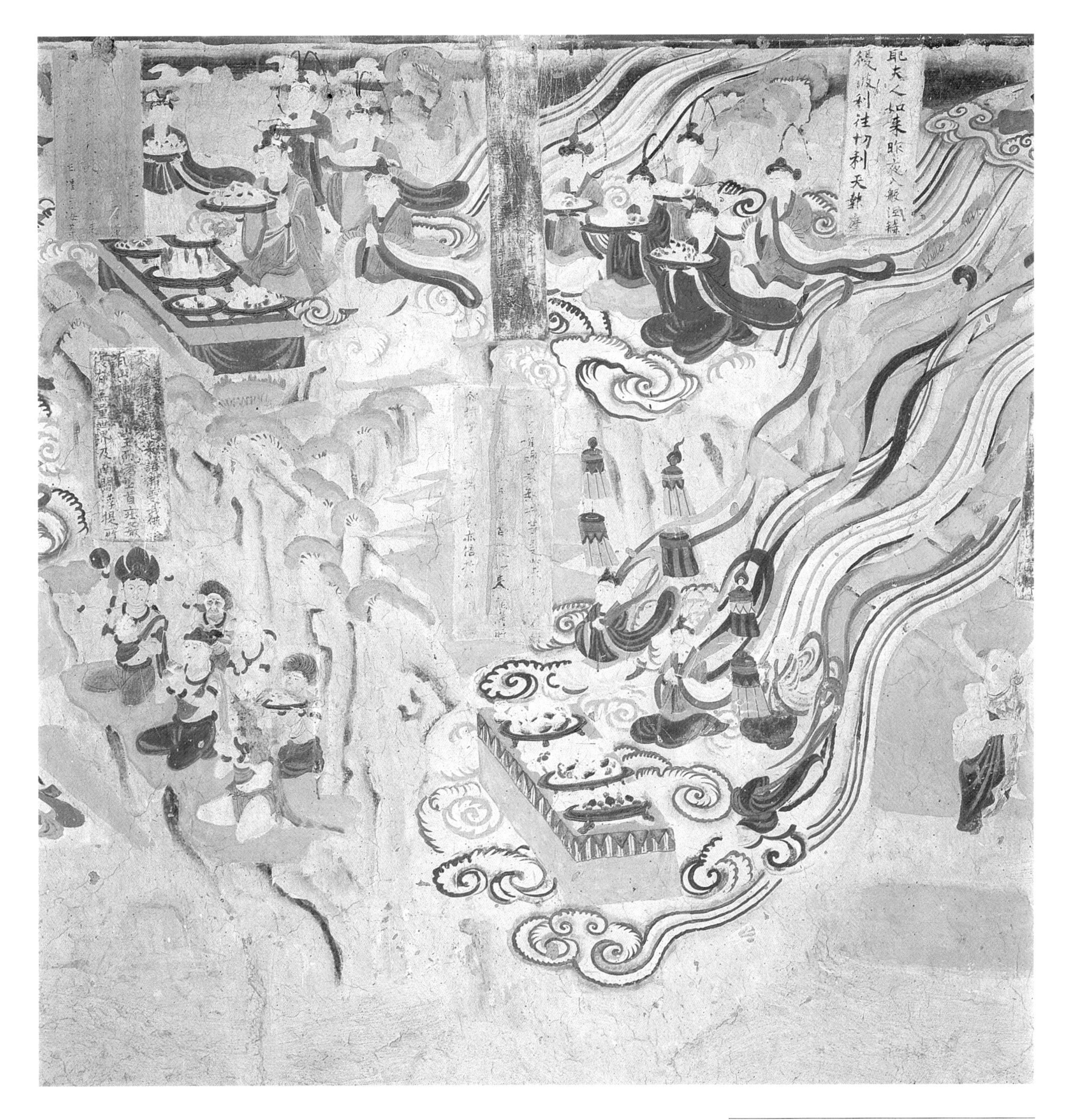

147 三十三天等神最後供養

此圖是圖143純陀等最後供養佛圖之部分。根據榜題，左下是以須彌山王為首的諸山神，右下是釋提桓因及三十三天，左上是諸龍王，他們皆乘祥雲，赴娑羅雙樹間，請佛接受他們的最後供養。右上不詳，估計也是諸天之類最後供養佛。右上兩行榜題與此畫面無關。

盛唐 大般涅槃經•序品 莫148 西壁

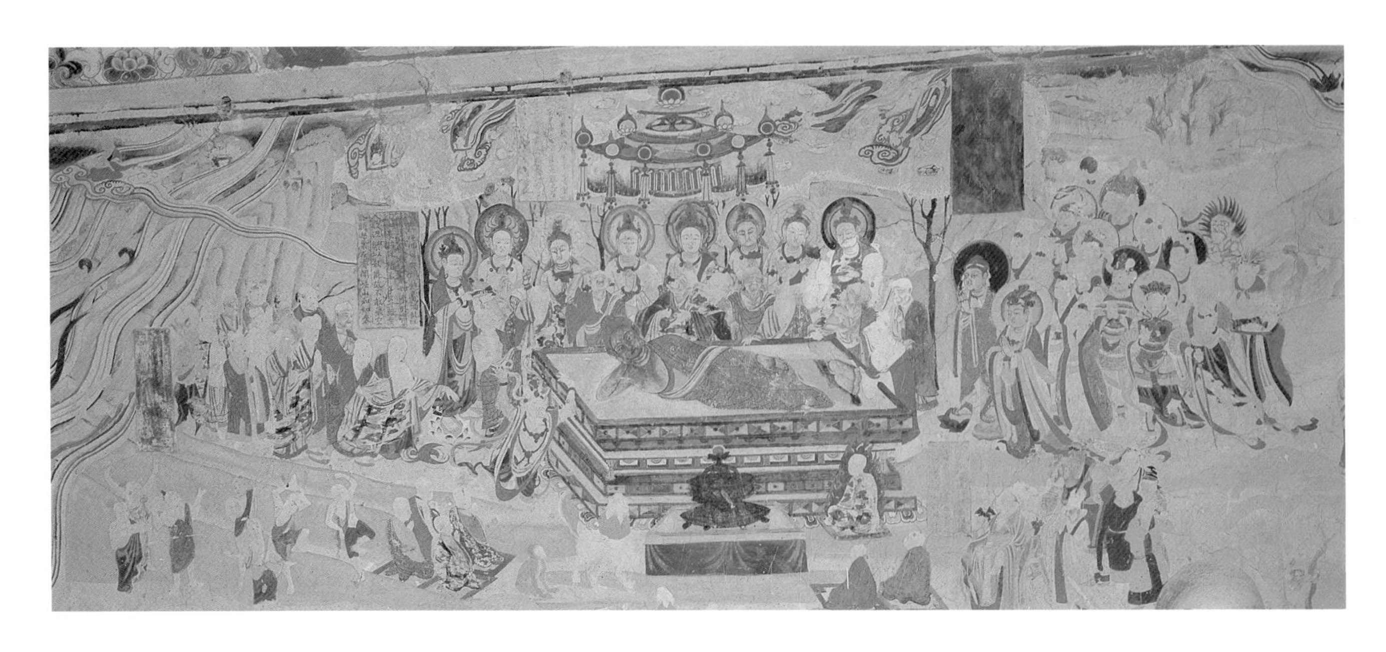

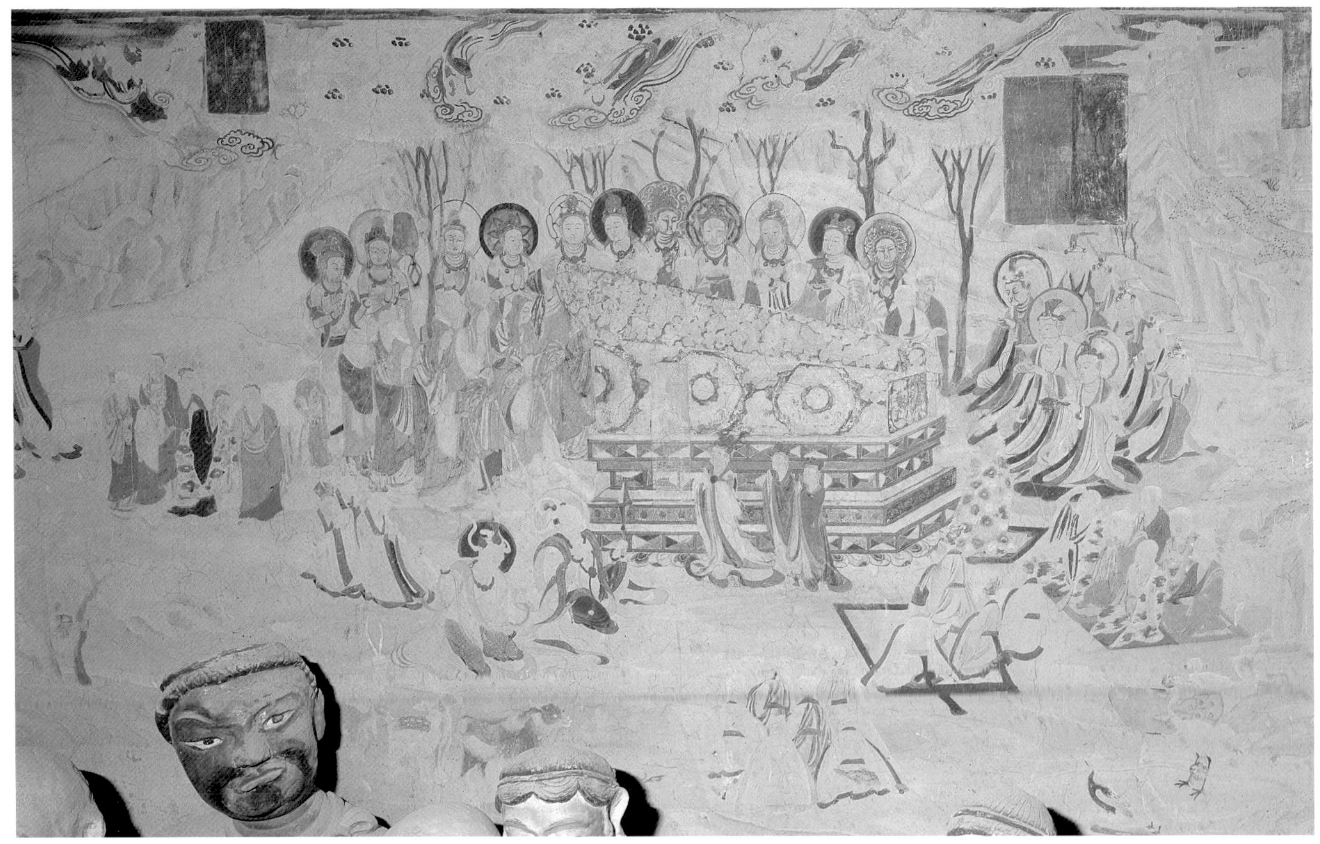

148 入般涅槃

釋迦涅槃像周圍，從佛腳前起，向左轉，依次畫：一是迦葉禮佛足。二是十方諸佛（畫一佛作象徵）及天龍八部哀悼。三是諸天呼叫"佛已涅槃，苦哉苦哉！"四是須跋陀羅身先入滅。五是七個外道幸災樂禍，手舞足蹈。六是迦葉率五百弟子奔喪。七是優波利升忉利天宮報喪。八是佛母下娑羅雙樹間悼念愛子。

盛唐 涅槃經 莫148 西壁

149 入殯

佛體已經入殯。佛棺放在七寶床上，周圍畫菩薩、弟子、天人以及世俗信徒沉痛哀悼。佛棺前，佛母摩耶夫人和二天女向遺體告別。

盛唐 涅槃經 莫148 西壁

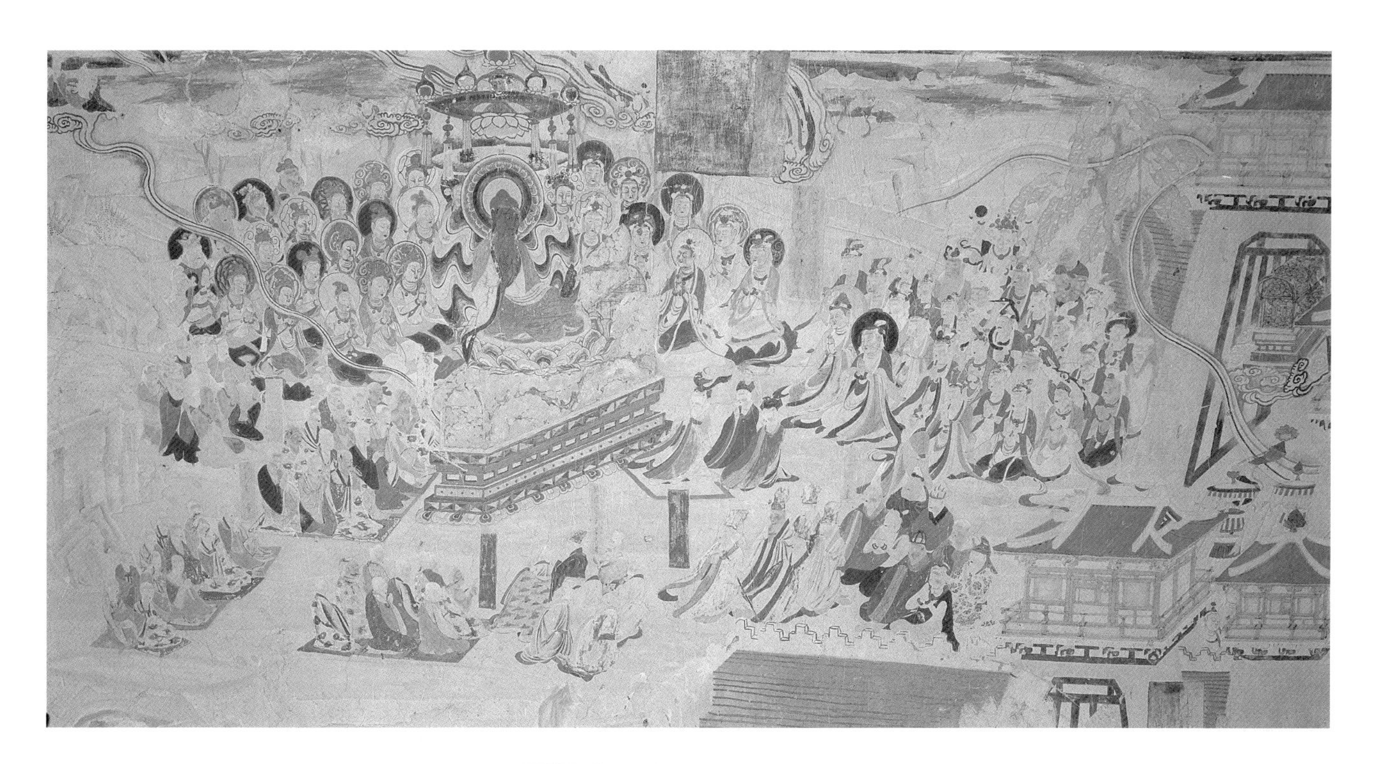

150 棺蓋自啟為母說法

佛棺裂開，釋迦結跏趺坐於棺蓋上，為母說法："世間苦空，一切恩愛，會有離別……母子之情，會有離別。"摩耶夫人及天女着世俗貴夫人裝，跪在佛前，聆聽佛法。佛母聞妙法後，心開意解。佛棺左角畫一朵祥雲，冉冉升空，佛母與天女坐雲上還歸忉利天宮。

盛唐 佛母經 莫148 西壁

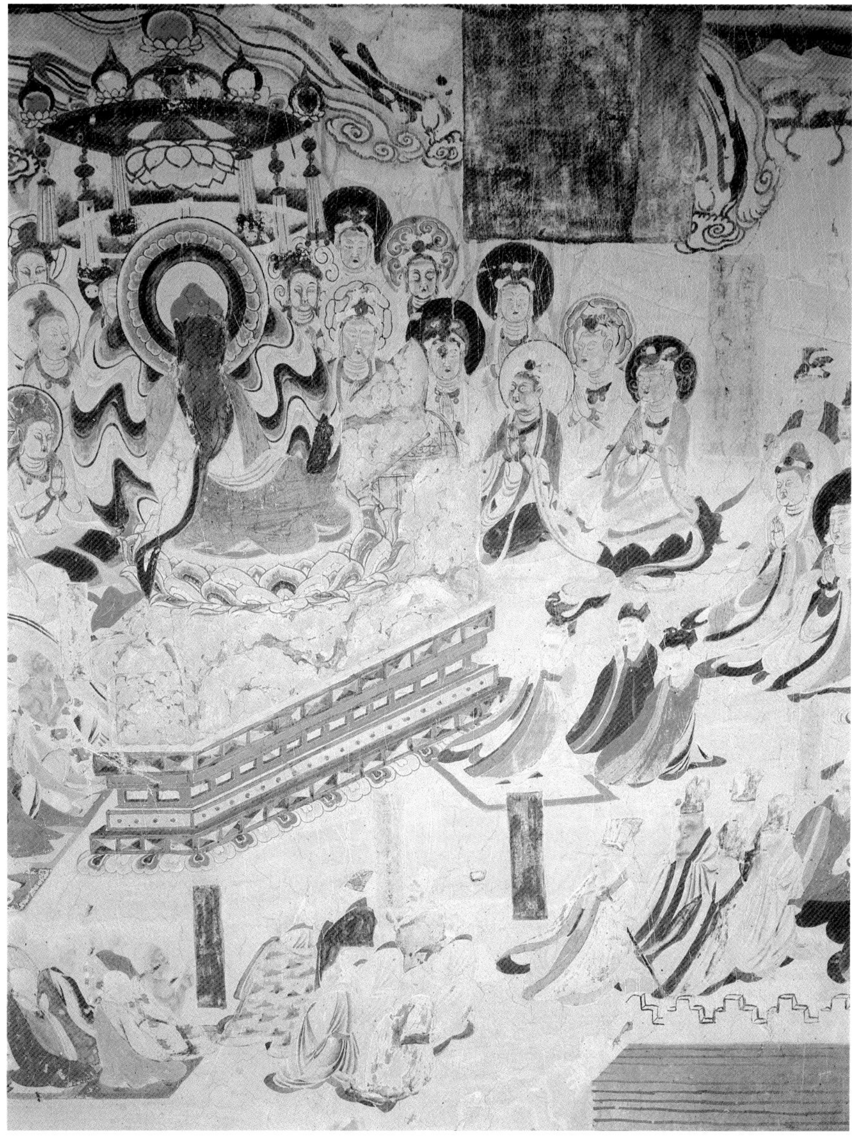

151 棺蓋自啟為母說法局部

盛唐 佛母經 莫148 西壁

152 金棺自舉與大出殯

圖左面雄偉的拘尸那城已經完全中國化。金棺由祥雲托舉，從城外入城門，又徐徐升空。城牆上的文字是乾隆時的遊人題記。圖中送殯人羣似乎是出了拘尸那城，在曠野深山間前行。遠山碧空的烘托下，畫面顯得雄偉壯闊。金棺自舉情節，出自《大般涅槃經後分 · 機感荼毗品》。

盛唐 莫148 西壁

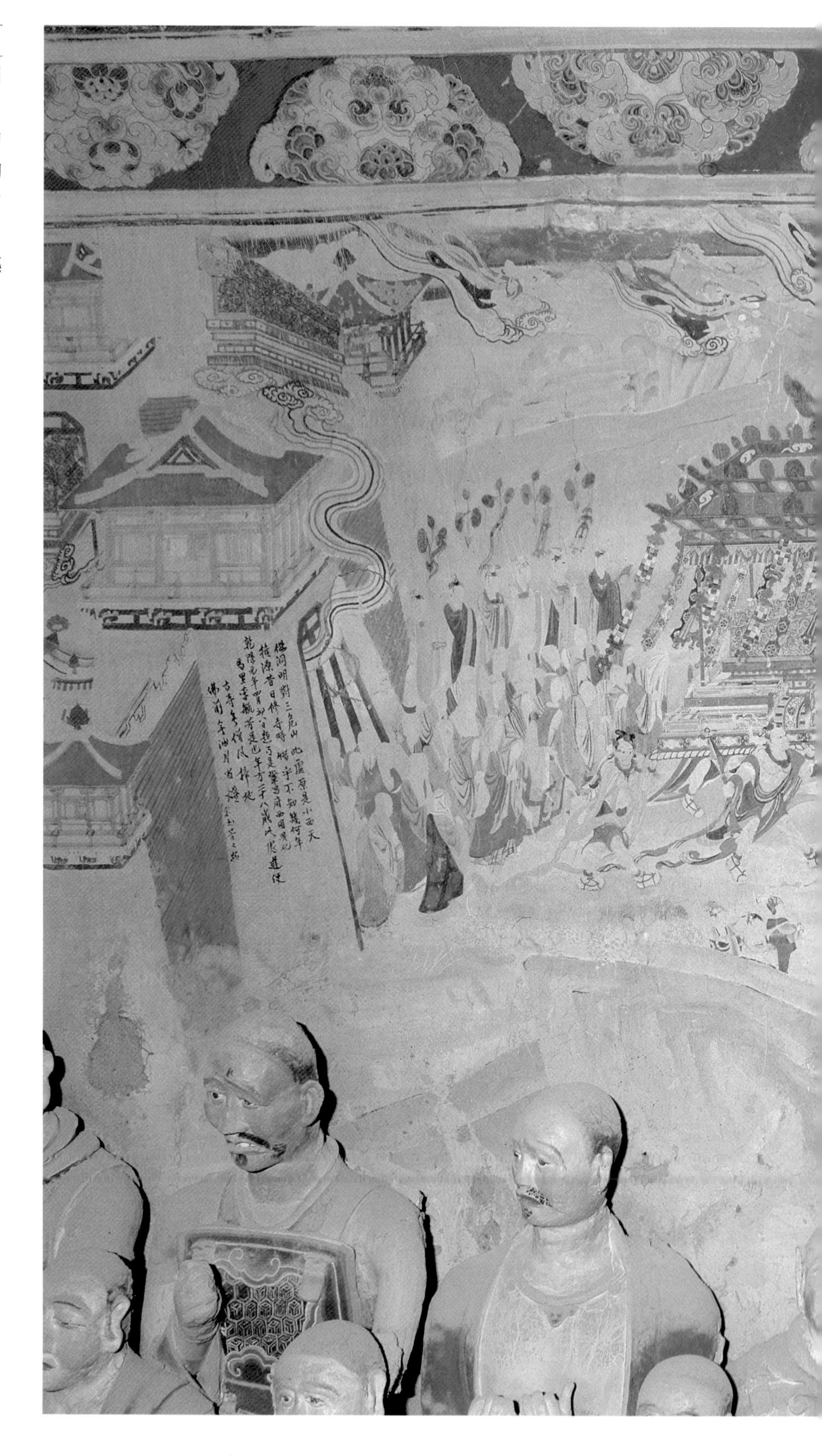

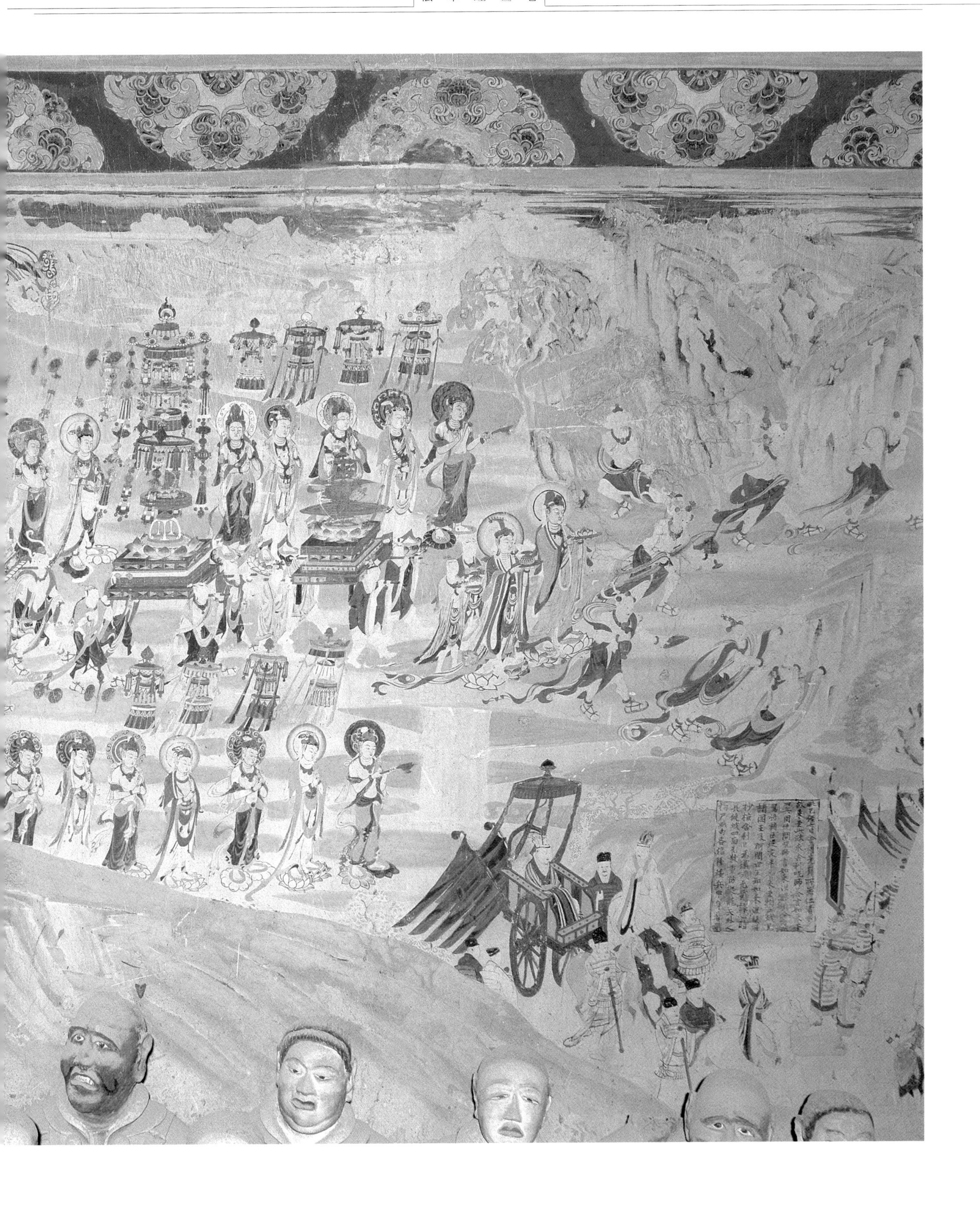

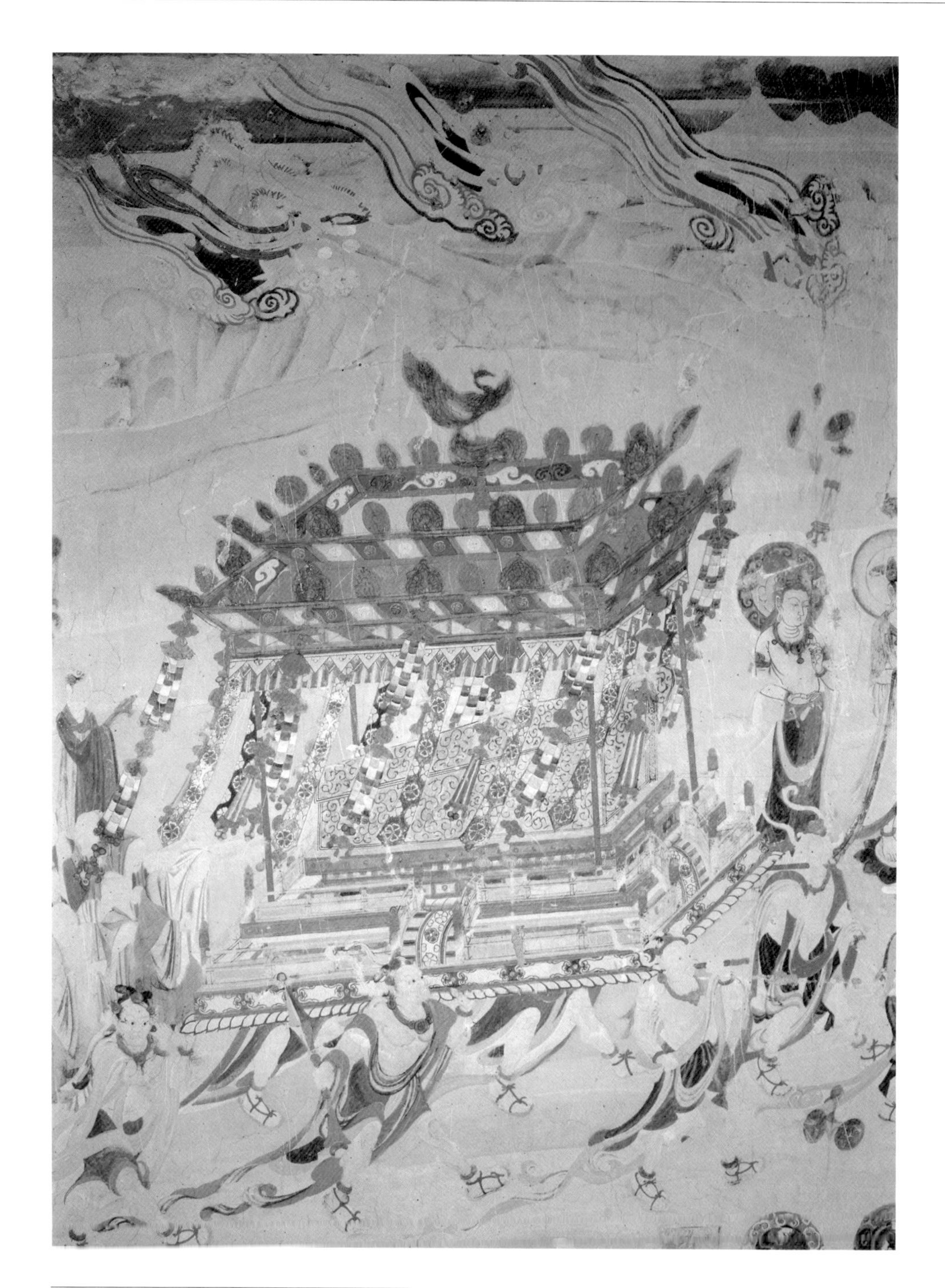

153 **大出殯中之金棺**

佛棺刻鏤精細，裝飾華麗。棺頂的雄雞，反映了中國傳統的辟邪說與佛教西方極樂世界說的融合。

盛唐 莫148 西壁

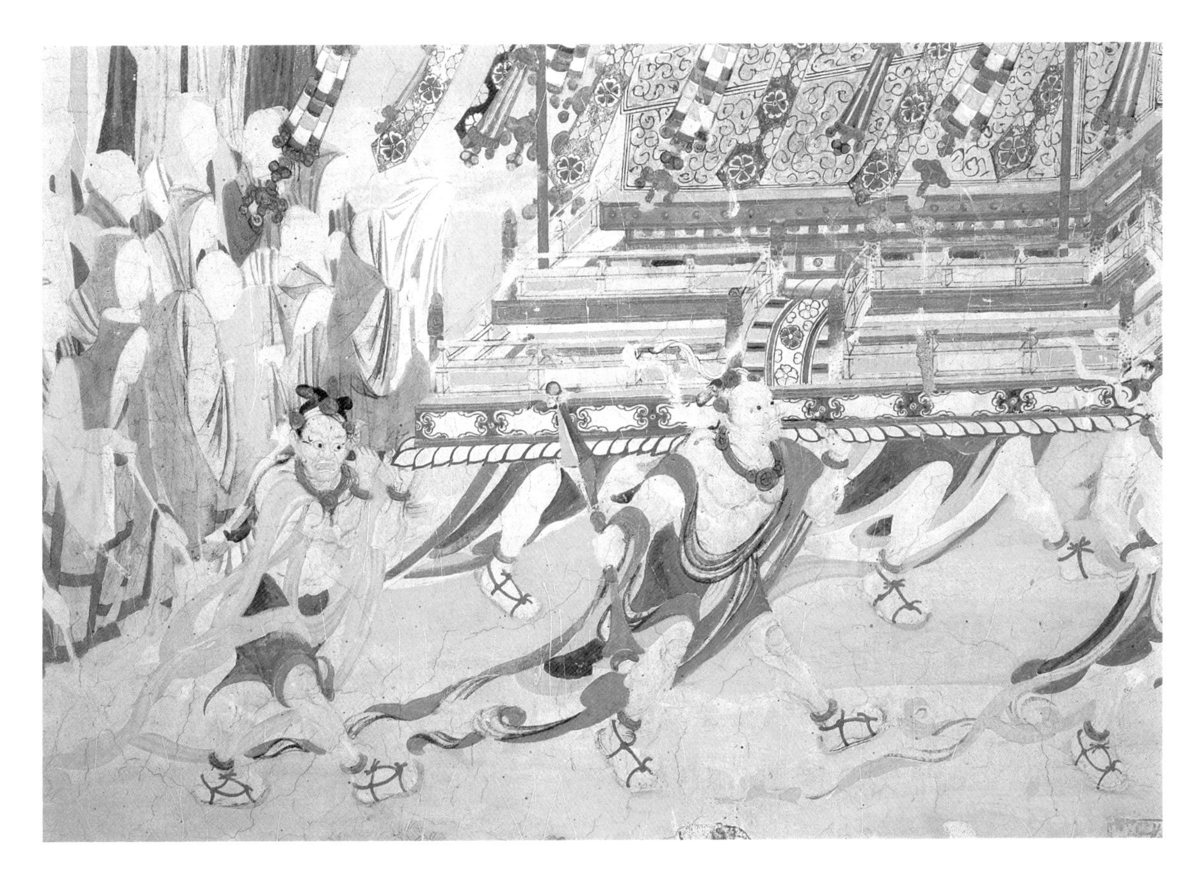

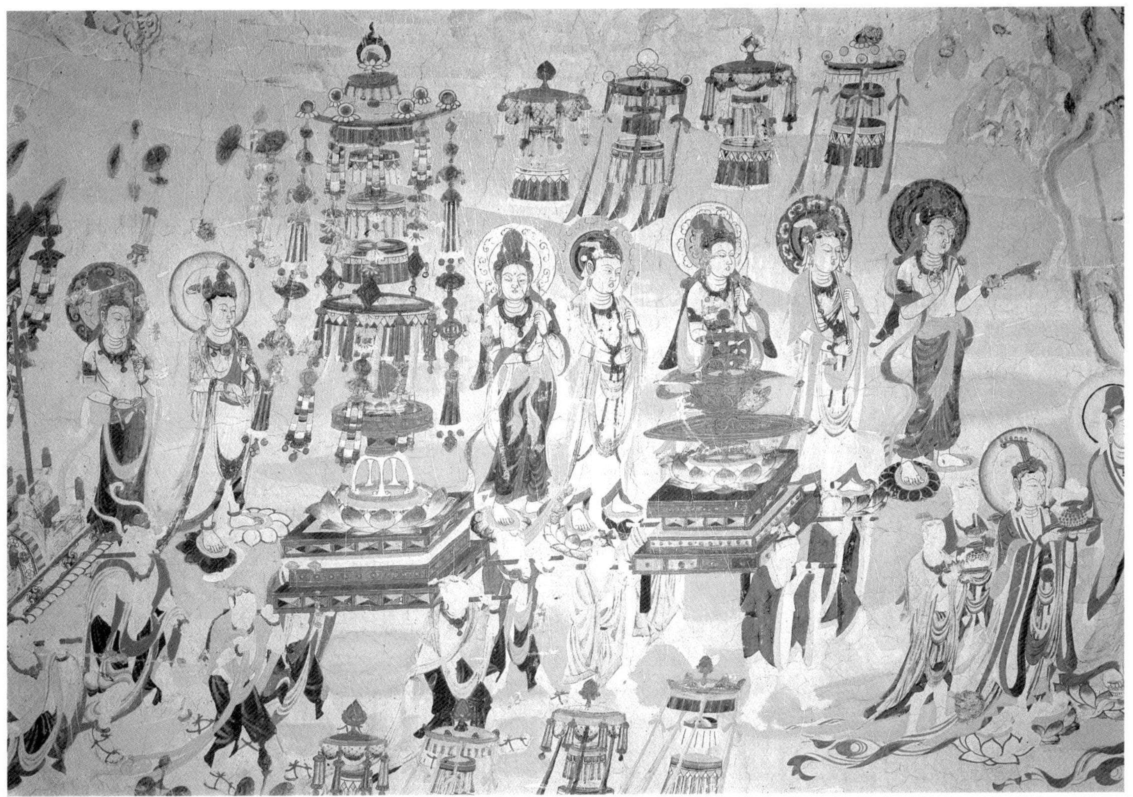

154 **大出殯之抬棺力士**

盛唐 莫148 西壁

155 **大出殯之寶幢與供器**

盛唐 莫148 西壁

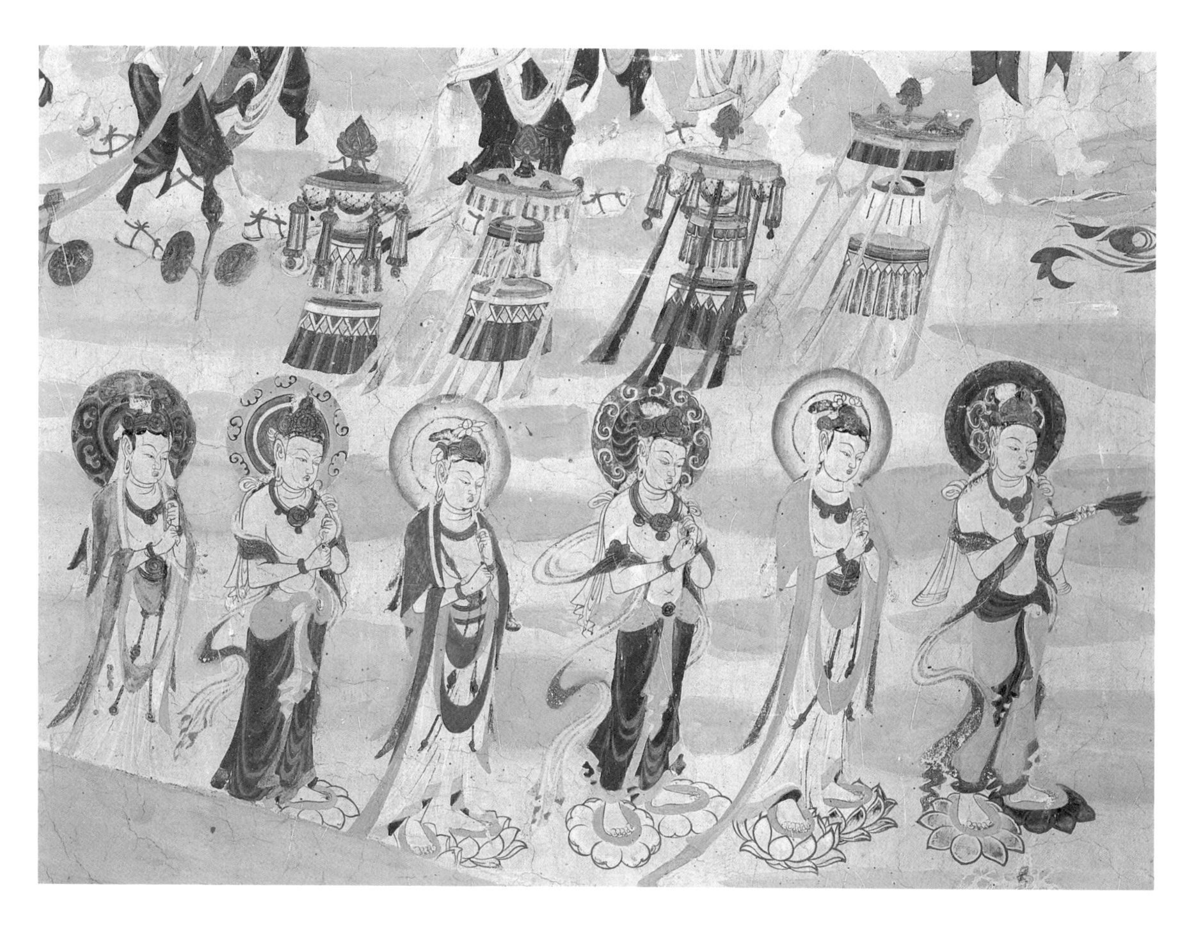

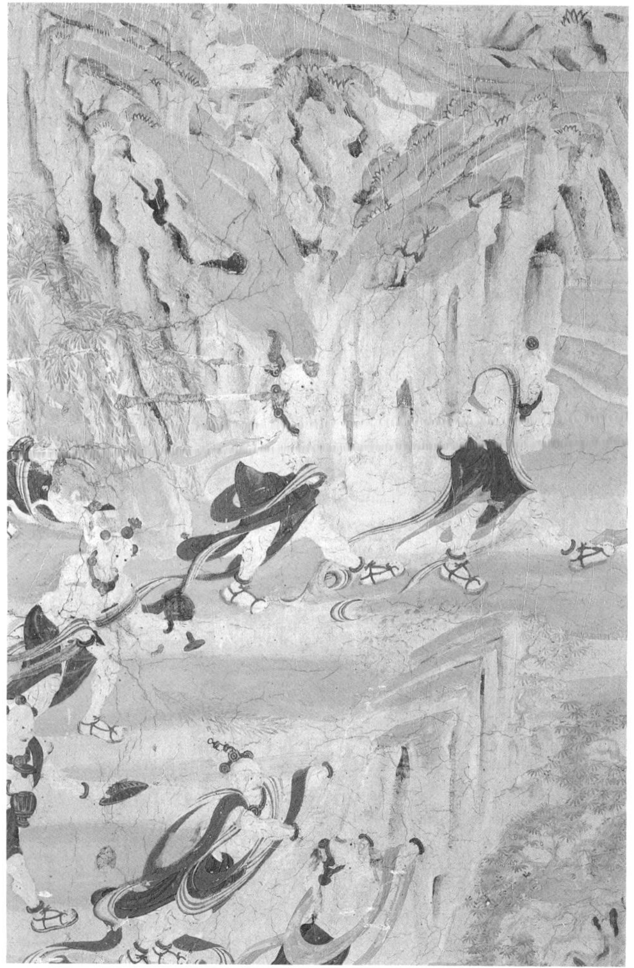

156 **大出殯之持香爐執幢菩薩**

盛唐 莫148 西壁

157 **大出殯之引魂天人**

盛唐 莫148 西壁

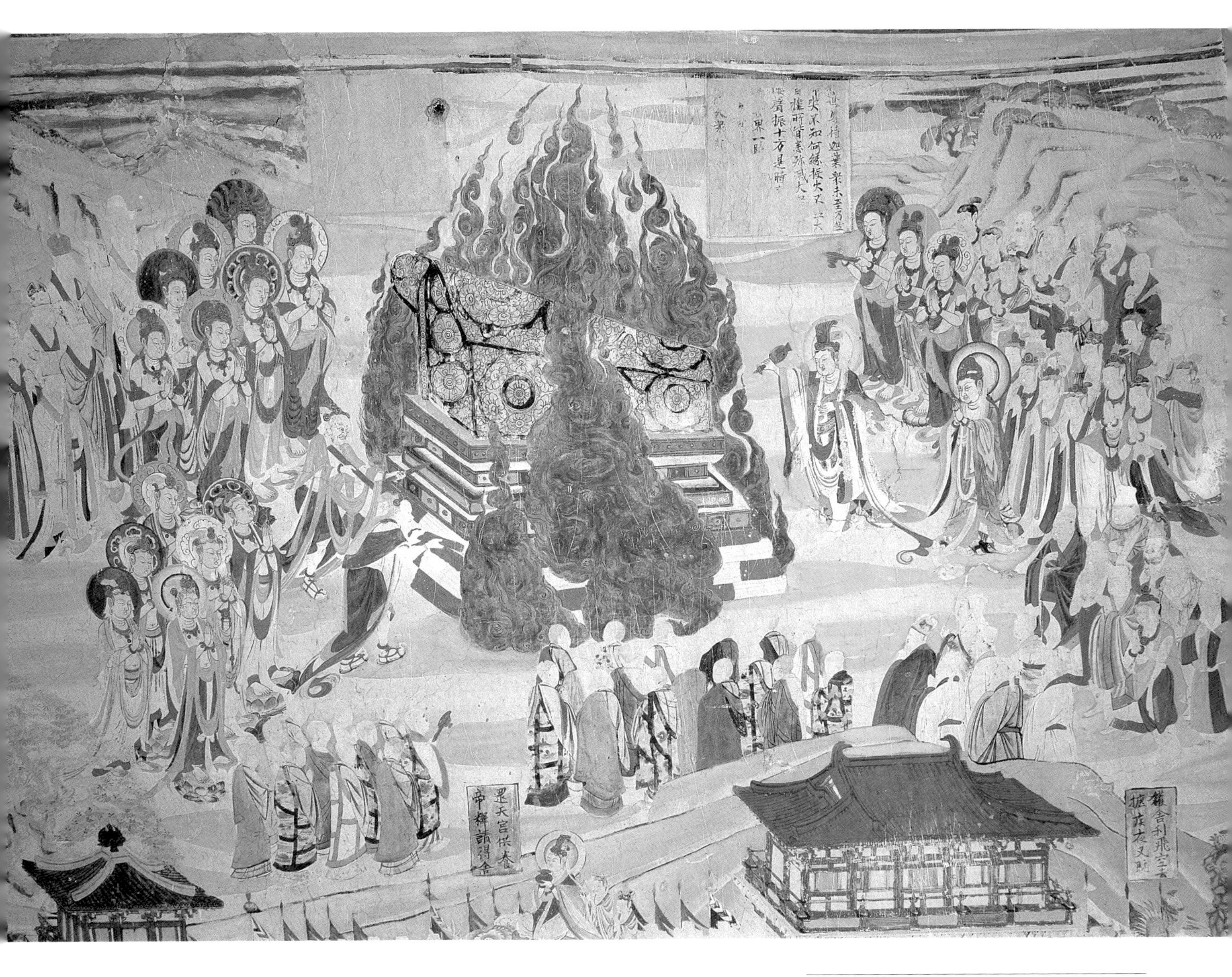

158 香樓焚棺

這是敦煌壁畫中最完美的一幅焚棺圖。左側繪拘尸那城兩位力士向香樓投火，火卻自然熄滅；正面畫釋迦佛胸中火出，燃燒金棺；右側繪天王持七寶瓶倒水滅火；周圍有菩薩、弟子、天人及拘尸那城男女參加火化金棺的儀式。

盛唐 大般涅槃經後分 • 機感茶毗品

莫148 西壁

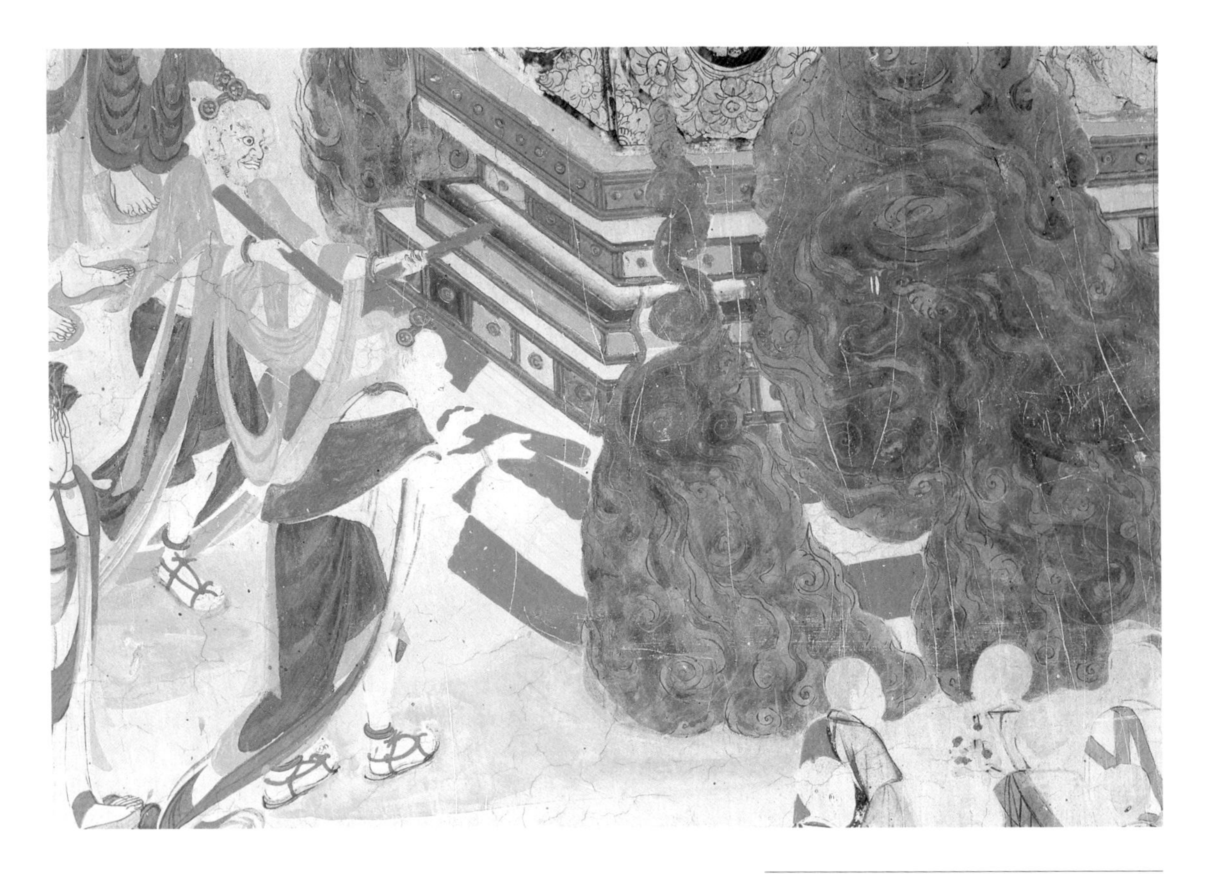

159 香樓焚棺之力士投火

《大般涅槃經後分》云：拘尸那城諸大力士，持七寶炬，大如車輪，光焰普照，投向香樓，火自然滅。圖中的兩個力士正在點火焚棺，但點不着，其中一個瞠目結舌，不知如何是好。

盛唐 大般涅槃經後分 莫 148 西壁

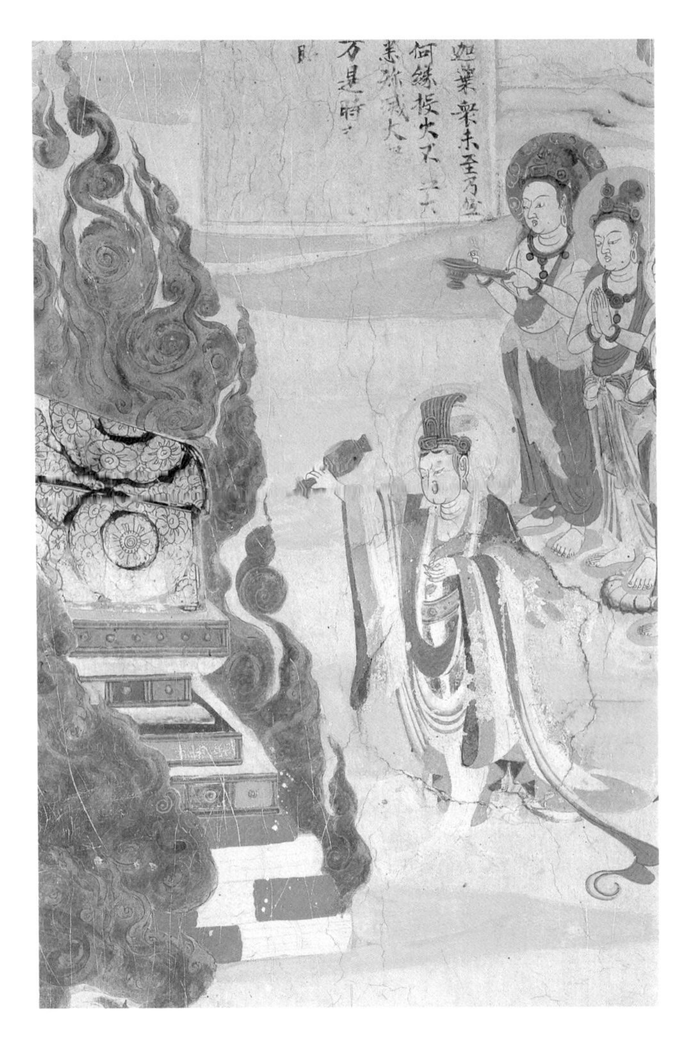

160 香樓焚棺之天王滅火

《大般涅槃經後分》云：正當四眾焚棺時，四大天王急於收舍利上天供養，拿七寶瓶，倒水滅火，但是火勢反而愈烈。圖中畫一天王，正在持瓶倒水滅火。

盛唐 大般涅槃經後分 莫 148 西壁

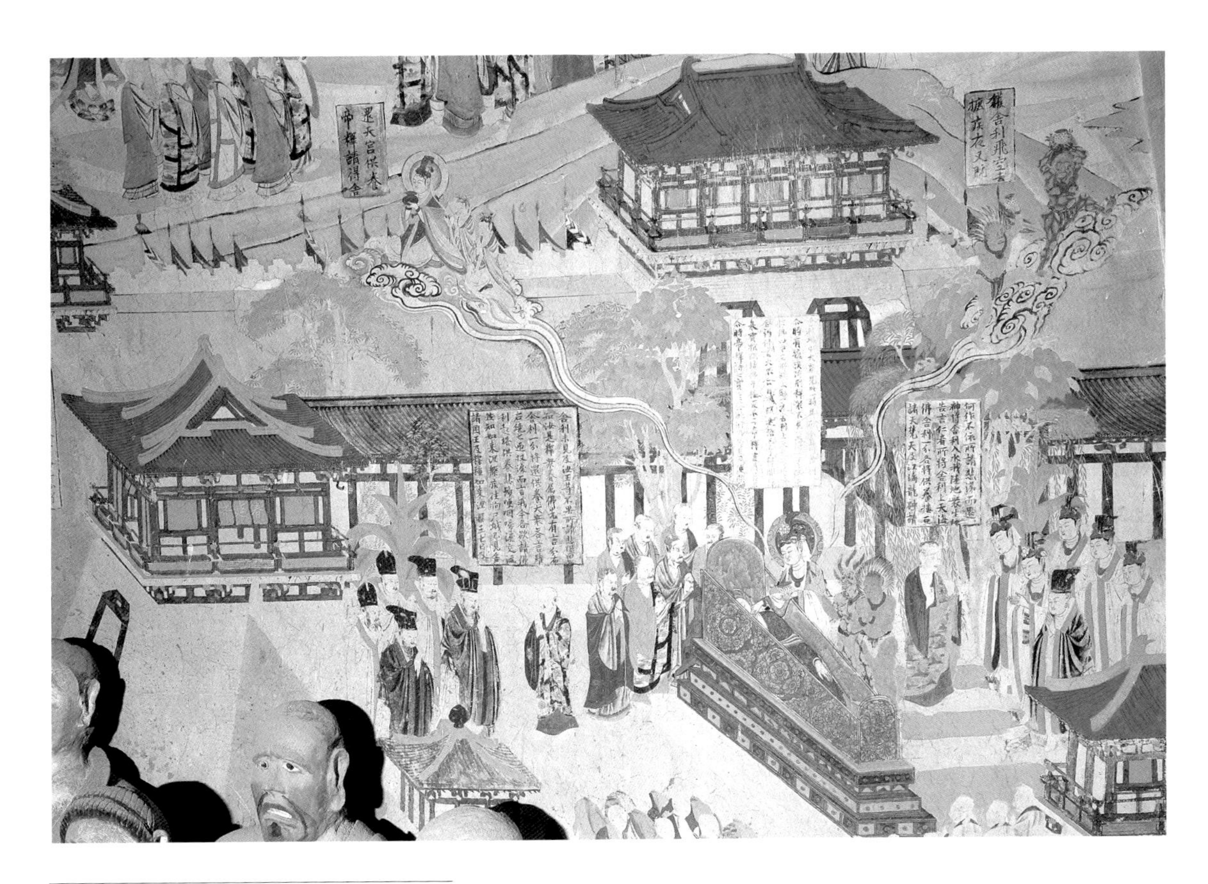

161 求分舍利

在拘尸那城頭，軍旗森威。城內街頭，釋迦右脅臥於金棺內，帝釋天從佛口內取牙舍利，乘雲上天供養（左上）。兩羅剎也趁機盜取一雙佛牙舍利，凌空而去（右上）。佛棺右側繪擬人化的諸天神及江海龍神求分舍利，均遭比丘樓逗拒絕，悲涕而還。左側繪迦毗羅國諸釋迦氏族人求分舍利，也被拘尸那城大眾婉言謝絕，悲恨而還。

盛唐 涅槃經 莫148 西壁

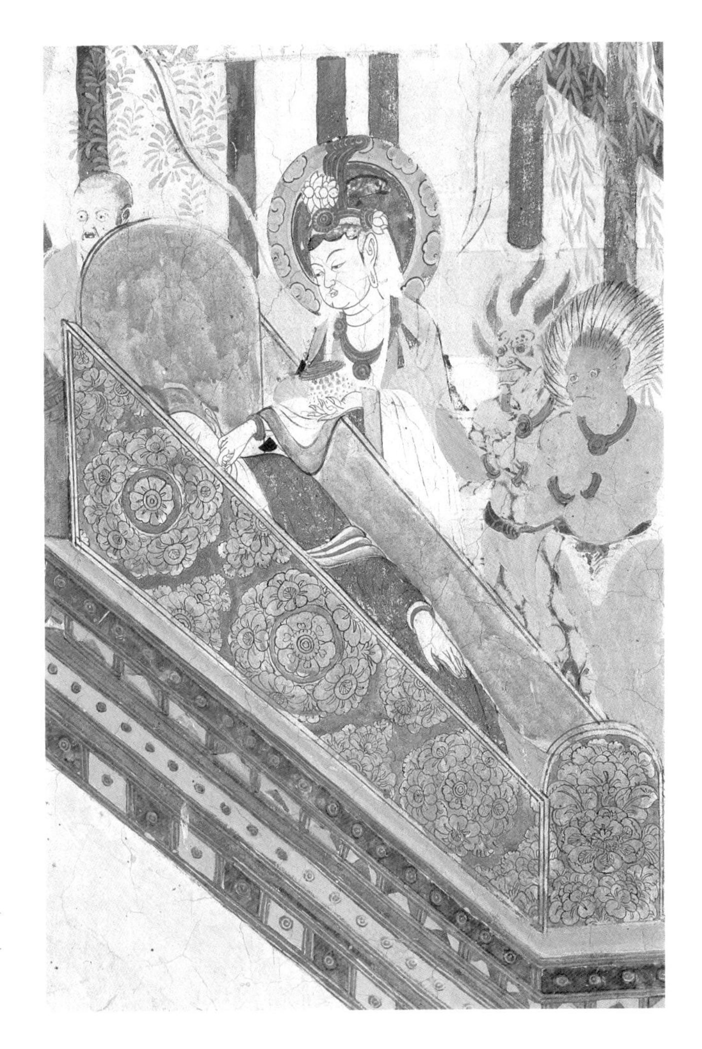

162 帝釋天取佛牙舍利

盛唐 大般涅槃經後分•聖軀廓潤品
莫148 西壁

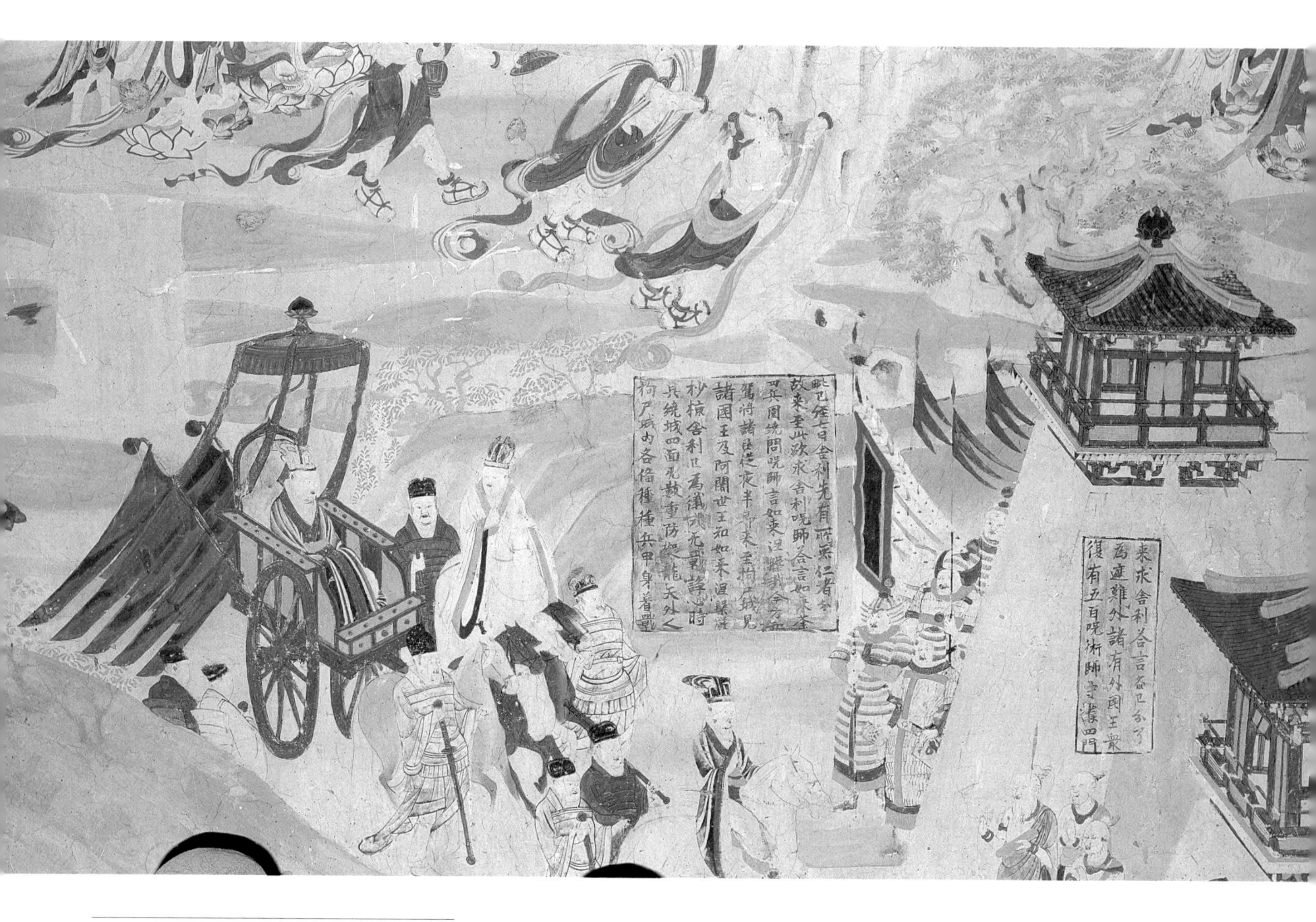

163 阿闍世王求分舍利

右側繪拘尸那城。城樓巍巍，軍旗飄揚，身着盔甲的武士在城門戒備。左側繪阿闍世王在文臣武將的護衛下，乘駟馬戰車向拘尸那城前進。

盛唐 大般涅槃經後分•聖軀廓潤品
莫148 西壁

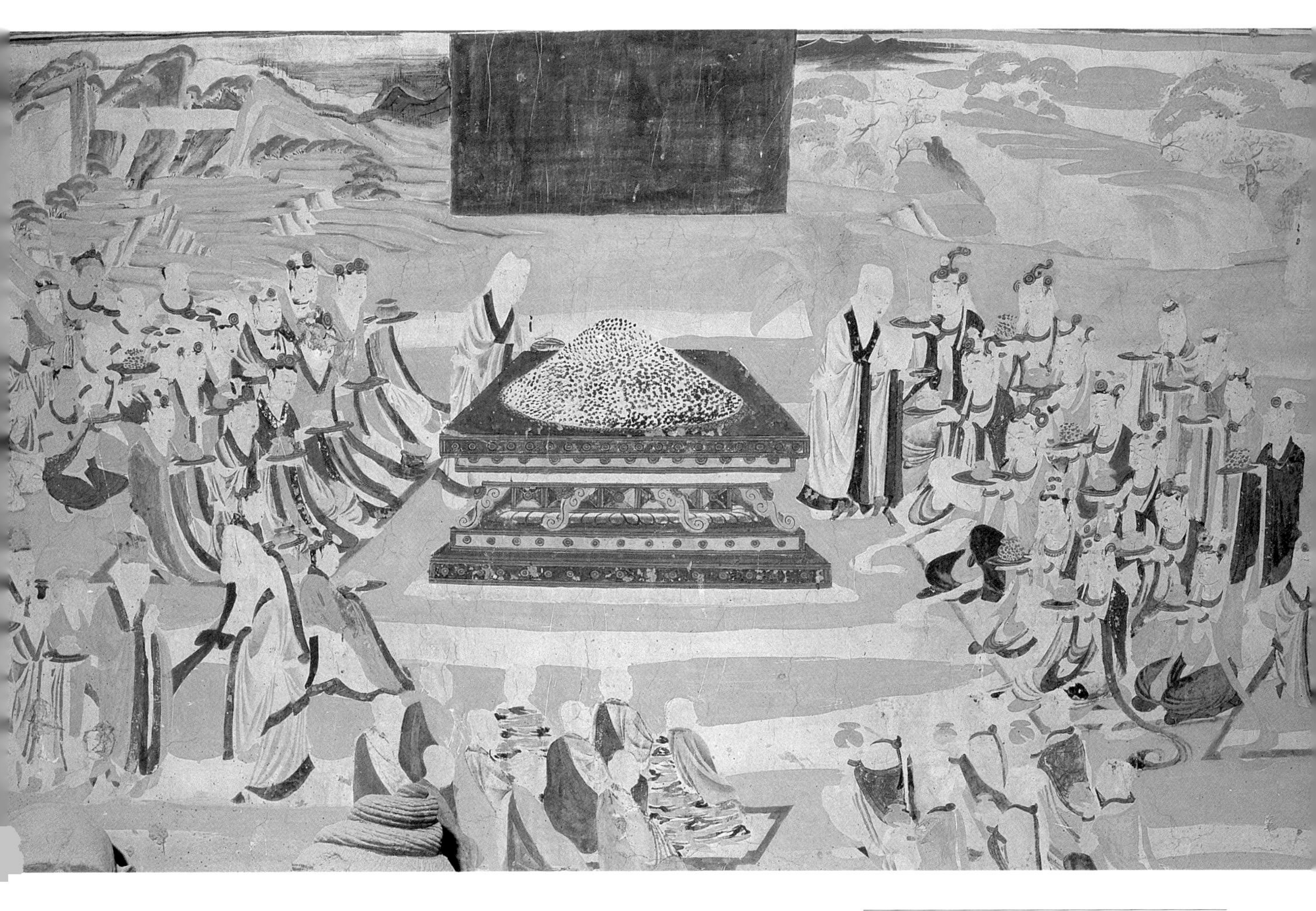

164 分舍利

中間須彌座上堆放着舍利。兩個居士正給拘尸那城士女分配舍利。左下側畫一僧人好像跟幾位王者談論甚麼似的，可能是表現比丘樓逗謝絕八國國王求分舍利。

盛唐 涅槃經 莫148 北壁

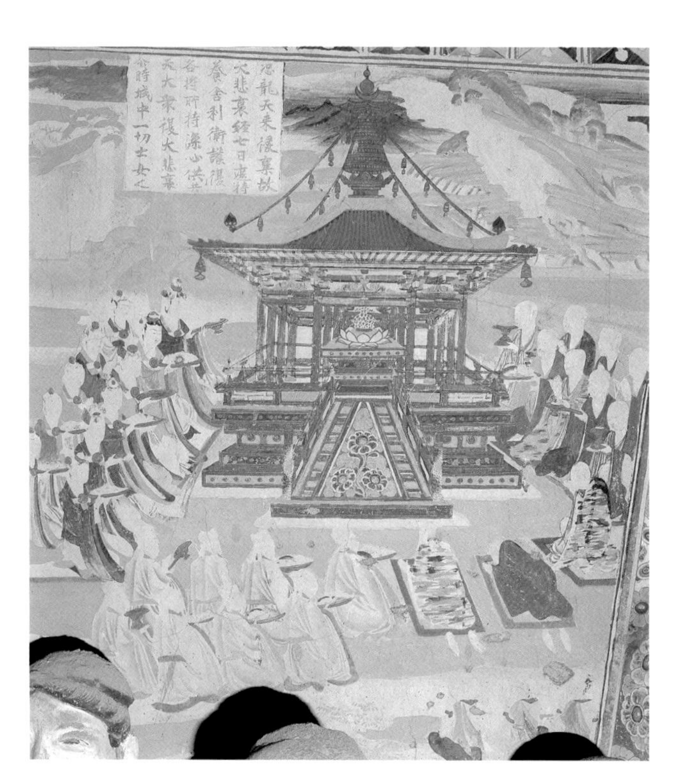

165 起塔供養

根據榜題記載，此圖表現拘尸那城士女與天人大眾供養和守護舍利。中間塔閣內置舍利寶瓶，右側畫比丘、比丘尼，左側畫優婆夷，正面畫優婆塞，均跪地供養。塔剎高聳，飛檐掛鐸，在遠山雲霧的襯托下，頗富詩情畫意。

盛唐 涅槃經 莫148 北壁

166 起塔供養之塔剎局部

盛唐 莫148 北壁

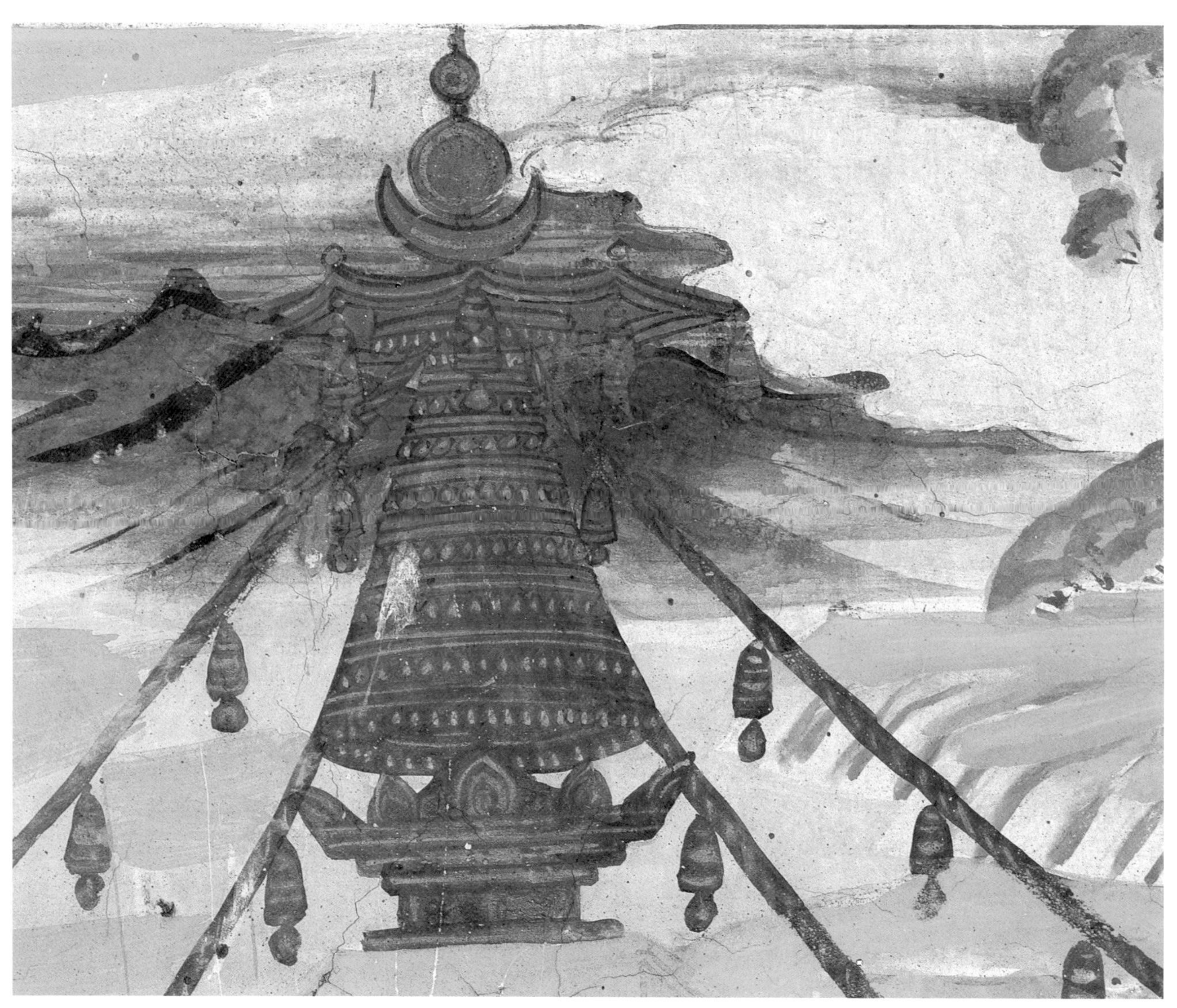

第四節　繪塑合壁 渾然天成

中唐（公元781-848年）

公元九世紀中葉，中原仍然流行涅槃經變。

此時，敦煌為吐蕃統治近七十年之久。中唐莫高窟遺存四鋪涅槃經變，分別為第44、92、158和185窟。第92窟的涅槃經變畫在覆斗形窟頂四坡，莫高窟僅此一例。西坡畫臨終遺教與諸天最後供養。北坡殘存西角，有釋迦佛涅槃像上半身，摩耶夫人舉哀，須跋陀羅身先入滅以及馬、牛、鳥供養。東坡全毀。而中唐最特別的是塑繪合壁的158窟。

繪塑合壁的涅槃經變——第158窟

第158窟的涅槃經變既不同於隋代的單幅多情節，也有異於初、盛唐的多幅多情節，而是兼容兩者的新形式。其特徵是以主尊釋迦牟尼塑像為中心，周圍的壁畫從各個角度渲染、烘托主尊塑像所顯現的主題思想，渾然天成，相得益彰。

先看主尊釋迦涅槃像。涅槃是大乘佛教修行所追求的最高境界，但小乘教派卻認為涅槃是“灰身滅智，捐形絕慮”，實質上就是讚頌死亡，不利於佛教的發展。大乘反對這種消極的涅槃觀，並在《大般涅槃經》中把涅槃概括為四德——常、樂、我、淨。第158窟的主尊釋迦涅槃塑像，就成功地融顯了涅槃四德。

西壁所畫的菩薩、比丘像，以兩種截然不同的表情，進一步烘托出常、樂、我、淨的境界。上排畫十九身菩薩。菩薩是大乘修行者，是候補佛，覺悟很高，深知釋迦涅槃，其實是達到了最高的理想境界，因此，他們的神情不是悲傷、號哭，而是羨慕、憧憬。菩薩的這種內心活動，在南起第八身菩薩的神態上表現得尤其明顯，她那一雙大而慈悲的眼睛，向下注視着釋迦牟尼佛的面部，似乎在暗自想着：我甚麼時候才能修行到這個境界呢？下排畫十七身比丘，他們是小乘修行者，覺悟低，以為釋迦如同凡人一樣死了，所以一個個如子喪父，號啕大哭，痛不欲生。這種表現手法，在盛唐第148窟“入般涅槃圖”中已見端倪，而第158窟則達到了爐火純青的程度。究其淵源，無疑是來自中原。據記載，中原名畫家吳道子曾於公元742年在鳳翔府（今陝西鳳翔）開元寺畫涅槃像，畫中亦以號哭的比丘與淡然的菩薩營造強烈的對比氣氛。敦煌壁畫顯然受到中原影響。

北壁繪“帝王舉哀圖”。帝王中最前面的是吐蕃贊普，這是吐蕃統治敦煌時期莫高窟壁畫佈局的特徵之一，凡有吐蕃贊普出現，總是位於前列。贊普右側畫戴冕旒的華夏皇帝。其餘十三人大概是中國西部一些少數民族的首領，以及中亞、南亞國家的國王，皆作沉痛哀悼狀；其中有的以刀割耳切鼻，有的以刀劍剖胸，十分慘烈。在第44窟西壁涅槃經變上，致哀的國王中亦有人以刀剜眼。這類情節從未在以前的涅槃經變出現，這些都是中國西部少數民族以及中亞、南亞國家的喪葬習俗。據《資治通鑒》記載，唐太宗逝世時，“四夷之人入仕於朝及來朝貢者數百人，聞喪者慟哭，剪髮、剺面、割耳，流血灑地。”在撒馬爾干東北的片基肯特出土的“哀悼圖”中，還有生動的圖像，可以清楚看到兩人割耳，一人割鼻。吐蕃民族也有類似的習俗，《通典》記載贊普死後，有臣子用四尺木枝，自刺兩肋，以死殉葬。圖中右下角以劍剖胸刺心的人，就有些像吐蕃人。由於這種慘烈的哀悼習俗不合漢人習慣，所以在中唐以前的敦煌涅槃圖像中從未出現過。

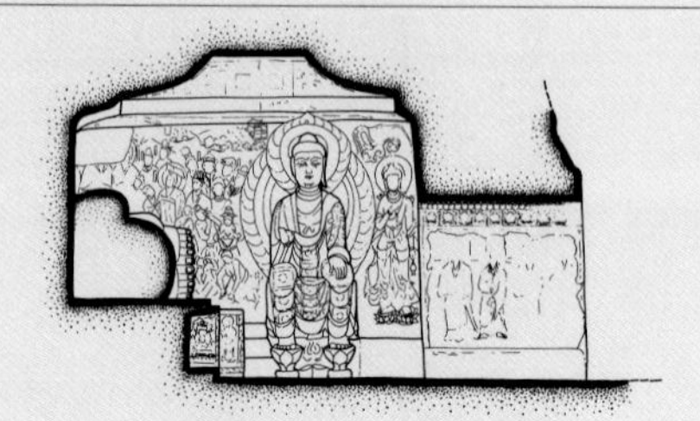

第 158 窟剖面圖

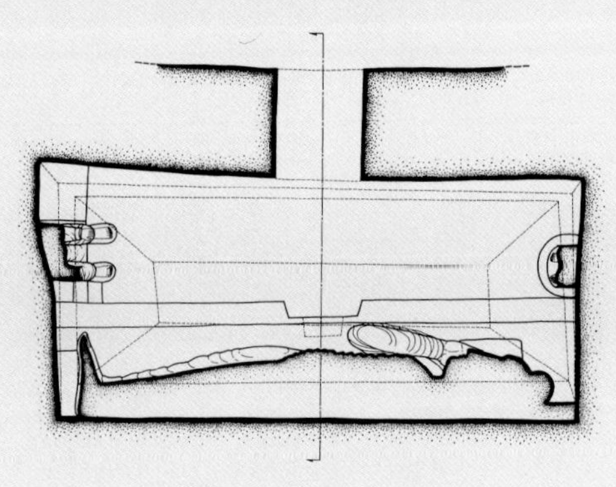

第 158 窟平面圖

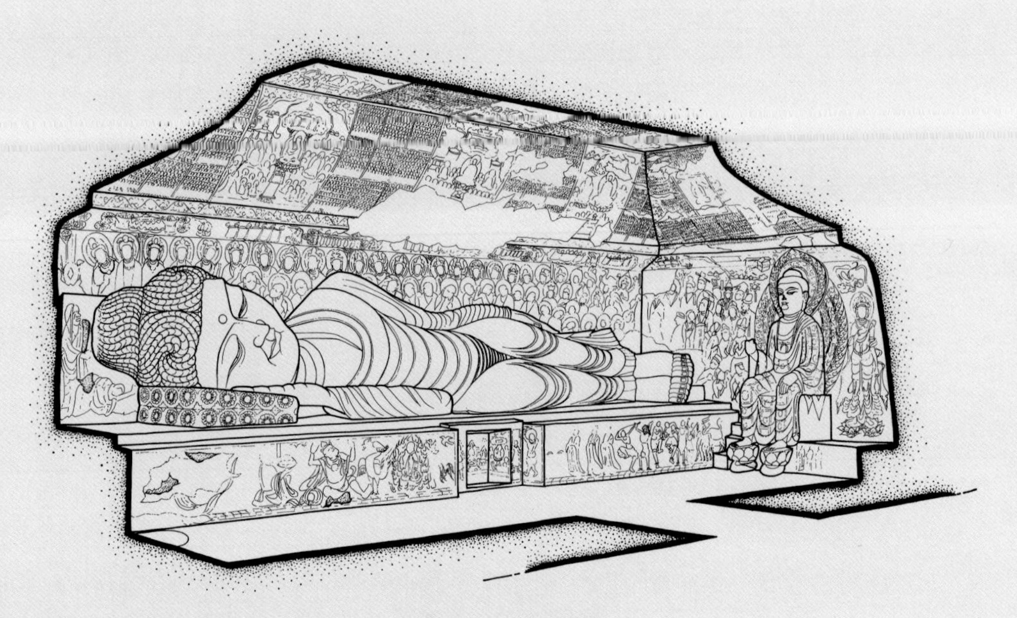

第 158 窟透視圖

第158窟北壁右上角畫比丘優波離到忉利天宮向佛母摩耶夫人報喪。優波離對面畫一婦女，從宮殿內衝出，這是表現摩耶夫人驚悉噩耗，痛不欲生。優波離右側畫一貴婦，帶着侍女，乘雲而下，是表現摩耶夫人奔喪。同期的第44窟西壁南側上角，亦畫優婆離上忉利天宮向佛母摩耶夫人報喪的情節，畫旁有十行榜題，內容與敦煌寫經北6629號《大般涅槃經佛為摩耶夫人説偈品經》相差無幾，該經屬《佛母經》的其中一部。可見中唐時期由中國僧人編撰的《佛母經》已經廣泛應用於壁畫創作，但同時第158窟涅槃經變中不再畫釋迦再生為母説法，説明吐蕃統治時期中國傳統孝道思想的淡化。

佛床東壁也畫供養及舉哀場面。這些題材，尤其是六師外道幸災樂禍圖，與前述西、南、北三壁的壁畫相呼應，更進一步烘托出主尊涅槃的主題。

敦煌涅槃經變的沒落

中唐以後，敦煌涅槃經變便開始式微。原來自張議潮收復敦煌後，敦煌居民普遍沉浸在收復的喜悦之中，由於涅槃畢竟含有“死亡”的意思，故此，涅槃經變便被場面熱鬧的《勞度叉鬥聖變》所取代。

公元1036年西夏佔領敦煌，此後莫高窟仍未再畫涅槃經變，但周邊的西千佛洞等處尚存六鋪涅槃經變，畫面規模較小，情節也簡單，例如榆林窟第2窟，僅在文殊菩薩上部邊沿很不顯眼的地方畫兩小塊。

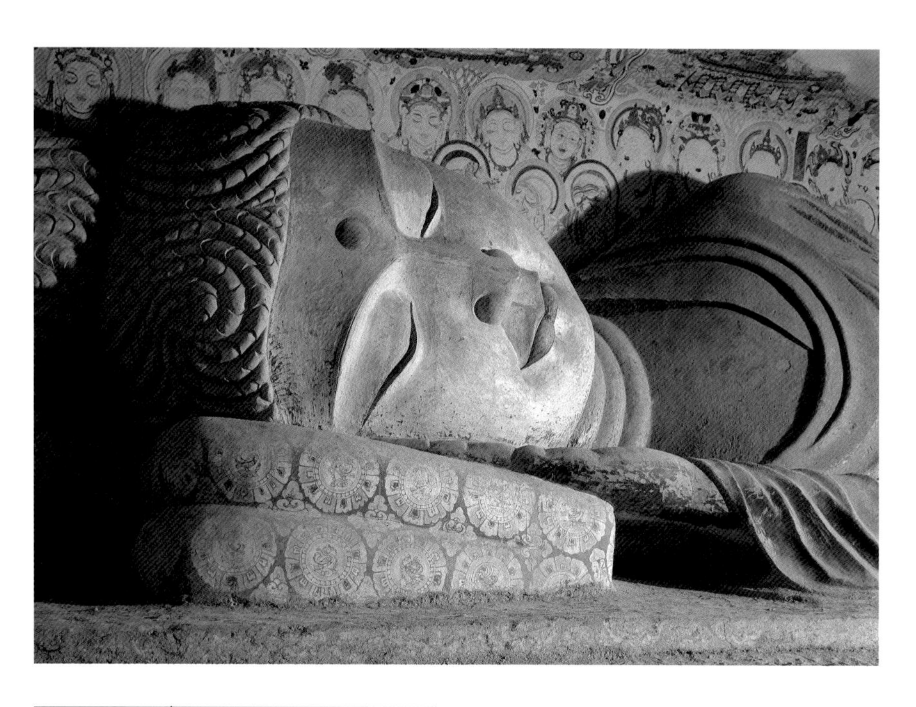

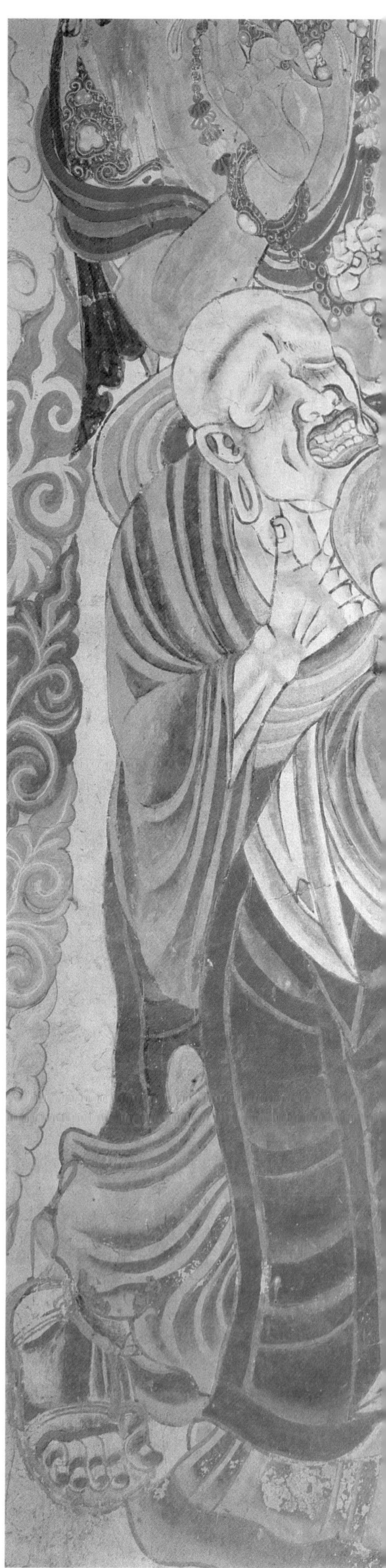

167 釋迦牟尼涅槃像

釋迦右手支頤，面部圓潤祥和，雙目微合，嘴角含笑，鼻翼也似在微微翕動；右脅而臥的姿態安詳自然，左手輕輕放在身上，顯得優雅自在；衣紋起伏流暢。與其說這是年逾八旬、老病交加的印度佛祖的臨終遺像，不如說這是大唐中年得意的哲人，優游自在地回味昔日的豐功偉績，憧憬未來的錦繡前程。如此形神兼備的優美造型，成功地顯示了“常、樂、我、淨”的境界。

中唐 涅槃經

莫 158 西壁佛壇

168 迦葉奔喪

當迦葉從耆闍崛山跋涉趕到達娑羅雙樹間，看見佛棺時，高高舉起枯瘦的雙手，撲向佛棺，老淚盈眶，號啕大哭。痛不欲生之狀，躍然壁上。迦葉左右畫二弟子，緊緊抱住迦葉，以防他倒地撞傷。迦葉右下側畫阿難暈倒的瞬間。此圖把比丘的悲痛，刻畫得淋漓盡致。

中唐 大般涅槃經

莫 158 南壁

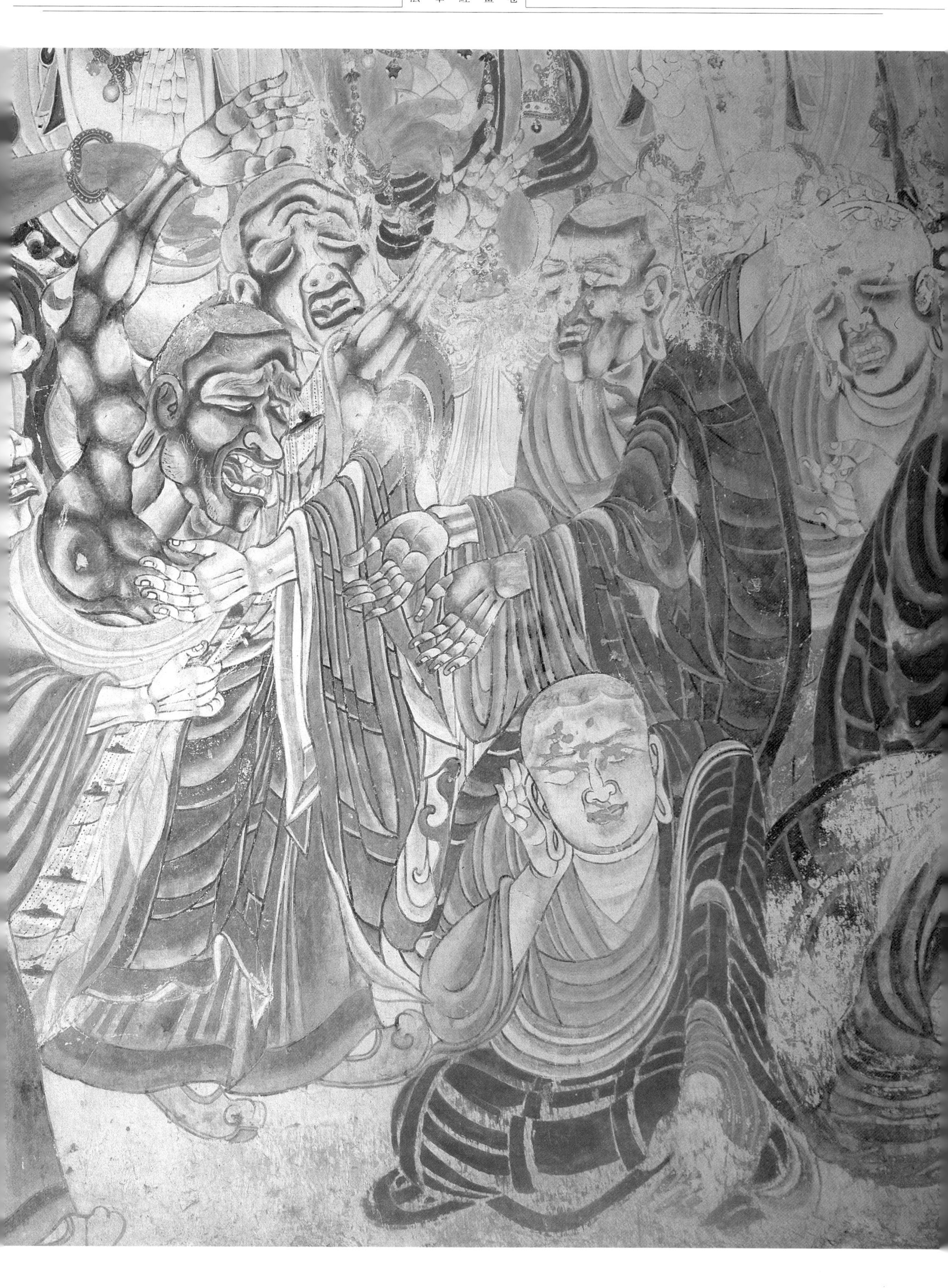

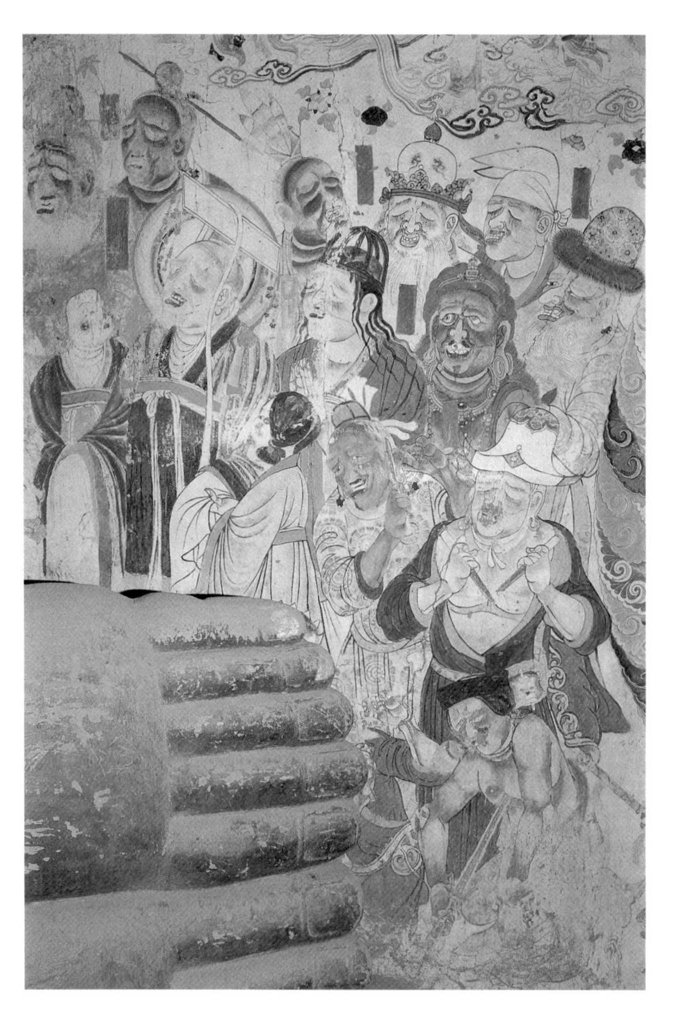

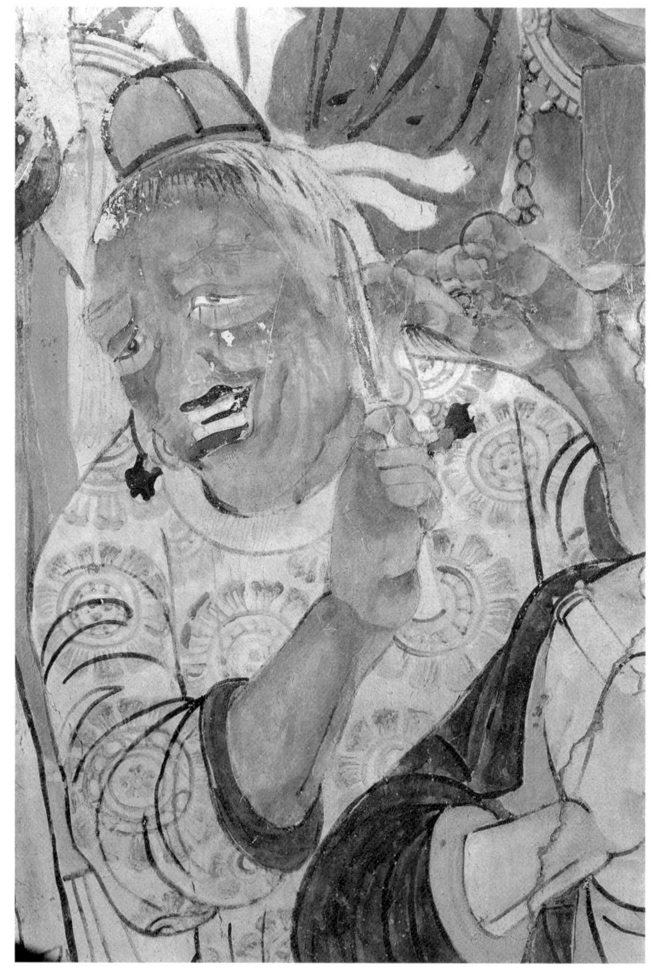

169 帝王舉哀

按照《大般涅槃經後分》卷下〈聖軀廓潤品〉的說法，釋迦涅槃後，迦毗羅等八國國王"即將臣從，疾往拘尸"，"號哭悲哀，悶絕躄地。"畫師把迦毗羅等八國國王改畫為吐蕃贊普、華夏皇帝以及中亞、南亞諸國國王等十餘人。哀悼情狀十分慘烈，割耳、削鼻、剖胸、刺心，目不忍睹，如實反映西域諸國的喪葬習俗，是一幅十分珍貴的民俗史畫。

中唐 大般涅槃經後分•聖軀廓潤品

莫158 北壁

170 帝王舉哀中之割耳者

據《梁書》卷五十四記載，滑國（位於今阿姆河之南）人，穿小袖長身袍，"父母死，其子截一耳，葬訖即吉。"畫面與此記載大致相合。據此推測，圖中割耳者可能就是滑國人。公元484年，滑國擊敗波斯，建都拔底延城（今阿富汗北部伐濟腊巴德），國號嚈噠。

中唐 莫158 北壁

171 天龍八部

天龍八部護法神也求佛接受他們的最後供養。八部護法神為天、龍、夜叉、乾闥婆、阿修羅、迦樓羅、緊那羅、摩睺羅伽。此圖為"龍"，以頭戴龍冠作為象徵。

中唐 涅槃經

莫158 西壁南側

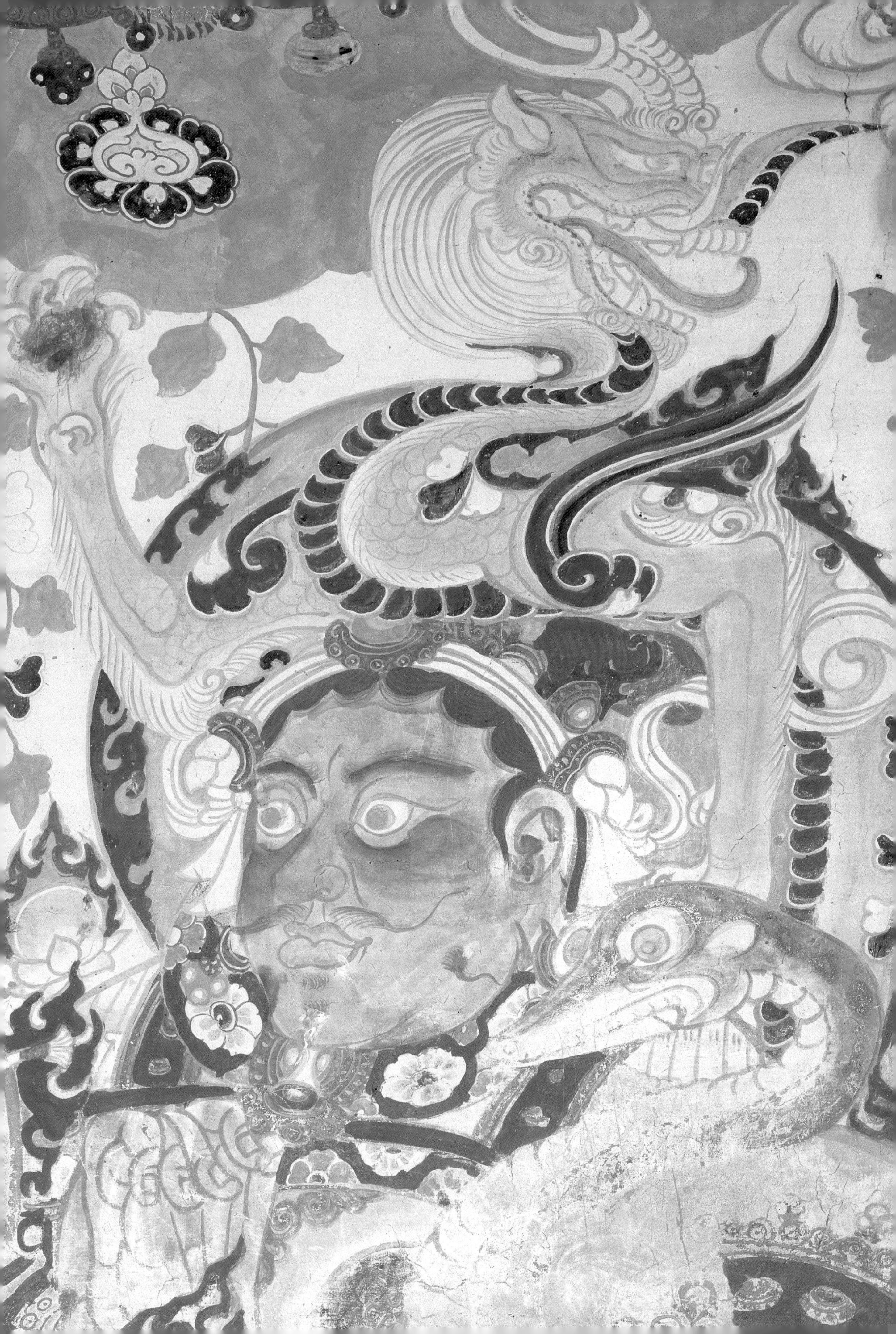

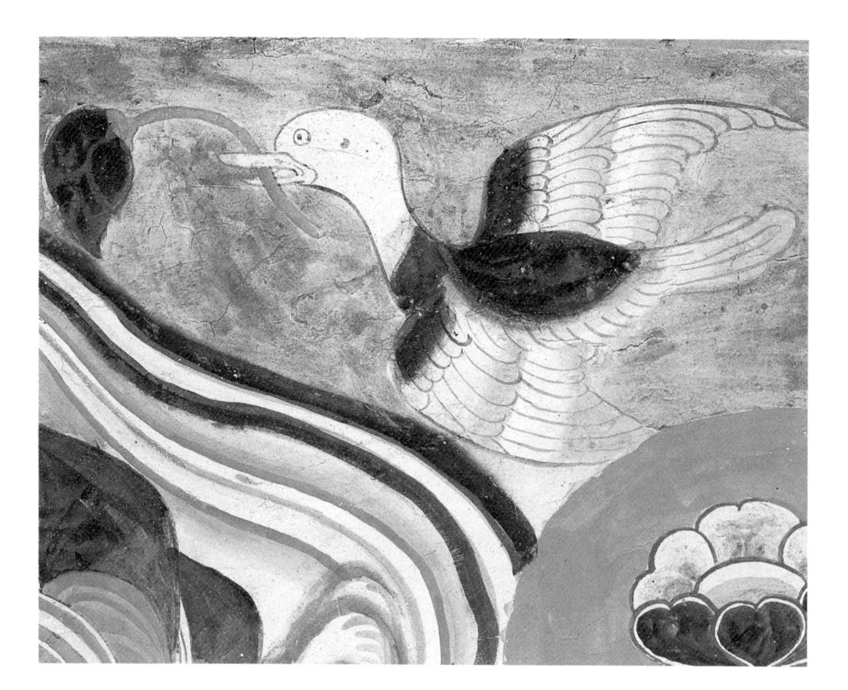

172 諸鳥供養

《大般涅槃經》卷一〈壽命品〉說：釋迦即將涅槃，有二十恒河沙“諸飛鳥王”，“持諸花果”，來作最後供養。隋代第420窟的“諸鳥供養”是一鋪獨立的說法圖，到唐代則分散到經變的上部或下部。此圖位於上部，畫一隻鳥嘴銜鮮花，飛向佛所作最後供養。

中唐 大般涅槃經 • 壽命品

莫 158 西壁

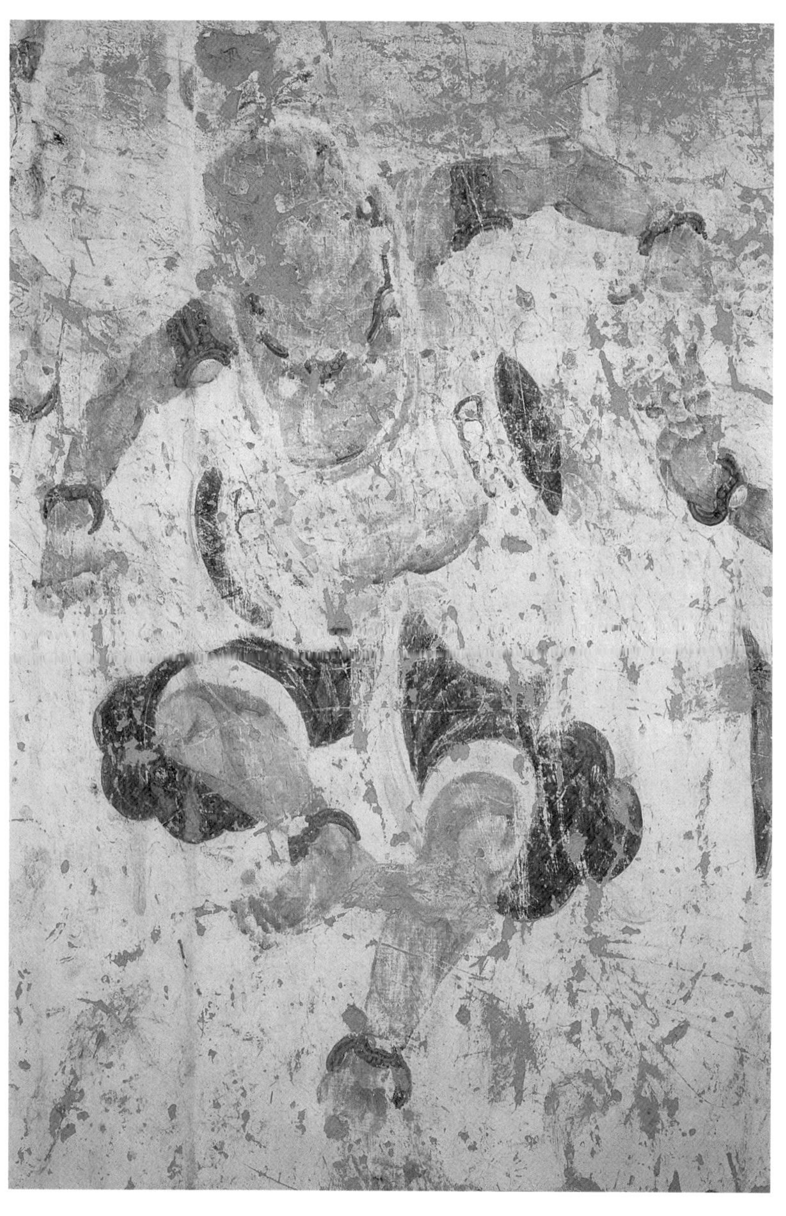

173 外道幸災樂禍

“外道幸災樂禍圖”最早見於第148窟，榜題為“外道六師”，即古代印度六個佛教思想以外的學派。第158窟“外道幸災樂禍圖”共畫六人，象徵“六師外道”。其中三人跳舞，一人翻跟斗，二人指頭劃腳。圖為其中一人，雙手擊腰鼓起舞，慶賀釋迦去世。人物刻畫得身強力壯，生動活潑，符合敦煌壁畫中的外道形象。

中唐 佛入涅槃窟迹金剛力士哀戀經

莫 158 佛壇東向面北側

174 諸天供養

《大般涅槃經》卷下云：釋迦佛即將涅槃，“諸天於空……種種供養。”西壁上部畫許多飛天，情趣各異。圖中這飛天雙手持瓔珞，從空而下，向佛供養。

中唐 大般涅槃經

莫 158 西壁

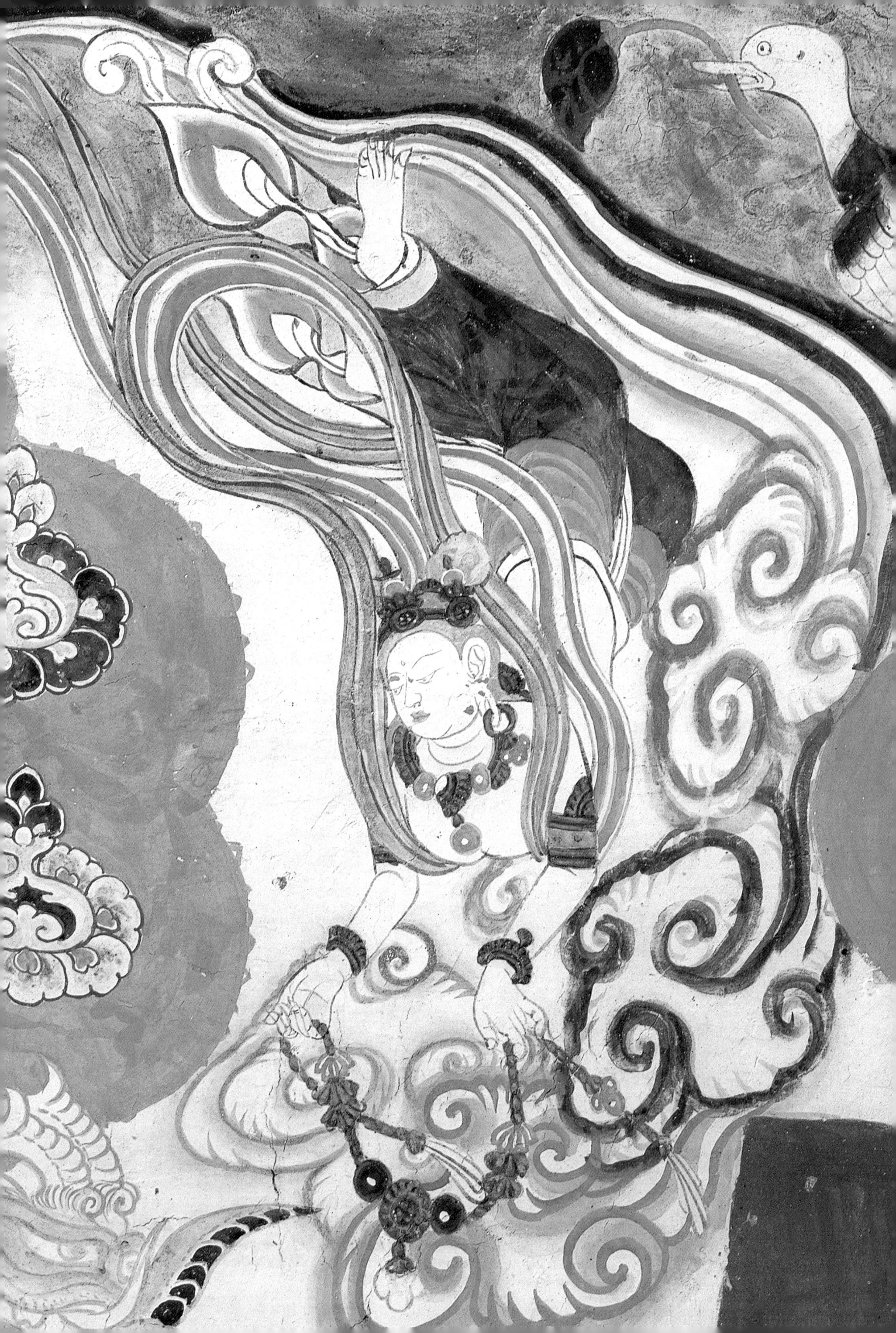

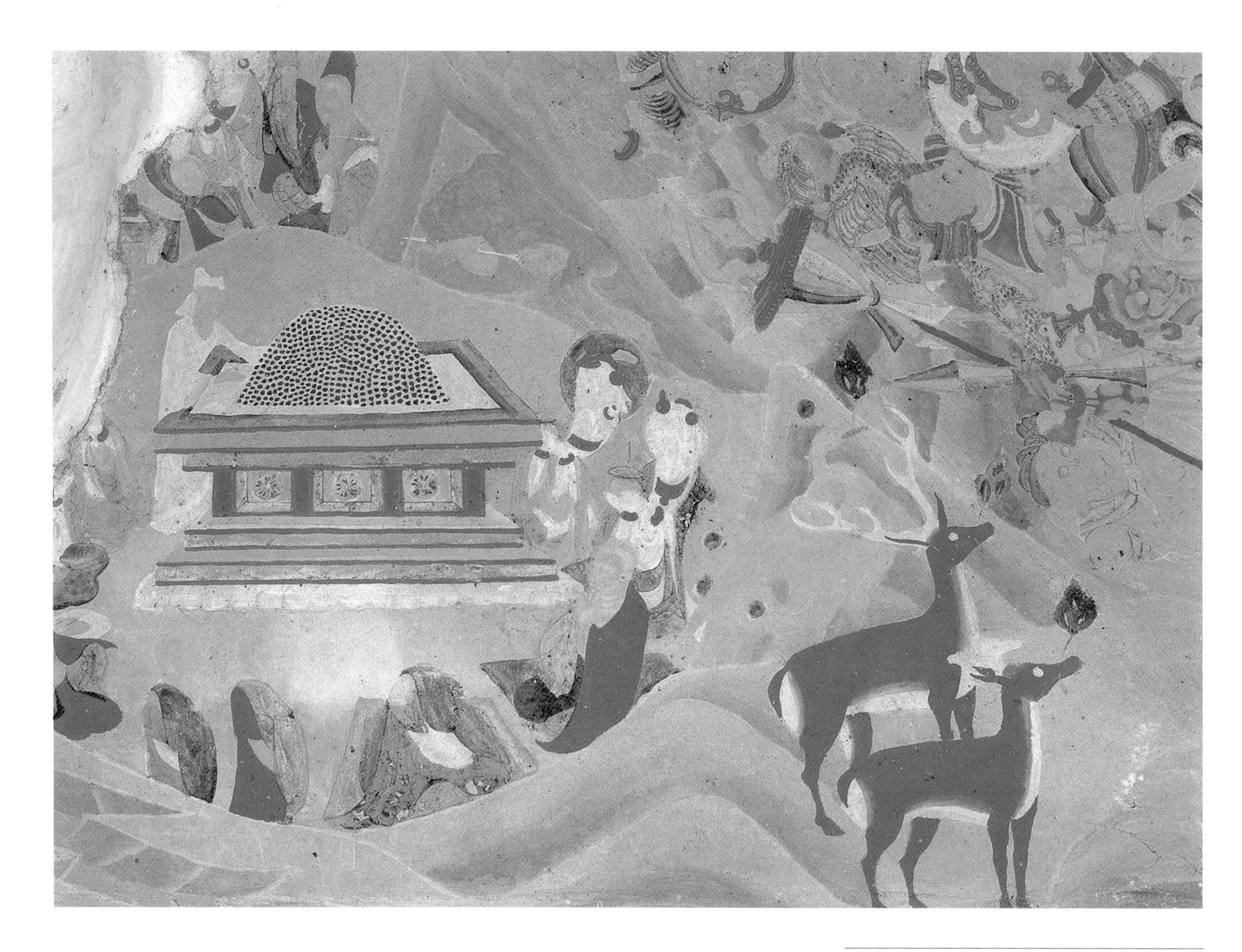

175 **均分舍利**

南坡殘存西下角，畫均分舍利與兩鹿供養。須彌座上放置舍利，一位居士正在分發舍利。右側兩鹿面向西坡，屬於西坡“臨終遺教圖”的一部分，表現鹿王趕來，求佛接受二鹿王的最後供養。鹿王嘴裏還銜着鮮花，刻畫頗為生動。

中唐 涅槃經 莫92 窟頂南坡

176 **涅槃經變**

右側是“入般涅槃圖”，釋迦佛右脅臥於高床上，身後二婦女頭結髮髻，身穿俗裝，可能是佛母摩耶夫人與隨從天女。釋迦周圍畫數比丘及一天王舉哀，高床前有二力士倒地，其中之一應該是密迹金剛。左側為“焚棺圖”，右側畫一貴夫人及二侍女，均合十而立，可能是佛母摩耶夫人及其隨從天女。情節已簡化，舉哀人物大大減少，不過人物刻畫還算生動，綫描也較熟練。

西夏 涅槃經

榆2 東壁上部

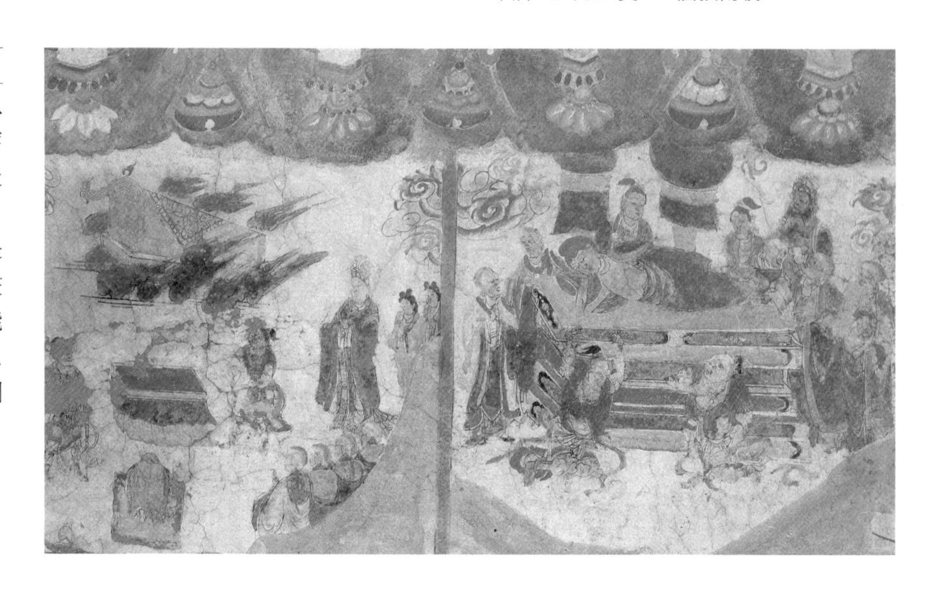

維摩詰經變

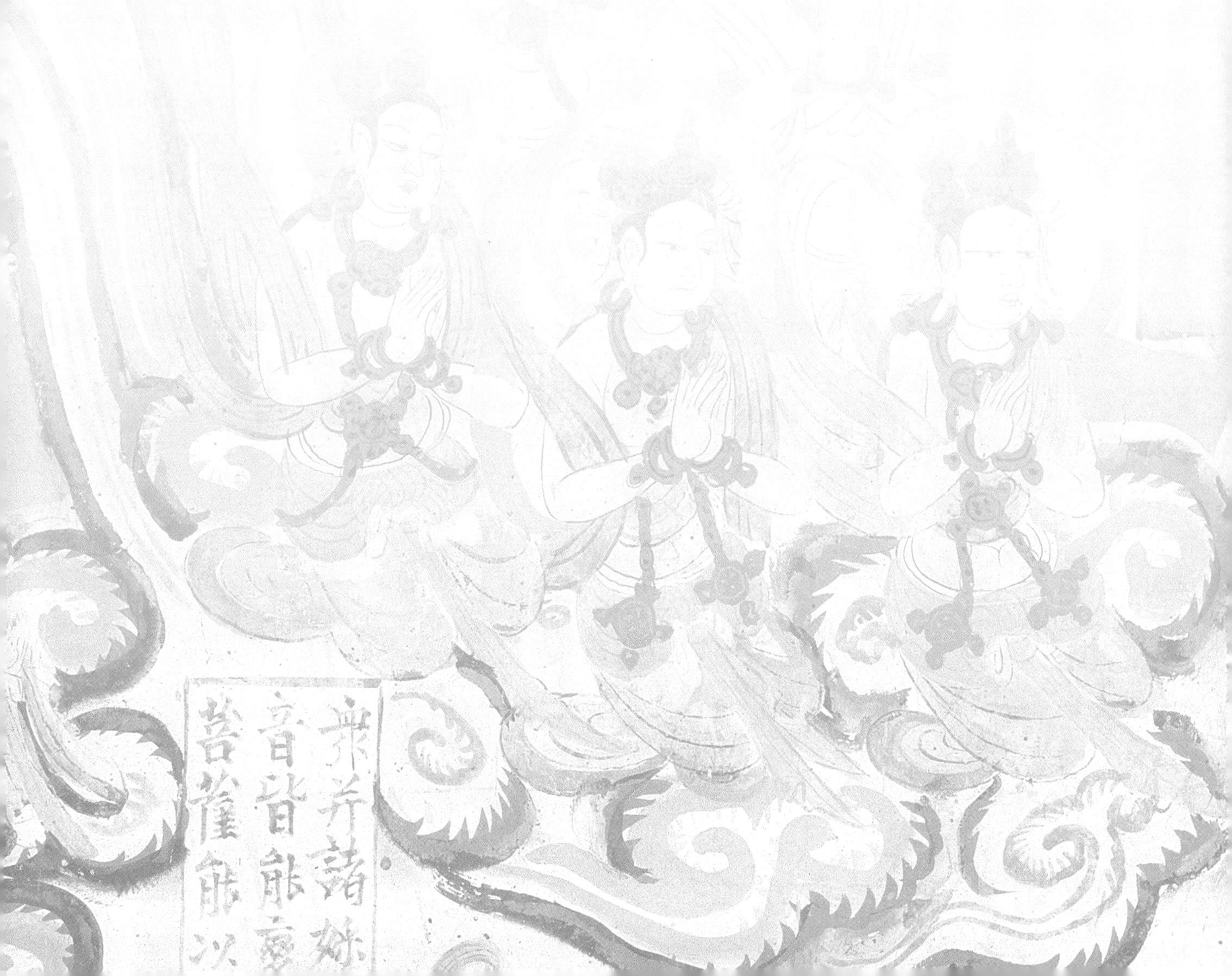

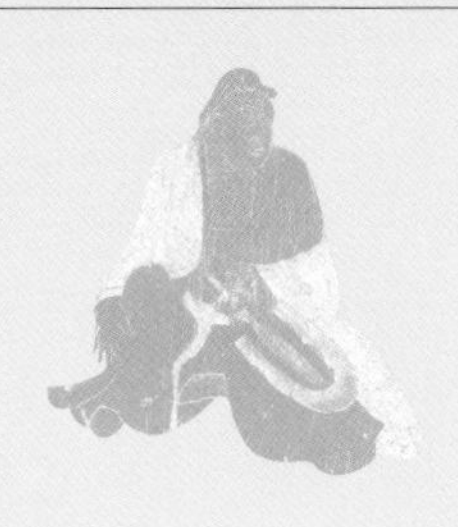

序論　維摩信仰及其早期造像概述

《維摩詰經》是印度大乘佛教早期主要經典之一，約在公元一至二世紀成書，在印度頗為流行。內容主要是通過維摩詰與文殊師利等人共論佛法，闡述大乘般若（即智慧）性空思想，經中以方便說法方式，巧妙地表現般若，使大乘日趨世俗化。全經共十四品，其結構大意如下：

維摩詰經十四品內容簡介表

序分 （記述釋迦召開法會緣起）	1.〈佛國品〉	釋迦在庵羅樹園說法，說明"欲得淨土，當淨其心"的道理。
正宗分 （全經的主體）	2.〈方便品〉	維摩詰假裝生病，向探病的人說法。
	3.〈弟子品〉	釋迦派諸弟子探望維摩詰，但他們皆畏懼維摩詰的辯材，不敢應命。
	4.〈菩薩品〉	菩薩乘弟子皆曾在辯論中不敵維摩詰，故不敢前往。
	5.〈文殊師利問疾品〉	智慧最高的文殊師利菩薩願意探病。其他人為聞維摩詰與文殊共談妙法，亦一同前往。
	6.〈不思議品〉	說法期間，釋迦弟子舍利弗久立思坐，維摩詰便從東方須彌燈王佛借來人量獅子座供眾人坐下。
	7.〈觀眾生品〉	天女在舍利弗身上散花和互換相貌，戲弄舍利弗，帶出萬物無所分別和諸法無定相的道理。
	8.〈佛道品〉	維摩詰說明菩薩必須行"非道"（俗世的種種煩惱、貪欲），即出污泥而不染，才可教化眾生，通達佛道。
	9.〈入二法門品〉	維摩詰以"默然無言"的姿態，表示"無思、無知、無見、無聞"就是"入不二法門"（達到聖道的唯一門徑）。
	10.〈香積佛品〉	舍利弗聽道時想吃飯，維摩詰便派化菩薩向香積佛求取香飯，給眾人食用。
	11.〈菩薩行品〉	維摩詰以神通力帶眾人到庵羅樹園聽釋迦說法。
	12.〈見阿閦佛品〉	釋迦說維摩詰來自清淨的妙喜世界，維摩詰便把妙喜世界變現在眾人眼前。
流通分 （結束語）	13.〈法供養品〉	釋迦說若能信奉、傳揚本經，即為以法供養釋迦，是最高級的供養。
	14.〈囑累品〉	釋迦囑咐彌勒菩薩，將來要宣揚、護持本經。

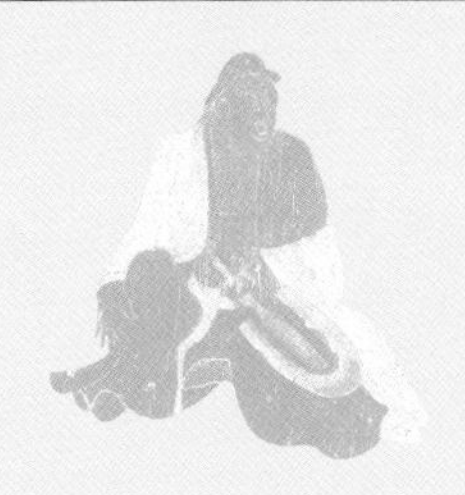

此經共七種漢譯本，其中以鳩摩羅什的《維摩詰所說經》三卷本最盛行。敦煌遺書上千件有關維摩詰經寫本中，約近六百件是羅什譯本。敦煌壁畫中的維摩詰經變，也主要據此譯本繪製。

維摩詰——“辯才無礙”的居士

“維摩詰”亦譯“毗摩羅詰”，簡稱“維摩”，意思是“淨名”、“無垢稱”。他本是無動如來治下妙喜國的菩薩，並曾成佛，名“金粟如來”。為了化度眾生，他以方便力來到釋迦治理的娑婆世界，化身為毗耶離城中的長者。他有兩大本事：一是“善於智度”，即精通大乘哲理，“辯才無礙，遊戲神通”，連釋迦手下的大菩薩、大弟子都怕他三分。二是“通達方便”，他可以隨心所欲地運用大乘空宗哲理，為他的行為辯護。例如佛教徒不許有私產，他為了“攝諸平民”，而“資財無量”；佛教徒不許娶妻立室，他妻妾滿室，還標榜“常樂遠離”；他出入宮掖，是“化正宮女”；交結權貴，為“示以忠孝”；別人跑賭場，下酒肆，逛妓院，被佛教視為造大惡業，死後要進阿鼻地獄，他卻是為“度人”、“立志”、“示欲之過”，功德無量。《維摩詰經》傳入中國後，尤其是在兩晉南北朝，即成為權貴的“棲神之宅”和士大夫愛不釋手的“小玩藝”。

維摩詰經與玄學的融合

魏晉時期玄學盛行，大乘空宗佛學只能附玄學以圖存。在崇尚清談玄理的風氣下，《維摩詰經》正好大派用場。當時名士誦《維摩》，高僧讀《老》、《莊》的情況屢見不鮮。據《世說新語》記載，高僧支道林與名士許詢等人便

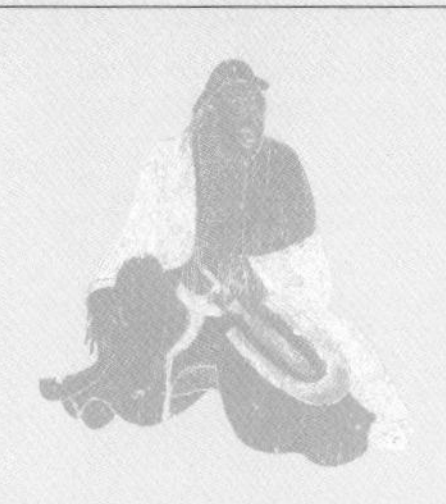

曾在晉代王族的書齋宣講《維摩詰經》。支道林每闡明一個義理；許詢每提出一個駁難，都令與會者只顧讚嘆兩人連珠妙語，而不知辨別義理之所在。此外，名士殷浩、謝靈運等亦雅好《維摩詰經》，可見《維摩詰經》對當時清談名士影響之大。

由於《維摩詰經》流行，西晉畫家張墨已開始畫維摩詰像。東晉顧愷之在瓦棺寺畫的維摩詰像，籌得百萬錢，更成為千古佳話。唐代詩人杜甫看過後亦讚道："虎頭金粟影，神妙獨難忘。"張彥遠稱此畫有"清羸示病之容，隱几忘言之狀。"示病之容完全符合經中說的維摩詰"現身有疾"；而"隱几忘言之狀"正表現〈入不二法門品〉中維摩詰"無思、無知、無見、無聞"的境界，亦即羅什譯本所說的"真入不二法門"，意思為不加判斷，不表示明確的意見，並以"默然無言"的姿態來表現。這種神態亦正好反映兩晉南朝清談名士以病態為美的審美觀。

張墨、顧愷之所畫維摩詰像，還不是維摩詰經變。最早的維摩詰經變，應為南朝劉宋時的袁倩所畫。畫中"百有餘事"，很可能是顧愷之《女史箴圖卷》、《洛神賦圖卷》那樣的長卷變相圖。可惜以上作品均已失傳，難悉其詳。

敦煌維摩詰經變的源流與傳承

現存維摩造像大多在北方。其中最早而且有明確紀年的為西秦建弘元年（公元420年）永靖炳靈寺第169窟內的維摩詰畫像。維摩詰穿菩薩裝，半臥於長榻上。臉形豐圓，看不出有"清羸示病之容，隱几忘言之狀"。此圖右下側為一幅維摩詰經變：釋迦左側侍立一臉形豐圓，兩手殘損的菩薩，墨書榜題

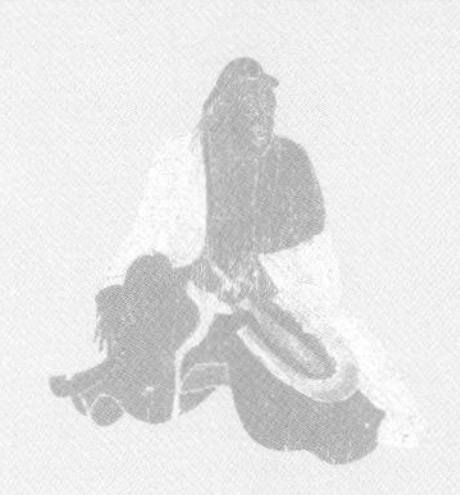

“維摩詰”。釋迦右面的菩薩剝落，可能是文殊。從風格而言，此二圖似為當地畫工所為，與江南顧愷之等沒有傳承關係。

北魏雖不像東晉南朝那樣重視玄學清談，但對南方的文化也學而不厭。北魏孝文帝曾請精通《維摩詰經》的沙門曇度“大開講席”。宣武帝更親自為諸僧、朝臣講授《維摩詰經》。上行下效，連中、下級官員也學習《維摩詰經》。因此，由石窟到碑塔，維摩造像和經變一直在北朝興盛不衰，尤以龍門石窟為代表。歸納起來，可分為南北兩類。

北方工匠創作的維摩詰經變，反映北方樸實風格。例如太和元年（公元477年）陽氏造金銅釋迦佛坐像背光後面的綫刻維摩詰經變，釋迦、多寶二佛左側的維摩詰，臉面豐圓，頭戴尖頂帽，身披開襟大衣，手執麈尾，一派北方胡族貴人風度。右側刻文殊菩薩，與維摩詰遙相對坐。另外，雲岡第6窟南壁維摩詰經變，釋迦右側的維摩詰倚坐胡床上，留長鬚，頭戴尖頂氈帽，身穿窄袖開襟大衣，右手執麈尾，身體壯實，毫無江南名士風采。釋迦左側文殊菩薩的手勢，似向維摩詰發問，維摩詰則閉嘴不語，以示“默然無言”。

另一類是源於南朝，帶有玄談遺風的維摩詰經變。如原在河南出土，造於永熙二年至武定元年（公元533-543年）的蘭思遠等造像碑。碑上的維摩詰經變，在右側帳形龕內浮雕維摩詰，面相清瘦，褒衣博帶，手揮麈尾，憑几而坐，具清談名士風采。維摩方丈前的天女，神姿飄逸，衣帶飛舞，亦有洛神宓妃的餘韻。需要指出的是，此鋪維摩詰經變不僅重點表現“維摩示疾”和“文殊來問”，還出現了“借座燈王”、“請飯香土”以及天女譏諷舍利弗。

類似的維摩詰經變還見於北魏晚期麥積山第127窟東壁，是中國現存唐代以前最大的維摩詰經變，畫面約有八平方米。其中維摩詰與文殊之間的大樹下

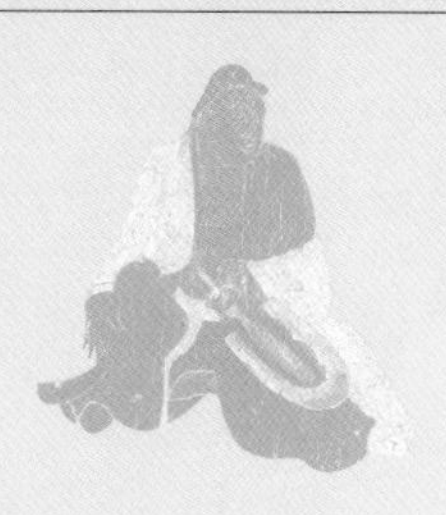

的化菩薩，巾帶飄飛，高舉右手，左手倒香飯，似乎是剛剛從香積佛世界飛來，其身姿情態，頗似顧愷之筆下的洛神宓妃。另外一例是北魏永熙二年(公元533年)趙見禧造像碑上的維摩詰經變，維摩詰亦在釋迦右側，褒衣博帶，手揮麈尾，倚坐於方丈靜室內，銘文云:"此是維摩詰托疾方丈室時"。左側刻文殊菩薩問疾。此外，碑上還刻有釋迦淨土、"借座燈王"和天女譏諷舍利弗。經變中的人物都是秀骨清像，褒衣博帶，顯然是受了顧愷之的影響。

北魏以後，維摩詰經變的一大特徵，是維摩詰均手執麈尾。麈尾在兩晉南朝時是清談名士的雅器。《世説新語》載，孫盛到殷浩家吃飯，兩人一邊辯論，一邊奮力揮動麈尾，使麈尾的毛紛紛落到飯菜上。維摩詰手執麈尾，就是善於清談的象徵。由此可見維摩詰經變與玄學清談之間的密切關係。

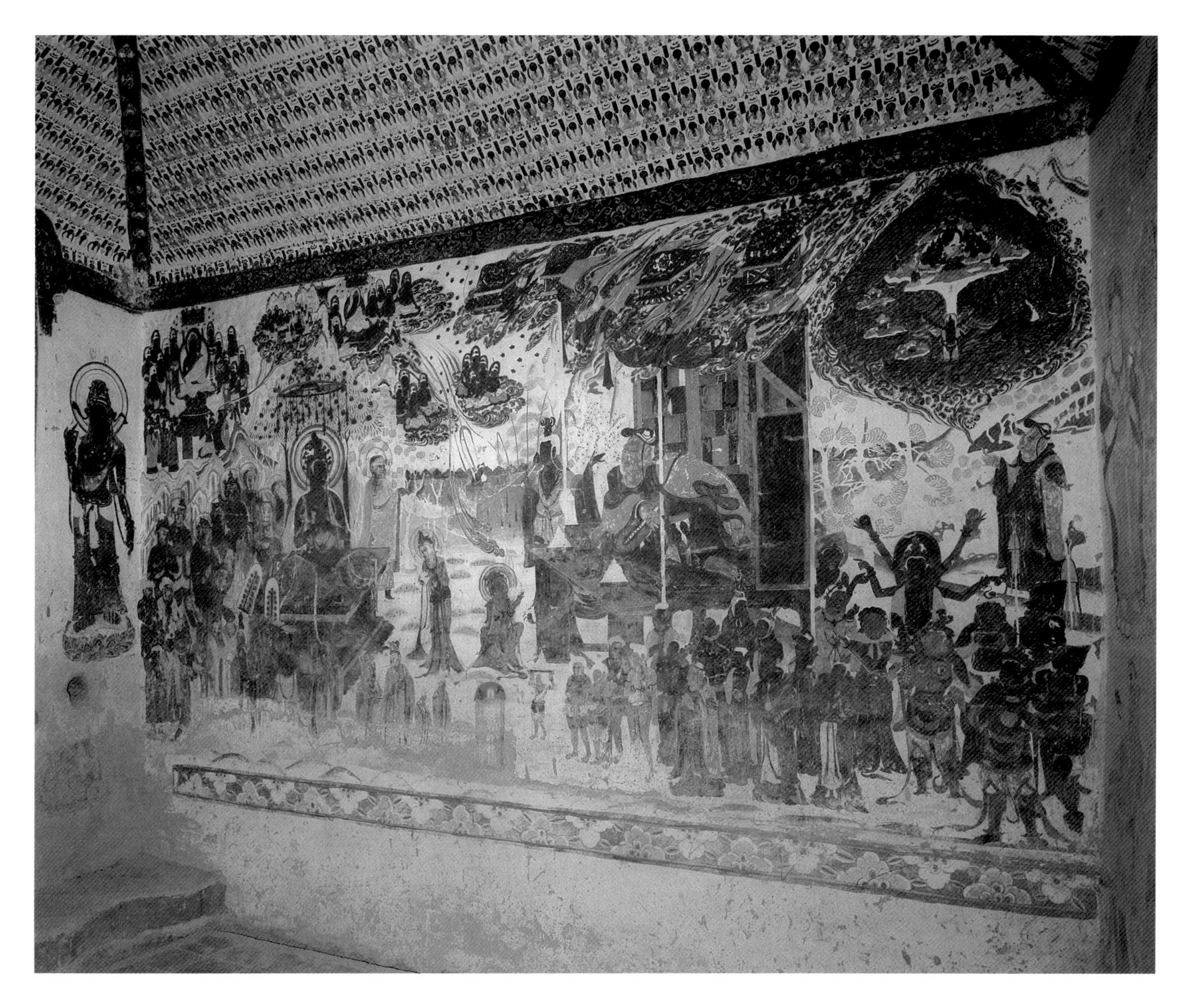

177 **第335窟內景**

大約建於公元686至702年間。北壁繪維摩詰經變，南壁畫阿彌陀經變，西壁佛龕以塑繪聯壁的形式，表現法華經變。這種佈局有佛教義理上的意義。佛家說：修行法華信仰，死後可以往生西方阿彌陀佛國。而《維摩詰經》中又倡言"直心是淨土"，於是維摩信仰就與淨土信仰掛鈎，雙雙繪於法華經變的兩邊。這是莫高窟唐代前期洞窟佈局的一大轉變。

初唐 莫335

第一節 玄風晚抵玉門關

隋代（公元581-618年）

北朝時期，敦煌藝術中並無維摩造像，更沒有維摩詰經變。雖然那時敦煌地區已有《維摩詰經》及義記、經疏流傳，但畢竟沒有形成大氣候。當帶有六朝清談玄風的維摩詰經變，從江南北傳中原，再由中原西達河西走廊西端的敦煌時，百多年南北朝對立的局面已經結束，隋王朝已統一中國。

為了適應大一統的形勢，隋朝對佛教"南義"、"北禪"兼容並蓄，定慧雙弘。與宗室權貴"深有緣契"的智顗，對融合南北佛學起了重大作用。他提出研修佛法的要旨"不出止觀二法"。"止"就是原來盛行於北朝的坐禪修行，而"觀"則是原來風行於南朝的佛學義理。他將止觀比喻為"車之雙輪，鳥之兩翼"，缺一不可。《維摩詰經》是大乘空宗的主要經典之一，言雖簡約，義包羣經，自然備受重視。隋代名僧如慧遠、智顗和吉藏等，不僅精通《維摩詰經》，更撰述了大量經疏、義記，可見隋代三十八年中維摩信仰之盛行。同時，《維摩詰經》亦成為當時名畫家展子虔、楊契丹的取材對象。

隨着隋朝對西域的經營，維摩詰經變也很快傳到敦煌。莫高窟中現存十一鋪隋代維摩詰經變，均繪於開皇九年（公元589年）隋統一中國之後。

隋代維摩詰經變的六種形式

隋代的敦煌維摩詰經變，與北朝時中原流行的維摩詰經變大同小異，都是以〈方便品〉的"維摩示疾"與〈文殊師利問疾品〉的"文殊來問"組成，情節比較簡單。大意是維摩詰為了教化眾生，便假裝生病，藉眾人前來探望時，宣講大乘哲理。釋迦知道維摩詰在家裝病，先後派諸大弟子、大菩薩前往"問疾"，可是誰都不敢去，"智慧最勝"的文殊師利菩薩敢於"承佛聖旨，詣彼問疾"。諸菩薩、大弟子等認為文殊與維摩詰共談，必有妙法，所以都隨文殊探望維摩詰。文殊到後，就從維摩詰的病因問起，展開了一系列的辯論。隋代所有的維摩詰經變都是以此為開端和中心，引伸出其餘各品的。為了便於說明問題，現分六種形式，簡述如下：

隋代維摩詰經變形式及分佈表

經變形式	分佈洞窟
1. 隔龕對坐式	莫417、419、420、314、380
2. 隔龕對立式	莫276
3. 同殿對坐式	莫423
4. 隔彌勒經變對坐式	莫425、433
5. 隔阿修羅對坐式	莫262
6. 隔二佛對坐式	莫277

一、隔龕對坐式：在西壁開一龕，龕外北側畫一殿堂，內畫維摩詰手持塵尾，憑几而坐。龕外南側對稱處也畫一座殿堂，堂內文殊倚坐於須彌座上，舉手說法。周圍還畫一些菩薩、弟子聽法。這種形式與中原雲岡第7窟及龍門賓陽洞前壁窟口的維摩詰經變相似。

此形式中較特別的是第420窟，它跟雲岡、龍門的維摩詰經變有一相異處。該窟在維摩詰與文殊的殿堂下面，出現了與殿堂基座等長，盛有蓮花、水鳥的寶池，藉以表現〈佛國品〉中的釋迦淨土。〈佛國品〉的主旨是“欲得淨土，當淨其心。隨其心淨，則佛土淨。”由於此意難以形諸丹青，於是畫師就借助通常表現西方淨土的寶池、蓮花、水鳥，來表現釋迦淨土。這種表現方法，最早見於北魏趙見禧造像碑的維摩詰經變上，第420窟的釋迦淨土，就是由此發展而來的。

殿堂前畫兩位菩薩跪對維摩詰。上面的一位好像雙手捧鉢，向維摩詰獻上，這可能是表現〈香積佛品〉中“請飯香土”的故事：正當維摩詰與文殊菩薩以“默然無言”來表示大乘空宗的“真入不二法門”時，尚屬小乘羅漢的舍利弗，還沒有擺脱人間的煙火味，餓了。維摩詰知道舍利弗的心事，批評他道：“你怎麼能一邊想着吃飯的事，一邊聽聞佛法呢？如果你想吃飯，請等一會兒。”於是維摩詰現神通力，化出形象端莊，光芒四射的菩薩，到香積佛世界借飯。“香積如來以眾香鉢，盛滿香飯，與化菩薩。”須臾之間，化菩薩即把飯鉢帶回，飯香普熏毗耶離城及三千大千世界。此故事最早見於公元533至534年間蘭思遠等造像碑上，一對化菩薩雙手捧香飯，飛落維摩、文殊之間，雕鏤十分精美。莫高窟第420窟的化菩薩與之相比，雖然晚了將近一個世紀，但仍無法比擬。

二、隔龕對立式：龕北繪維摩詰，龕南畫文殊菩薩，都是孑然一身，隔龕相望。類似的形式還見於炳靈寺第8窟東壁窟門兩側的隋代涅槃經變。

三、同殿對坐式：在同一殿堂內，維摩坐北，文殊坐南，相對論道。類似的形式，早見於北魏雲岡第6窟南壁下層大龕裏。

四、隔彌勒經變對坐式：中間大殿內畫彌勒上生經變，維摩詰及文殊菩薩則分別坐於兩側的右、左配殿內，遙遙相對，辯論佛法。在維摩詰經變與彌勒上生經變上部，還畫阿彌陀佛說法圖，也可以說是早期簡單的阿彌陀經變。這種新型的經變組合，說明隋唐以來，維摩信仰由崇尚玄學清談逐漸轉向來世淨土的追求。

五、隔阿修羅對坐式：在火焰龕楣上畫大海，阿修羅站在大海中，雙手托日、月，頭頂須彌山。這是表現〈見阿閦佛品〉中的“手接大千”故事（詳見第三章第五節）。阿修羅左右各畫一座殿堂，維摩在北，文殊居南，相對論道，身後均簇擁着聽法聖眾。這種形式僅見於敦煌隋代壁畫中。

六、隔二佛對坐式：中間畫《法華經·見寶塔品》中之釋迦、多寶二佛並坐，東側畫維摩詰，已殘，西側畫文殊菩薩。這種形式最早見於北魏太和元年（公元477年）陽氏造金銅坐佛像背面。

隋代維摩詰經變的特點

敦煌隋代的維摩詰經變尚屬初創階段，所含品數不多，只有〈佛國品〉、〈方便品〉、〈文殊師利問疾品〉、〈香積佛品〉和〈見阿閦佛品〉，且都源於中原，特別是龍門石窟。構圖佈局雖然有六種形式，但主要仍是維摩詰與文殊菩薩對坐論道式。人物形象雖有源自東晉南朝秀骨清象、褒衣博帶的清談名士風韻，但主要仍是繼承當地敦厚樸實，儒巾大氅的傳統形象，總括而言，其藝術成就較中原遜色。這是由於敦煌地處西陲，經濟、文化相對落後於中原所致。

隋代維摩詰經變，亦反映了當時社會思想的轉變。北魏晚期麥積山第127窟已將維摩詰經變與西方淨土變繪於一窟，及至隋代的敦煌壁畫，進一步將維摩詰經變與彌勒經變、阿彌陀經變繪於一窟，表明中國文人的維摩信仰，已開始從崇尚清談玄理，追求超脫，轉向與淨土信仰結合，追求來生之計。這種趨勢在唐代更加明顯。

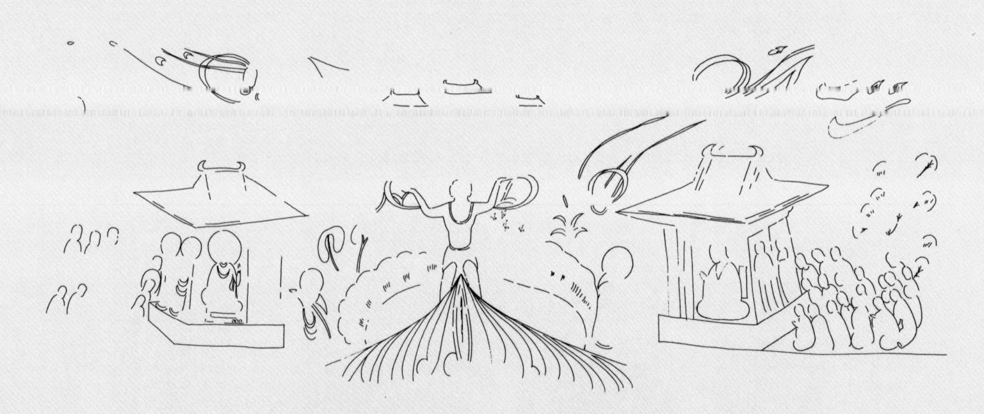

第262窟窟頂維摩詰經變 — 隔阿修羅對坐式示意圖

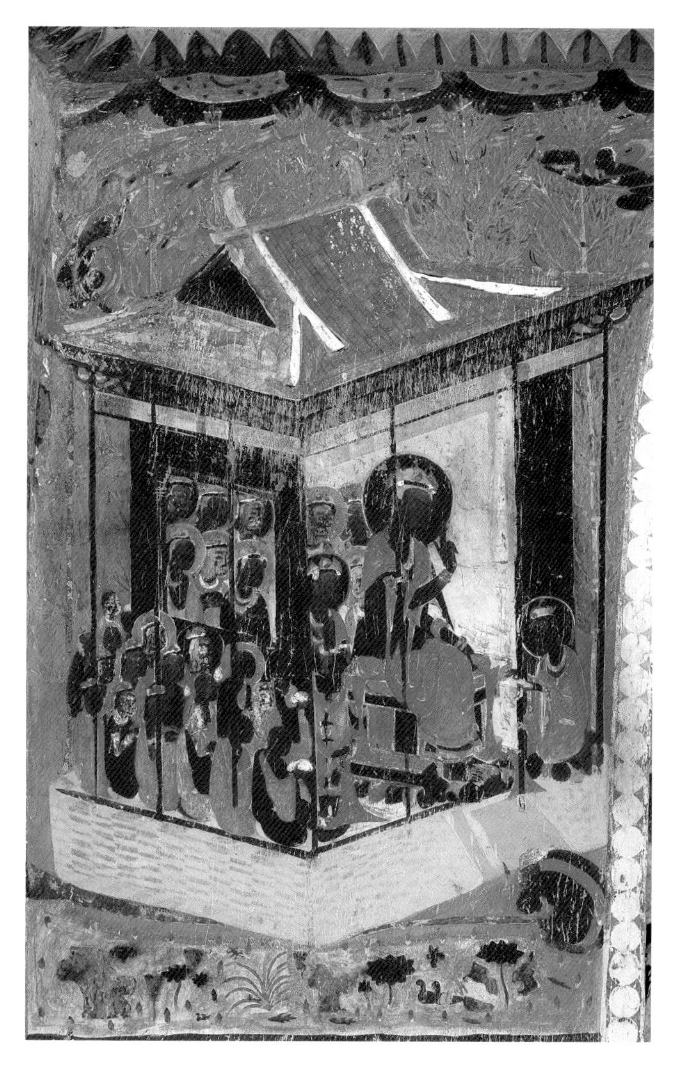

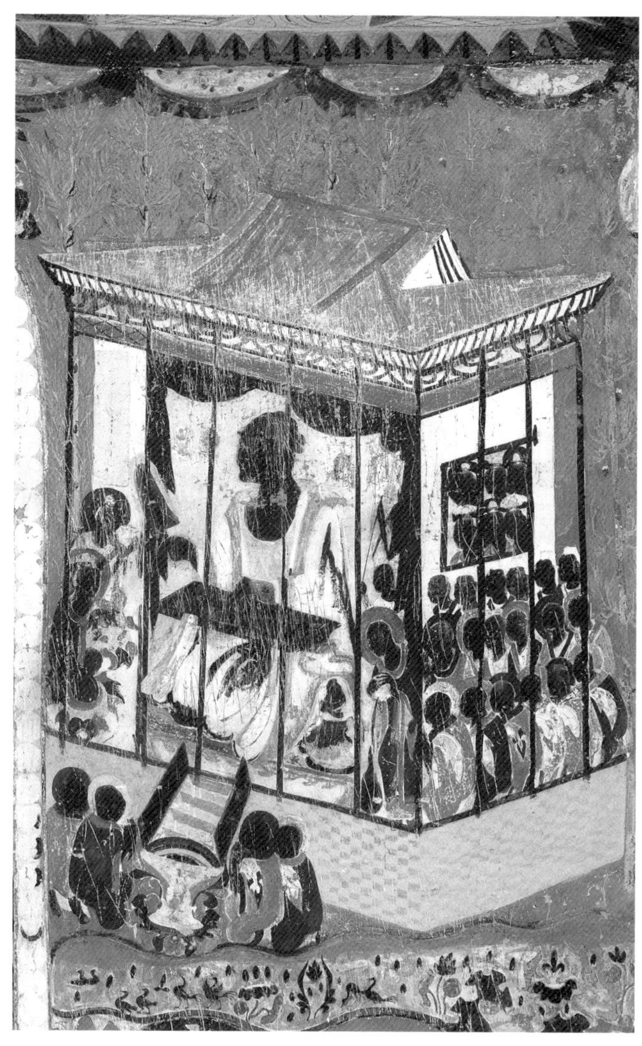

178 **文殊來問**

在一座三間開的歇山頂殿堂內，文殊菩薩倚坐於須彌座上，舉手論道，神態自若。隨來聽法的菩薩、弟子、天人，或侍立於身後，或跪於廊下。另外一位菩薩手中持物，跪於文殊前，虔誠供養。台階下還跪三位世俗信士，叩頭供養。前後有樹林、寶池，樹林間有一對飛天散花供養。

隋代 維摩詰經 • 文殊師利問疾品

莫 420 西壁龕外北側

179 **維摩示疾**

在一座五間開的殿堂內。維摩詰居士面容消瘦，褒衣博帶，手揮麈尾，憑几而坐，有南朝清談名士的風度，顯然受了龍門石窟的影響。殿堂前，畫“請飯香土”。走廊間與台階下，擠滿了菩薩、弟子、天人。殿堂後，以叢林為背景，殿堂前有“釋迦淨土”中的寶池掩映，增添了一絲南國風光。

隋代 維摩詰經 • 方便品

莫 420 西壁龕外北側

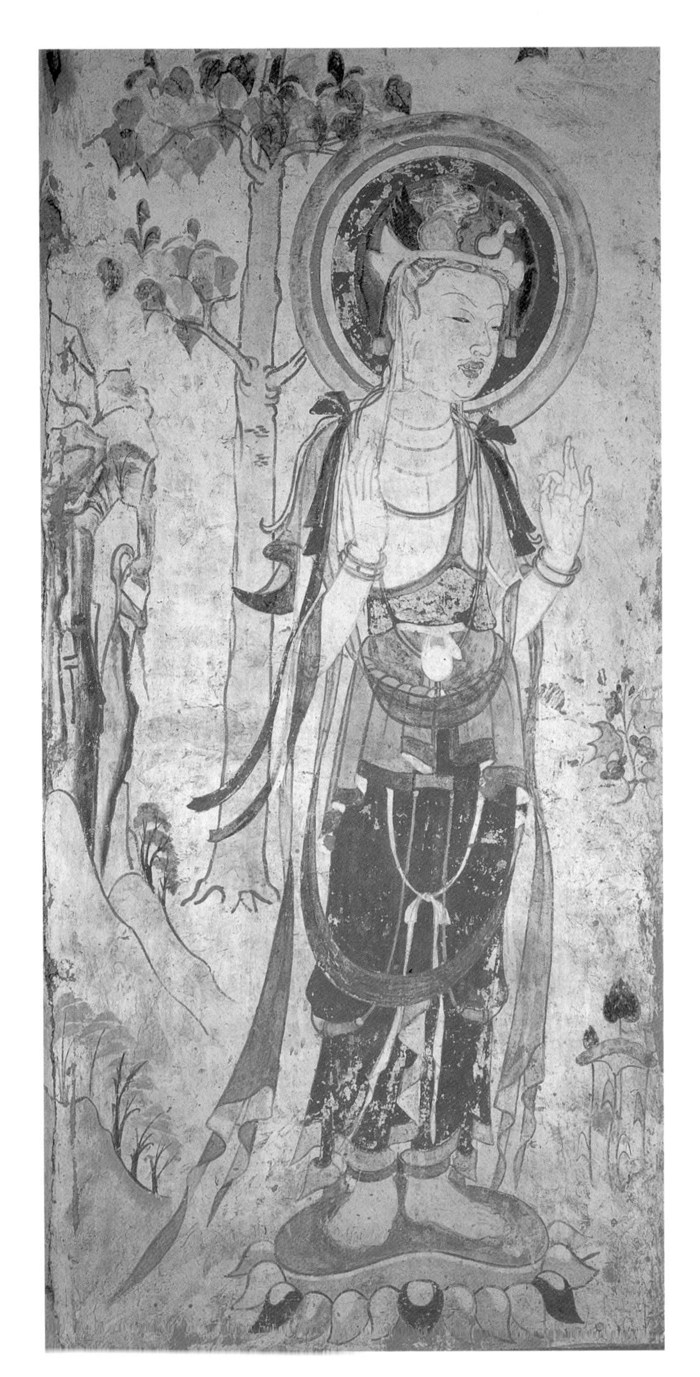

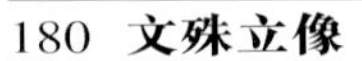

180 文殊立像

文殊菩薩立於菩提樹下的蓮座上，年輕秀美，聰明睿智，雙手揚舉，似在借助手勢，全神貫注於論道。

隋代 維摩詰經 • 文殊師利問疾品

莫 276 西壁龕外南側

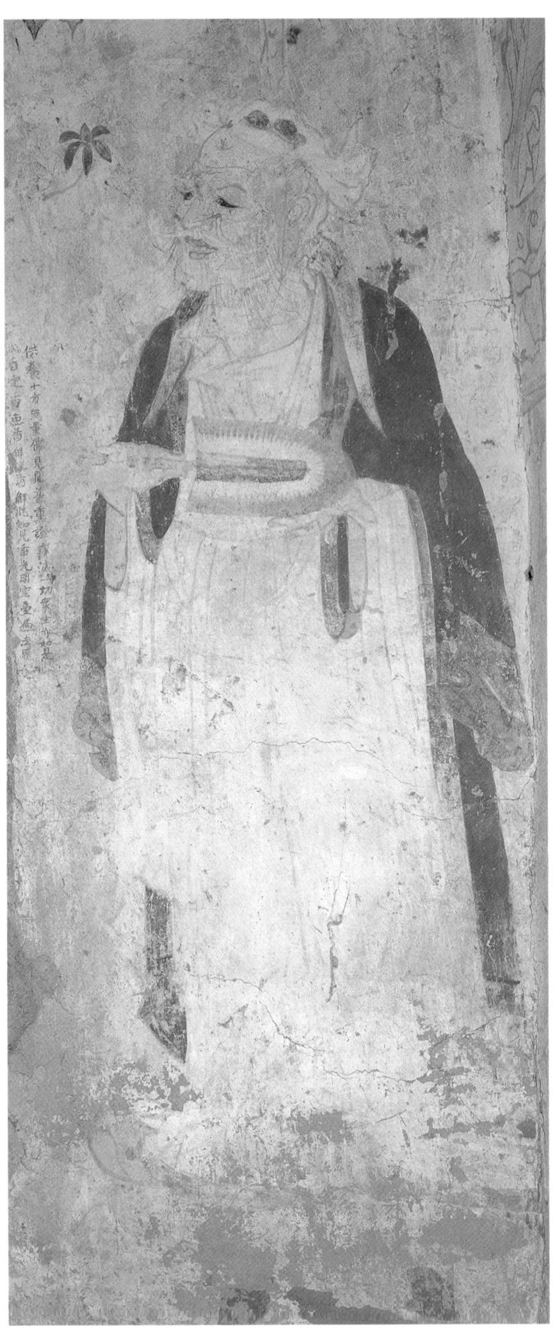

181 維摩立像

經文的本意是說維摩詰以其“方便”，“現身有疾”，藉以向問疾的人宣傳大乘空宗哲理，然而，此畫卻省去方丈病榻，以山石花樹為襯景，着力於人物內心世界的刻畫；維摩詰頭戴儒巾，手揮麈尾，微風飄拂美髯，嘴角笑容可掬，候立菩提樹下，雙目凝視遠方，似乎在熱切等待分別多年的摯友光臨。

隋代 維摩詰經 • 方便品

莫 276 西壁龕外北側

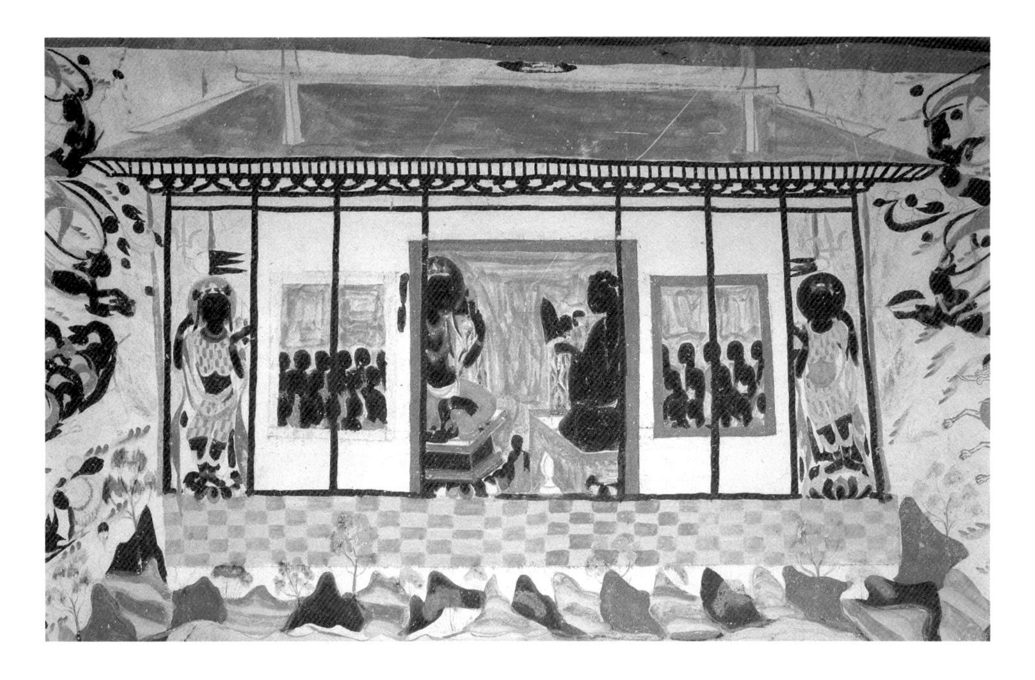

182 **維摩詰經變**

在一座七開間歇山頂殿堂的中央大廳裏，維摩詰居士在北，手執麈尾，坐在高座上；文殊菩薩在南，左手上舉，坐在須彌座上，兩位大士對坐論道。兩大士身後的房間裏都擠滿了聽法聖眾。兩端廊下又各畫一身護法天王。殿堂外有樹石環抱，環境十分優美。

隋代　維摩詰經 • 方便品與文殊師利問疾品
莫 423　窟頂後部中間

183 **維摩詰經變**

中間一座三開間歇山頂大殿內，畫彌勒上生經變。左右兩側各畫一座小型歇山頂配殿，維摩詰坐右配殿，文殊菩薩坐左配殿，兩位大士遙遙相對，辯論佛法。整組建築物小巧、典雅、優美，後面還點綴着稀疏的竹林，富有南國情趣。右側配殿內的維摩詰居士有頭光，很特別，隋代壁畫中僅此一例。維摩詰居士殿堂前立一女子，未確定是否〈觀眾生品〉中所說的維摩室內的天女。

隋代　維摩詰經 • 方便品與文殊師利問疾品
莫 433　窟頂後部

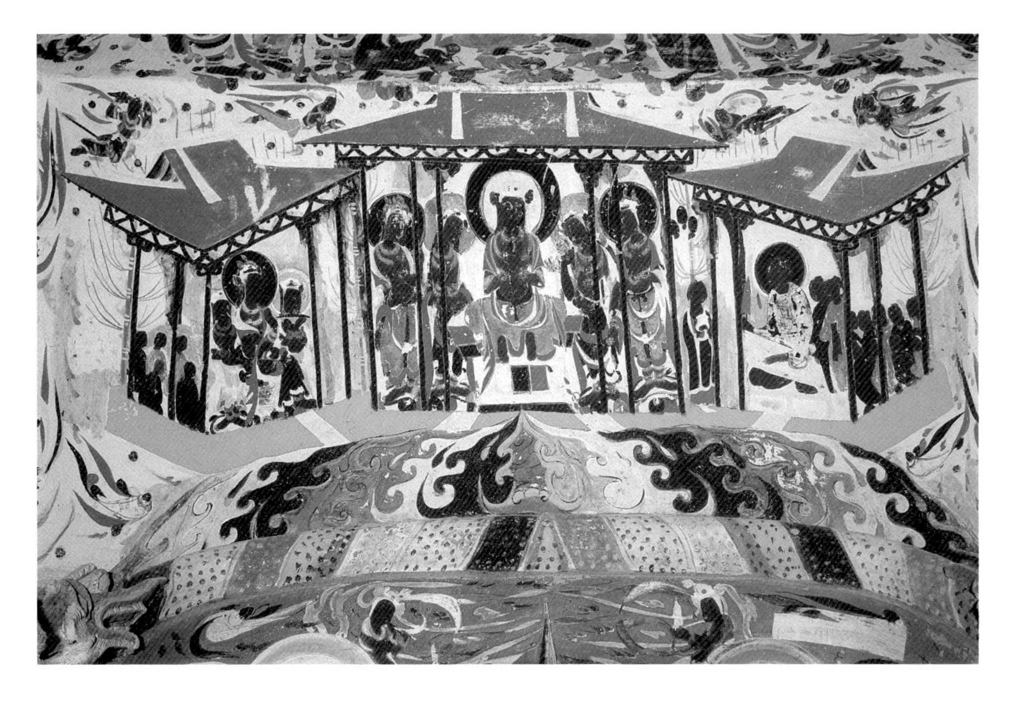

第二節 大唐東土維摩詰

唐代前期（公元618-781年）

唐代前期，維摩信仰盛行不衰。因為當時佛教繼續強調義理與禪修並重，唐初名僧玄奘就曾上書唐高宗，重申此主張，並且重譯《維摩詰經》。高僧窺基、湛然等亦為此經作疏。敦煌藏經洞還出土沙門道液於唐肅宗時撰的《淨名經集解關中疏》和《淨名經關中釋抄》各二卷。《維摩詰經》又與實質上是魏晉玄學再現的新興禪宗思想，有密切關係，被視為“禪門三經”之一。所以，維摩詰在當時社會有很大影響力，詩人對他賞慕不已，李白曾自詡為維摩詰的轉世。杜甫不但十分欣賞顧愷之所畫維摩詰像，也很欣賞《維摩詰經》。王維字摩詰，名字來源都與維摩詰有關。更有趣的是，唐太宗曾敕令玄奘“掛維摩詰之素衣”，“助秉俗務”。

維摩詰備受推崇，自然反映到佛教藝術中。閻立本、王維和畫聖吳道子就曾在各地畫過“維摩變”。楊惠之則塑維摩詰居士像。上述傑作雖早已失傳，但據蘇東坡的記述，楊惠之在鳳翔天柱寺塑的維摩像是“病骨磊嵬如枯骨”，蘇轍也說惠之塑維摩詰面瘦如臘，“兀然隱几心已滅，形如病鶴竦兩肩”，頗似顧愷之筆下的維摩詰，與唐代前期敦煌壁畫中的維摩詰形像大相徑庭。

莫高窟現存唐代前期維摩詰經變十三鋪。涵蓋品數由隋代的五品增加到十一品。新出現〈弟子品〉、〈不思議品〉、〈觀眾生品〉、〈入不二法門品〉、〈菩薩行品〉及〈法供養品〉。構圖佈局則由隋代六種形式發展為四種形式。

承襲前人的隔龕對坐式

第一種是延續隋代的隔龕對坐式，其中第203窟堪稱代表。此窟的維摩詰形象已脱清羸示病之容，隱几忘言之狀，變得豐腴勁健，雄辯滔滔。畫師着意表現〈觀眾生品〉中的天女戲弄舍利弗。故事的大意是：兩位大士辯論期間，維摩詰室內有一天女把天花撒在菩薩、弟子身上。落到菩薩身上的鮮花，紛紛落地，但是落到弟子身上的鮮花，無論怎樣也抖不掉。天女便問舍利弗：“為何要抖掉身上的鮮花呢？”舍利弗答：“鮮花黏身是不合沙門儀律的。”天女說：“花本身豈有落與不落之分？那是因為你心裏產生了分別落與不落的想法。你看菩薩身上不黏花，就是因為菩薩斷除了一

唐代前期維摩詰經變形式及分佈表

經變形式	分佈洞窟
1. 隔龕對坐式	莫 203、206、322
2. 同龕對坐式	莫 68、242、334、341、342
3. 東壁窟門兩側對坐式	莫 103、220
4. 完整壁面式	莫 194、332、335

切分別之想。”這顯然是大乘佛教批判小乘佛教還達不到“真入不二法門”的境界。舍利弗在釋迦弟子中智慧第一，然而竟被維摩詰室內的一個天女所戲弄，這在佛教經典中是罕見的。所以，陳寅恪説《維摩詰經》的作者必為在家居士，對於出家僧侶，可謂盡其玩弄遊戲之能事。

此窟天女立於維摩詰前，舍利弗立於文殊菩薩前，隔龕相望。其構圖佈局到人物造型，應源自公元533年趙見禧造像碑及蘭思遠等造像碑。

追求發揮空間的新形式

第二種形式是同龕對坐式。由於唐代維摩詰經變的品數日增，西壁龕外兩側窄小的空間已容納不下這麼多內容。畫師為增加畫面空間，便把“維摩示疾”畫於龕內北壁，“文殊來問”畫於龕內南壁，其餘各品分別畫於維摩、文殊下部。其中以第334窟最好，人物很有個性，栩栩如生。

第三種形式是以東壁窟門為界，把“維摩示疾”與“文殊來問”畫在窟門兩側，隔門對坐論道。相關的各品配置在上下部。這種形式的優點是空間比較寬闊，不但可以容納較多的品數，而且可以將各品盡情抒發。例如第220窟窟門南側以很大的空間，表現〈方便品〉中的“維摩示疾”，下部畫國王、大臣及諸王子問疾的情況。圖中的人物實際上是來唐朝貢的番王，有些似閻立本（一説梁元帝蕭繹）畫的《職貢圖》。窟門北側也以很大的壁面畫“文殊來問”，下部繪華夏皇帝及其羣臣問疾圖，論場面之宏偉，人物之生動，均不亞於閻立本（一説郎餘令）所畫《歷代帝王圖》。

上部畫“維摩示疾”、“文殊來問”，下部畫帝王官屬問疾的構圖形式，可溯源於龍門石窟賓陽洞前壁與麥積山石窟第127窟東壁的維摩詰經變。莫高窟第220窟的畫師在此基礎上又作了改進，使之成為維摩詰經變的基本模式，在莫高窟延續了三百餘年。這種構圖把神權與皇權巧妙地結合起來，體現了僧俗統治者的共同願望。

在“維摩示疾”周圍，除了左側畫天女戲弄舍利弗、“請飯香土”外，在右上側還新出現“借座燈王”與“手接大千”情節。“借座燈王”出自〈不思議品〉，大意是：維摩與文殊辯論時，舍利弗見維摩室內沒有坐具，擔心菩薩、弟子等沒有座位。維摩詰知道舍利弗的心思，便現神通力，請東方須彌燈王佛送三萬二千獅子座來。這故事應源自北魏造像碑。

“維摩示疾”右上側畫出自〈見阿閦佛品〉的“手接大千”，大意是：釋迦告訴舍利弗，維摩詰原是無動佛治下妙喜國的菩薩。該國是一個“極樂世界”。當時眾人都渴望一睹妙喜世界，維摩詰即以神通力，舉右手“斷取妙喜世界，置於此土”，讓眾人觀看。

第220窟的維摩詰經變繪於貞觀十六年（公元642年），是學術界公認的高水平、劃時代的巨幅經變畫，若與隋代維摩詰經變相比，卻有突如其來之感，不像是敦煌土生土長的作品。這種情況可能與當時的歷史背景有關。公元618年唐朝建國後，河西境內仍時有擾動。到公元640年侯君集平高昌，才打通“絲綢之路”。此後，中原新的唐文化（包括佛教藝術）也隨之西傳。第220窟的維摩詰經變很有可能也是由中原的高手畫師創作，或者是由敦煌畫師根據新傳來的粉本加工創新而成的。

大約繪於天寶年間的第103窟的維摩詰經變，又有新的發展：第一，利用“維摩示疾”與“文殊來問”之間窟門上部的空間，繪〈佛國品〉中寶積等以寶蓋供養佛的故事，從而把被窟門隔開的畫面連接在一起，使維摩詰經變更加完整。〈佛國品〉在《維摩詰經》中佔有“如王宣正令”的尊貴地位，因此，將它繪於窟門上部（或者“維摩示疾”與“文殊來問”之間的上部壁面），正好體現了經旨，此後〈佛國品〉絕大多數都固定在這個位置。第二，在窟門兩側下部開始出現〈方便品〉的一些小插曲，表現維摩詰的“通達方便”，如“入諸學堂，誘開童蒙”、“入諸酒肆，能立其志”等等。由於這部分壁面接近地面，被遊人香客嚴重磨損，具體畫面已很難辨認。其他場面則與第220窟大同小異，只是第103窟用色較淡，主要靠綫描，受變色影響不大，人物形象至今都很清晰生動，頗富感染力，今人尚可從中體味到“畫聖”吳道子的風韻。

第四種形式是把維摩詰經變畫在一塊完整的壁面上，使畫面更寬闊，更完整。其中以李克讓建於武周聖曆元年（公元698年）的第332窟北壁的維摩詰經變最好。下面作重點介紹：

維摩方丈上部的“借座燈王”，落筆雄勁，氣勢宏大，雲飛座移，滿壁風動，堪稱敦煌壁畫中同類作品中之絕筆。 ◁ ❶

〈法供養品〉是新出現的一品，位於“借座燈王”左側，大意是說：釋迦牟尼佛對天帝說信解受持《維摩詰經》，並且遵照修行，就是法供養。為此，他講了一個本生故事：過去有一位藥王佛，長期受一位名叫寶蓋的轉輪聖王供養，後來寶蓋命令他一千個兒子繼續供養藥王佛。其中一個兒子月蓋，一心追求最崇高的供養，天神告訴他“法之供養，勝諸供養”，於是月蓋便去請教藥王佛甚麼是法供養。經變中此圖與“借座燈王”的須彌座渾然一體，使畫面更加生動、完美。 ◁ ❷

〈佛國品〉位於"維摩示疾"與"文殊來問"上部，畫面很大。釋迦佛居中說法，左右兩側畫諸菩薩、弟子以及天龍八部，"悉來會坐"。寶積等五百長者子分立左右兩側，手舉寶蓋，供養於佛。

❸▷

在〈佛國品〉西端，畫一幅場面較小的說法圖，表現香積佛世界。在香積世界的右下畫化菩薩從毗耶離城飛升香積世界"請飯"。在香積世界下部，畫請香飯的化菩薩與一組香積菩薩，離開香積世界，躡虛行空，穿越崇山，倏然而降，直劈畫面中央，來到毗耶離城維摩與文殊之間，獻上香食。畫師以豐富的想象力和純熟的繪畫技巧，把本來是"子虛烏有"的佛國世界，描繪得生意盎然，充滿了人間歡樂氣息。如果說《維摩詰經》之所以受到朝野僧俗的喜愛，是因為它反映了佛教徒應該如何把"處世間"當作"出世間"的話，那麼諸如第332窟這樣生動優美的大幅維摩詰經變之所以受到善男信女喜愛，就是因為它以人間上層社會的豪華生活為藍本，卓越畫師的高度藝術升華，把彼岸的佛國世界與此岸的人間世界的距離拉得更近了，從而更促進了唐代佛教的世俗化，使更多的僧俗文人嚮往維摩詰式的在家菩薩的生活，著名詩人兼畫家王維的生活，就反映了這種社會思潮。

❹▷

第332窟這鋪維摩詰經變，構圖嚴謹，主次分明，人物刻畫生動，畫面雖然已經變色，然而蓬勃氣勢猶存，難怪張大千說這是"莫高窟維摩詰經變第一"。

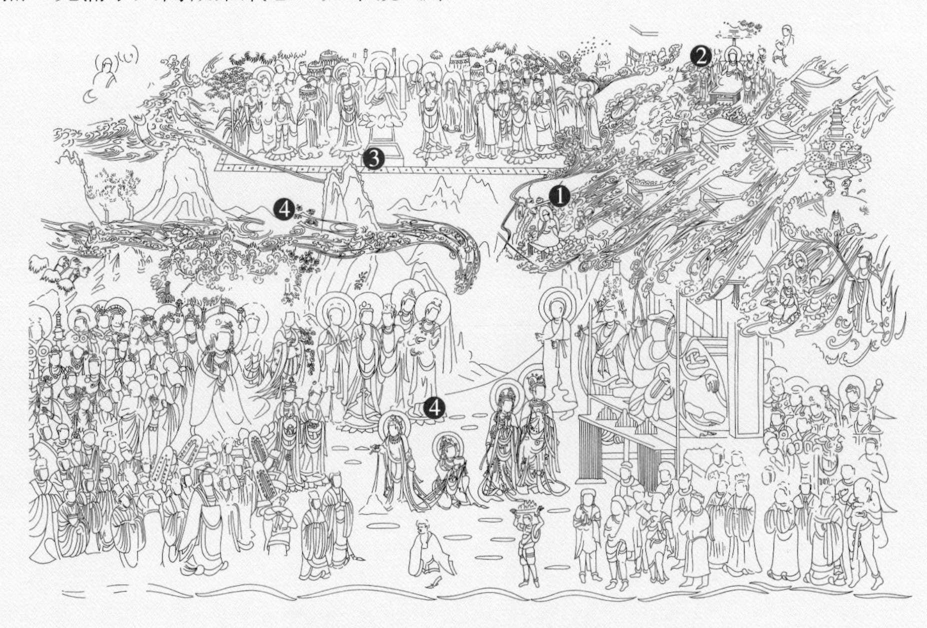

第332窟北壁維摩詰經變示意圖

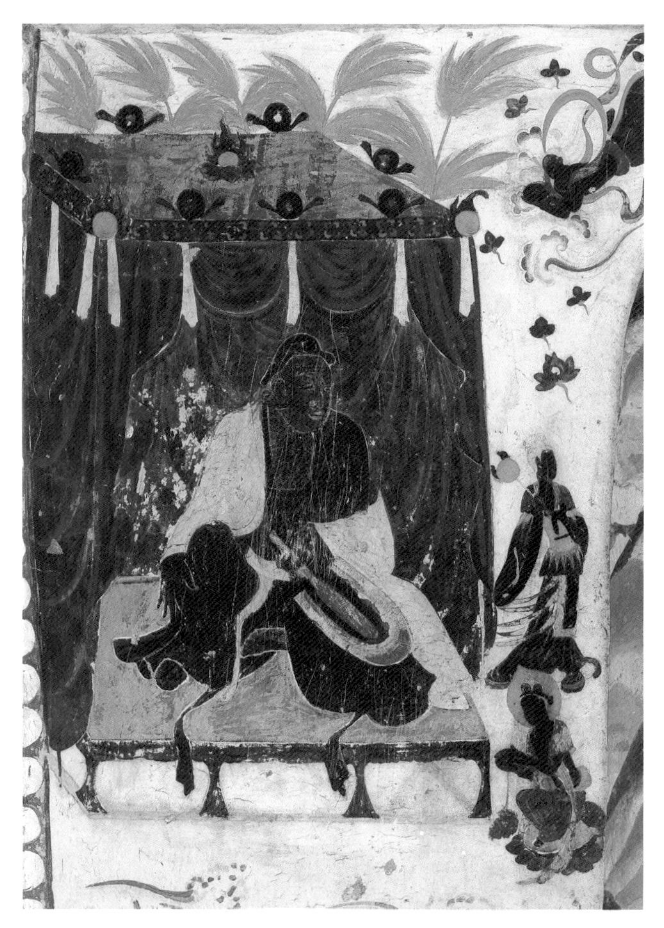

184 **維摩示疾**

維摩詰身體勁健，臉面豐腴，頭戴白綸巾，身披鶴氅裘，手揮麈尾，憑几探身，坐於方丈靜室內，似有所思。方丈後有綠樹點綴，前有天女散花及化菩薩獻香飯。構圖緊湊。

初唐 維摩詰經 • 方便品
莫 203 西壁龕外南側上部

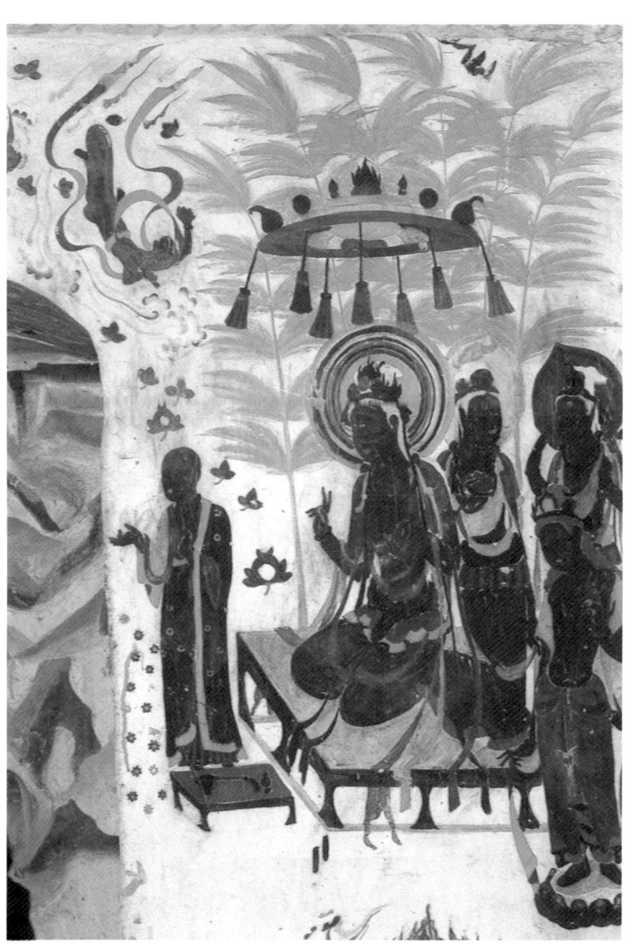

185 **文殊來問**

文殊菩薩身姿健美，面如圓月，頭戴寶冠，肩披帔巾，端坐方几上，右手伸出兩指，以示"真入不二法門"。前有天女散花，紛紛落在舍利弗身上，舍利弗為抖不掉花而尷尬。整個畫面在綠樹的襯托下，變色後的人物反而顯得凝煉渾厚，具有特殊的藝術魅力。

初唐 維摩詰經 • 文殊師利問疾品
莫 203 西壁龕外北側上部

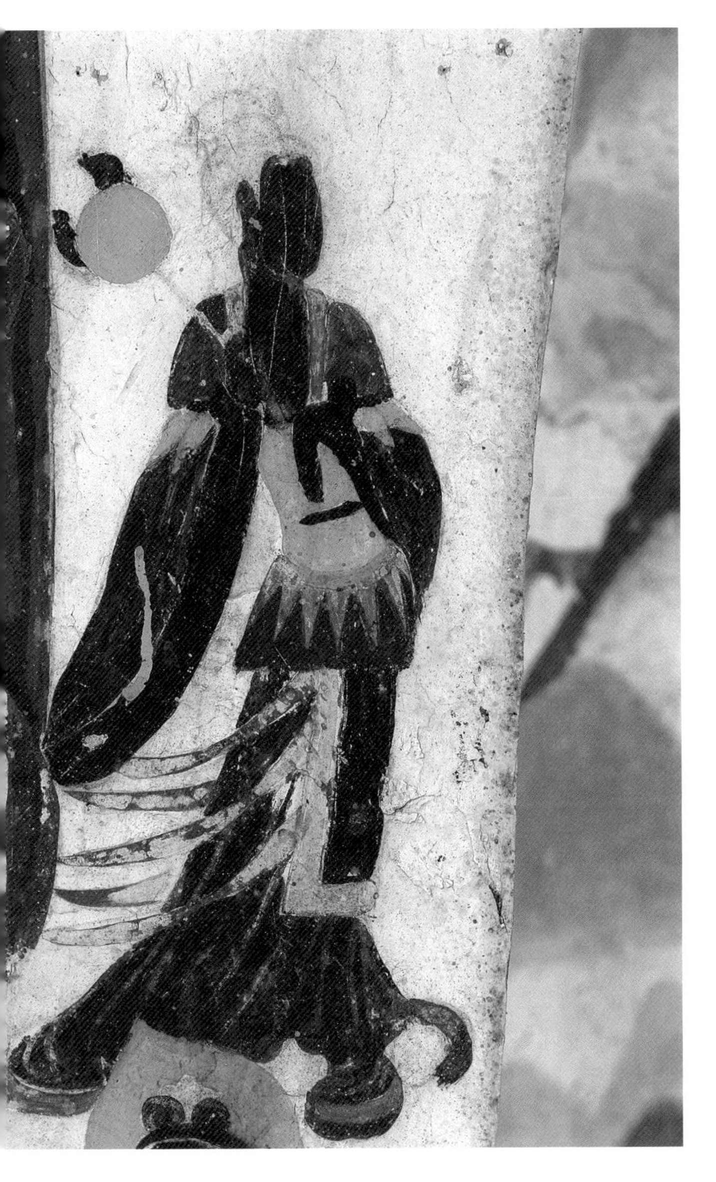

186 天女

此天女右手揮羽扇，腳穿方頭履，身姿瀟脫，惟妙惟肖。她立於維摩詰方丈前，與對面文殊菩薩前的舍利弗隔龕相望。

初唐 維摩詰經 • 觀眾生品

莫 203 西壁龕外南側上部

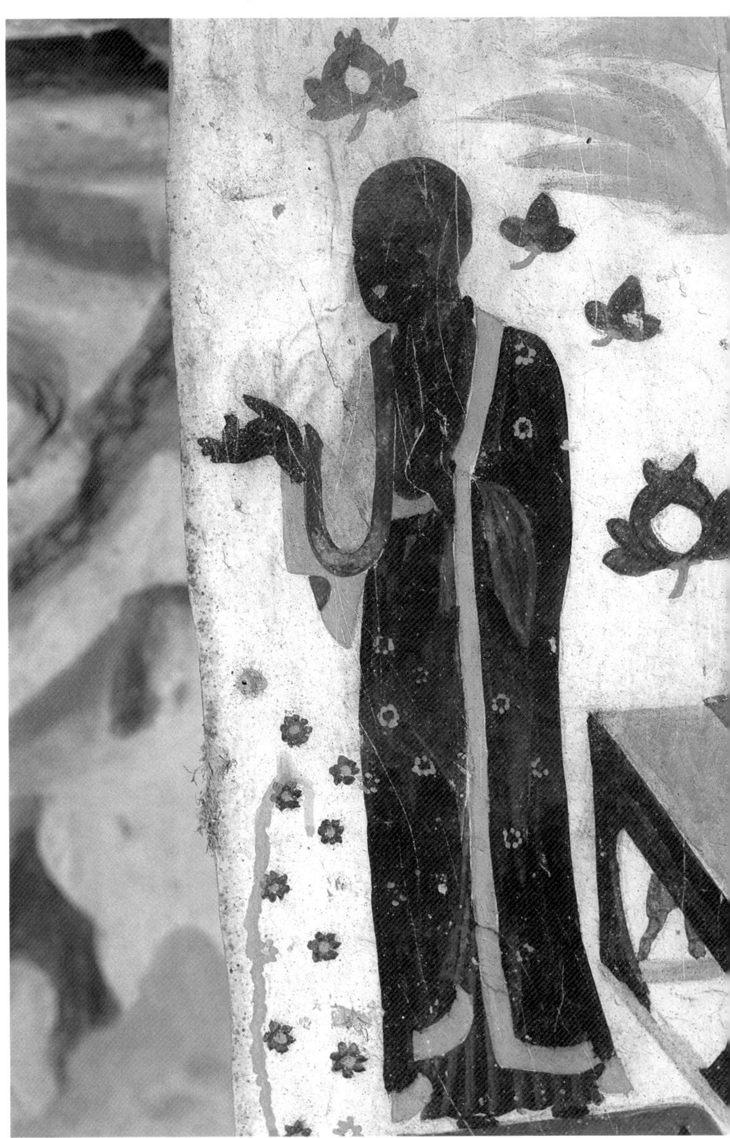

187 舍利弗

舍利弗站在文殊菩薩前，天女撒下的鮮花紛紛落在他身上。他正在為抖不掉身上的花和被天女戲弄而尷尬。畫師把舍利弗的拘泥神態，刻畫得淋漓盡致。

初唐 維摩詰經 • 觀眾生品

莫 203 西壁龕外北側上部

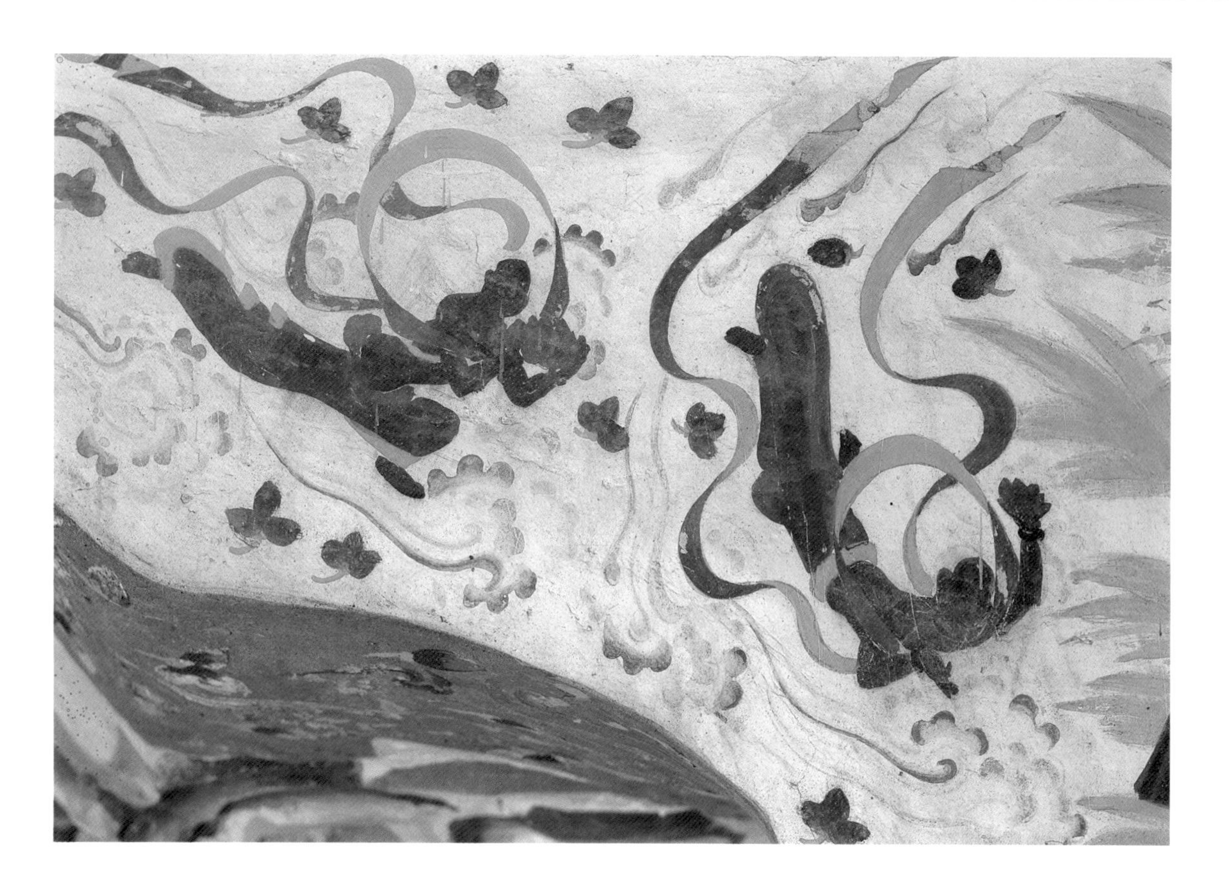

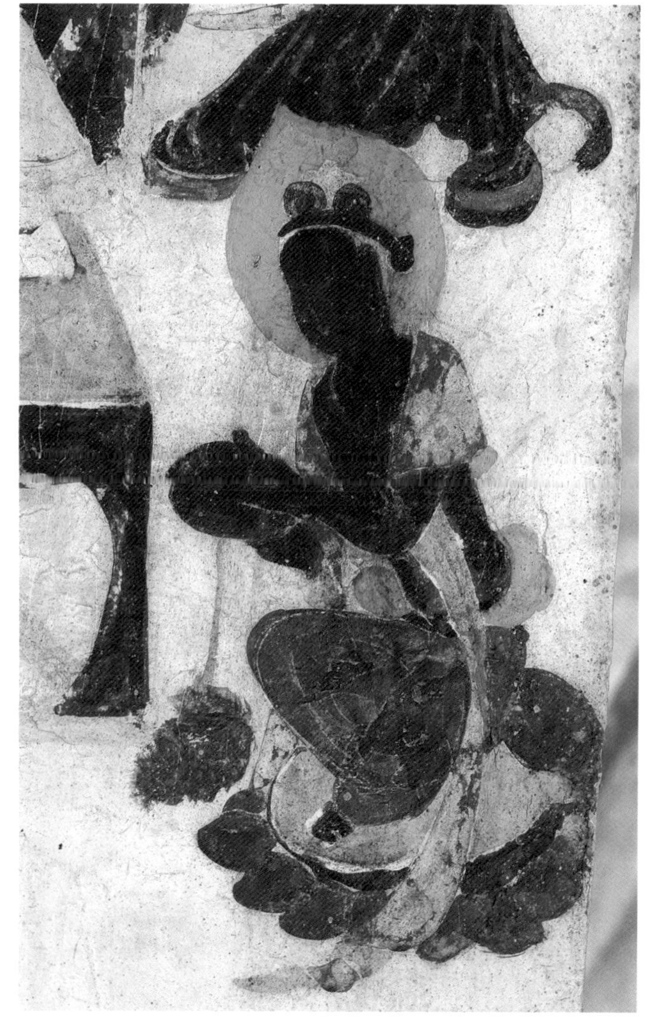

188 **天女散花**

由天女化現的一對飛天，飛行於天空，把鮮花撒向人間。

初唐 維摩詰經 • 觀眾生品

莫203 西壁龕外北側上部

189 **化菩薩獻香飯**

初唐 維摩詰經 • 香積佛品

莫203 西壁龕外南側

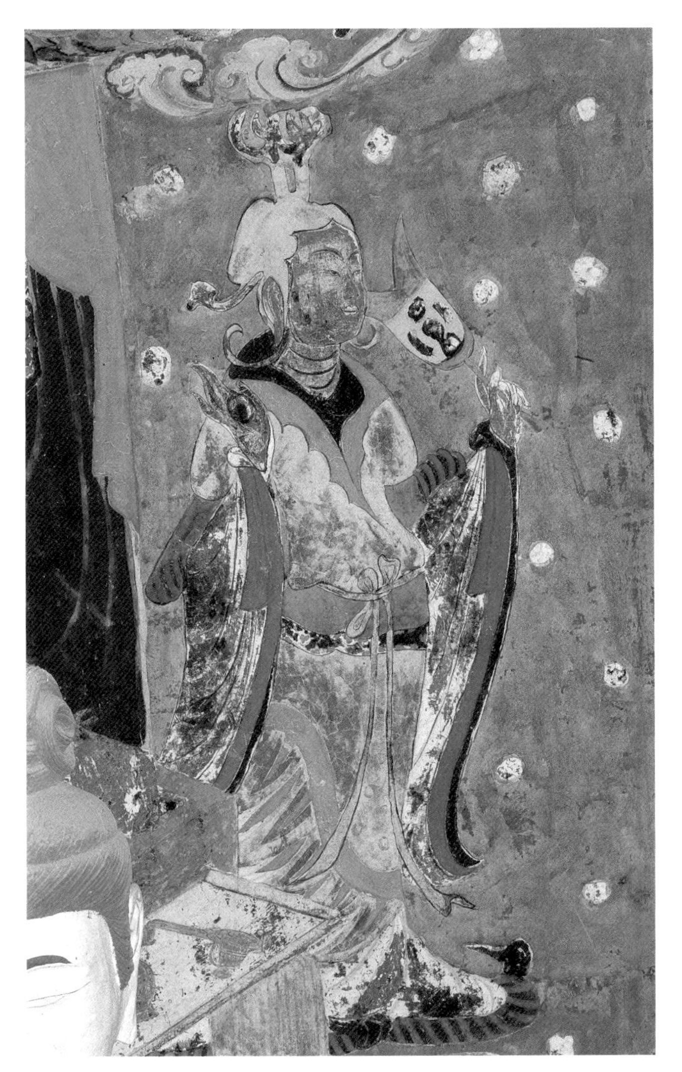

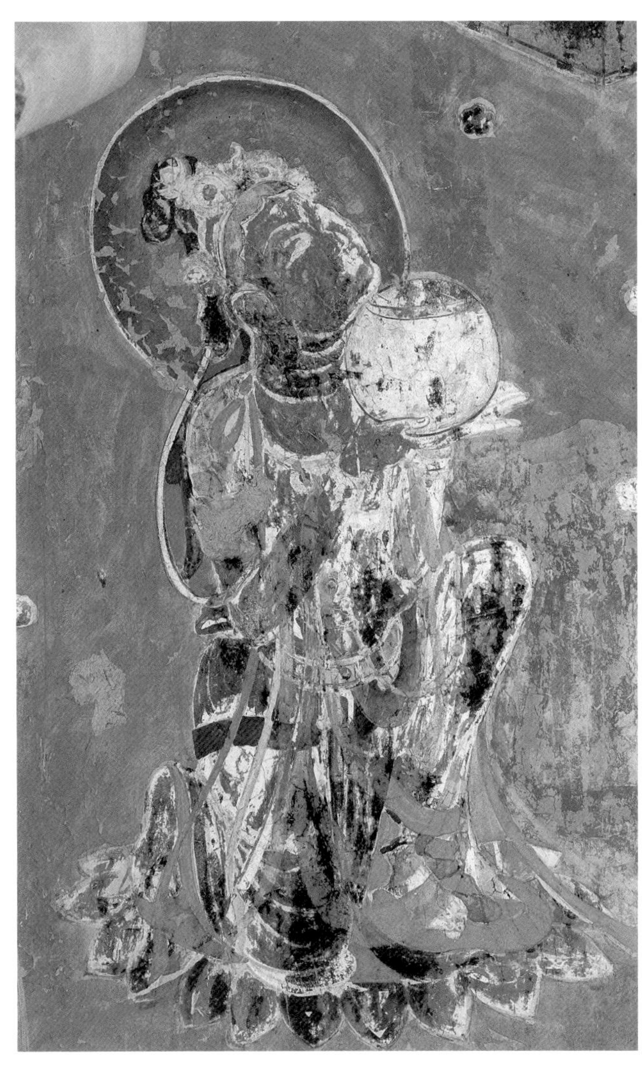

190 **天女**

這位天女站在維摩詰方丈前，左手揮扇，右手散花，戲弄舍利弗。她頭戴花釵、步搖，身穿貴婦禮服，神態瀟脫飄逸，十分精美，堪稱同類題材中的白眉佳作。

初唐 維摩詰經 • 觀眾生品

莫334 西壁龕內北壁

191 **化菩薩獻香飯**

化菩薩從眾香國借來香飯，獻給維摩詰。她胡跪仰視維摩詰，一片虔誠之心，表露於眉宇。

初唐 維摩詰經 • 香積佛品

莫334 西壁龕內北壁

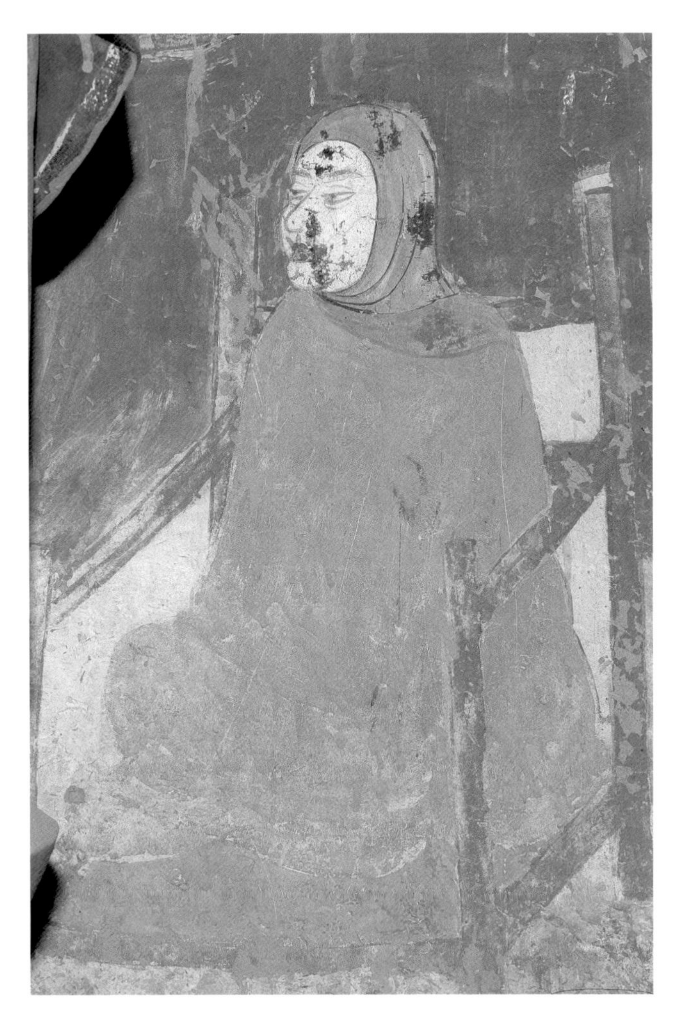

192 **舍利弗宴坐**

舍利弗坐在胡床上宴坐（靜坐習禪）。維摩詰尖鋭地批判了這種傳統保守打坐形式，主張不拘形式，只要心裏有佛，道俗一觀，與凡夫無異，就是打坐。這是大乘禪觀對於小乘禪觀的批判，對於中國禪宗思想的形成與發展起了啟蒙作用。圖中的舍利弗雖然身裹袈裟，坐在胡床上打坐，但又雙目大睜，聆聽維摩詰的批評，人物刻畫切合經旨。

初唐 維摩詰經 • 弟子品

莫334 西壁龕內北壁

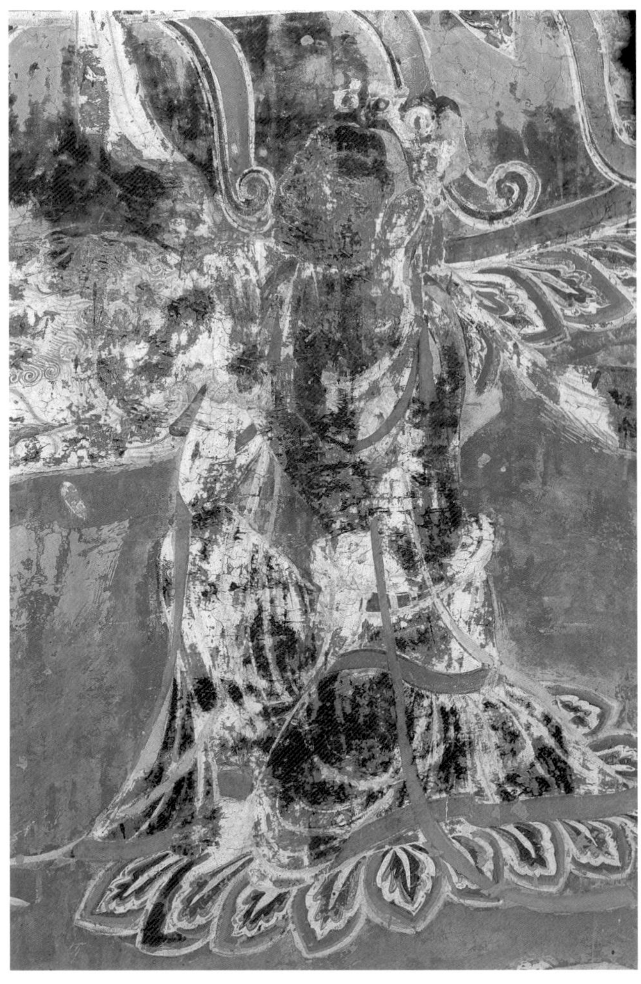

193 **聽法天人**

這是跟隨文殊菩薩來毗耶離城聽法的天人，單膝跪在蓮座上，雙手合十，虔誠地仰視文殊菩薩。

初唐 維摩詰經 • 文殊師利問疾品

莫334 西壁龕內南壁

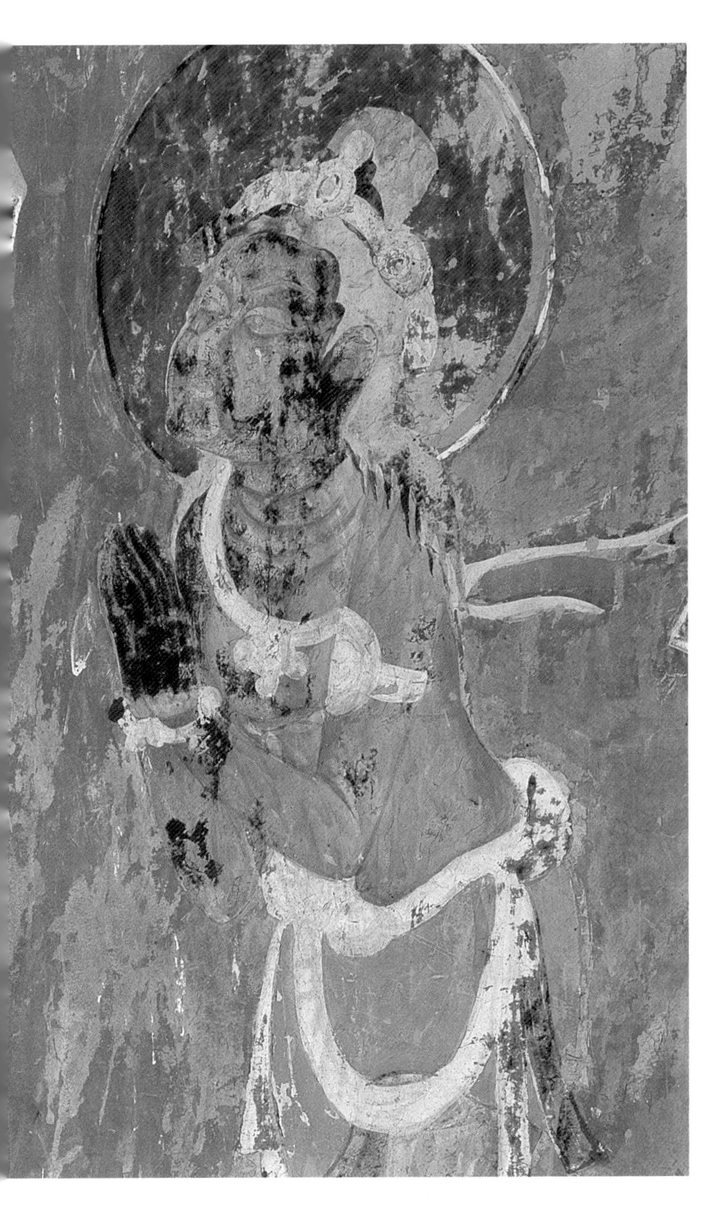

194 聽法菩薩

這是跟隨文殊菩薩來毗耶離城聽法的菩薩，雙手合十，頭微仰，站在蓮座上，專心聆聽維摩、文殊論道，神情顯得十分純真虔誠。

初唐 維摩詰經 • 文殊師利問疾品

莫 334 西壁龕內南壁

195 聽法天人

這是跟隨文殊菩薩來毗耶離城聽法的天人，跪在花叢中供養。

初唐 維摩詰經 • 文殊師利問疾品

莫 334 西壁龕內南壁

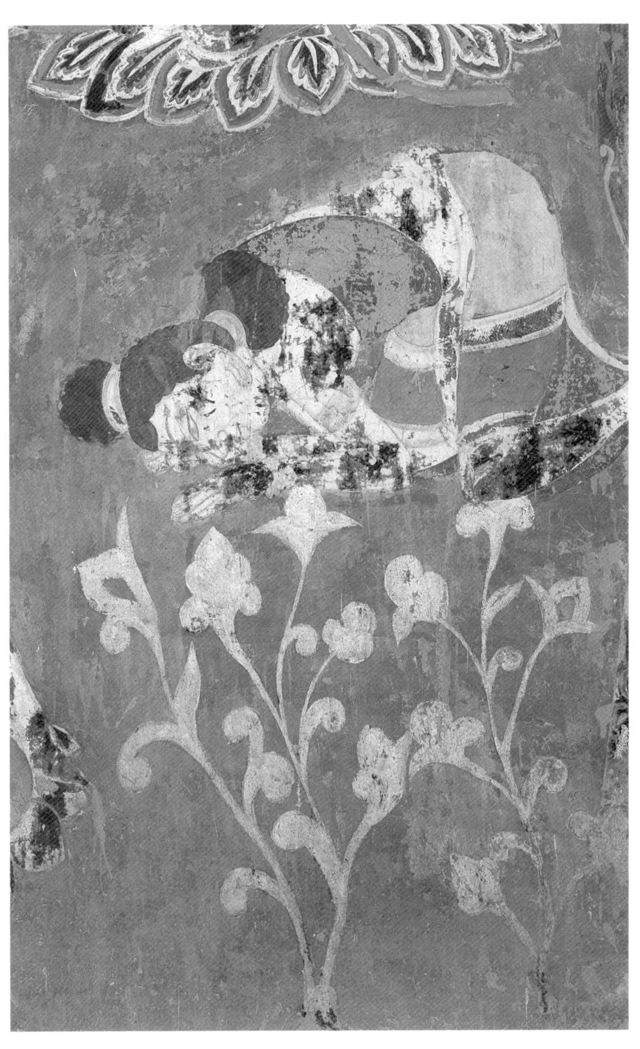

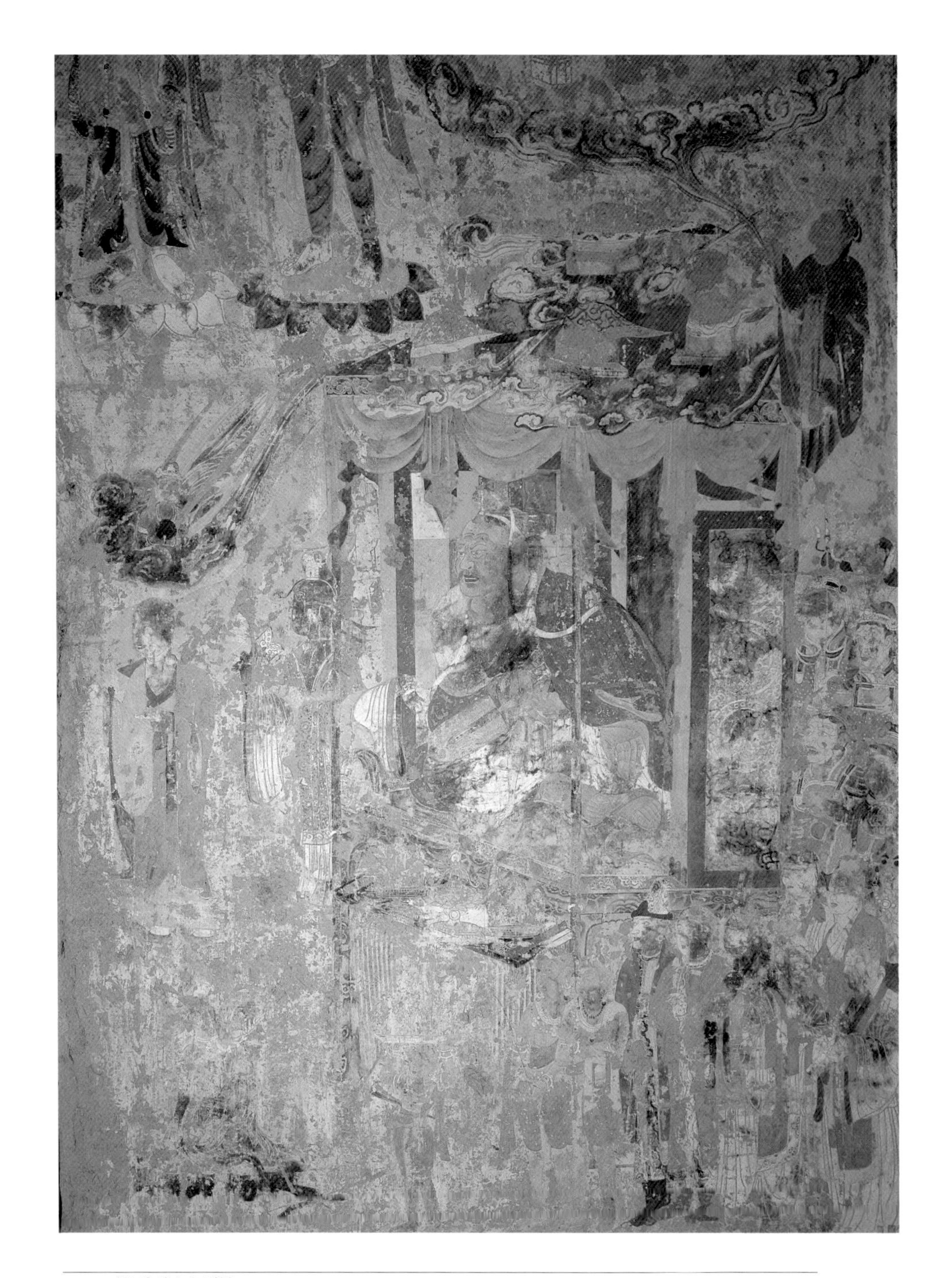

196 維摩詰經變

此圖奠定了"維摩示疾"及相關情節的基本格局。畫面以維摩示疾為中心，下部畫異族番王問疾，前面畫天女戲弄舍利弗。舍利弗上部畫"請飯香土"，下部畫化菩薩獻香飯。維摩方丈頂部以四個須彌寶座表示"借座燈王"。右上側畫"手接大千"。

維摩詰披鶴氅裘，束白綸巾，斜坐胡床上，雙眉緊鎖，目光炯炯，鬍鬚奮張，似乎正激烈辯論大乘佛教哲理。畫面用赭紅色暈染，增強了立體感，使人覺得維摩詰似乎要脫壁而出。維摩詰像突破了佛經上"現身有疾"的形象，顯得神采飛揚。這種新形象是大唐新一代文人士大夫的寫照。這樣的藝術珍品，在敦煌以至中國均屬罕見。

初唐 維摩詰經 莫220 東壁窟門南側

197 維摩詰像

初唐 維摩詰經 莫220 東壁窟門南側

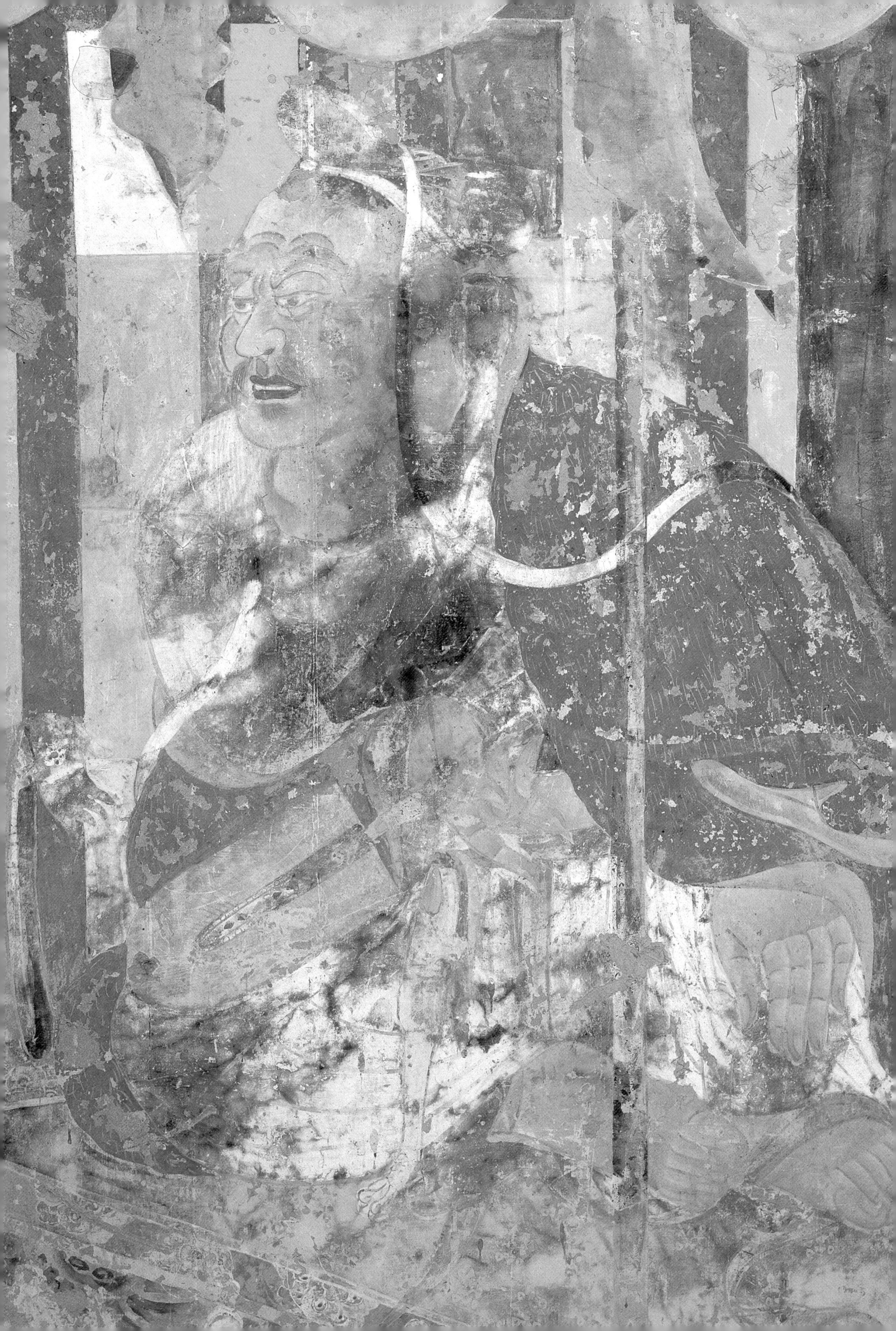

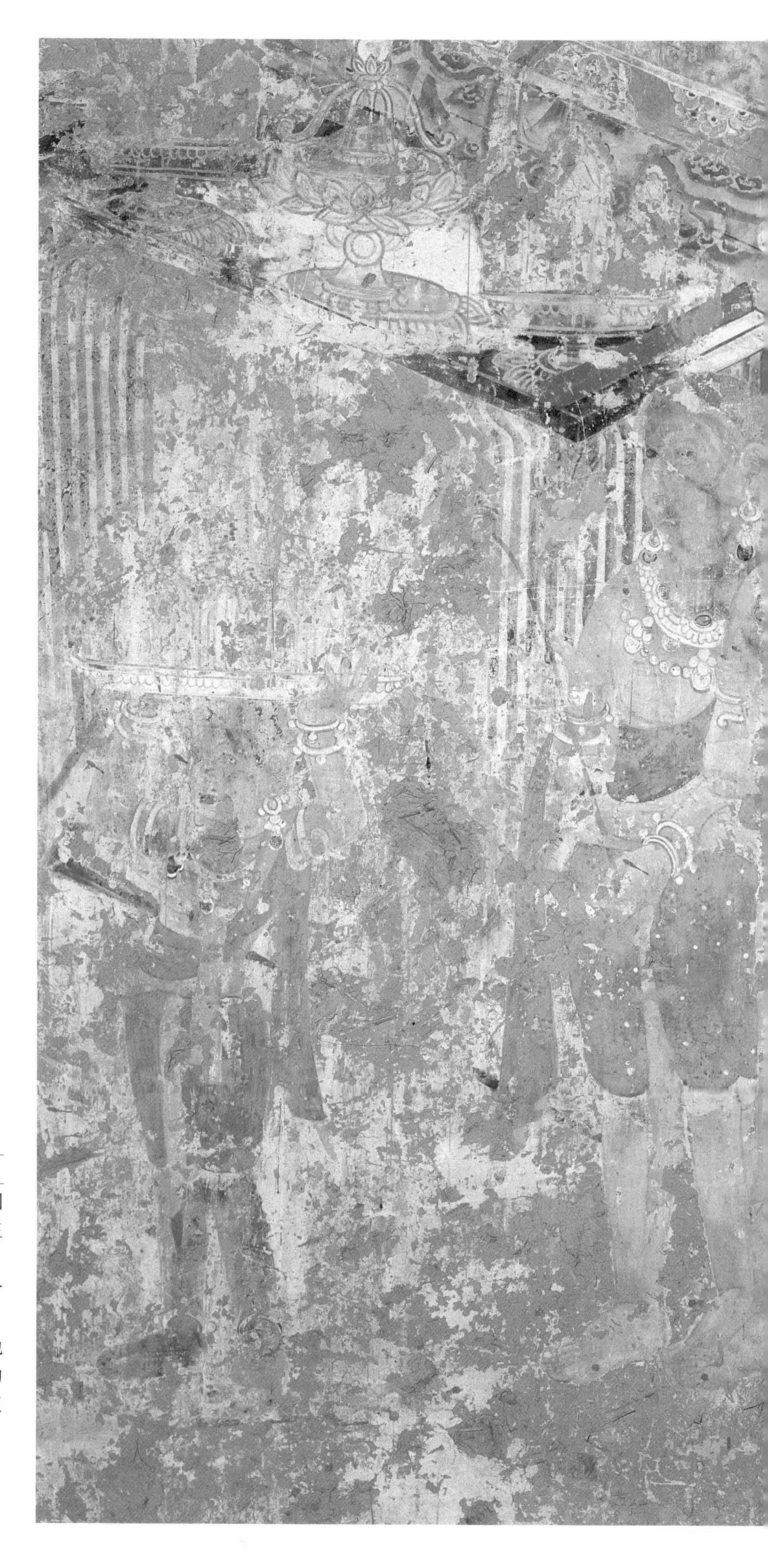

198 異族番王問疾

〈方便品〉云：維摩詰現身有疾，“國王、大臣、長者、居士、婆羅門及諸王子並餘官屬，無數千人，皆往問疾。”此圖中畫了一組王子、官屬羣像，共十一人，鬈髮、深目、高鼻，頭戴高帽，身着圓領窄袖長袍，足穿長筒烏靴，他們實際是初唐時期往來於絲綢之路上的中國西部一些少數民族首領和外國使臣的真實寫照，與名畫《職貢圖》相比，毫無遜色。

初唐 維摩詰經 • 方便品
莫 220 東壁窟門南側

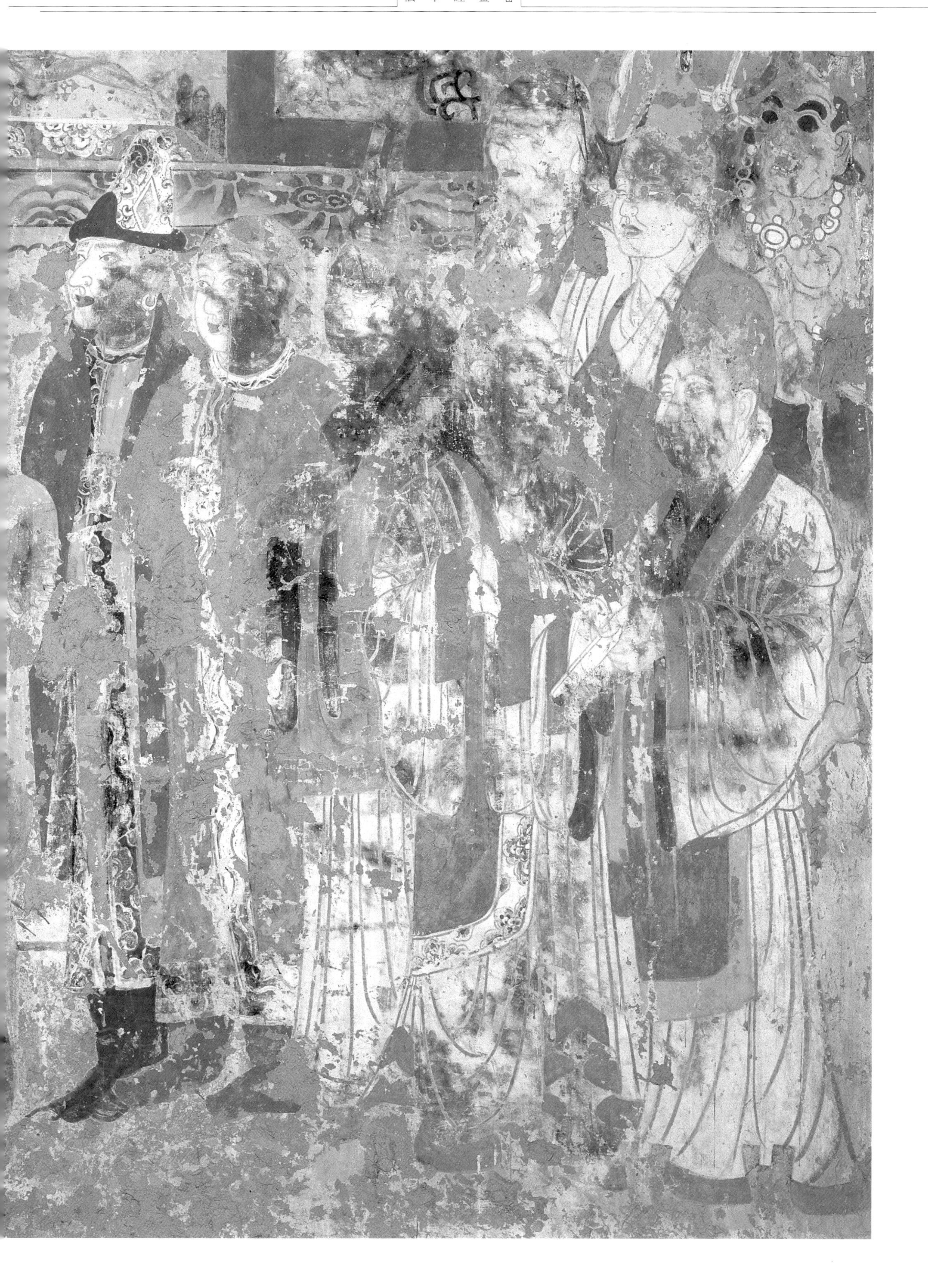

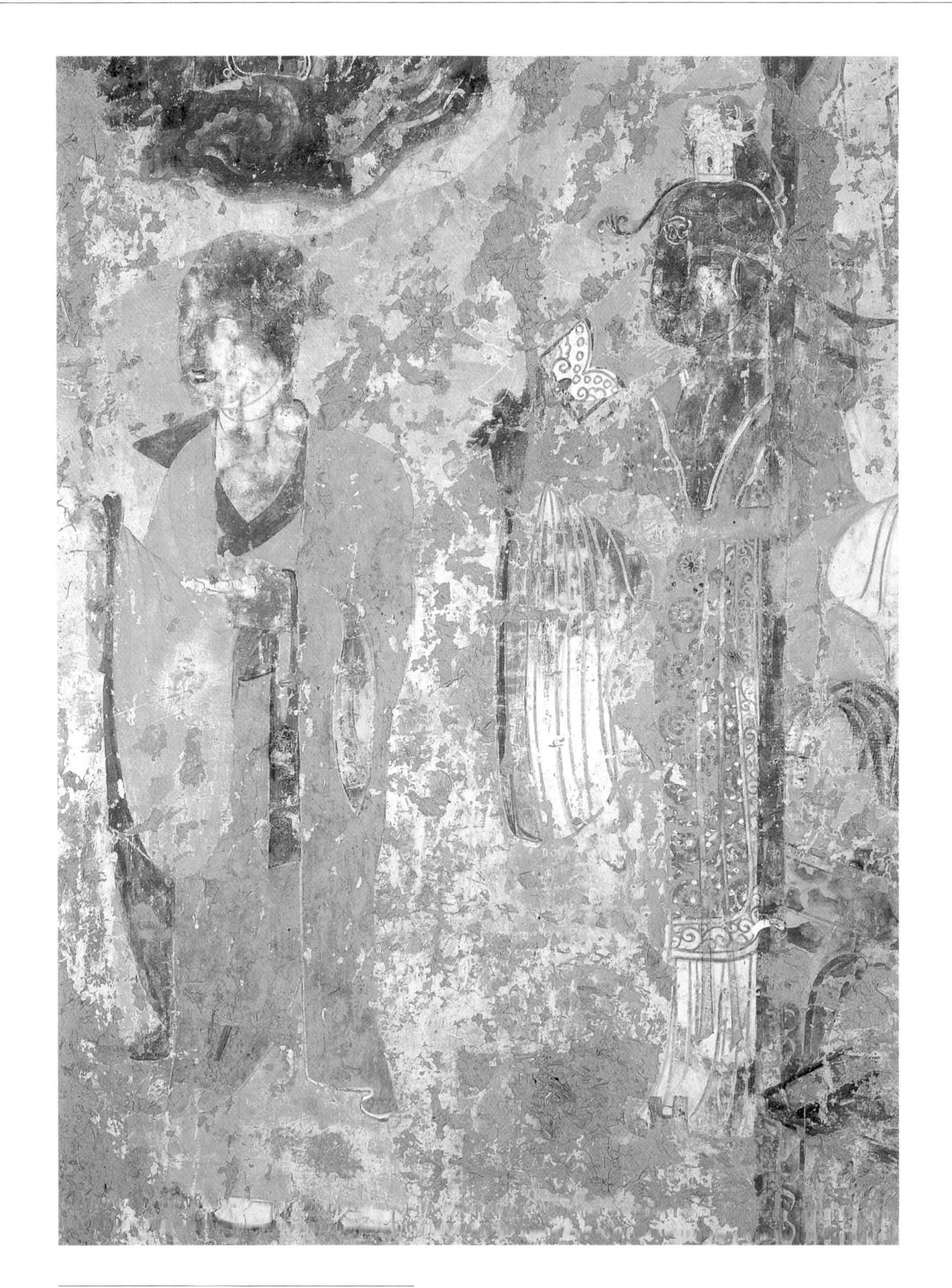

199 **天女戲弄舍利弗**

以前的天女戲弄舍利弗，只是在維摩詰居士前畫天女，文殊菩薩前畫舍利弗，兩人相對而立。此圖改為維摩詰居士前並列畫舍利弗與天女，文殊菩薩前並列畫天女與舍利弗，這是表現“天女以神通力，變舍利弗如天女，天自化如舍利弗”，藉以進一步表明〈觀眾生品〉主旨：眾生如幻，男女無定相。

初唐　維摩詰經•觀眾生品
莫 220　東壁窟門南側

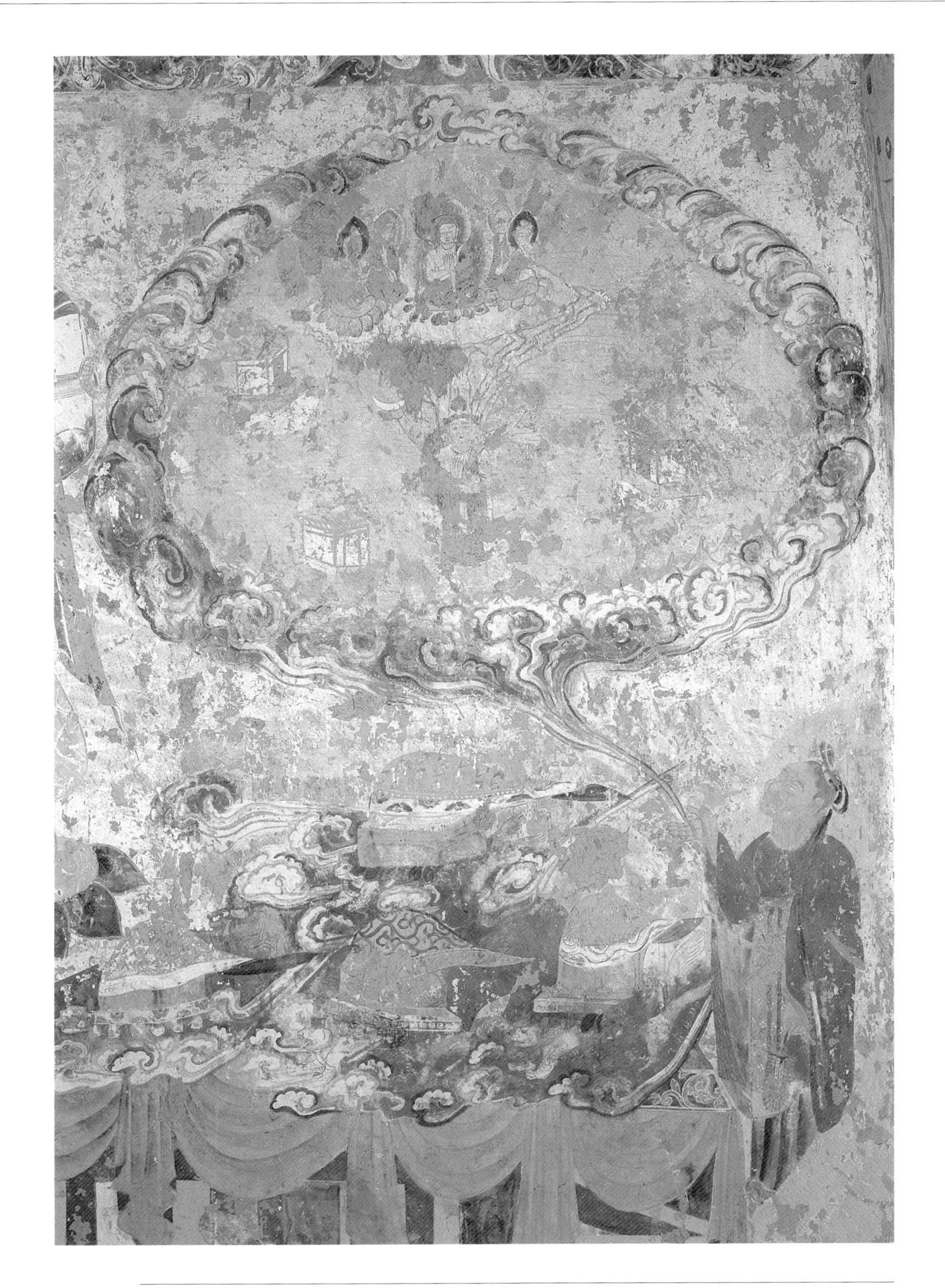

200 手接大千

維摩詰右手掌上變出一朵桃形祥雲。雲裏畫阿修羅立於大海中，雙手托日月，頭頂須彌山。須彌山頂畫一佛二菩薩。阿修羅左右兩側各畫兩棟房舍，以示經中所說的“城邑聚落”。為甚麼這裏要畫阿修羅呢？這是因為〈見阿閦佛品〉中說妙喜世界也有“大海泉源，須彌諸山。”又據《長阿含經》卷二十云：阿修羅住在“須彌山北大海水底”。莫高窟早期壁畫中的阿修羅也是兩腿立於大海，水不過膝，雙手托日月，頭頂須彌山，如第249窟西頂。這種表現方法被初唐畫師借鑒後，創作出新的妙喜國圖。

初唐 維摩詰經•見阿閦佛品

莫220 東壁窟門南側

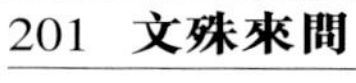

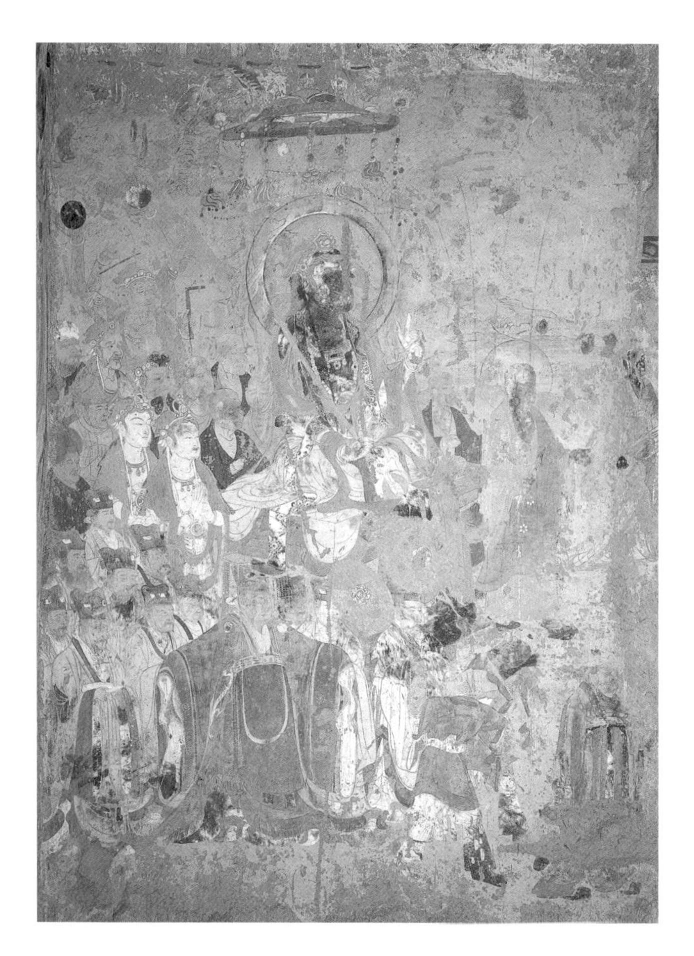

201 文殊來問

文殊師利在諸菩薩、大弟子及諸天人的簇擁下，來到毗耶離城，向維摩詰居士問疾。文殊菩薩頭戴寶冠，身披天衣瓔珞，結跏趺坐在方几上，舉止莊嚴，神態自如，與對面慷慨激動的維摩詰形成鮮明對比。文殊前面畫天女戲弄舍利弗，下部畫華夏帝王問疾圖。整個畫面主題突出，緊湊和諧。

初唐 維摩詰經 • 文殊利問疾品
莫 220 東壁窟門北側

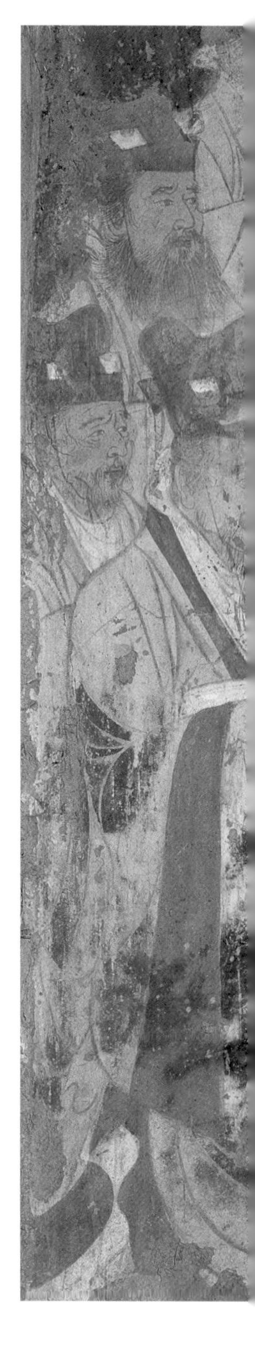

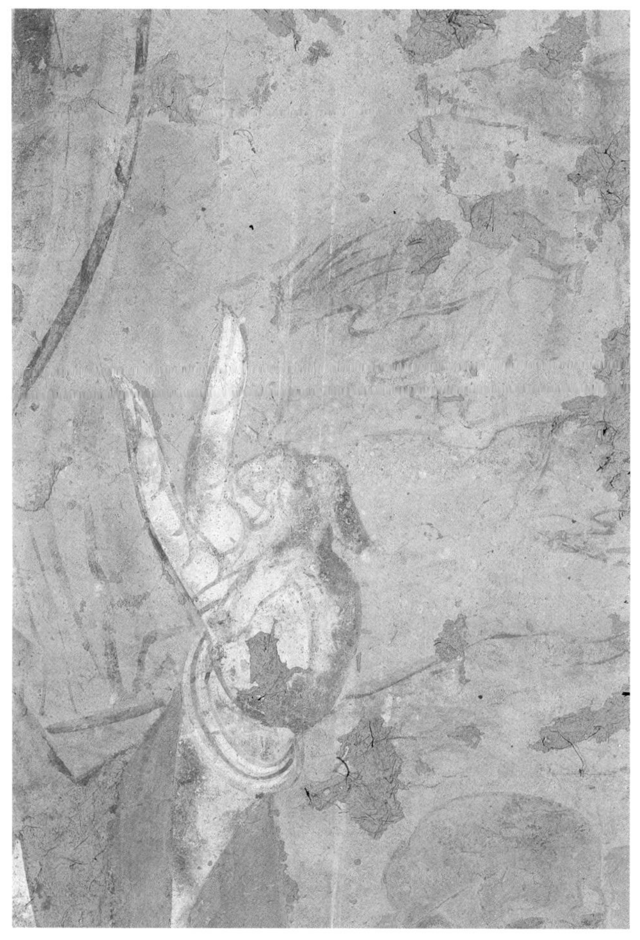

202 文殊菩薩“入不二法門手印”

〈入不二法門品〉云：文殊問維摩詰：“甚麼是菩薩入不二法門？”維摩詰默然無言。文殊慨嘆說：“乃至無有文字語言，是真入不二法門。”圖中文殊伸出的兩指，就是表示“不二法門”。所謂“不二”就是對一切現象不加區別，或者超越區別，如是非善惡。佛家說這是獨一無二，至高無上的修佛法門，也是《維摩詰經》的主旨。

初唐 維摩詰經 • 入不二法門品
莫 220 東壁窟門北側

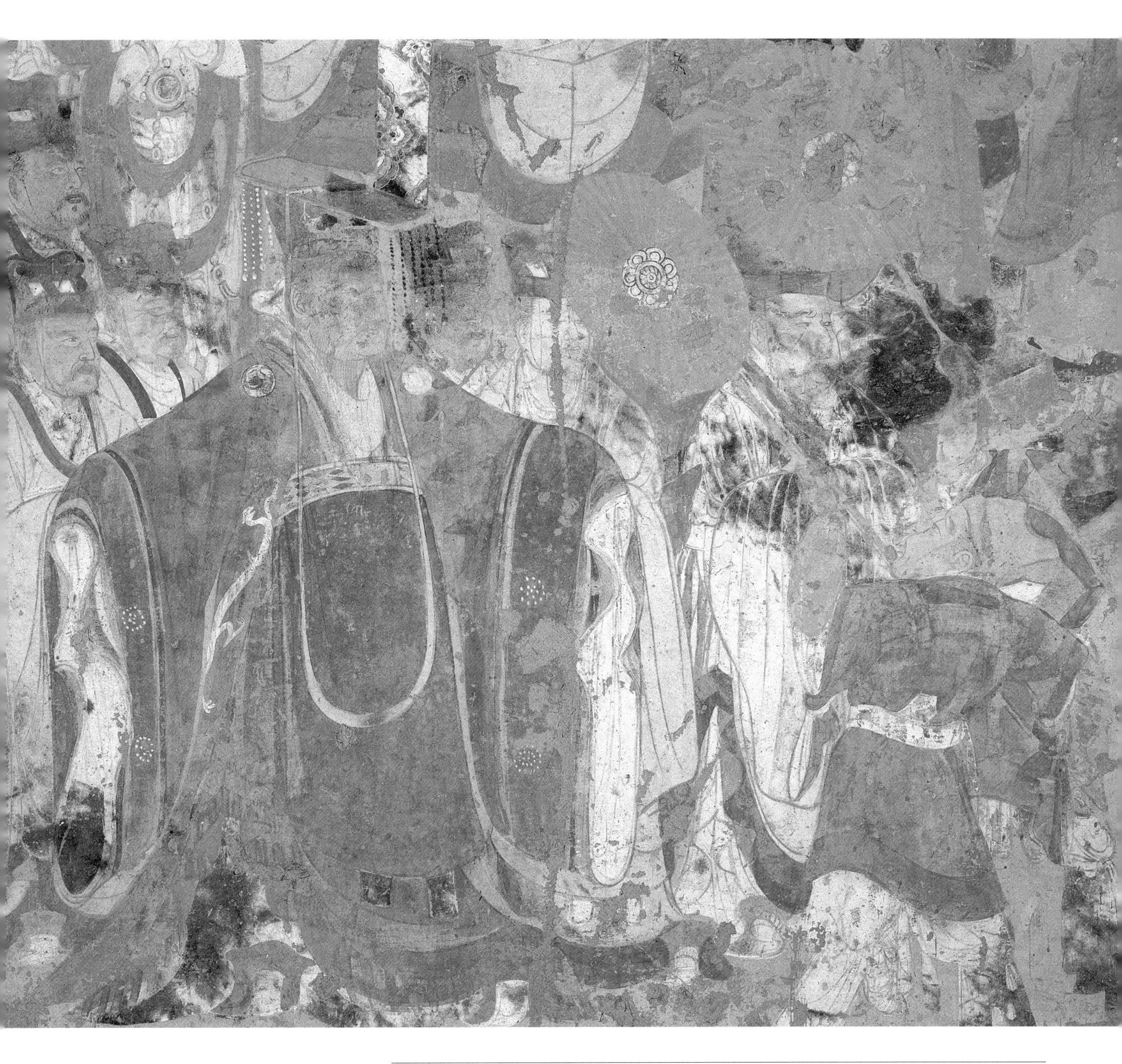

203 帝王問疾

華夏帝王單獨出現於文殊菩薩下部，以示其正統地位。皇帝頭戴冕旒，身穿袞服，昂首闊步，不可一世。皇帝前有障扇，後面侍臣小心翼翼，謹慎事君。畫面色彩不多，不過由於巧妙配色，仍然具有絢麗的效果，例如只有皇帝身穿濃重的青衣朱裳，而羣臣多穿白練裙襦，皇帝便更加突出。綫描方面，人物衣紋用類似蓴菜條的蘭葉描，人物面部則根據不同的形象，變換手法，或圓潤流暢，或停頓明顯，或運筆凝重，或揮毫瀟灑，體現了畫師運筆有情。這幅壁畫若與《歷代帝王圖》相比，則有過之而無不及，是一幅難得的初唐人物畫傑作。

初唐 維摩詰經 • 方便品
莫220 東壁窟門北側

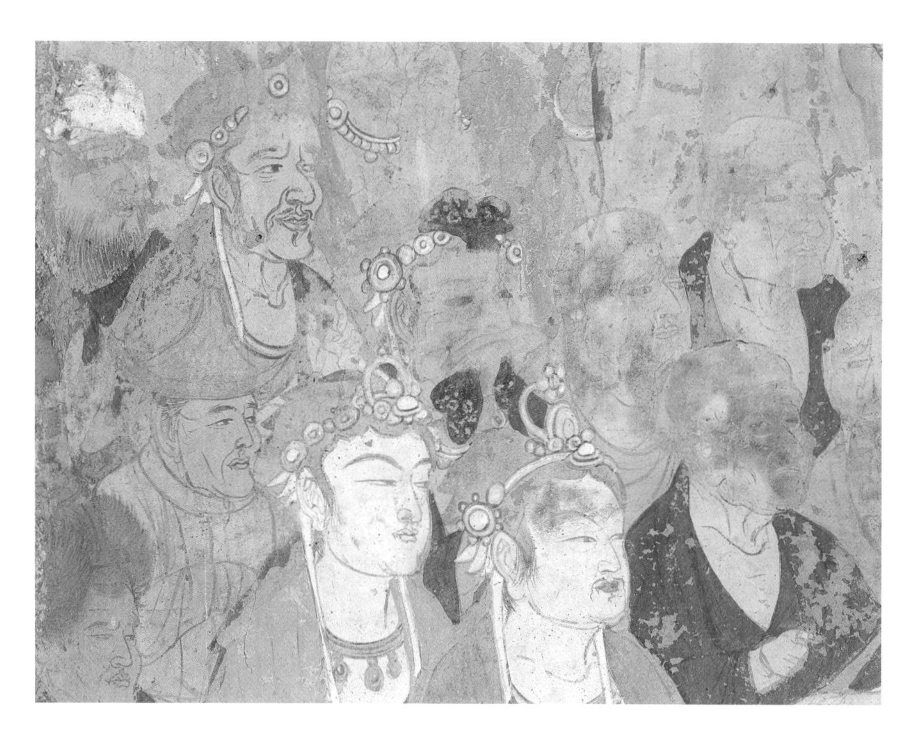

204 諸天人

這一組人物是跟隨文殊菩薩到毗耶離城聽法的“諸天人”。其中可以辨認出的有三頭六臂的摩醯首羅天，(此圖中未照全)，還有一個可能是毗那耶迦天，其餘天人很難確認其名稱。不過畫師以簡練的綫描，生動地刻畫了諸天的外貌特徵，也表現了不同人物的內心情感，不失為一組優秀的人物畫。

初唐 維摩詰經 • 文殊師利問疾品
莫220 東壁窟門北側

205 維摩詰經變

窟門南側以“維摩示疾”為中心，上部畫“借座燈王”，前面為天女戲弄舍利弗、下部是王子官屬問疾以及化菩薩獻香飯。窟門北側以“文殊來問”為中心，下部畫〈方便品〉中之帝王問疾，前面畫〈觀眾生品〉中之天女戲弄舍利弗，構圖佈局與第220窟維摩經變大同小異。人物造型以粗細、濃淡、疾徐多變的綫描為主，略施微染，表明中原盛行的“吳（道子）家樣”此時也傳到了敦煌。

盛唐 維摩詰經 莫103 東壁

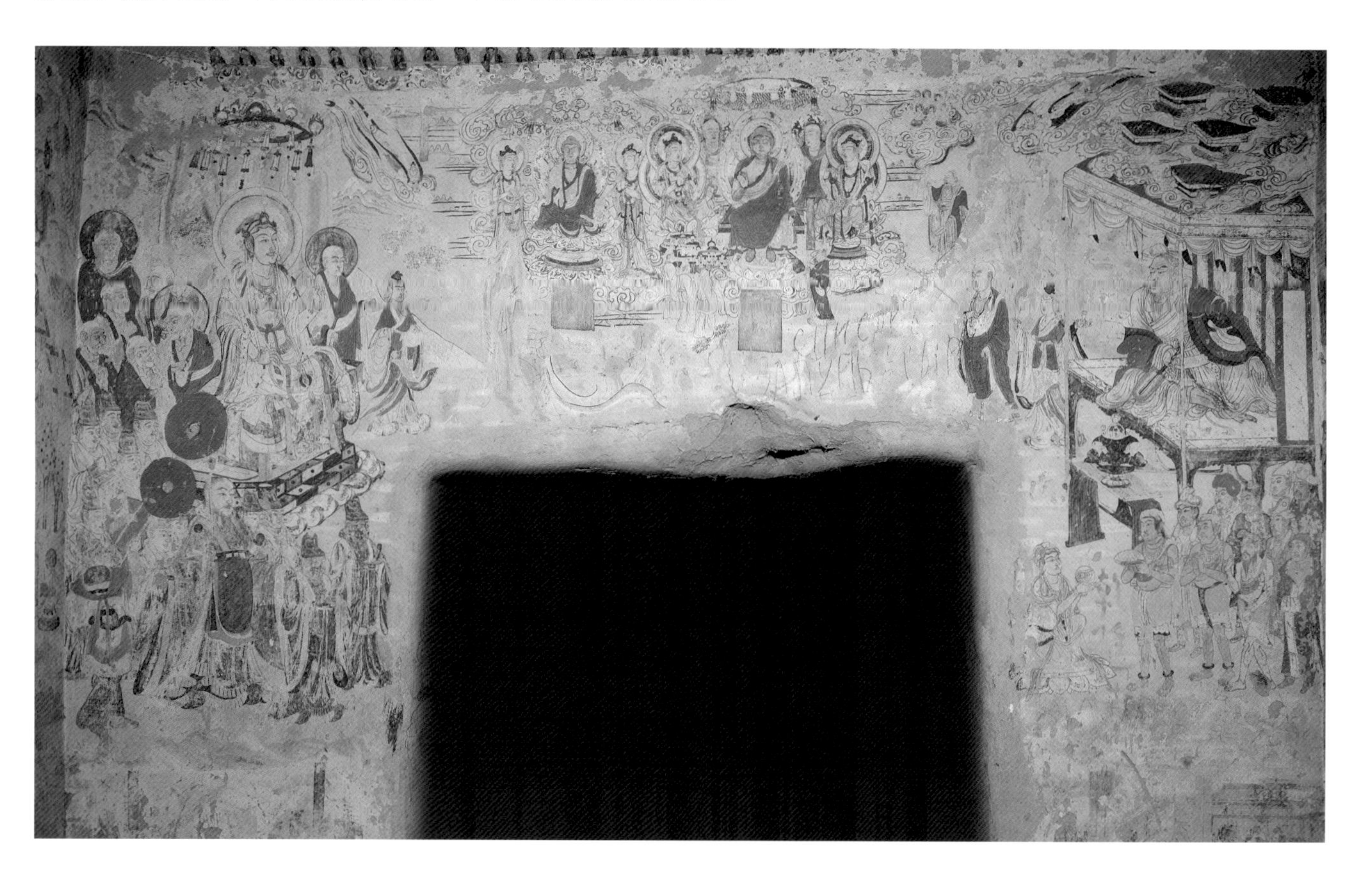

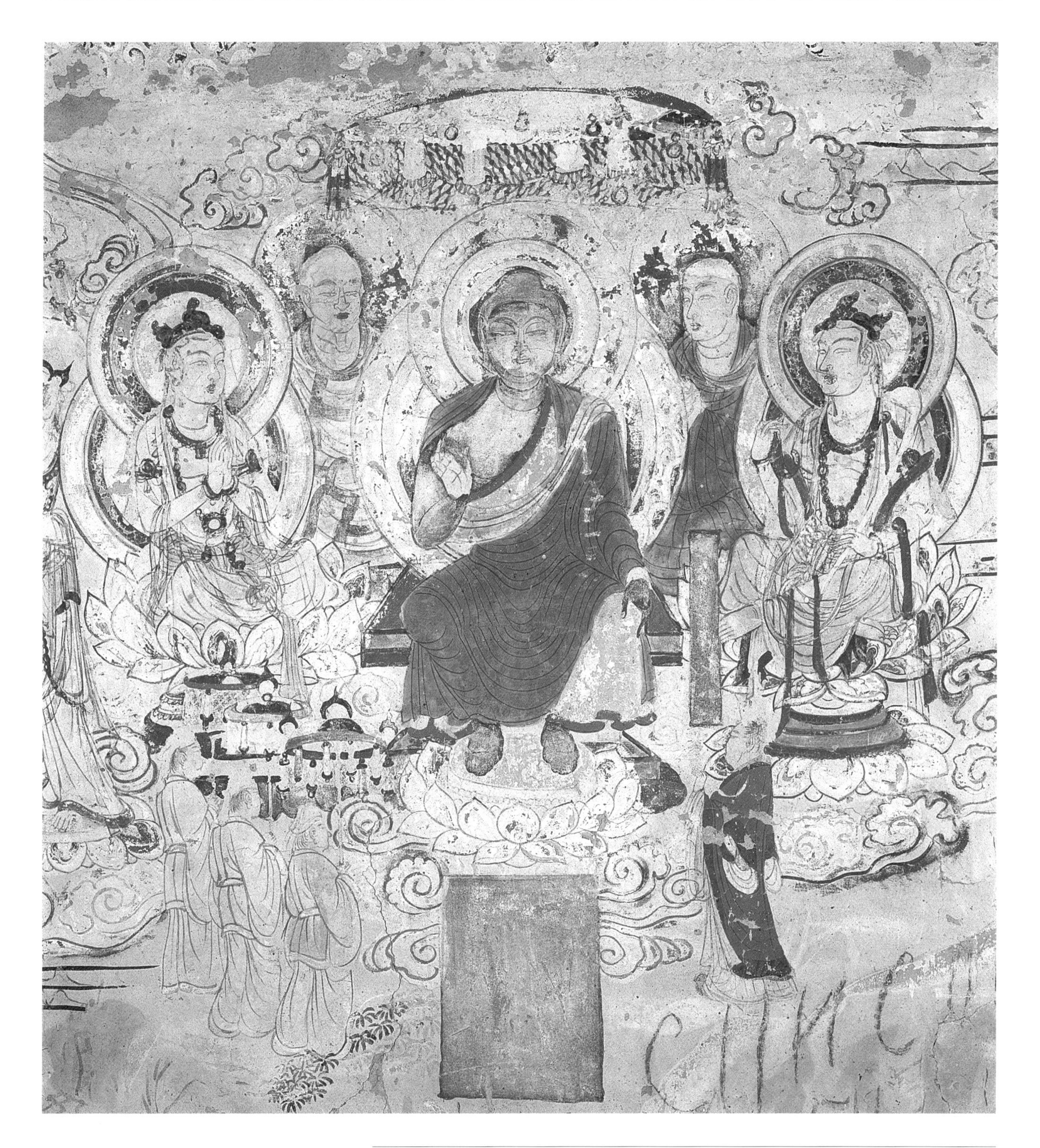

206 寶蓋供養

〈方便品〉云：毗耶離城一長者的兒子，名叫寶積，與其他五百長者的兒子各持七寶蓋供養釋迦。釋迦以神通力合五百寶蓋為一蓋，遍覆三千大千世界。畫師據此經文畫一佛、二弟子、二菩薩說法圖一鋪。說法圖左下側畫着漢族衣冠王子，各持寶蓋。說法圖右下側畫維摩詰。說法圖上部畫一大寶蓋，覆蓋說法圖。佛家說寶積也是法身大士，常與維摩詰"俱詣如來，共弘佛道，而今獨與里人詣佛所者，將生問疾之由，啟茲典之門也。"

盛唐 維摩詰經•佛國品

莫 103 東壁窟門上部

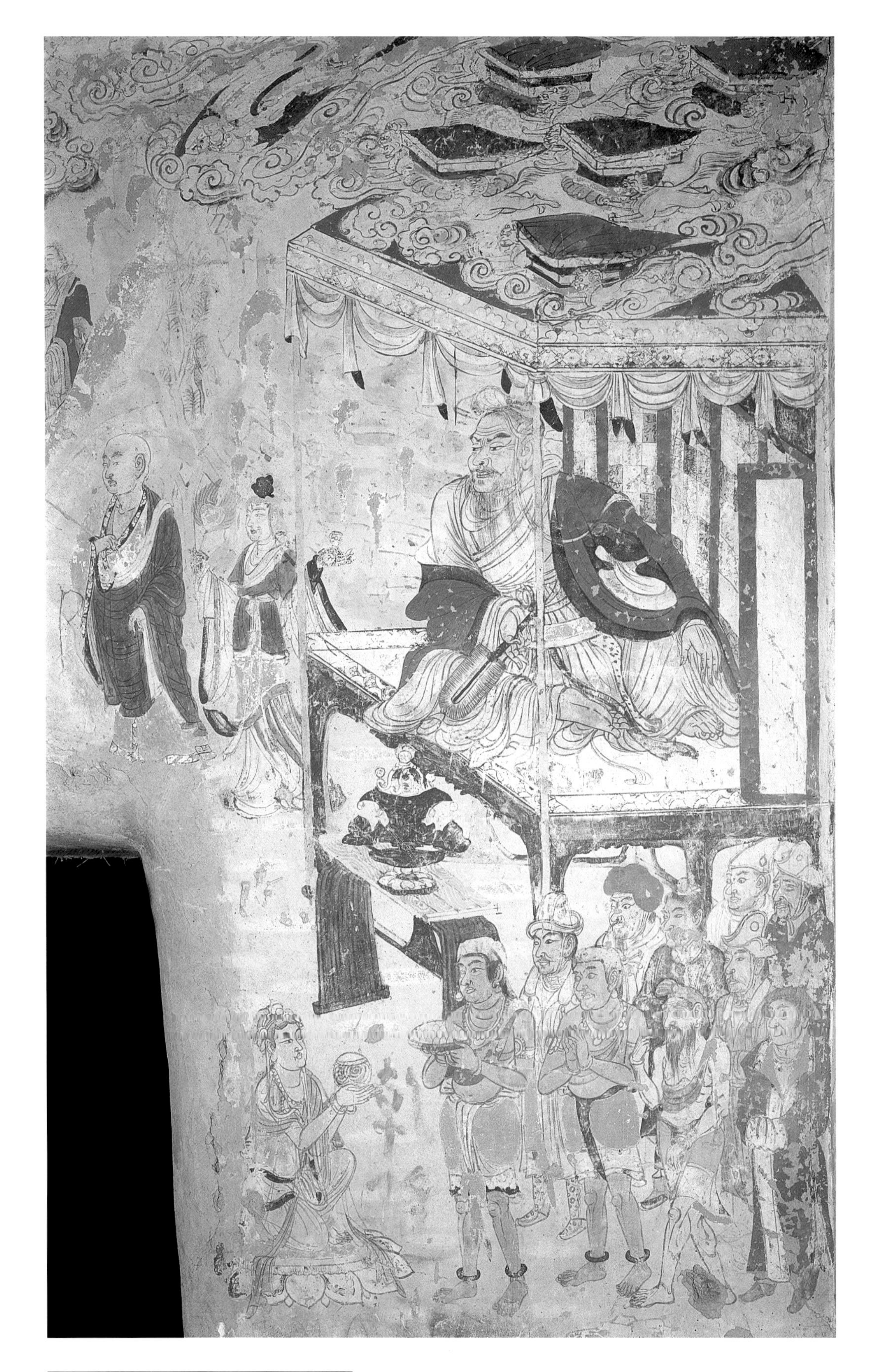

207 **維摩詰經變南側**

盛唐 維摩詰經 莫 103 東壁窟門南側

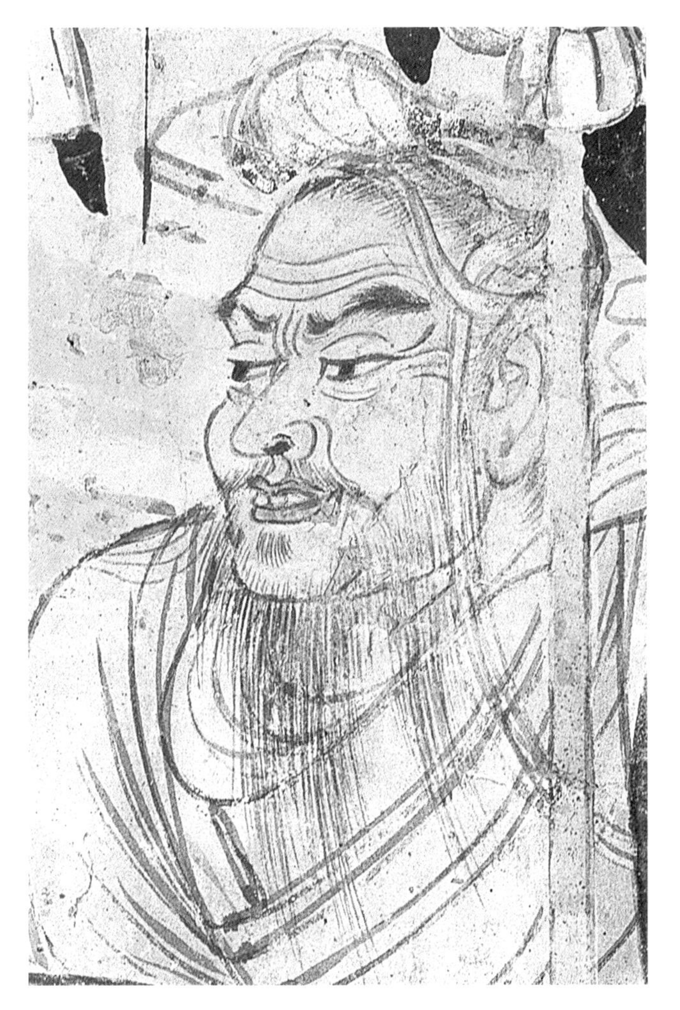

208 **維摩詰像**

此圖已經完全脱離“清羸示病”的形象，變得豐腴勁健；不再是“隱几忘言”，而是傾身憑几，滔滔雄辯。這是唐代新興的文人士大夫的寫照。人物刻畫主要靠流暢的墨色綫描，形象生動，感染力極強，顯然出自當時的繪畫高手。

盛唐 維摩詰經 • 方便品
莫 103 東壁窟門南側

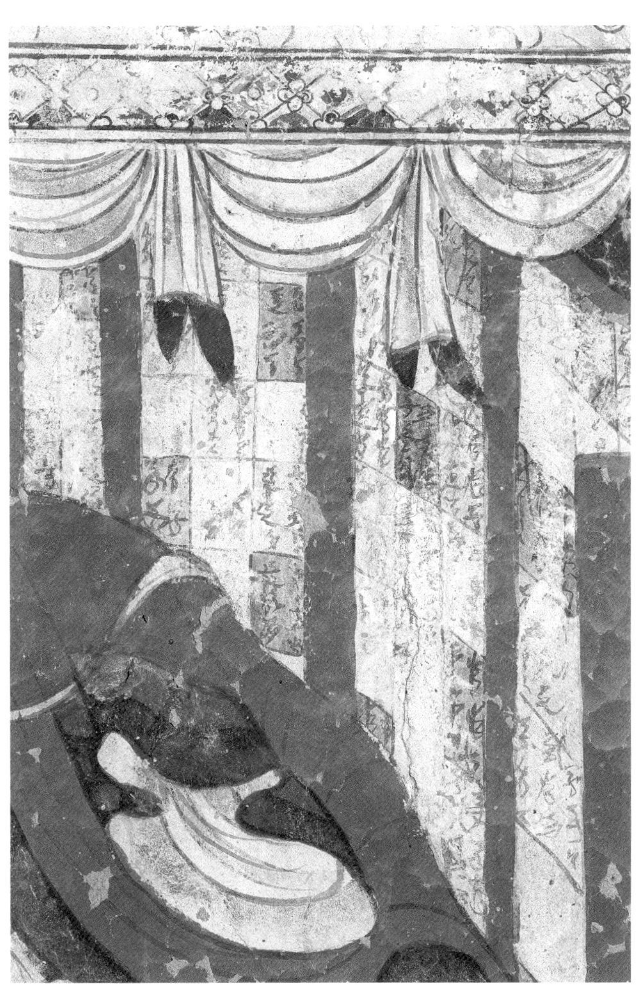

209 **維摩方丈內的屏風畫**

唐人喜歡在屏風上貼書法、詩篇，藉以美化居室。維摩方丈內屏風上所貼的草書正是此風尚的證據。這是一件珍貴的民俗資料。

盛唐 維摩詰經 • 方便品
莫 103 東壁窟門南側

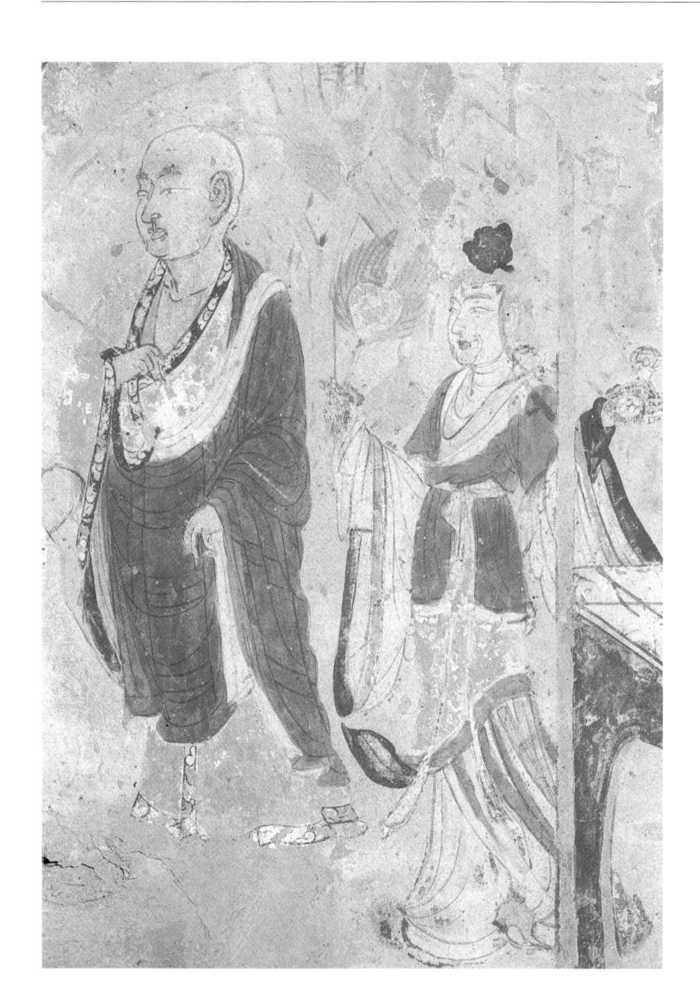

210 天女戲弄舍利弗

此圖的構圖、內容都與圖26相同，唯人物的服飾與用色各異。此圖用色較淡，人物以綫描為主。

盛唐 維摩詰經 • 觀眾生品
莫 103 東壁窟門南側

211 番王問疾與化菩薩獻香飯

內容、構圖與圖194大同小異，唯敷彩簡淡，着力於綫描，運筆生動，人物形象具有重要的民族學史料價值。畫面左側畫一位美麗的化菩薩，胡跪蓮座上，向番王獻香飯，使本來是為問疾而來的諸王子官屬，都把視力轉向天女，這雖有違經旨，但卻增強了畫面的情趣。

盛唐 維摩詰經 • 方便品與香積佛品
莫 103 東壁窟門南側

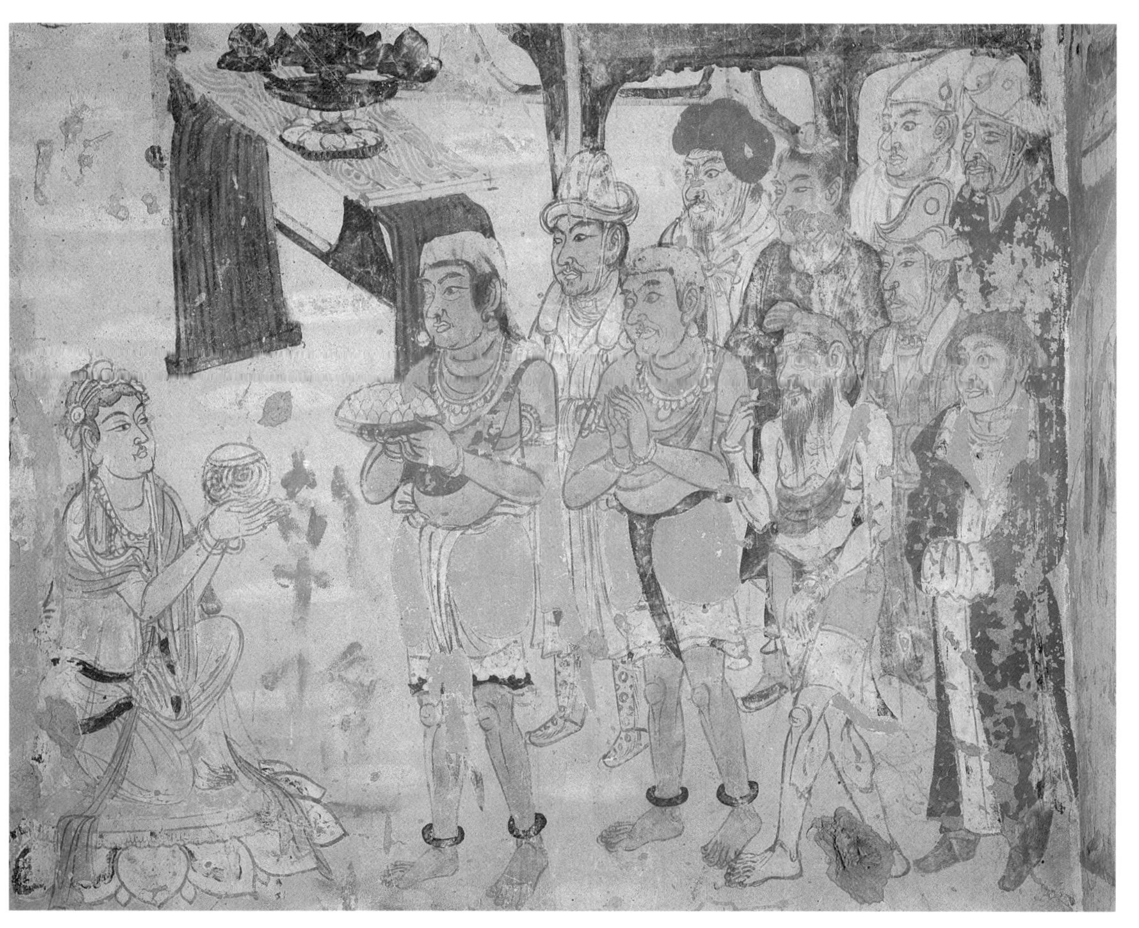

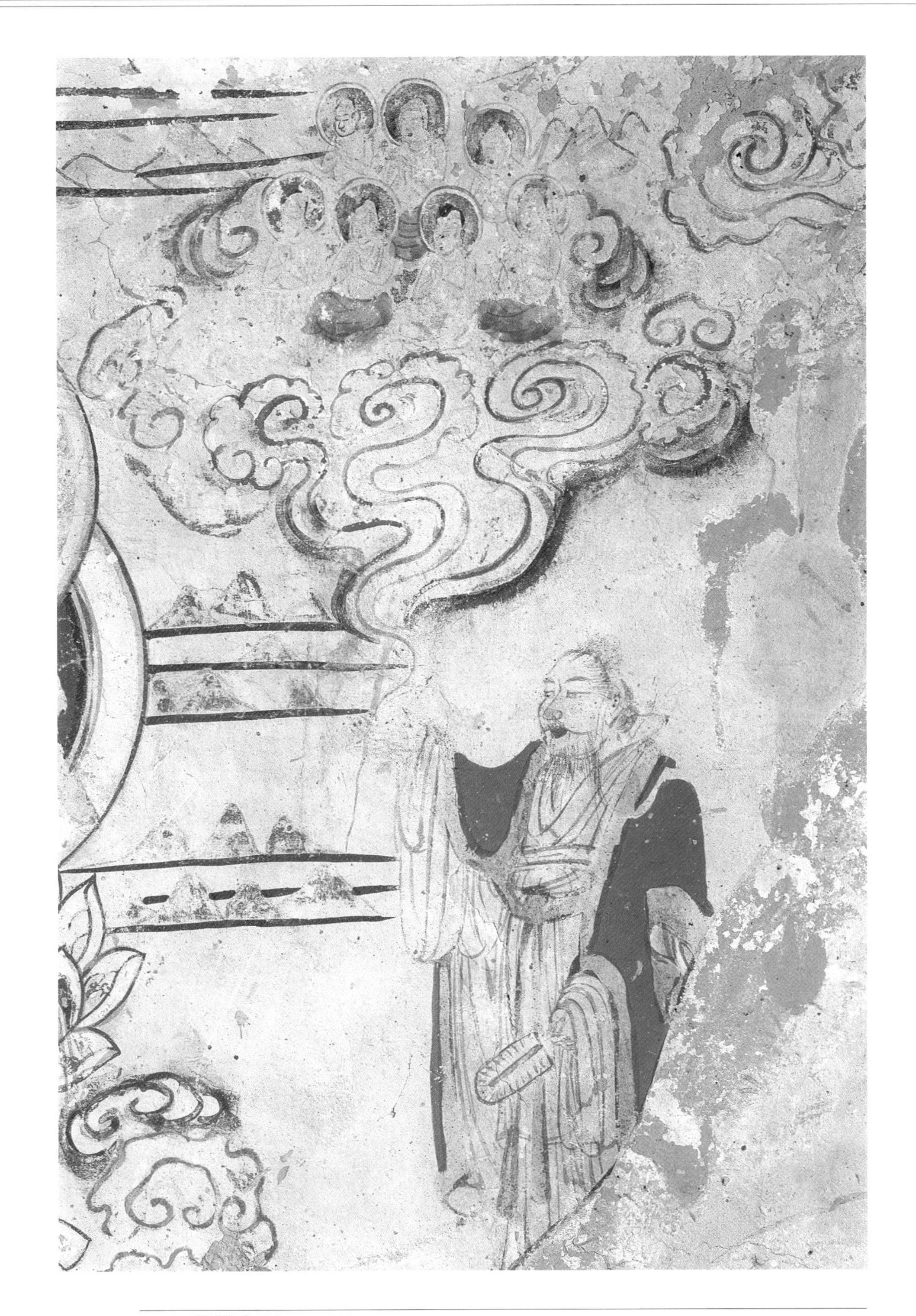

212 掌擎大眾

〈菩薩行品〉云：釋迦在庵羅樹園說法，維摩、文殊都想見他。維摩詰即以神通力，"持諸大眾並獅子座，置於右掌，往詣佛所"。畫面為維摩詰左手揮麈尾，右手掌上變出一朵祥雲，冉冉而上，雲上畫維摩、文殊及諸聖眾，共計七人。此故事主要是引伸出釋迦佛宣講菩薩行："入生死而無所畏，於諸榮辱心無憂喜"，"觀世間苦而不惡生死，觀於我而誨人不倦"的道理。

盛唐 維摩詰經 • 菩薩行品
莫 103 東壁窟門上部南側

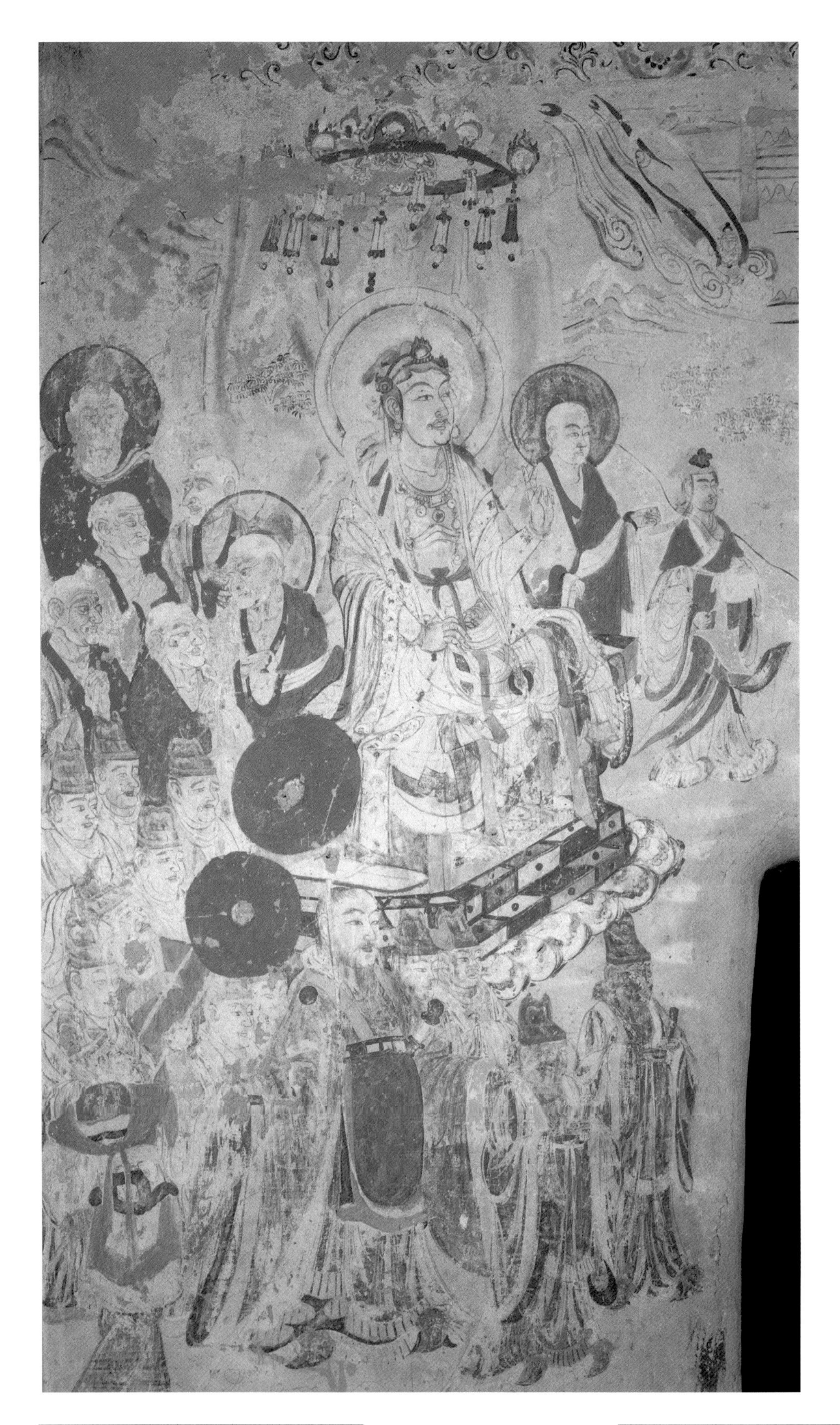

213 維摩詰經變北側

盛唐 維摩詰經 莫 103 東壁窟門北側

214 文殊菩薩

文殊菩薩坐在須彌座上，文靜安詳、和顏悦色，右手執如意，左手伸兩指，表明他已理解“真入不二法門”。

盛唐 維摩詰經 • 文殊師利問疾品

莫 103 東壁窟門北側

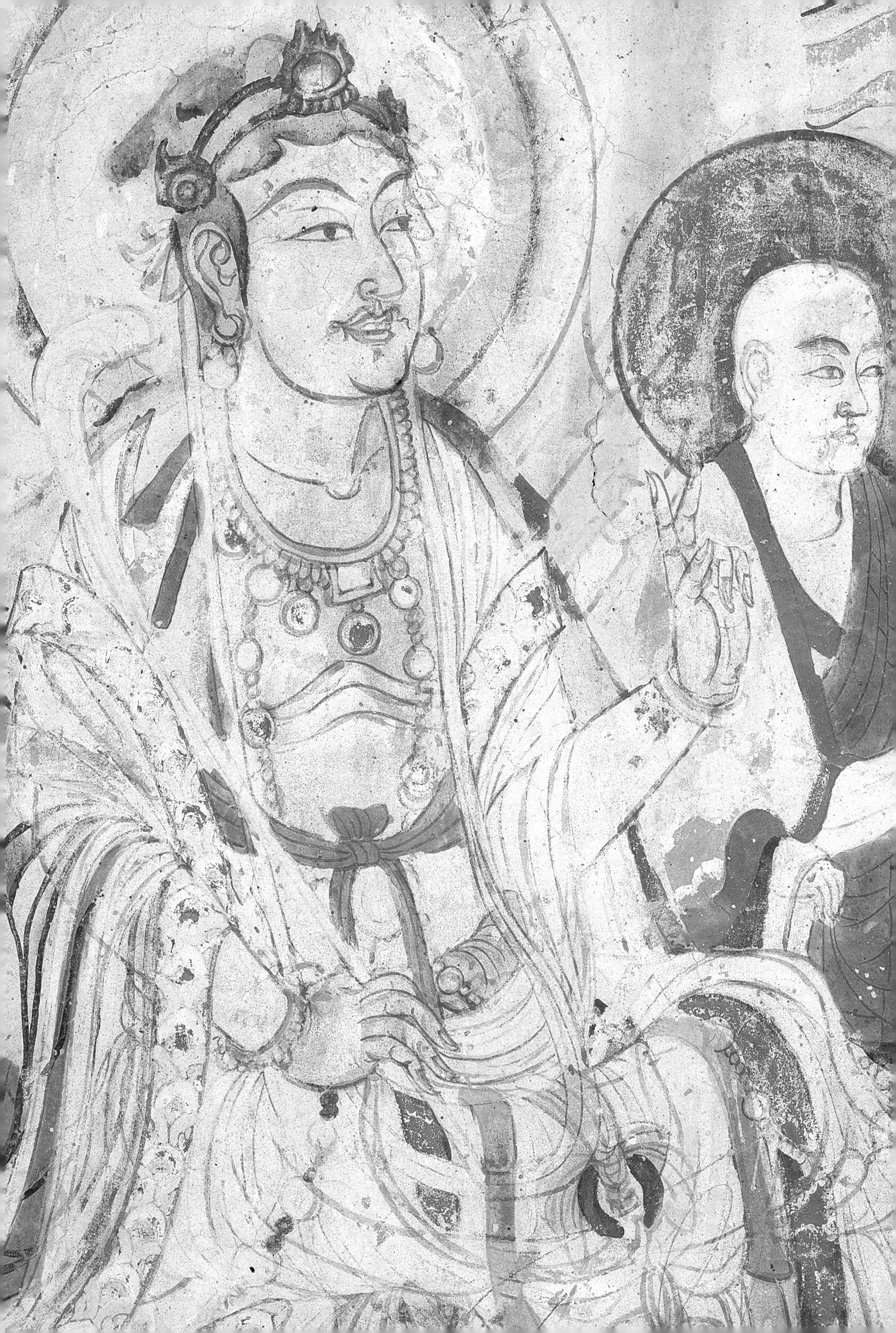

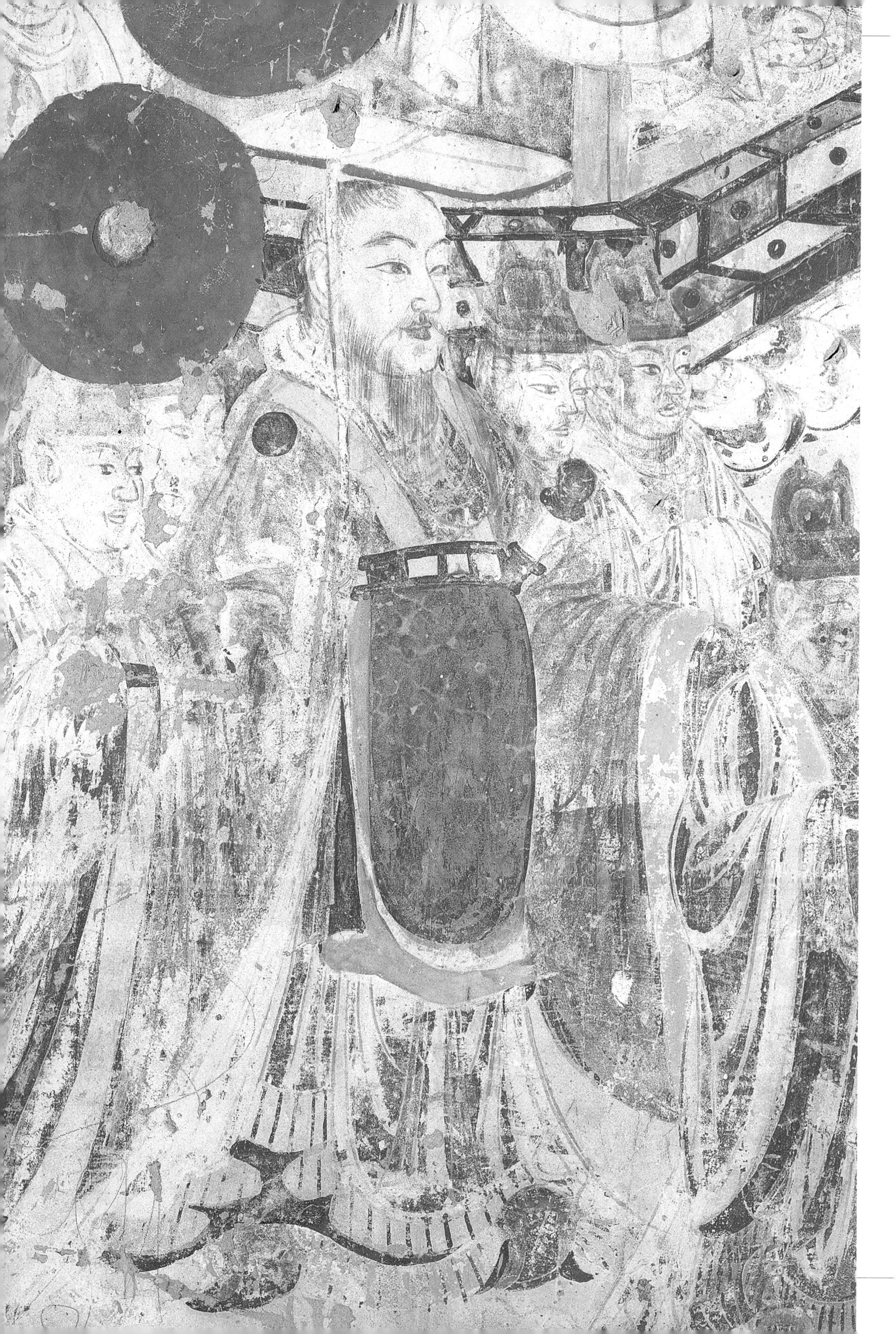

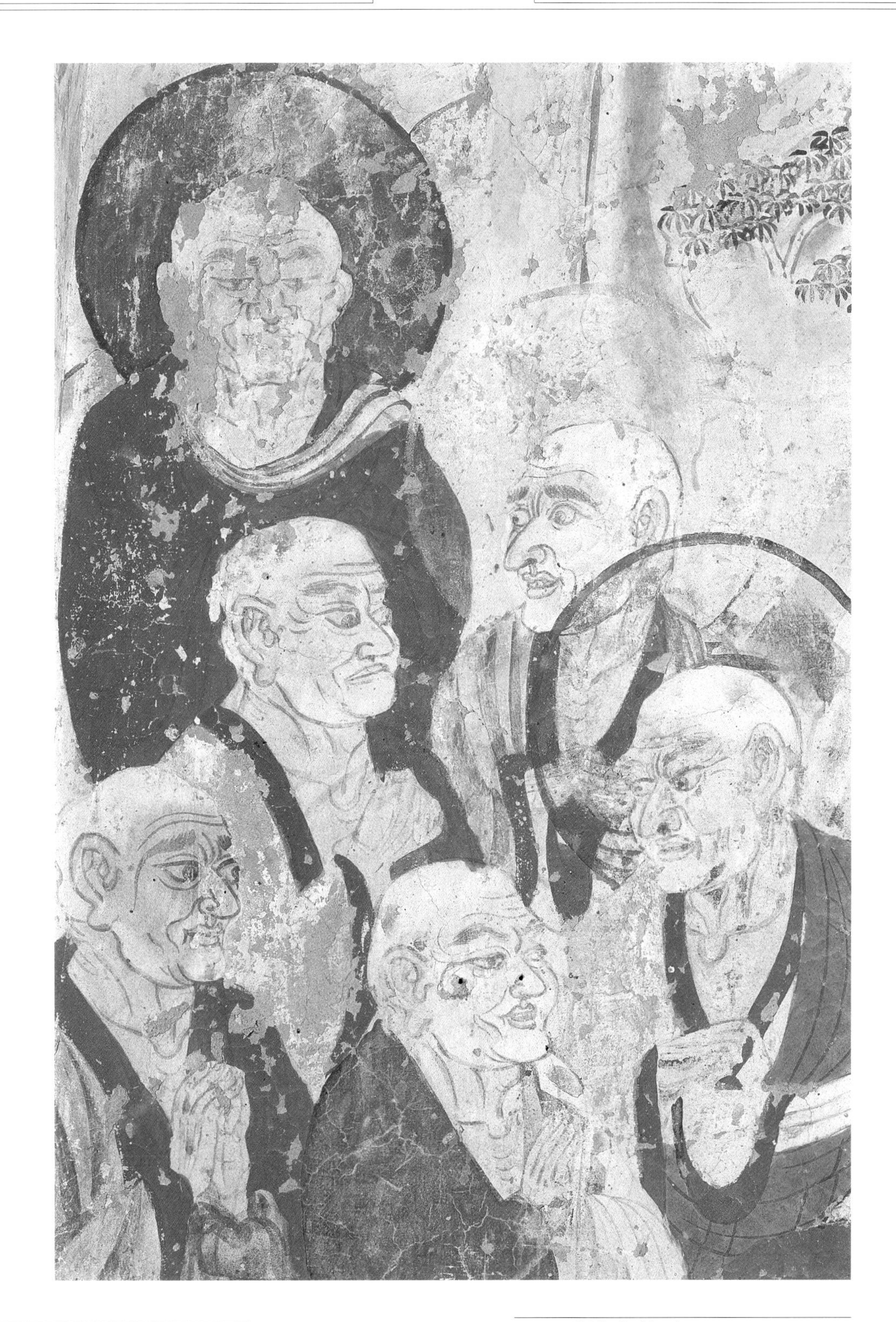

215 帝王問疾

古代畫師主要靠一手流暢明快的綫描，把一個廣額豐頤，濃眉大眼，隆鼻美髯，儀表堂堂的中年華夏帝王，勾畫得躊躇滿志，栩栩如生，顯示出與之同時代著名畫家吳道子的"落筆雄勁，敷彩簡淡"，"虬鬚雲鬢，數尺飛動，毛根出肉，力健有餘"的風格。

盛唐 維摩詰經 • 方便品

莫 103 東壁窟門北側

216 聽法大弟子

這是跟隨文殊菩薩至毗耶離城聽法的諸大弟子。從他們的面部表情（尤其是眼神）中，可以體味出維摩詰居士與文殊菩薩辯論之激烈、精彩。

盛唐 維摩詰經 • 文殊師利問疾品

莫 103 東壁窟門北側

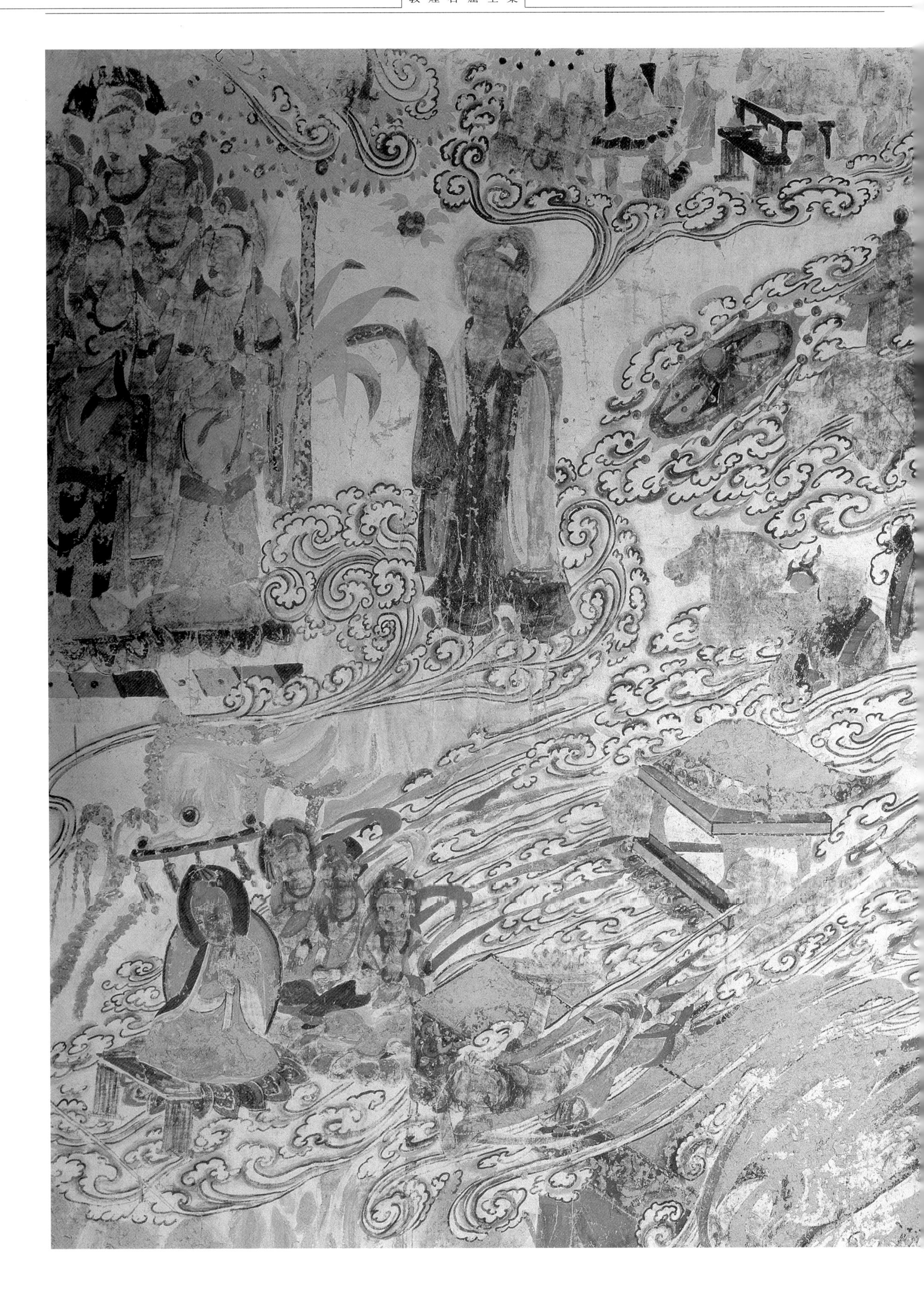

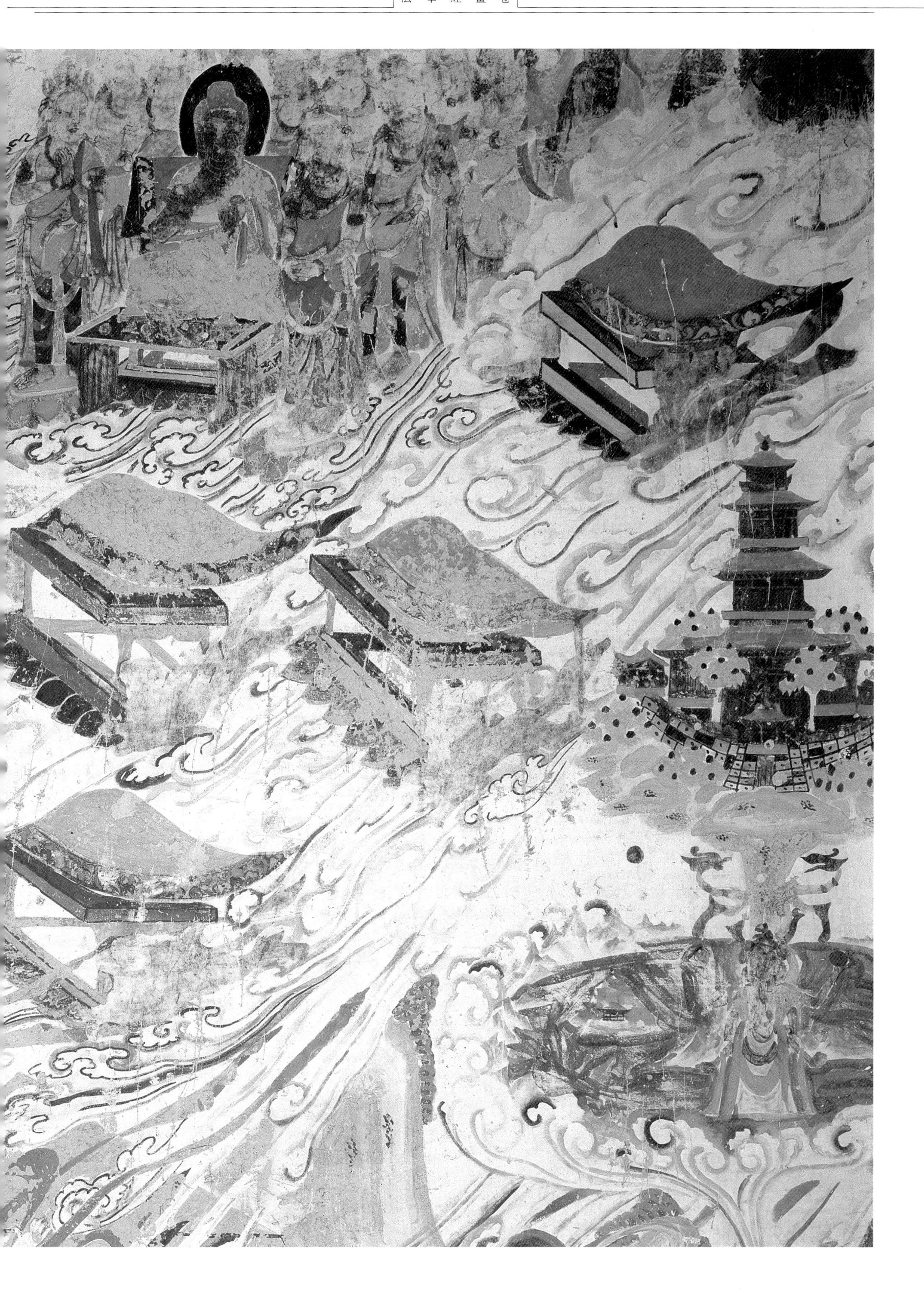

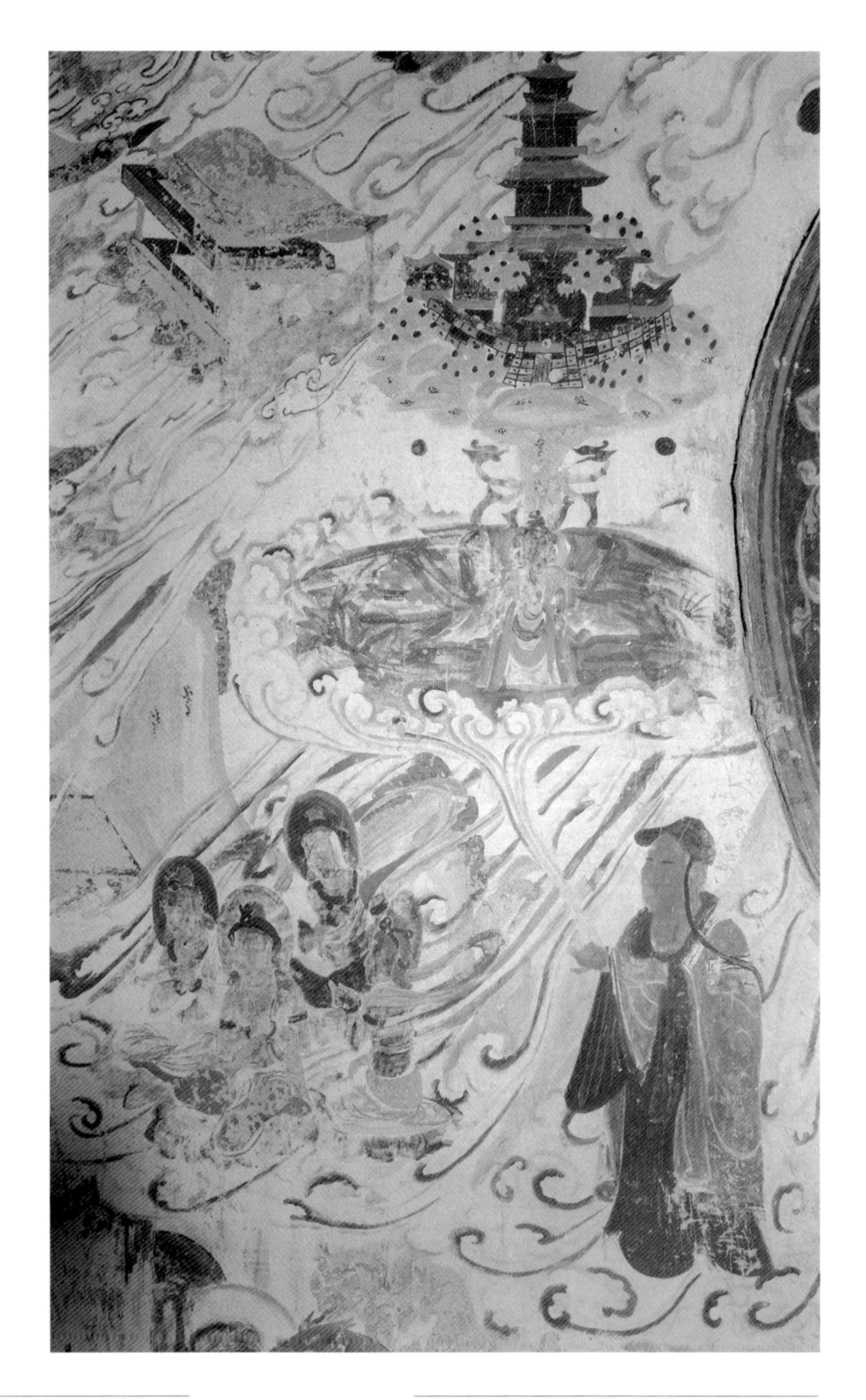

217 借座燈王及七寶供養 ◀ 見上頁

前面雲端上坐的一佛三菩薩，即〈不思議品〉中之須彌燈王佛及其隨從菩薩，後面有五個隨雲飄動的須彌座，代表須彌燈王佛運送給維摩詰的三萬二千獅子座。左上側的一鋪說法圖是月蓋王子請教藥王佛何為法供養。前後兩鋪說法圖對稱和諧。雲中飄動的輪、馬、珠、兵、玉女等，就是轉輪聖王月蓋向藥王佛供養的“七寶”中之五寶。畫師巧妙地把兩品配置在一起，渾然天成，天衣無縫，十分成功。

初唐 維摩詰經 • 不思議品及法供養品

莫 332 北壁東側

218 手接大千

此圖是在第220窟“手接大千圖”的基礎上發展出來的。在須彌山腰增加了兩條龍。須彌山上改畫高聳入雲的三級佛塔，這可能是象徵妙喜國的佛法興盛，或者是表現妙喜國的“梵天等宮”。

初唐 維摩詰經 • 見阿閦佛品

莫 332 北壁東側

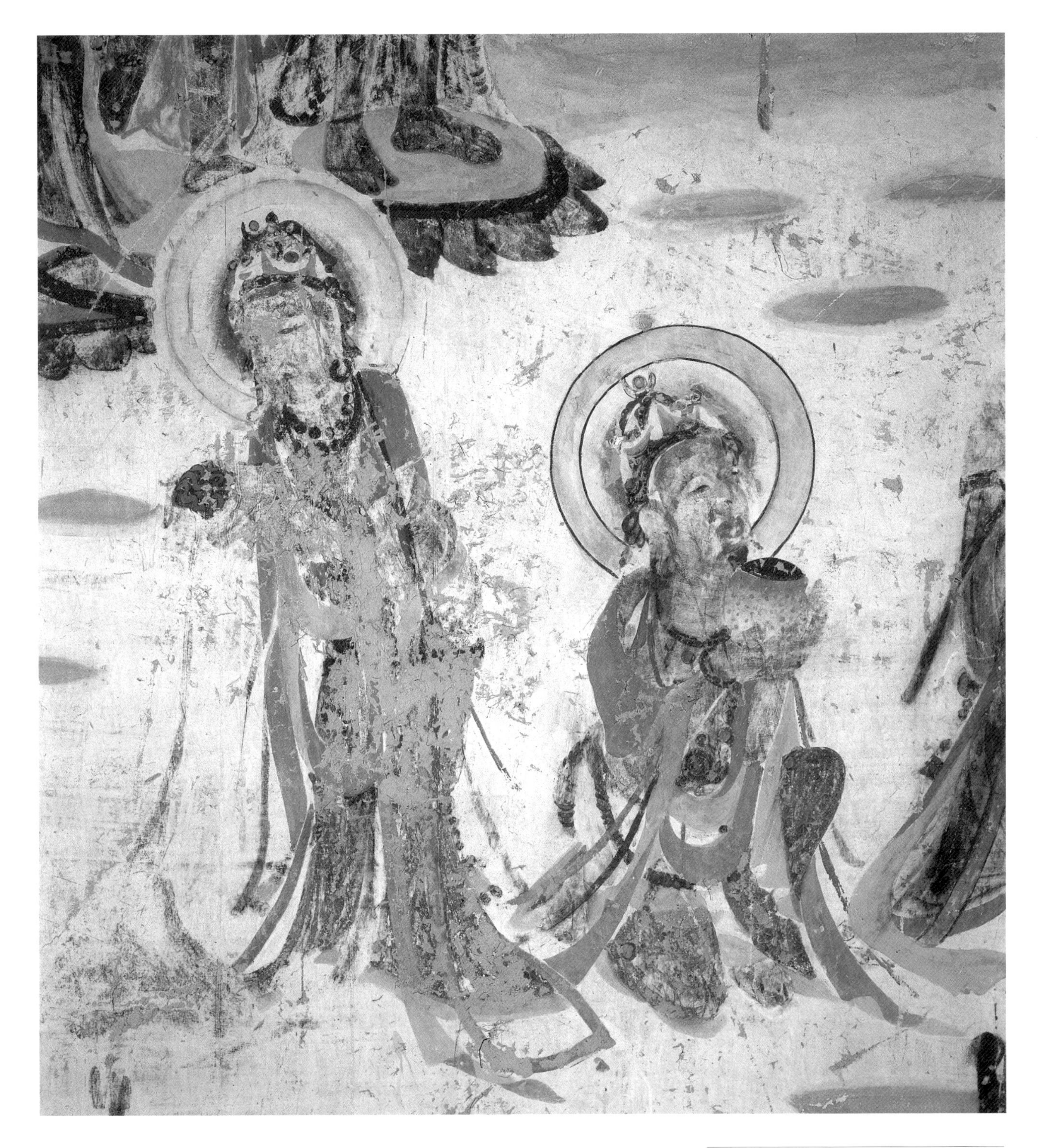

219 獻香飯菩薩

這是從香積佛世界來的兩位菩薩。右側菩薩單膝跪地，雙手捧鉢，仰視維摩詰，敬獻香飯，可能是維摩詰化現的化菩薩。左側菩薩面向文殊，側身而立，上身微向前傾，雙手舉鉢，往地上倒香飯，堆積如山。兩身菩薩雖已變色，但其造型仍然十分優美。

初唐 維摩詰經 • 香積佛品

莫 332 北壁

第三節 吐蕃贊普領風騷

中唐（公元781-848年）

中唐時期，文人對維摩詰的信仰有增無減，其中最著名的當推白居易。他有不少作品提及維摩詰，如在《自詠》中他就自比維摩詰。另一位詩人孟郊，甚至在《贊維摩詰》一詩中稱頌維摩詰為釋儒的楷模。中唐的美術家也繼續繪、塑維摩詰經變，例如左全於聖壽寺及成都大聖慈寺畫維摩變相。開成五年（公元840年），日本僧人圓仁在五台山看到一鋪巨大的塑像維摩詰經變：一位左手執麈尾的老人，隨意坐於座上，面上似有語笑之相，形象與敦煌壁畫中的維摩詰像有些相似。座前西邊有一天女，東邊有一手拿飯鉢的菩薩。

同時期敦煌地區的維摩信仰也很盛行，而且偏重於義理研究。例如敦煌遺書中，在十二件有紀年的維摩詰經寫本中，經疏類多達十件，經文類只有兩件。又如敦煌高僧洪辯也洞達《維摩詰經》，並將其功德窟第365窟比作"維摩之室"。

中唐維摩詰經變的構圖變化

中唐的維摩詰經變現存九鋪，而且都集中在莫高窟。中唐維摩詰經變在構圖佈局上有兩點顯著變化：第一，把吐蕃贊普及其侍從畫在"維摩示疾"下部的顯著位置，並且特意刻畫。這是當時佛教藝術從屬於政治需要的鮮明表現，也是識別中唐洞窟時最可靠的依據。第二，在維摩詰經變下部出現了屏風畫，見於第133、159、360等窟。屏風內畫許多小故事，大多數是表現〈方便品〉中維摩詰的各種神通力和〈弟子品〉中的一些小故事。

形式化的經變畫風

從總體上來看，中唐的維摩詰經變日益呆滯，近似病態美，逐漸失去了唐代前期不斷創新，蓬勃向上的氣勢。描繪重點不再是維摩詰的豐腴勁健，滔滔善辯；文殊菩薩的莊重沉靜，胸有成竹；中華帝王的氣宇軒昂，咄咄逼人；蕃王的奇形詭態，天女的風度翩翩，舍利弗的拘謹忸怩以及化菩薩的嬌娜多姿等。而是力求把日益增多的情節，固定在一個統一的框架內。這樣也許比較切合經旨，但卻失去了生機。例如一般在畫面

中唐維摩詰經變分佈及位置表

分佈洞窟	位置
莫133、159、236、237、359、360	主室東壁窟門南北兩側
莫231	東壁窟門北側
莫180	南壁
莫240	西壁佛龕兩側

上部並列畫三個佛國世界，即中間是〈佛國品〉的釋迦淨土，維摩之上是〈不思議品〉的須彌燈王佛國，文殊之上是〈香積佛品〉的香積佛世界，十分形式化。幸而佛國世界下部畫人世間的毗耶離城城牆、角樓和城門，描繪相當細致。特別是諸化菩薩與香積菩薩，成羣結隊，從香積佛世界飄飛而下，穿過毗耶離城門，然後或者到維摩、文殊前奉獻香飯，或者遊觀毗耶離城，"天衣飛揚，滿壁風動"，總算給呆滯的畫面增添了一絲生氣。在毗耶離城內，延襲唐代前期的"維摩示疾"、"文殊來問"以及帝王官屬問疾。這些情節中，除新出現的吐蕃贊普問疾外，餘皆不足道矣。

義理表現的深化

中唐時期屏風畫中的一些小故事畫，描繪比較生動，例如第159窟的"阿難乞乳圖"和"博奕圖"。尤其矚目的是，畫師開始把一些抽象的佛學義理，形諸丹青，例如〈方便品〉説:"是身無人如水"，意思是説人的身體並非固定的實體，猶如水無定形，方圓隨物。將這義理畫成畫並非易事，然而具有豐富想像力的畫師，卻能據此創作出一幅優美的人物風景壁畫: 遠方畫崇山綠林; 近處畫山坡湖泊。一人獨坐湖邊，靜心觀水，象徵"是身如水"。兩隻野鹿奔馳於山野間，表示人生短暫，流逝之快。總的來看，既形象生動，又意境深遠。

中唐的維摩詰經變，雖然失去了唐代前期蓬勃向上的氣勢，但就其構圖的嚴密緊湊，人物刻畫的細膩，賦彩的清新淡雅，明快爽麗，以綫描表現質感而言，也有其獨特的風格。

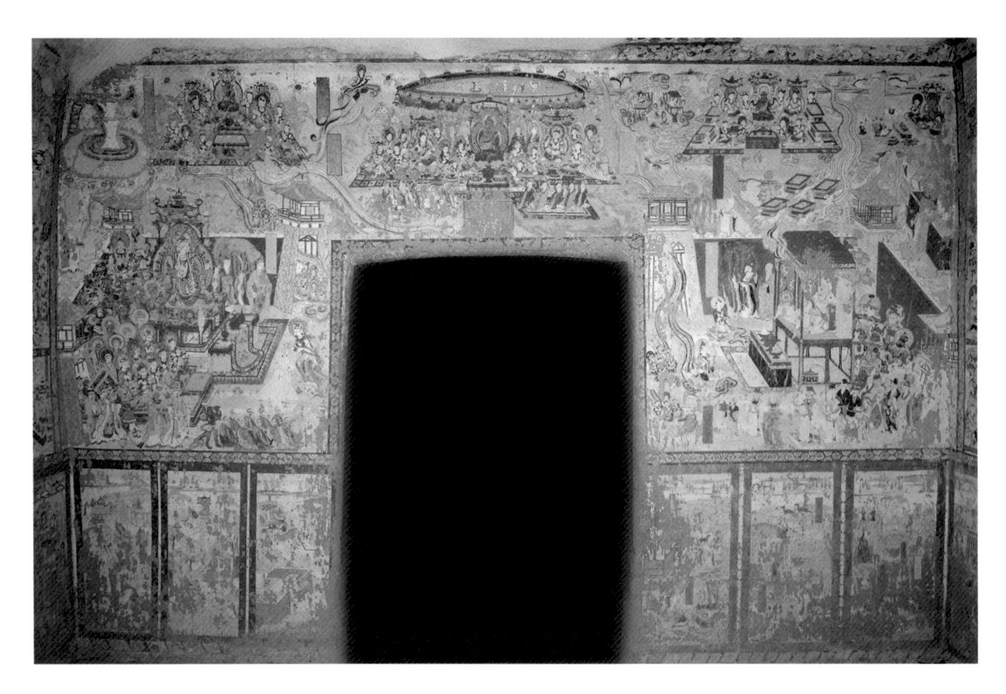

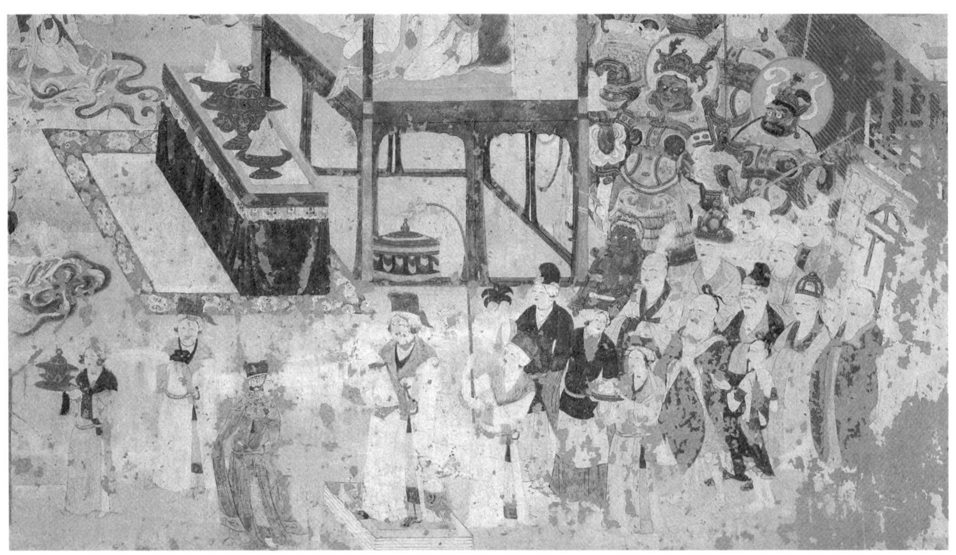

220 **維摩詰經變**

中唐時期的維摩詰經變大致都是分上、中、下三部分。上排中間畫〈佛國品〉，右側為〈不思議品〉，左側為〈香積佛品〉。此圖中還在右端插畫〈法供養品〉，左端加畫〈見阿閦佛品〉。中排窟門兩側主要位置畫"維摩示疾"、"文殊來問"及帝王官屬問疾。下排屏風畫中畫〈方便品〉與〈弟子品〉中的一些小故事。

中唐　維摩詰經　莫159　東壁

221 **吐蕃贊普問疾**

唐代前期，維摩示疾下部都是畫中國西部一些少數民族頭領以及外國使臣。從中唐開始，吐蕃贊普佔據了顯要位置，其他人物都退居後邊。這是識別中唐維摩詰經變的一條可靠依據。

中唐　維摩詰經 • 方便品

莫159　東壁窟門南側

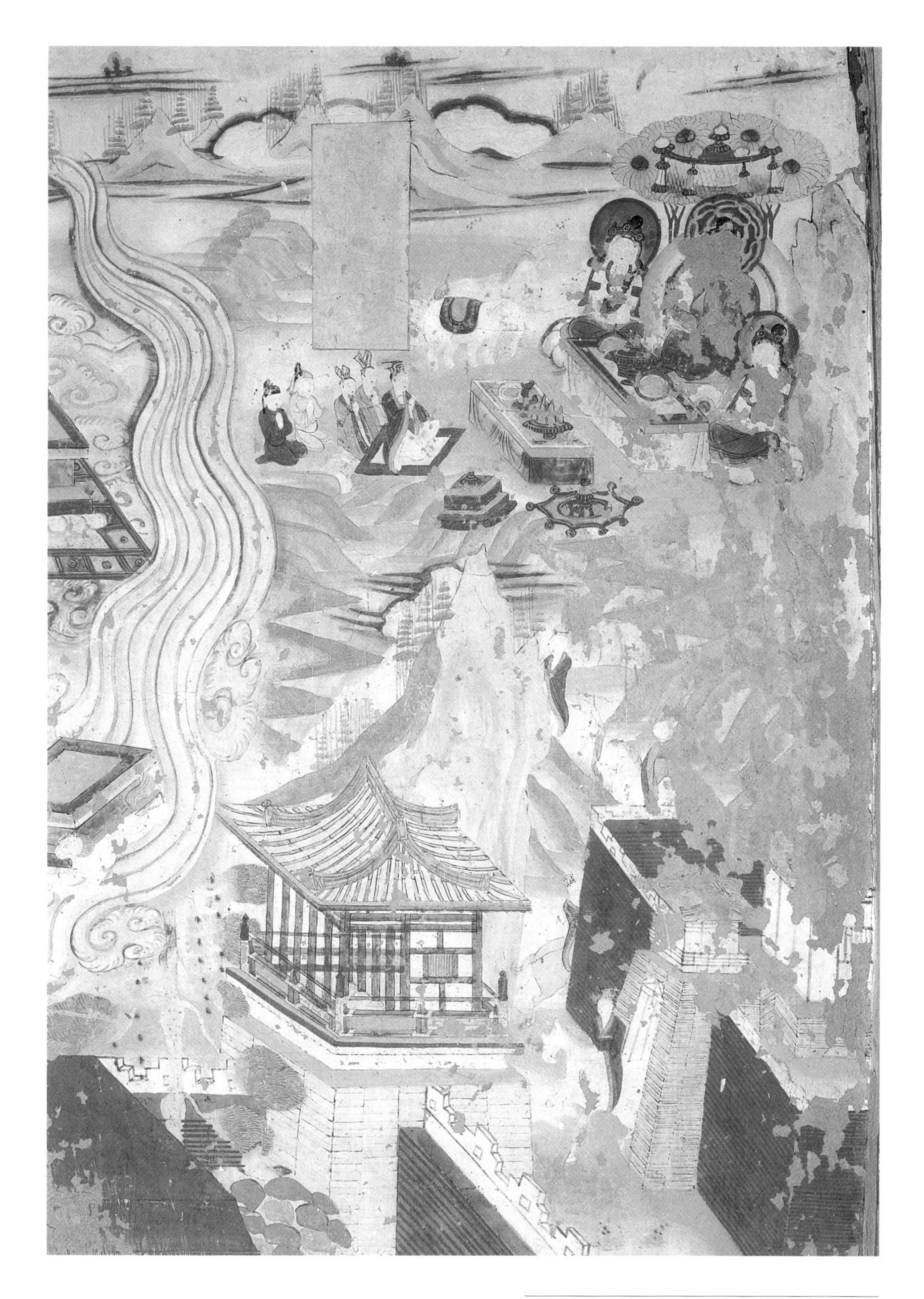

222 法供養品

畫面右下側繪月蓋王子及其眷屬乘馬離家，翻山越嶺，行詣藥王佛所，請教何為法供養。右上角畫一佛二菩薩，即藥王佛說法圖。佛前畫月蓋王子及其眷屬侍從，跪地合十供養。佛前還畫月蓋王子供養的象寶、馬寶、輪寶、主藏寶等。遠處有山、樹、雲作背景，遼闊優美。既合經旨，又有意境，比初唐時期僅畫七寶供養，大為進步。

中唐 維摩詰經 • 法供養品
莫 159 東壁窟門南側

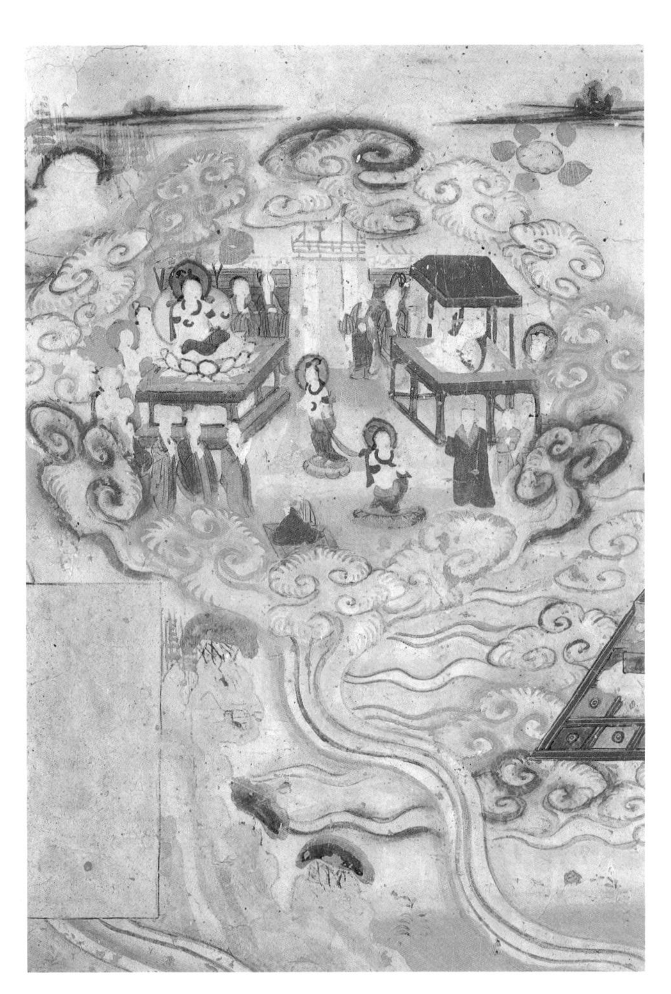

223 掌擎大眾

此圖中出現了毗耶離城門，維摩詰、文殊在城內對坐論道，天女戲弄舍利弗，化菩薩獻香飯以及帝王問疾等，其中吐蕃贊普特別突出，實際上是一鋪縮小了的中唐維摩詰經變。

中唐 維摩詰經 • 菩薩行品
莫 159 東壁窟門南側

224 寶蓋供養

此圖中間畫釋迦牟尼佛說法。下部畫五百長者子俱持寶蓋，一同供養佛陀。上部畫“佛之威神令諸寶蓋，合成一蓋。”寶蓋中出現了佛經中所說的日月星辰，山川宮殿，這是以前的“寶蓋供養圖”中所沒有的。

中唐 維摩詰經 • 佛國品
莫 159 東壁窟門上部

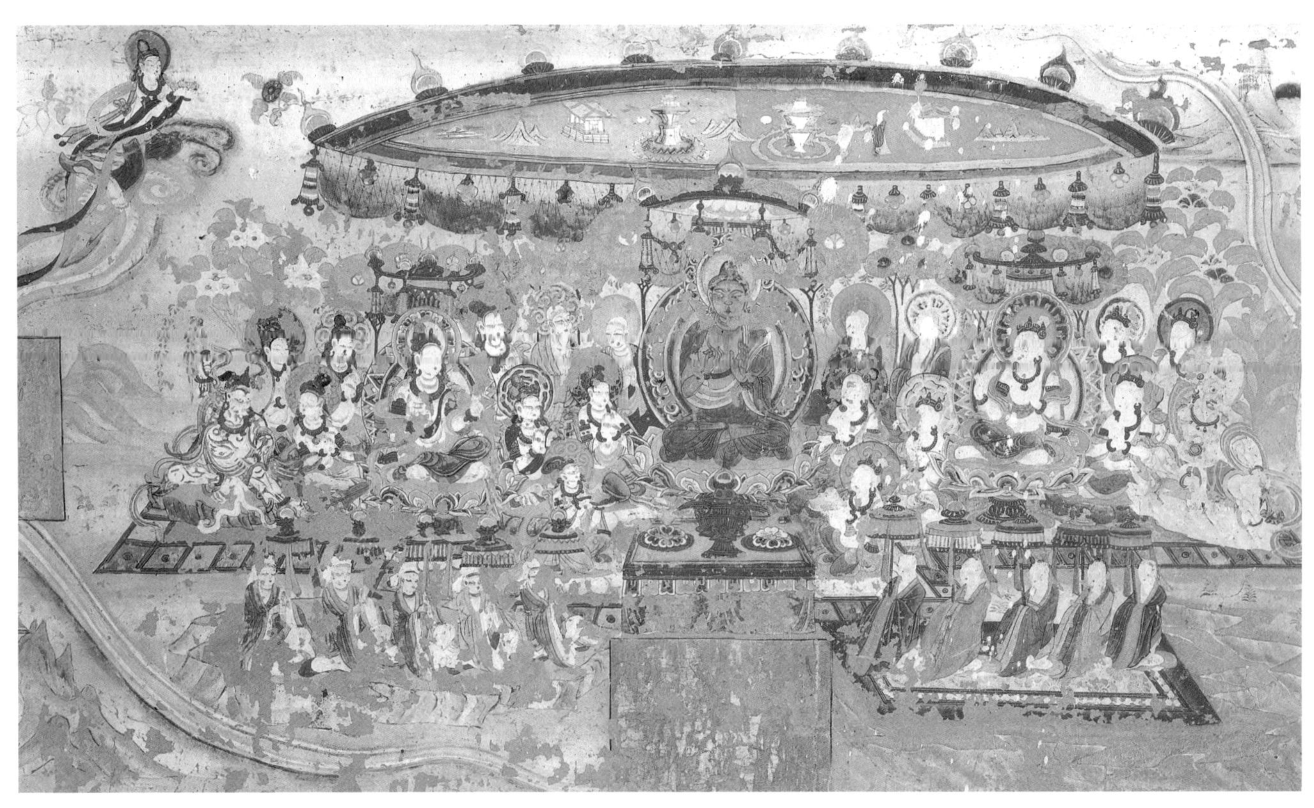

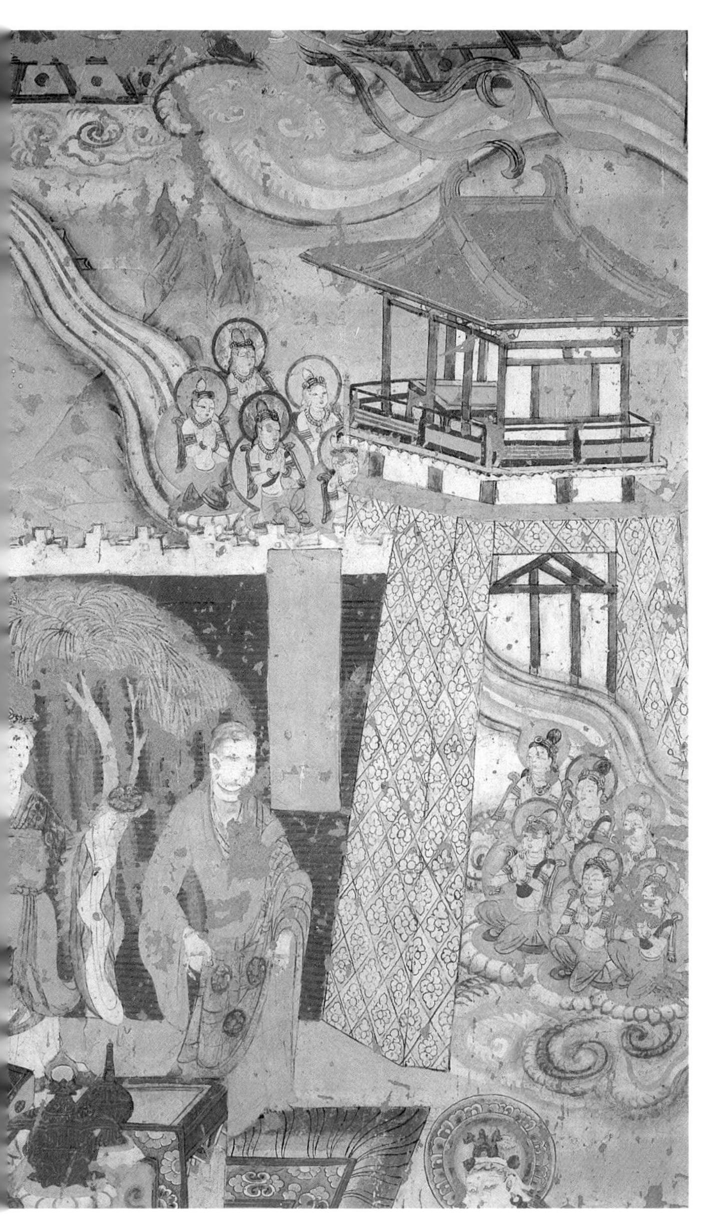

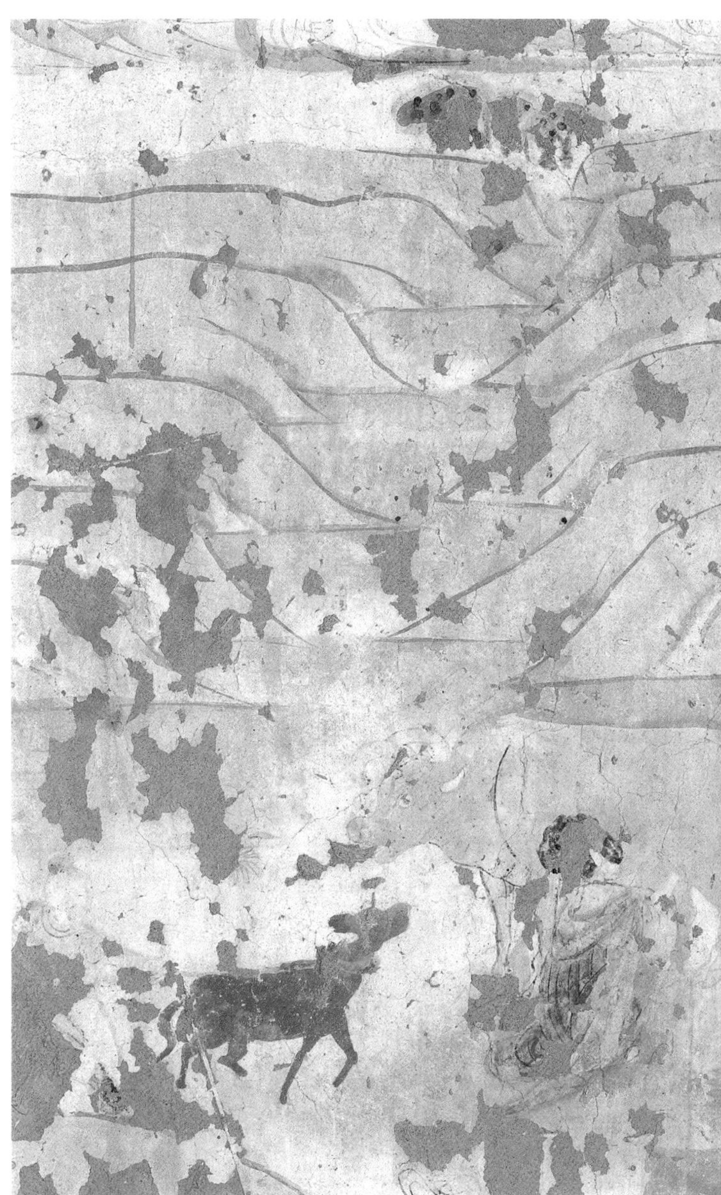

225 **毗耶離城角樓一角**

從中唐開始，維摩詰經變中出現毗耶離城城牆、城門和角樓。此圖為毗耶離城角樓之一。

中唐 維摩詰經 • 文殊師利問疾品

莫 159 東壁窟門北側

226 **阿難乞乳**

有一次，阿難為生病的釋迦向大戶乞乳，維摩詰便責阿難："釋迦有金剛不壞之身，哪會生病？"並勸阿難速速離去，以免外道以為釋迦既不可脱離病困，焉能普渡眾生。畫面與經文大相徑庭：右側畫一頭母牛，腹下蹲一婦女擠奶。母牛張嘴搖尾，呼召面前的小牛。小牛仰頭踢蹄，拼命前奔，然而頸有套索，被一男孩用力拉着，不許牠去。使舐犢之情，躍然壁上，堪稱中唐壁畫之佳作。

中唐 維摩詰經 • 弟子品

莫 159 東壁南側下部屏風畫內

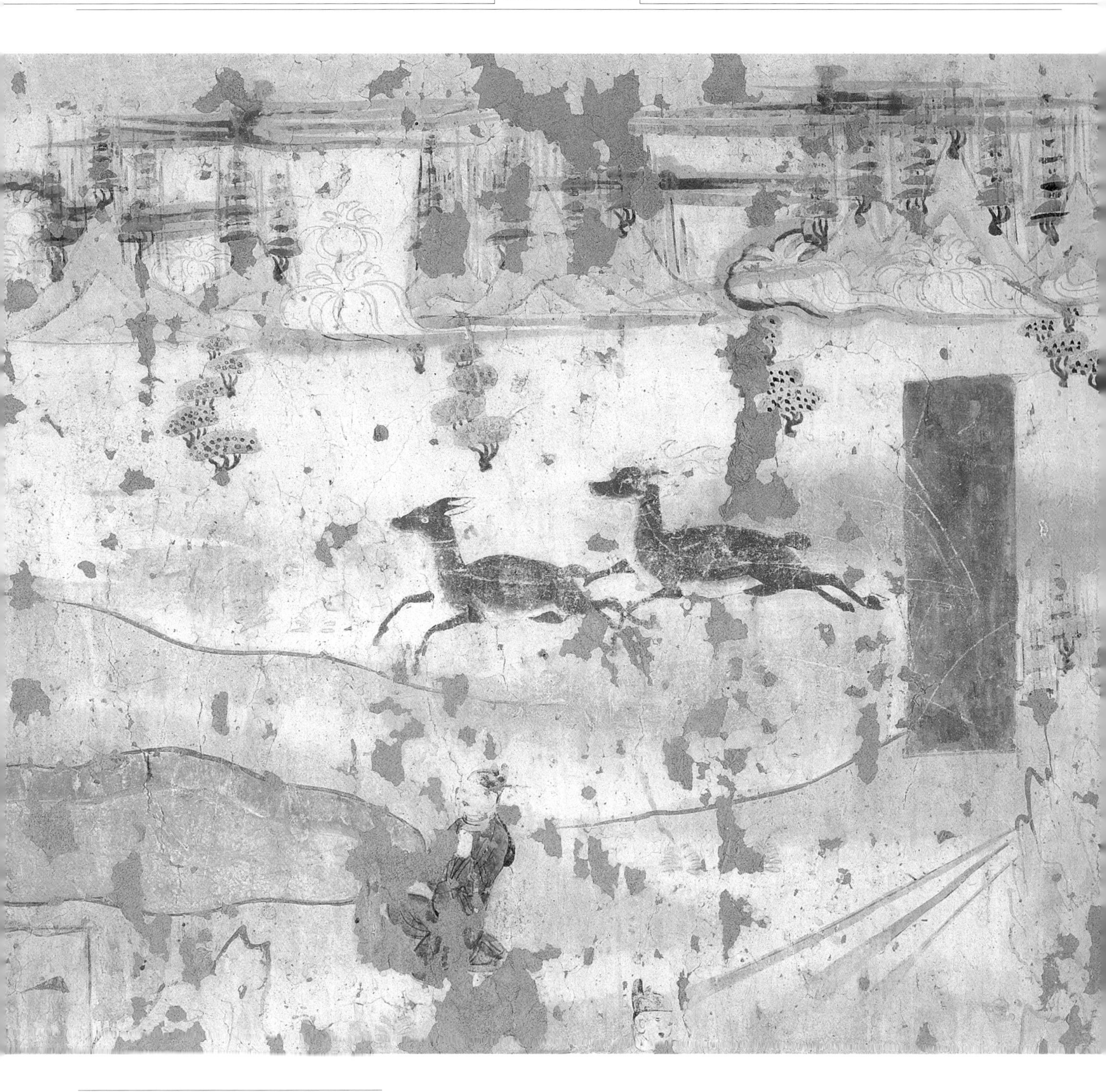

227 是身無人如水

奔馳着的野鹿襯托出觀水者的寂靜。野鹿飛跑的姿態，以及通過暈染表現出的野鹿的皮毛質感，反映出畫師觀察的細緻與表現技巧的熟練。

中唐 維摩詰經•方便品

莫 159 東壁南側下部屏風畫中

228 鏡中人

佛教否認事物的客觀性。〈弟子品〉云：“諸法皆妄見……如鏡中像，以妄想生。”意思是一切客觀事物，都是由人的妄想造成，如同鏡中映像。畫中三腳架上有一面橢圓形的鏡，一人立在鏡前，看着鏡中人。這是一條比較珍貴的唐代民俗資料。

中唐 維摩詰經 • 弟子品
莫159 東壁南側下部屏風畫中

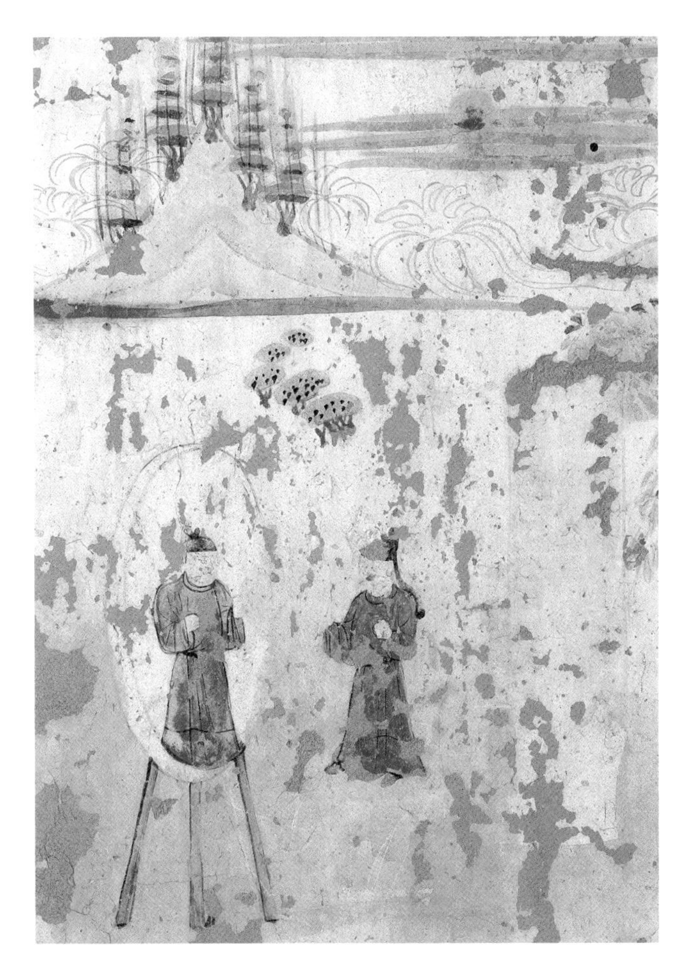

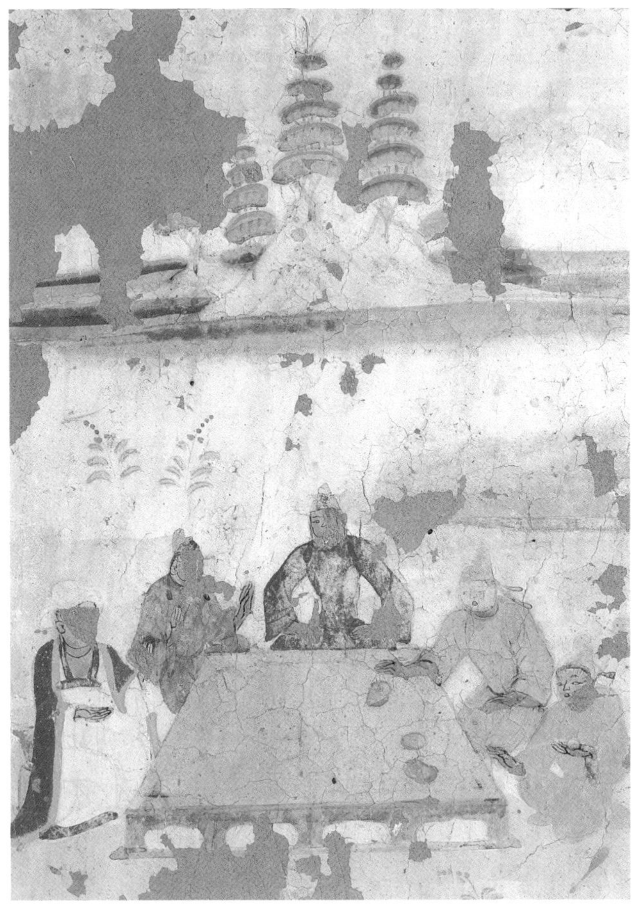

229 博奕

〈方便品〉云：維摩詰“至博奕戲處，輒以度人。”畫師據此畫了一幅賭博圖：四人圍几賭博。維摩詰坐在左側。中間一人身穿藍色衣服，滿臉凶相，可能是一個賭棍。右側一人身穿灰色衣服，正在舉手擲骰，神情惶恐，生怕擲輸了。人物刻畫比較生動。李肇《國史補》云：“長安民俗，自貞元……侈於博奕。”看來這股賭風也傳到敦煌。這是一幅珍貴的唐代民俗資料。

中唐 維摩詰經 • 方便品
莫159 東壁北側下部屏風畫中

第四節　心有餘而力不足

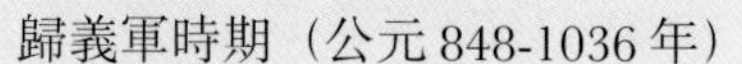

歸義軍時期(公元848-1036年)

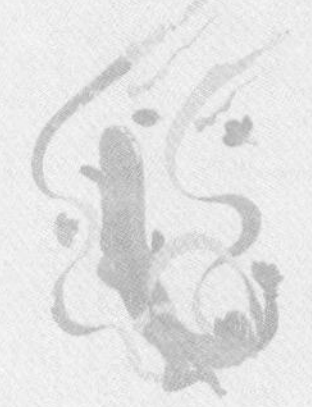

晚唐到宋代，文人仍然十分崇拜維摩詰。李咸用將維摩詰與莊子並舉，欣賞他們逍遙放達的人生；五代詩人韋莊常在房內供養維摩詰；北宋名臣王安石也很欣賞《維摩詰經》。同時，許多畫家仍以維摩詰故事為創作題材，僅《宣和畫譜》中就列舉了范瓊、孫位、朱繇、杜齯龜、貫休、孫知微、侯翌、丘文播、李公麟等例子。此外，四川石窟中也有少量情節簡單的石雕維摩詰經變。新疆吐魯番拜錫哈石窟第3窟則出現了表現"維摩示疾"、"文殊來問"、〈佛國品〉與〈不思議品〉等內容的維摩詰經變。

歸義軍統治下的敦煌，也繼承中唐遺風，盛行維摩信仰，而且偏重於義理講習。公元869至895年間任最高僧職都僧統的悟真，精於《維摩詰經》。法成的高足法鏡，曾在敦煌寺院一再講《維摩詰經》、《維摩經疏》以及《淨名經集解關中疏》。

會昌滅佛(公元845年)時，敦煌尚屬吐蕃統治，未被波及。三年後張議潮收復敦煌，中原佛禁已經解除。以張議潮為首的敦煌大族本來就信奉佛教，此時又歡慶脱離吐蕃統治，於是莫高窟又掀起開窟造像的熱潮。莫高窟與安西榆林窟繪製了大量維摩詰經變，現存達三十六鋪之多。

此時維摩詰經變最顯著的變化在構圖佈局方面，"維摩示疾"下部的吐蕃贊普及其侍從像，從中唐時期的顯要地位，又回到唐代前期的異族番王隊列中。此外，除第12、18窟還延續中唐遺風，在維摩詰經變下部畫屏風畫外，其餘洞窟再沒有從屬於維摩詰經變的屏風畫了。

歸義軍時期的代表作——第9窟

第9窟北壁的維摩詰經變，堪稱張氏歸義軍時期的代表。此窟建於景福(公元892－893年)前後，是一個中型洞窟。北壁的維摩詰經變高3.55米，寬8.53米，規模相當宏偉。構圖與初唐332窟北壁的維摩詰經變相似，但細部卻有許多不同。第9窟着意刻畫經變四周的一些小故事畫，小巧別致，極盡其妙。例如經變右下角的"阿難乞乳圖"，畫師將〈方

歸義軍時期維摩詰經變時代、分佈及位置表

窟中位置	晚唐	五代	北宋
主室東壁	莫12、18、85、94、132、138、139、143、156、369	莫5、6、22、61、98、100、108、121、146	莫7、454
主室北壁	莫9	莫53、342、榆林32	莫25
主室南壁	莫150		
前室西壁		莫261、334、335	莫172、203、264、437
前室南北壁		莫44	莫202

便品〉與〈弟子品〉合二為一，渾然一體。〈弟子品〉中的“舍利弗宴坐圖”則增加了新的情節：維摩詰批評舍利弗，舍利弗靜坐聆聽。環境佈局優美，人物刻畫生動。〈見阿閦佛品〉中出現了“三道寶階”，使天上人間可以自由往來，更切合經旨，表現形式創新，是同類題材中最好的一幅。〈見阿閦佛品〉下部空隙中又畫〈方便品〉的三個情節，畫師使用象徵的手法，使抽象的空宗哲理具像化，二人對坐觀水，一人水邊釣魚，生動活潑，別有情趣。

敦煌最大的維摩詰經變——第98窟

北宋郭若虛在《圖畫見聞志》中評論古今佛道畫時，曾有“近不及古”之嘆。這點也適用於敦煌的維摩詰經變。就藝術性而言，曹氏歸義軍時期的維摩詰經變固然不及唐代，但其規模卻大大超越前代，例如建於同光（公元923－925年）前後的第98窟的維摩詰經變，高2.95米，寬12.65米，是敦煌壁畫中最大的維摩詰經變。經變規模越大，要求繪製的內容也越多。就內容豐富而言，又首推於公元947－951年間營建的第61窟東壁的維摩詰經變，畫師把羅什譯《維摩詰所說經》十四品中之十三品入畫，其中有些品內還增加了許多新內容。能夠把那麼多內容巧妙地組織在一起，而又使畫面總體佈局嚴謹、和諧、雄偉，這本身就體現了畫師豐富的想像力與熟練的表現技巧，何況有些情節，如〈菩薩品〉魔王波旬擾亂持世菩薩，就描繪得相當生動：持世菩薩修行時，波旬化裝成帝釋天，帶領一萬二千名美貌的魔女，來擾亂持世菩薩修行。魔王波旬不斷誘惑持世菩薩收納這羣魔女，就在此時，神通廣大的維摩詰前來揭穿波旬的陰謀，並表示願意收納眾魔女。波旬驚慌失措，“欲隱形去”，但“盡其神力，亦不得去”，只好把魔女給了維摩詰。維摩詰即勸眾魔女皈依大乘佛教。其後，維摩詰又把諸魔女歸還波旬，並且囑咐她們回魔宮後，要勸誡其他魔女皈依大乘佛教。壁畫中畫了四個情節：持世菩薩修行、波旬率魔女前來擾亂、維摩詰揭穿陰謀及魔女返回魔宮。畫面佈局緊湊，人物刻畫亦較生動。

可是，維摩詰經變內容空前增多，也使畫面日益格式化，且難以讀懂，需要用文字加以說明。於是壁畫榜題空前增多，幾乎每一幅畫旁都有榜題。第61窟維摩詰經變現存五十九條榜題，共一千六百九十五字。這些榜題是考釋壁畫內容的第一手資料。尤其是一些表現大乘空宗哲理的畫面，如果不借助榜題，要讀懂，難於上青天。

當曹氏歸義軍於公元1036年被西夏滅後（一說被沙州回鶻取代）。維摩詰經變便告沒落。除肅北五個廟石窟第3窟東壁尚存一鋪維摩詰經變外，莫高窟與安西榆林窟的維摩詰經變均已絕迹。

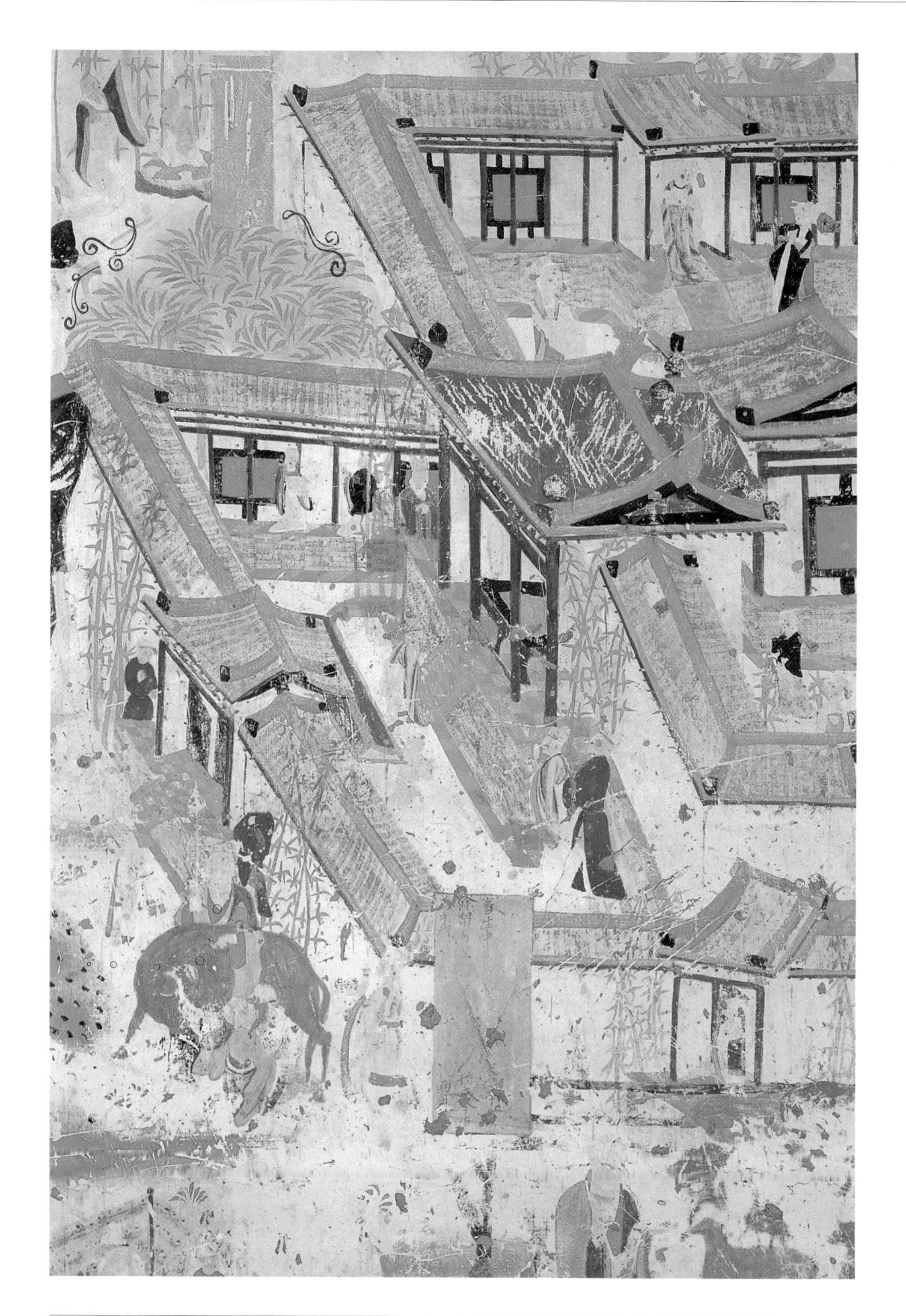

230 阿難乞乳

維摩詰正在豪華的住宅中跟一位貴婦談話。院落內有官員、僕人行走，大門口還站兩個門衛。這可能是表現〈方便品〉中的“若在婆羅門，婆羅門中尊，除其我慢。”右下角畫一羣牛馬，牛馬前立一比丘。牛馬左上側畫一頭大紅母牛舐一小犢。大紅母牛腹下蹲一婦女擠牛奶，阿難站在牛旁乞乳，維摩舉手講話，大概是批評阿難：“止！止！阿難，莫作是言……外道梵志若聞此語，當作是念：何名為師，自疾不能救，而能救助疾人？可速密去，勿使人聞。”從畫面下部的榜題看來，此圖是依據僧肇《維摩詰經注》敷演而成。這幅壁畫是唐代地主莊園的寫照，十分珍貴。

晚唐　維摩詰經•方便品與弟子品

莫9　北壁東側

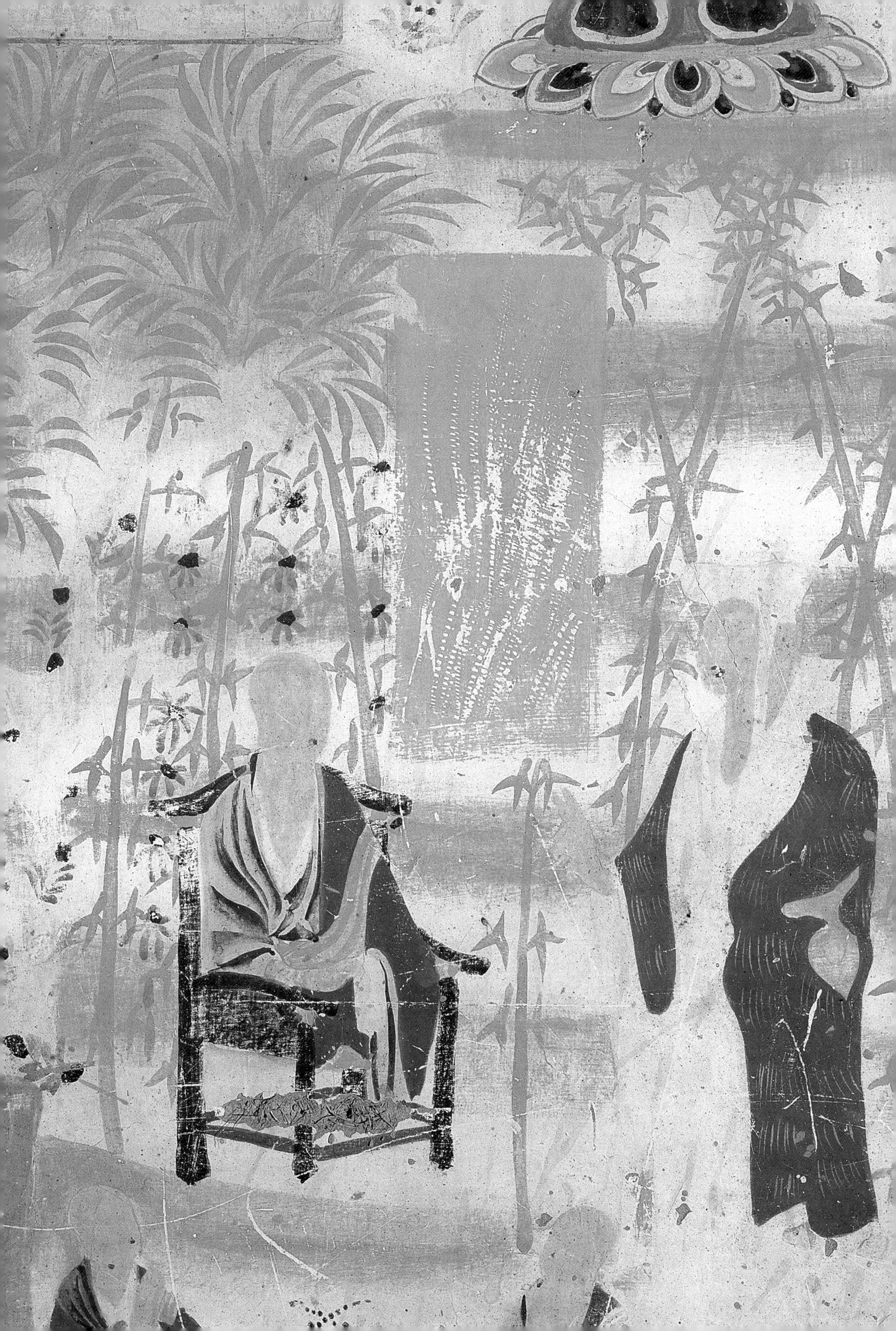

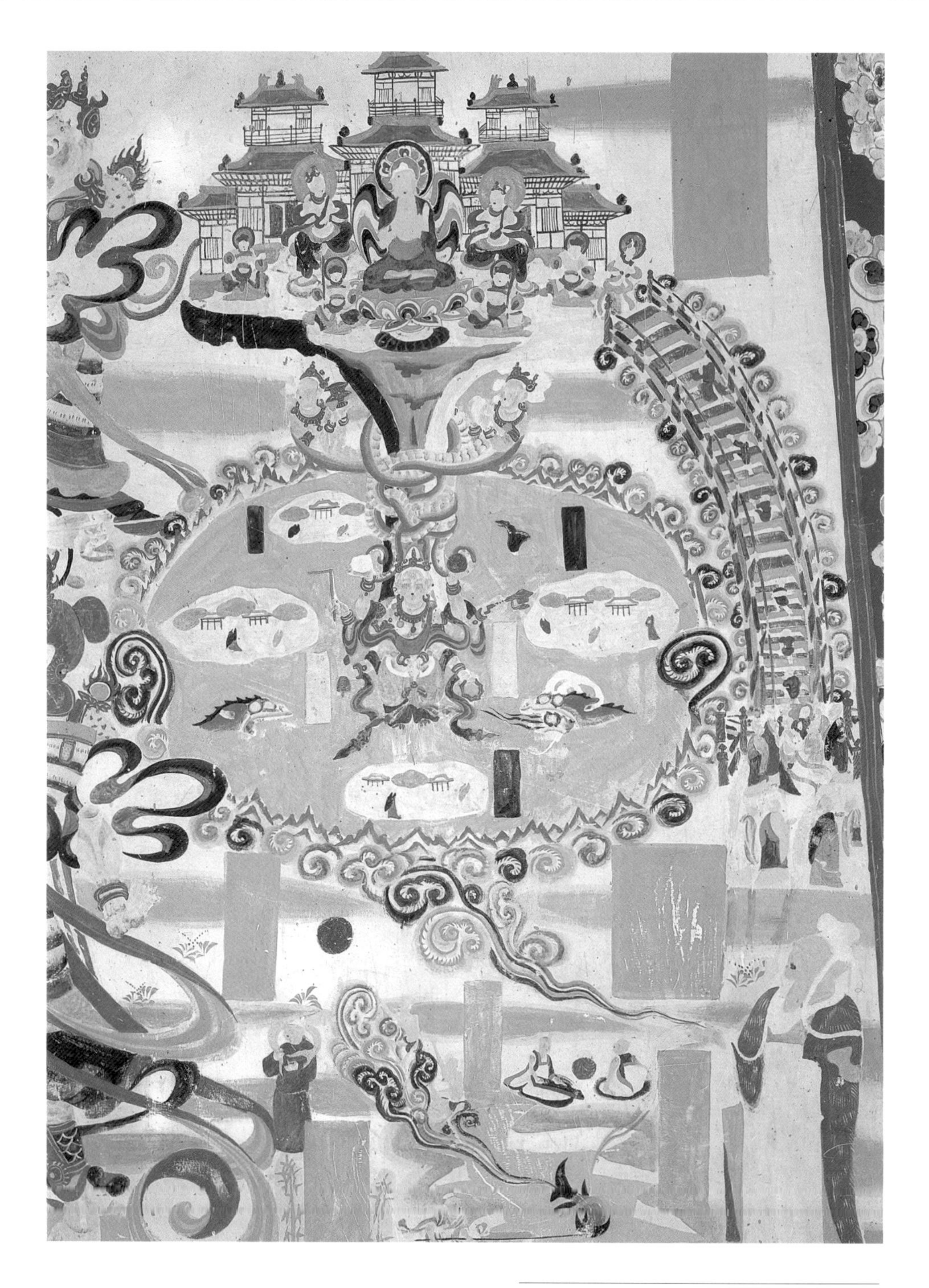

232 手接大千

維摩詰右手中變出一朵彩雲。雲中是大海。海裏有無動如來妙喜世界的山川、宮殿、天人。三頭六臂的阿修羅立於大海中央，上兩手托日月，中兩手持矩與墨斗，下兩手握金剛杵與法輪。頭頂須彌山，山腰纏兩條人頭蛇身的龍。須彌山頂無動如來在忉利天宮説法。右側為連接忉利天宮與閻浮提的三道寶階，諸天與人往來其間，好不熱鬧。這是敦煌壁畫中最好的一幅“手接大千圖”。

晚唐 維摩詰經 • 見阿閦佛品
莫9 北壁東側

231 舍利弗宴坐

◀ 見上頁

《維摩詰經》云：舍利弗“曾於林中，宴坐（安坐靜修）樹下。時維摩詰來謂我言：‘唯，舍利弗，不必是為宴坐也。夫宴坐者，不於三界現身意，是為宴坐。’”在幽靜的樹林中，左側的舍利弗結跏趺坐於椅子上修禪。右側維摩詰前來批評。構圖緊湊，比例恰當，是一幅較好的晚唐山水人物畫。

晚唐 維摩詰經 • 弟子品 莫9 北壁中間

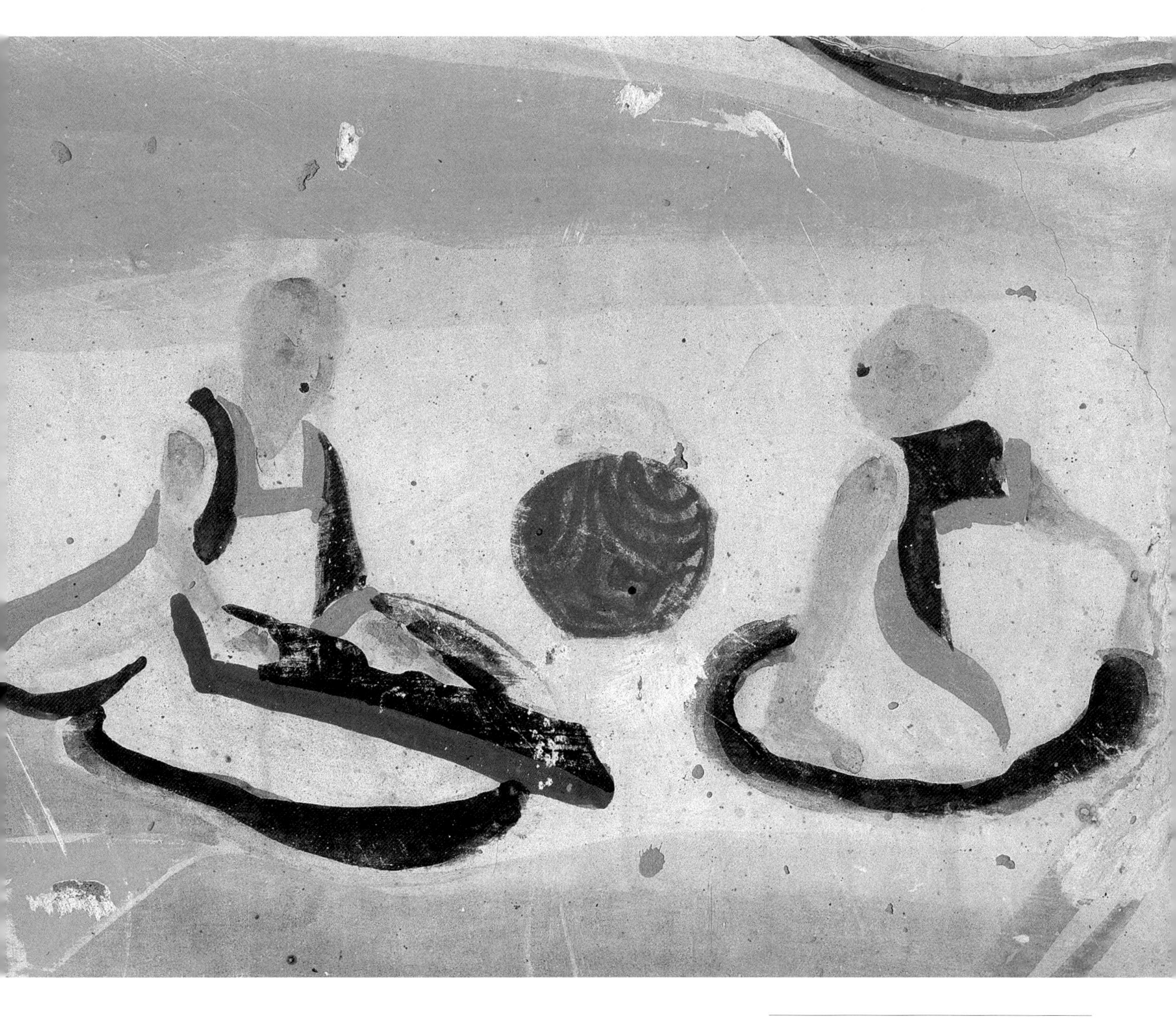

233 是身如草木瓦礫

畫兩人對坐，中間放一陶罐，左側一人還雙手抱一方木，這是表現經文中所說的"是身無知，如草木瓦礫。"

晚唐 維摩詰經•方便品 莫9 北壁東側

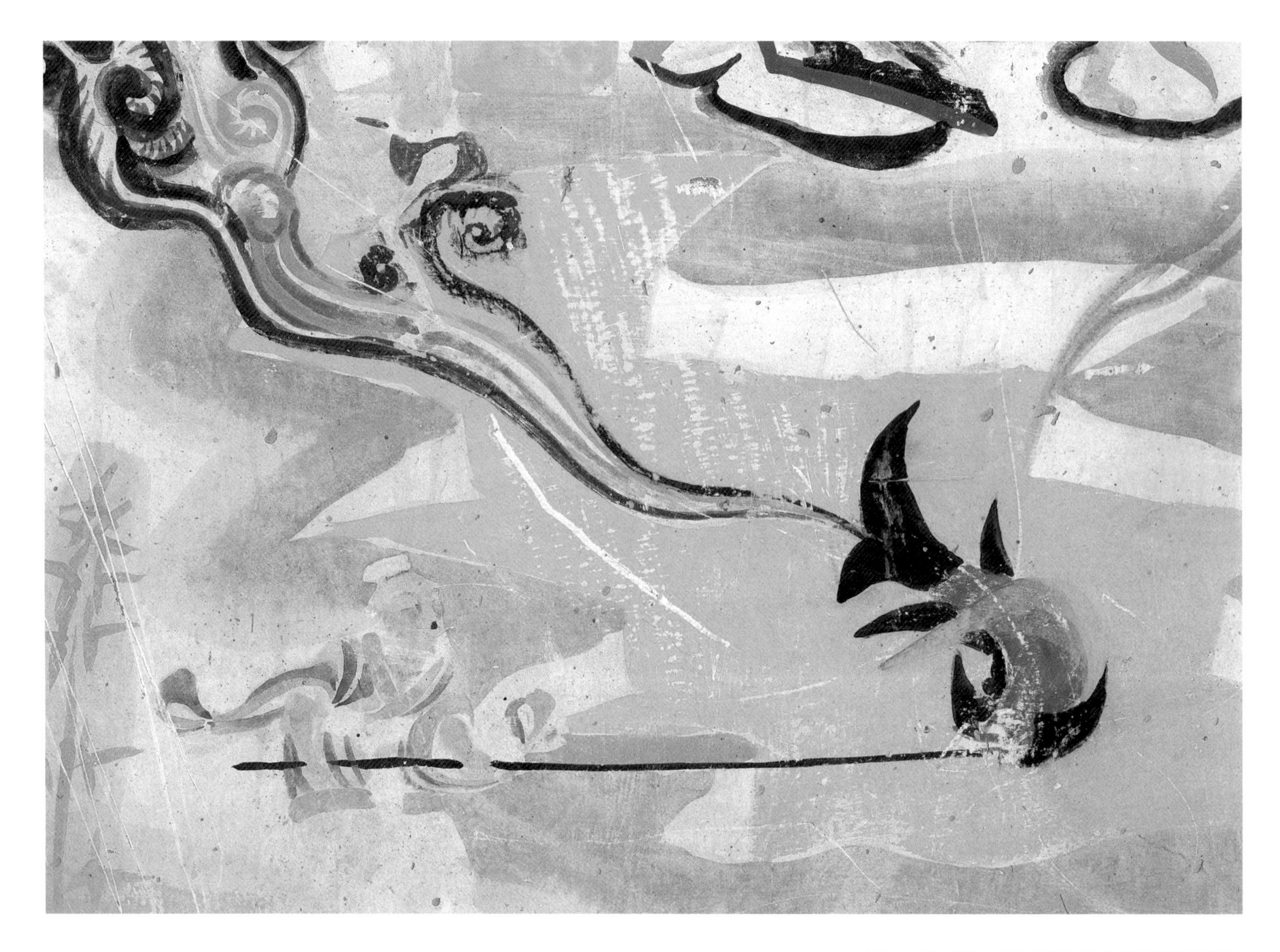

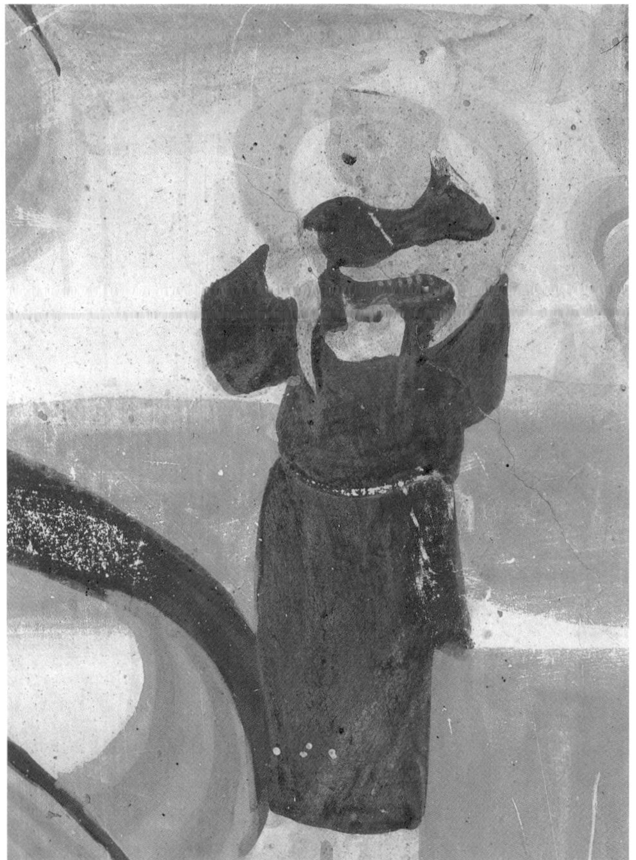

234 是身如水如浮雲

畫一人站在河邊釣魚。在釣出的魚尾中還生出一朵彩雲升空。這是表現經文中所說的"是身無人如水"，"是身如浮雲，須臾變滅。"畫師能把如此抽象的大乘空宗哲理具像化，也真是費了一番苦心，難能可貴。

晚唐 維摩詰經 • 方便品 莫9 北壁東側

235 是身如毒蛇

畫一人雙手抓一條毒蛇，套在頸項，這是表現佛經中所說的"是身如毒蛇"。

晚唐 維摩詰經 • 方便品 莫9 北壁東側

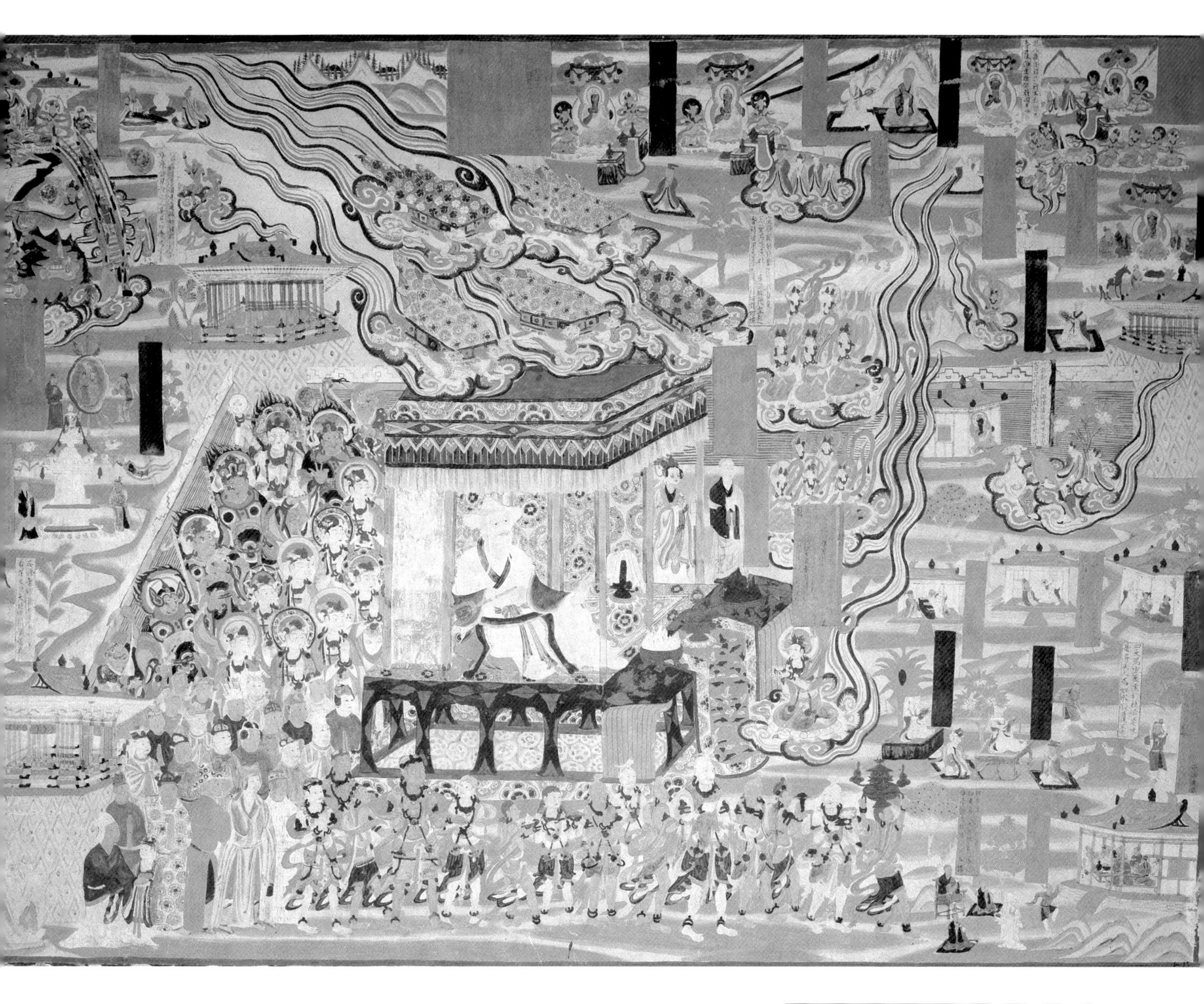

236 **維摩詰經變之一**

北側以“維摩示疾”為中心，重點表現〈方便品〉。此外，還有〈香積佛品〉、〈佛道品〉、〈不思議品〉、〈見阿閦佛品〉及〈弟子品〉等。

五代 維摩詰經 莫61 東壁窟門北側

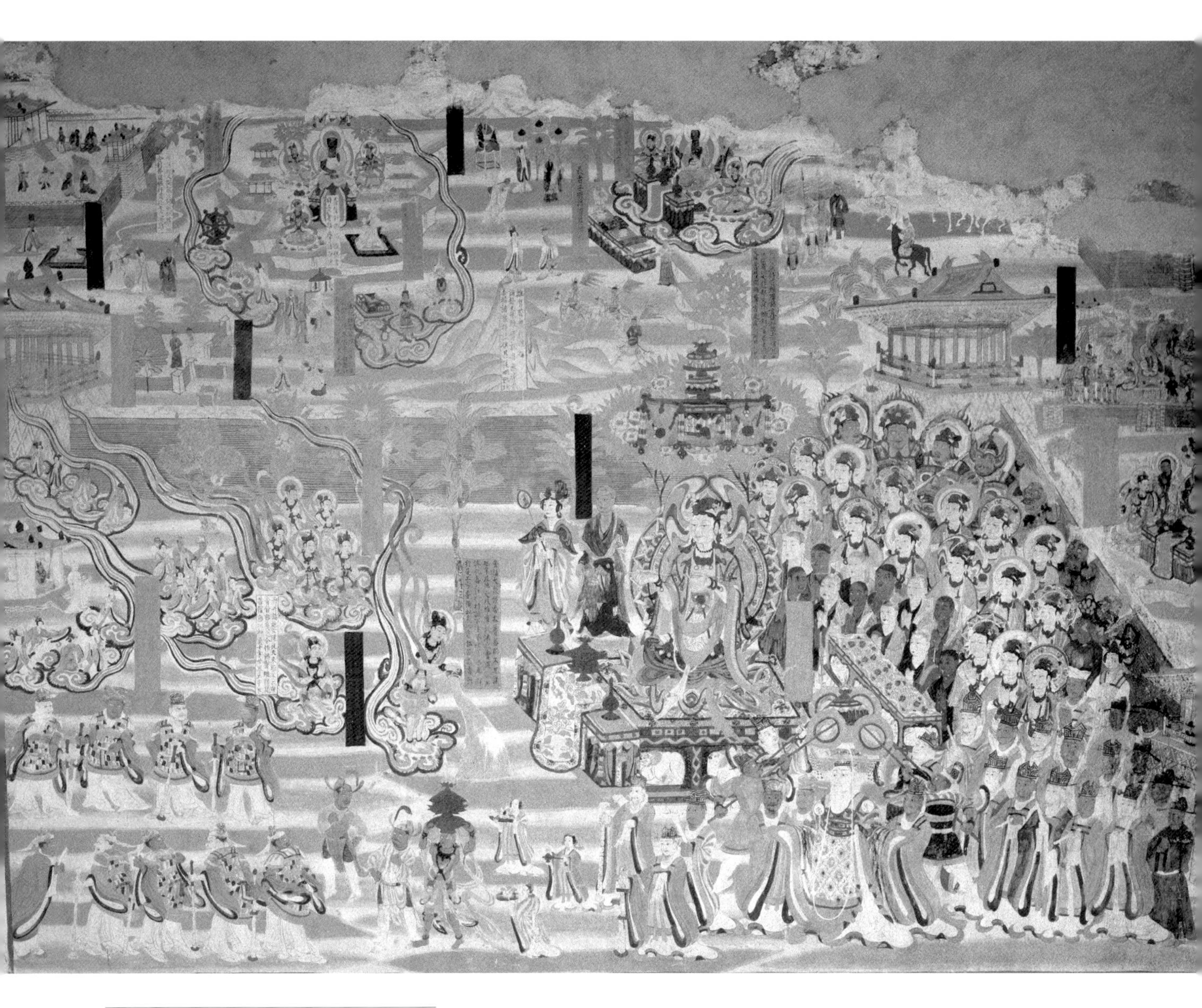

237 **維摩詰經變之二**

南側以“文殊來問”為中心，重點表現〈文殊師利問疾品〉。此外，還有〈觀眾生品〉、〈入不二法門品〉、〈菩薩品〉、〈法供養品〉及〈菩薩行品〉。在窟門上部，繪一橫幅〈佛國品〉，將經變連接為一體。

五代 維摩詰經 莫61 東壁窟門南側

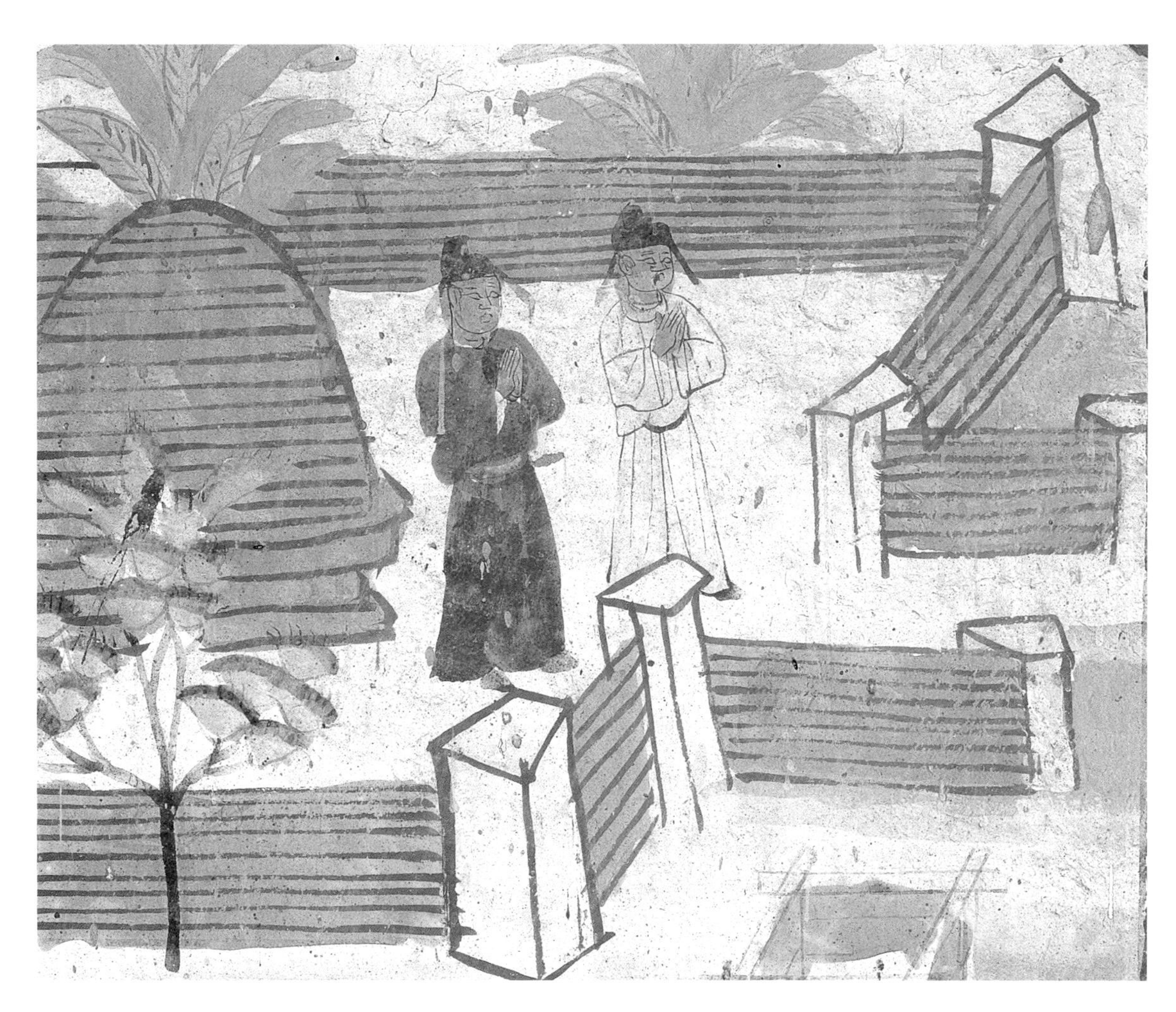

238 是身為老所逼

《維摩詰經》云："是身如丘井，為老所逼。"畫師畫了一座陵園，陵園外畫一口井，兩人並列站立園內，象徵此身如丘陵枯井，誰都難免老死。

五代 維摩詰經 • 方便品

莫 61 東壁窟門南側

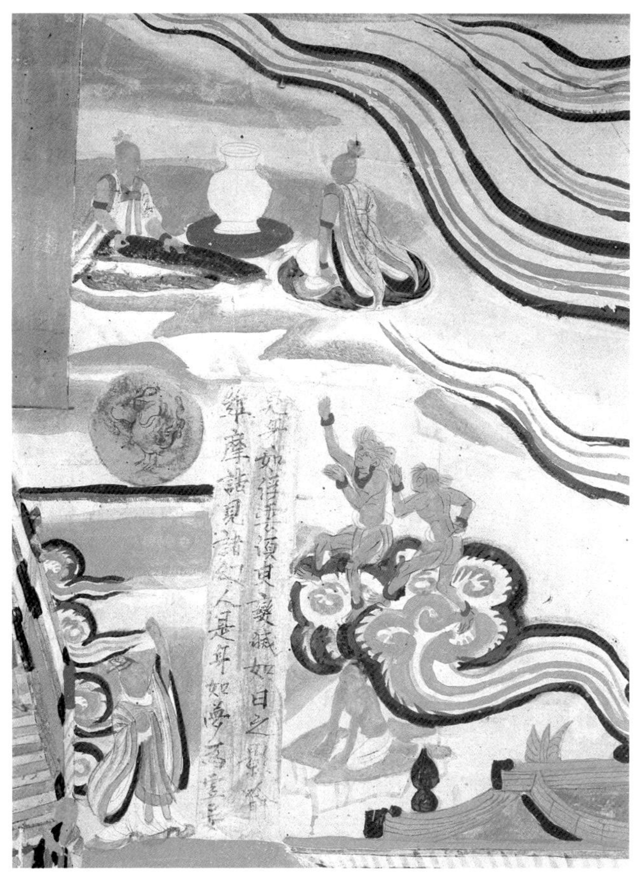

239 是身如瓦礫浮雲

上部畫兩人對坐，中置一瓦罐，象徵人身如瓦礫，不值得愛護。下部，畫太陽、浮雲，雲上畫兩人，手舞足蹈，象徵人身如陽光照射下的影子，如空中浮雲，須臾即滅。

五代 維摩詰經 • 方便品

莫 61 東壁窟門北側

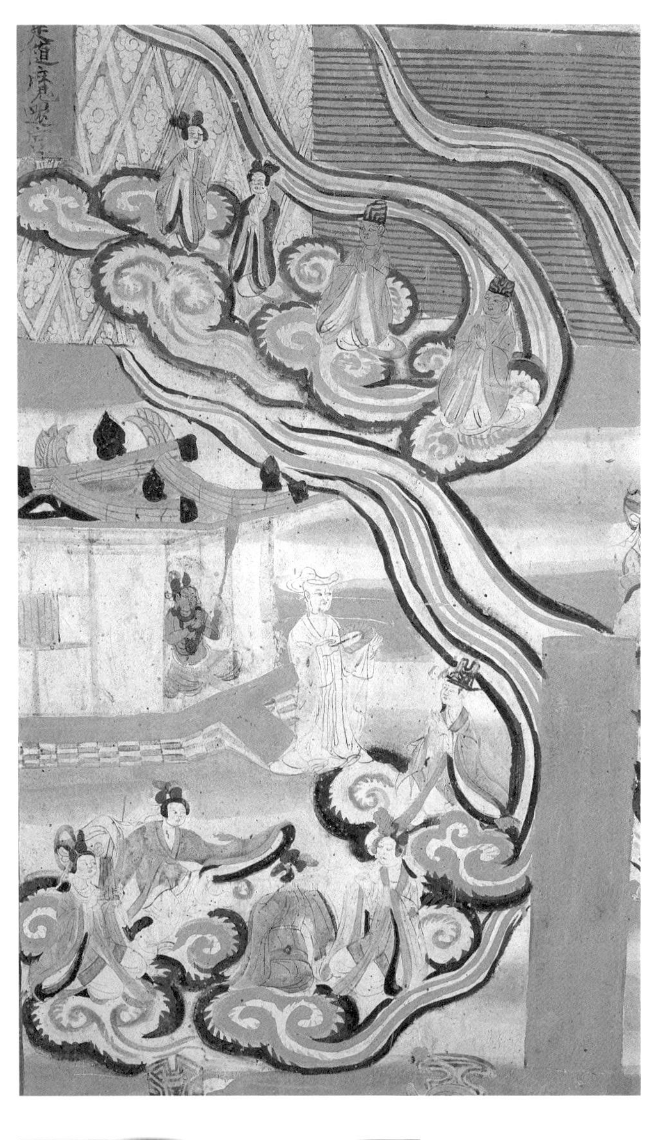

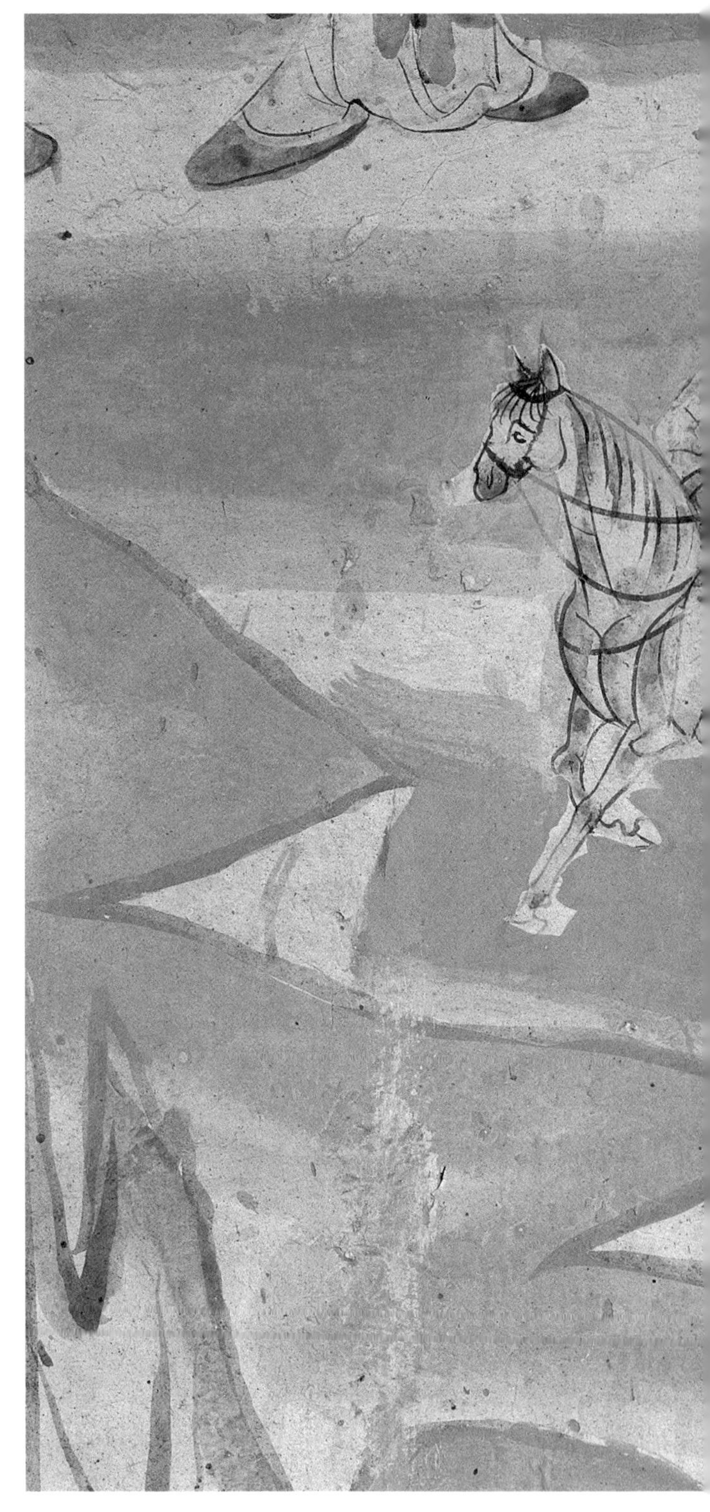

240 波旬掟弄持世菩薩

在一座歇山頂殿堂內，持世菩薩正在修行。殿堂外右下側，魔王波旬帶領四位魔女，騷擾持世菩薩修行，但被手揮麈尾的維摩詰，當面揭穿其陰謀。右上側畫四位魔女經維摩詰教化後，乘祥雲返回魔宮，弘傳佛法。如此生動細膩的描繪，可能還與當時敦煌地區流行的變文說唱有關。敦煌變文《持世菩薩》就是專門渲染這個故事的。

五代 維摩詰經 • 菩薩品

莫 61 東壁窟門南側

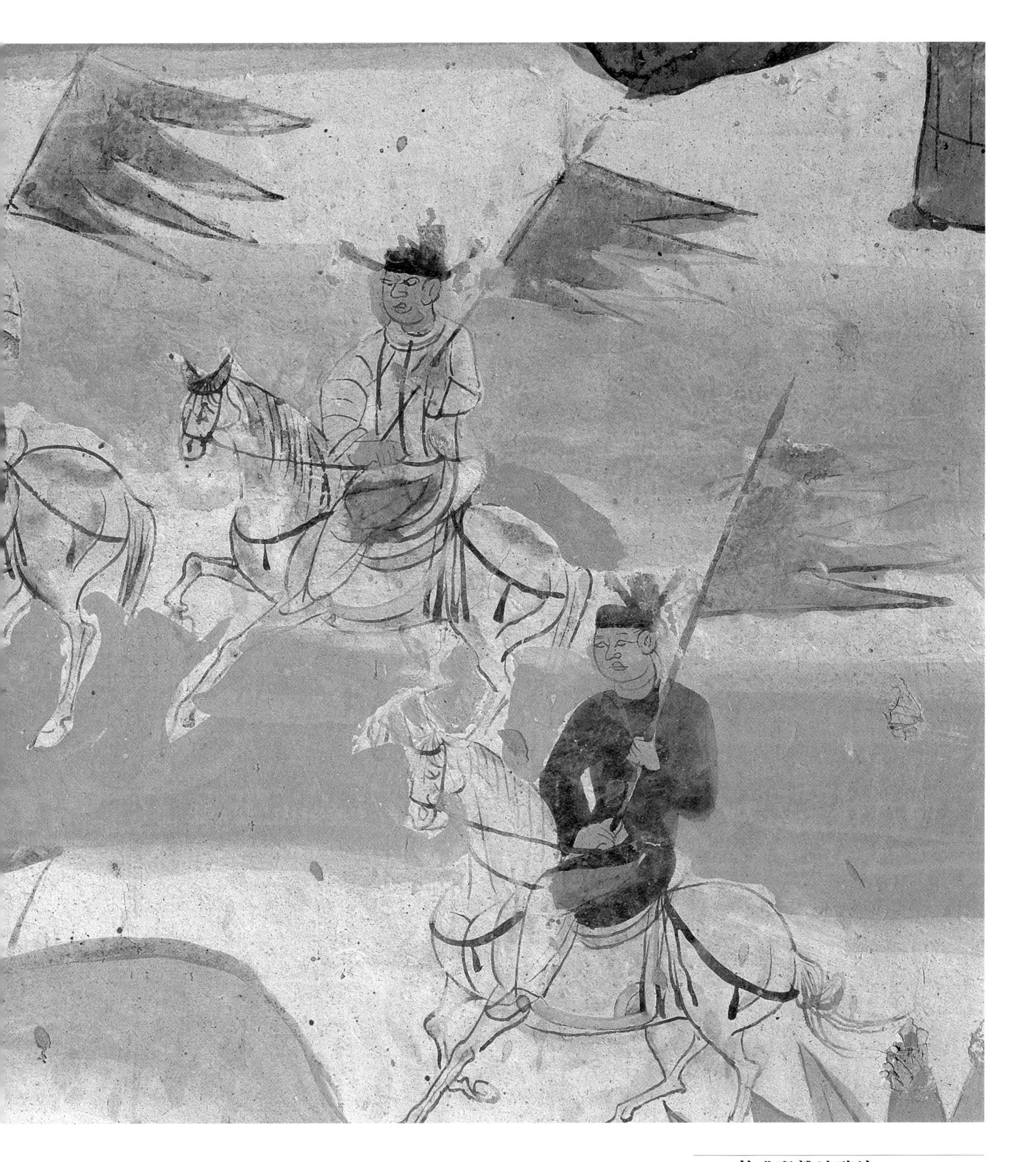

241 **赴毗耶離城聽法**

三位男子乘馬執旗，於山間曠野前行。根據榜題記載，這是表現"諸眾"去毗耶離城聽文殊、維摩"說身無常，厭離有苦，樂於涅槃。"此畫面沒有佛經依據，可能是受當時變文說唱的影響，由畫師隨意信筆所畫。

五代 莫61 東壁窟門南側

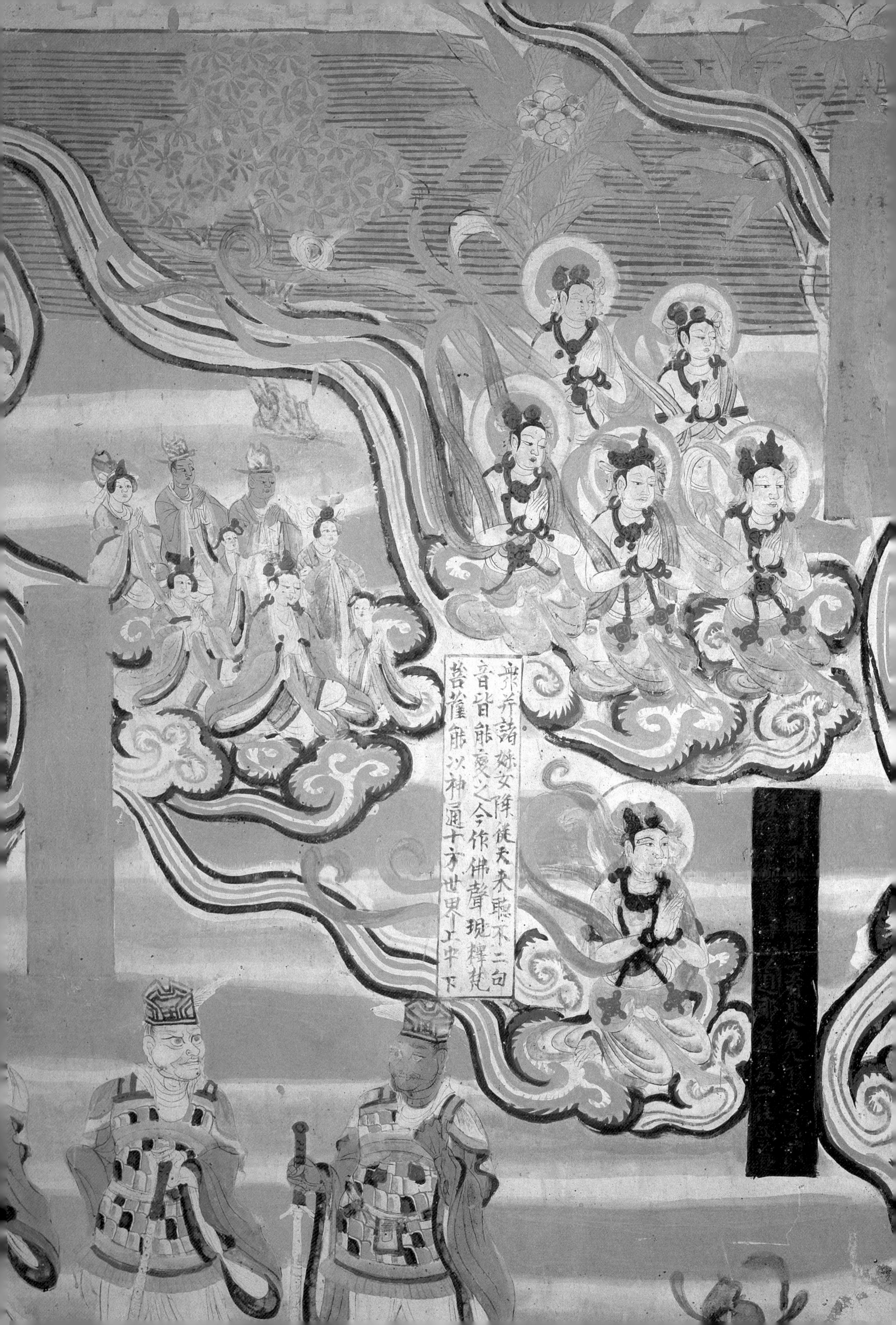
衆并諸婇女降從天来聽下二句
音皆能變之令作佛聲現釋梵
菩薩能以神通十方世界一上中下

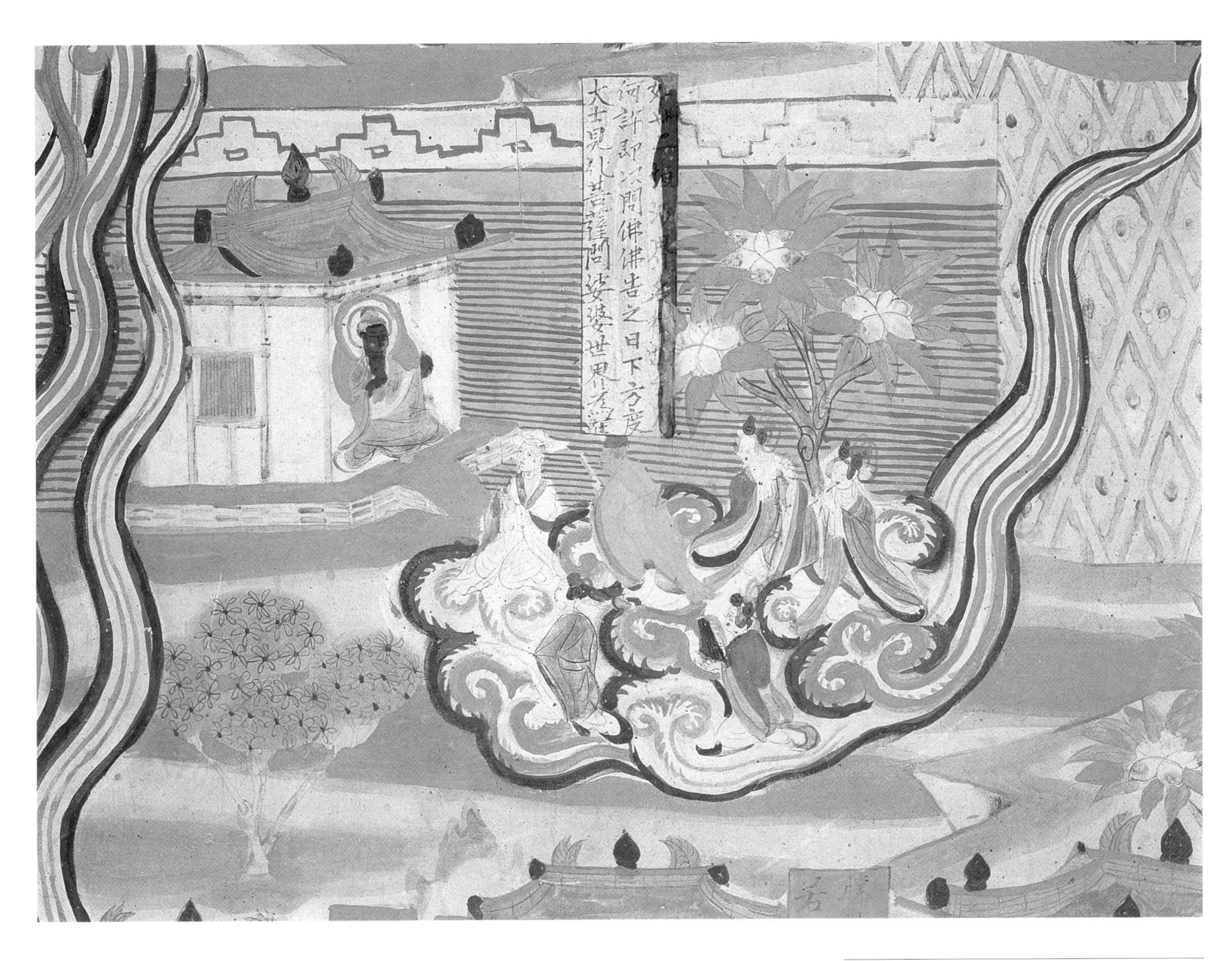

243 香積佛品

在一座歇山頂殿堂內，香積佛結跏趺坐。殿堂外祥雲上，畫眾香國諸大士及天女，問香積佛："娑婆世界為在何許？"佛告之曰："下方度如四十二恒河沙佛土，有世界，名娑婆，佛號釋迦牟尼。"這是新出現的情節，構圖嚴謹，畫面秀麗。

五代 維摩詰經 • 香積佛品

莫 61 東壁窟門北側

242 諸天赴會聽法

此圖是表現不可思議解脫菩薩變現諸天及天女，從天而降，到毗耶離城聽講何為"入不二法門"。圖像彩雲飄游，滿壁風動。

五代 維摩詰經 • 不思議品

莫 61 東壁窟門南側

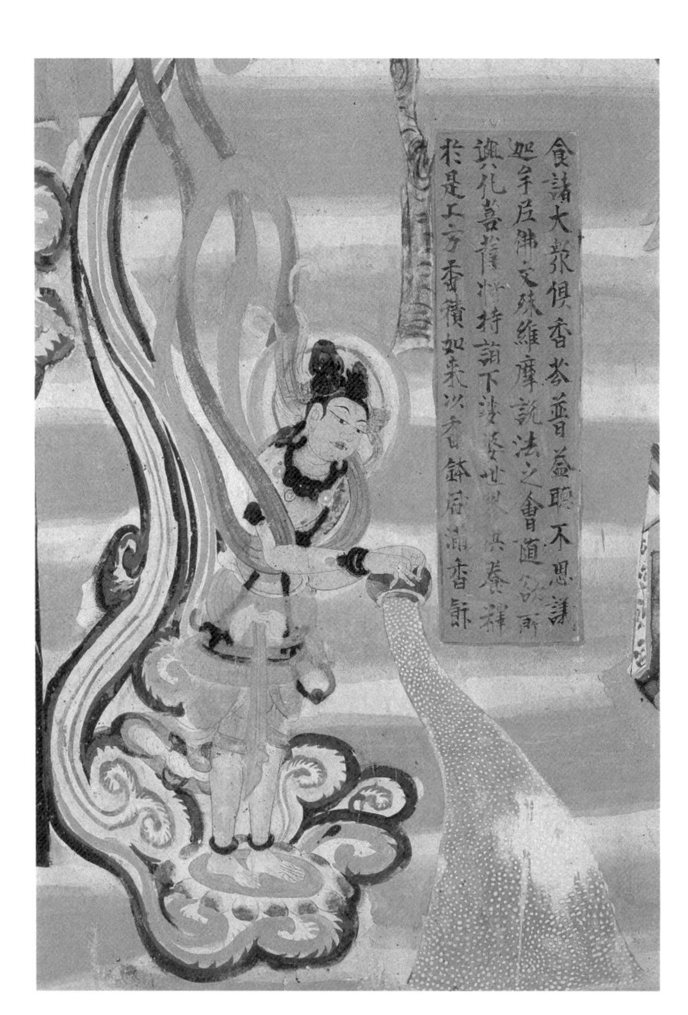

244 化菩薩倒香飯

五代 維摩詰經 • 香積佛品

莫 61 東壁窟門南側

245 七寶供養

中間畫大莊嚴世界藥王如來結跏趺坐。右下側祥雲上有主藏寶、馬寶、主兵寶、象寶，左下側祥雲上有玉女寶、珠寶、輪寶。轉輪聖王寶蓋及其侍從立於兩朵祥雲之間，向藥王佛供養雲上七寶。兩朵祥雲環繞藥王佛，別有一番情趣。

五代 維摩詰經 • 法供養品

莫 61 東壁窟門南側

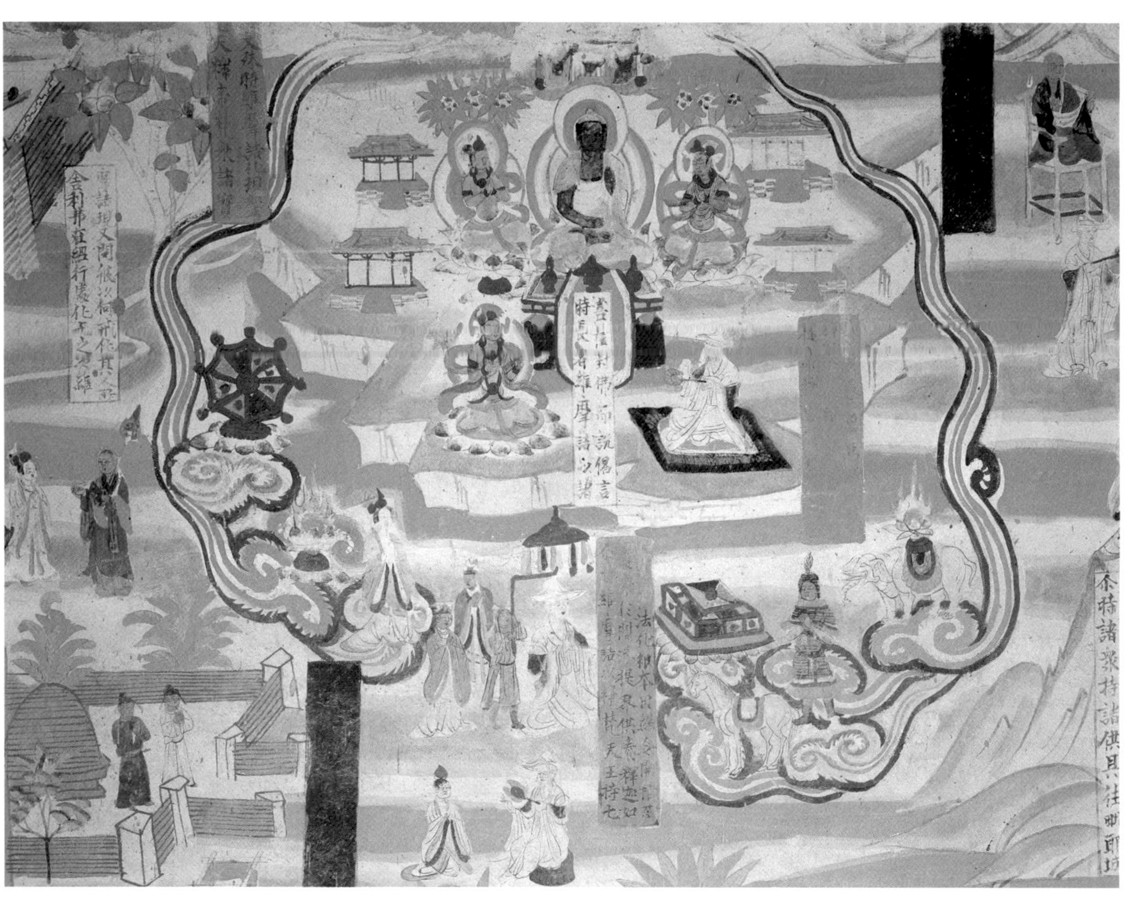

246 七寶塔供養

《維摩詰經》云：聽聞、信解、受持、讀誦《維摩詰經》，所得福報，勝於起七寶塔供養三千大千世界諸佛。可是畫師還是畫一個比丘，一個優婆塞，共起七寶塔，供養諸佛。

五代 維摩詰經 • 法供養品

莫61 東壁窟門北側

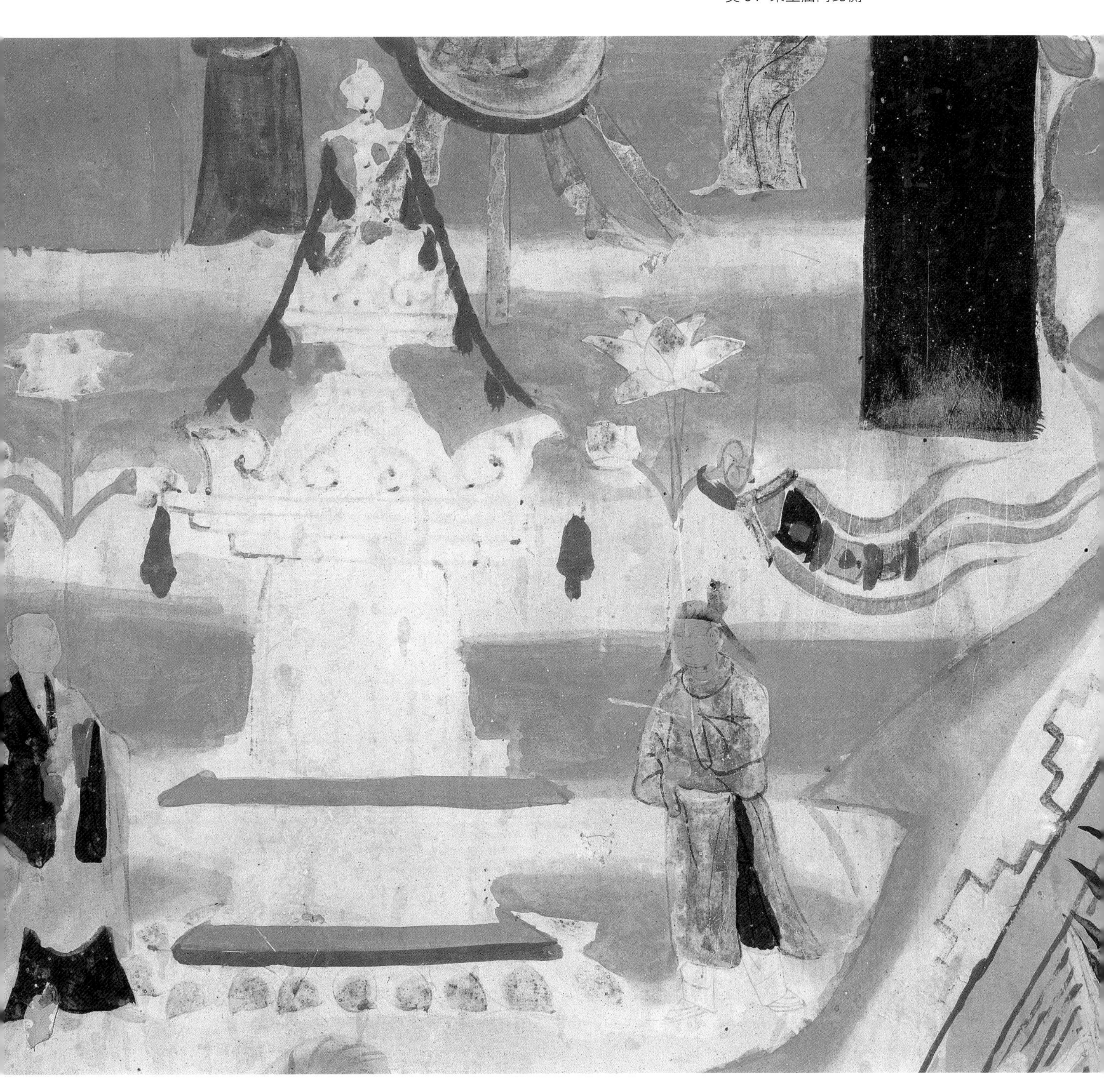

附錄一：敦煌石窟法華經變各品統計表

時代／窟號／品名	北魏	西魏	北周	隋	唐代前期		中唐	歸義軍時期			合計
					初唐	盛唐		晚唐	五代	宋	
序品一				莫420	莫331	莫217、23、74、103、31	莫154、159、231、237、472	莫12、85、138、144、156、196、232、榆36	莫4、6、61、98、108、146、261	莫55、76、449、454	31
方便品二				莫420		莫217、23、103	莫154、159、231、237、472	莫12、85、138、144、156、196、232、榆36	莫6、61、98	莫55、449、454	23
譬喻品三				莫419、420			莫154、159、231、237、472	莫12、85、138、144、156、196、232、榆36	莫4、6、61、98、146、261、396、108	莫55、76、431、449、454	28
信解品四						莫23、217	莫159、231、237、154、472	莫12、85、138、156、144、196、232、459、榆36	莫6、61、98、396、4、108、261、146	莫55、76、431、449、454	29
藥草喻品五						莫23	莫159、231、237	莫12、85、138、156	莫6、61、98、396	莫55、76、431、449	16
授記品六										莫76	1
化城喻品七				莫419		莫217、23、103	莫159、231、237	莫12、85、138、144、196	莫6、61、98、108	莫55、76、431、449	20
五百弟子授記品八							莫154、159、231、237	莫85、144	莫61、98、108	莫55、76	11
授學無學人記品九								莫85	莫61、146		3
法師品十						莫23、103	莫159	莫85			4
見寶塔品十一	莫259	莫285、461	莫428、西8	莫276、277、394	莫68、202、331、332、335、340、441、371、431	莫23、27、45、46、48、49、31、215、208、374、444	莫154、159、231、237、361	莫12、14、85、138、141、144、156、196、232、榆36	莫6、61、98、108、146	莫55、76、368、449、454、431	54
提婆達多品十二					莫331、202、335	莫217、103、31	莫154、159、231、237	莫12、85、138、144、156、196、榆36	莫6、61、98、108、146	莫55、76、431、449、454	27
勸持品十三									莫61		1
安樂行品十四							莫154、159、231、237	莫12、85、138、144、156、196、榆36	莫6、61、98、108、146、396	莫431、449	19
從地湧出品十五					莫331、202、31、335	莫31	莫154、159、231、237	莫12、85、138、144、156、196、榆36	莫6、61、98、108、146	莫55、76、431、449	25
如來壽量品十六							莫159、231、237	莫85、156	莫6、61	莫449	8
分別功德品十七								莫85			1
隨喜功德品十八						莫217、31	莫159		莫6、61、98、146		7
法師功德品十九								莫85			1
常不輕菩薩品二十							莫154、159、231、237	莫12、85、144、156、榆36	莫6、61、108、146	莫76、55	15
如來神力品二十一						莫217		莫85		莫76	3
囑累品二十二						莫23		莫85			2
藥王菩薩本事品二十三						莫217、23、31、103	莫154、159、231、237	莫12、85、138、156、144、196、榆36	莫6、61、98、146	莫55、76	21
妙音菩薩品二十四					莫331		莫231	莫85	莫61、108	莫76	6
觀世音菩薩普門品二十五				莫303、420		莫217、23、74、45、126、205、444	莫231、361、7、112、185、472、468、西18	莫12、85、156、14、196、232、141、18、128、8、榆36	莫6、61、108、128、261、288、345	莫55、76、141、368、454、榆38	41
陀羅尼品二十六							莫231	莫12、85	莫61		4
妙莊嚴王本事品二十七						莫217、103、23	莫231、237	莫12、85、156、196、榆36	莫6、61、98、108	莫431	15
普賢菩薩勸發品二十八					莫331	莫217、23、103、31	莫231	莫12、85	莫6、61		10
合計	1	2	2	10	19	53	73	116	91	59	426

說明：1. 莫：莫高窟　2. 榆：榆林窟　3. 西：西千佛洞

附錄二：敦煌石窟維摩詰經變各品統計表

品名＼窟號＼時代	隋	唐代前期		中唐	張氏歸義軍時期	曹氏歸義軍時期		西夏	合計
		初唐	盛唐		晚唐	五代	宋		
佛國品一	莫420	莫332、335	莫103	莫159、360、236、237、240、231	莫369、12、85、138、139、156、9、150	莫98、108、6、61、146、121、榆32	莫454、25、172、264		29
方便品二	莫314	莫334、341、342、68、220、332、335	莫103、194	莫133、159、359、360、236、237、240、186、231	莫18、132、369、12、85、138、139、143、156、9、150	莫98、100、108、5、6、22、61、146、121、53、342、44、榆32	莫454、7、25、334、335、172、203、437、202		53
弟子品三		莫334		莫159、236、237	莫9	莫100、108、61 146、53、榆32	莫454、7		13
菩薩品四				莫236	莫9	莫100、61、146			5
文殊師利問疾品五	莫425、277、433、262、417、314、380、420、419、423、276	莫206、203、322、242、334、341、342、68、220、332、335	莫103、194	莫133、159、359、360、236、237、240、186、231	莫18、132、369、12、85、138、139、143、156、9、150	莫98、100、108、5、6、22、61、146、121、53、342、261、44、榆32	莫454、7、25、334、335、172、203、264、437、202	五個廟3	68
不思議品六		莫242、334、68、220、332、335	莫103	莫159、359、360、236、237、240、186、231	莫18、369、12、85、138、139、156、9、150	莫98、100、108、6、22、61、146、121、53、342、261、榆32	莫454、7、25、334、335、172、203、437、202		47
觀眾生品七		莫203、322、334、342、220、332、335	莫103、194	莫159、359、360、236、240、231	莫18、132、369、12、85、138、139、156、9、150	莫98、100、108、5、6、61、146、121、53、342、261、榆32	莫454、7、25、172、203、264、437、202	五個廟3	44
佛道品八						莫61			1
入不二法門品九		莫203、220	莫103			莫61			4
香積佛品十	莫420	莫203、334、342、68、220、332、335	莫194	莫133、159、359、360、236、237、240、186、231	莫18、369、12、85、138、139、143、156、9、150	莫98、100、108、5、6、22、61、146、121、53、342、榆32	莫454、25、172、203、264、437、202		47
菩薩行品十一		莫332、335	莫103	莫159、359、360、237、240、231	莫85、138、9	莫98、6、61、146	莫25、454		18
見阿閦佛品十二	莫262	莫220、332、335		莫159、359、360、236、237、240、186、231	莫18、369、85、138、156、9、150	莫100、108、6、61、146、121、53、榆32	莫454、7、25、172、264、437	五個廟3	34
法供養品十三		莫220、332、335	莫194	莫159、236、237、186	莫369、12、139、9	莫98、100、108、22、61、146、121	莫454、7、25		22
囑累品十四									0

說明：1. 莫：莫高窟　2. 榆：榆林窟

圖版索引

插圖索引

敦煌石窟分佈圖

本全集所用洞窟簡稱：莫即莫高窟，榆即榆林窟，東即東千佛洞，西即西千佛洞，五即五個廟石窟。

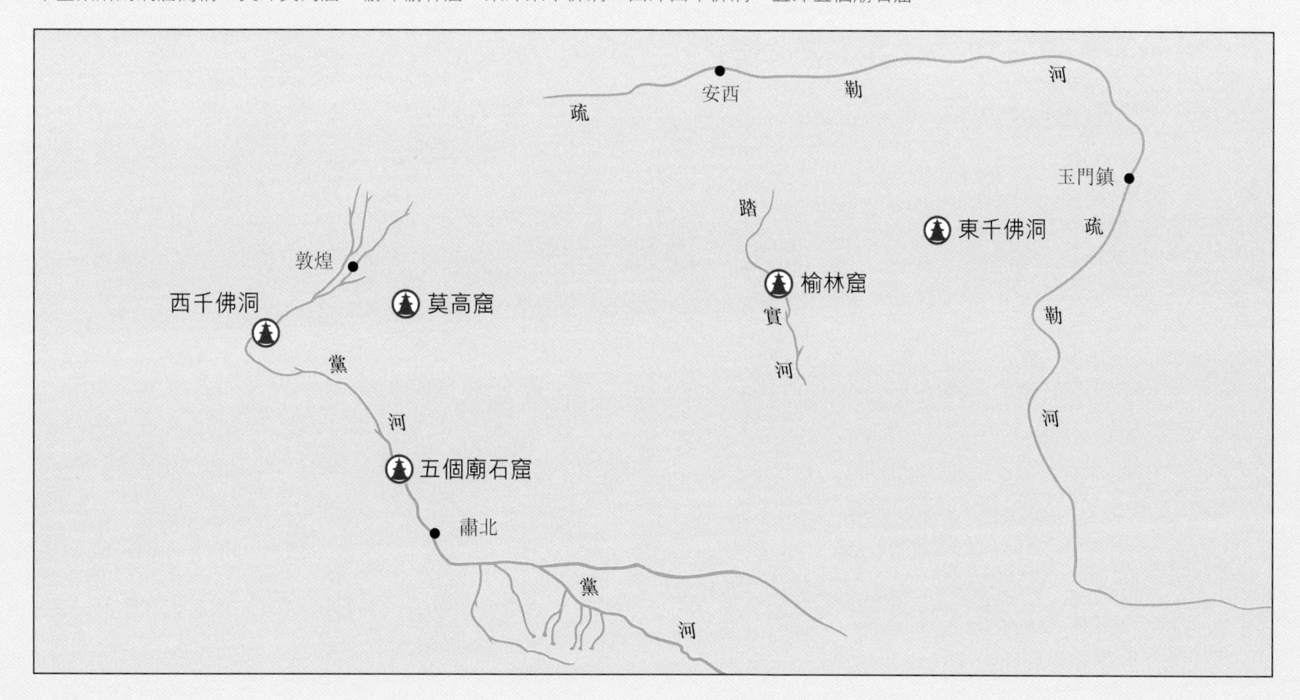

敦煌歷史年表

歷史時代	起止年代	統治王朝及年代	行政建置	備注
漢	公元前111－公元219	西漢 公元前111－公元8 新 9－23 東漢 23－219	敦煌郡敦煌縣 敦德郡敦德亭 敦煌郡	公元前111年敦煌始設郡 公元23年隗囂反新莽；公元25年竇融據河西復敦煌郡名
三國	公元220－265	曹魏 220－265	敦煌郡	
西晉	公元266－316	西晉 266－316	敦煌郡	
十六國	公元317－439	前涼 317－376 前秦 376－385 後涼 386－400 西涼 400－421 北涼 421－439	沙州、敦煌郡 敦煌郡 敦煌郡 敦煌郡 敦煌郡	336年始置沙州；366年敦煌莫高窟始建窟 400至405年為西涼國都
北朝	公元439－581	北魏 439－535 西魏 535－557 北周 557－581	沙州、敦煌鎮、義州、瓜州 瓜州 沙州鳴沙縣	444年置鎮，516年罷，為義州；524年復瓜州 563年改鳴沙縣，至北周末
隋	公元581－618	隋 581－618	瓜州敦煌郡	
唐	公元619－781	唐 619－781	沙州、敦煌郡	622年設西沙州，633年改沙州；740年改郡
吐蕃	公781－848	吐蕃 781－848	沙州敦煌縣	
張氏歸義軍	公元848－910	唐 848－907	沙州敦煌縣	907年唐亡後，張氏歸義軍仍奉唐正朔
西漢金山國	公元910－914		國都	
曹氏歸義軍	公元914－1036	後梁 914－923 後唐 923－936 後晉 936－946 後漢 947－950 後周 951－960 宋 960－1036	沙州敦煌縣 沙州敦煌縣 沙州敦煌縣 沙州敦煌縣 沙州敦煌縣 沙州敦煌縣	
西夏	公元1036－1227	西夏 1036－1227 蒙古 1227－1271	沙州 沙州路	
蒙元	公元1227－1402	元 1271－1368 北元 1368－1402	沙州路 沙州路	
明	公元1402－1644	明 1404－1524	沙州衛、罕東衛	1516年吐魯番占；1524年關閉嘉峪關後，敦煌凋零
清	公元1644－1911	清 1715－1911	敦煌縣	1715年清兵出嘉峪關收復，1724年築城置縣

資料來源：史葦湘《敦煌歷史大事年表》等；製表：《敦煌石窟全集》編輯委員會（馬德執筆）